청소년을 위한 한국사

선사 시대에서
조선 후기까지

청소년을 위한 한국사

선사 시대에서
조선 후기까지

백유선 · 신부식 · 임태경 지음

Humanist

역사가 청소년들의
벗이 되기를

한국사 수업에 대한 많은 학생의 반응이 '어렵다'는 것이다. 역사라는 긴 시간의 흐름과 짧고 간단하게 생각하려는 요즘 학생들의 특성이 어울릴 거라고는 처음부터 생각하지 않았지만, 실체에 접근하기도 전에 지레 어렵다고 여기는 태도에 당혹스러움을 느낀 적이 있다. 사실 학생들의 수준에서 한국사(역사) 교과서를 살펴보면 이해하기 어려운 부분이 적지 않다. 사전 지식 없이는 이해할 수 없는 낯선 용어나 개념이 한둘이 아니며, 한문 투의 문장이나 단어가 많아 한자에 익숙하지 않은 요즘 세대가 읽어 내기가 그리 쉽지 않다.

학교에서 역사를 가르치는 필자들은 이 같은 문제의식에서 출발하여, 쉽고 재미있고 의미 있으면서도 교과서를 보완할 수 있는 새로운 책을 만들자는 데 뜻을 같이했다. 그 결과, 1999년에 《청소년을 위한 한국사》를 출간하게 되었다.

이 책은 청소년과 일반인이 읽을 만한 대중 교양서로서의 한국사가 드물던 당시 많은 관심을 받았다. '한국 간행물 윤리 위원회 청소년 추천 도서', '한국 간행물 윤리 위원회 올해의 좋은 책', '대한 출판 문화 협회 올해의 청소년 도서', 각종 독서 관련 단체 및 각급 학교의 추천 도서로 선정되는 등 이 책이 받은 사랑은 과분할 정도였다.

이 책이 스테디셀러로 사랑받는 동안, 흑백에서 컬러로 간행하는 외형적 변화도 있었지만, 그보다는 시간이 많이 흐르면서 새로운 역사 연구의 성과를 반영해야 할 필요성을 느꼈다. 또 필자들이 중학교《역사》교과서와 고등학교《한국사》교과서 집필에 참여하면서 교과서에서 미처 다루지 못한 내용을 좀 더 자세하게 서술할 필요가 있다는 생각을 하게 되었다.

이에 필자들은《청소년을 위한 한국사》의 전면적인 검토와 개정 작업에 나섰다. 우선으로 고려했던 것은 그동안 의견이 분분했던 여러 학설 중에서 교과서가 기본으로 삼고 있는 정설을 바탕으로 내용을 수정했다는 점이다. 이에 맞춰 사진과 지도 등을 새롭게 추가하거나 교체했고 내용 또한 보강했다.

《청소년을 위한 한국사》는 현장 교사들이 한국사 수업의 경험을 기초로 하여 서술한 것이 무엇보다 큰 장점이다. 학생들이 어떤 설명, 어떤 사화史話를 쉽게 이해하고 받아들이는지, 특히 관심을 두는 부분은 어떤 내용인지, 실제 수업에서 진행했던 경험을 바탕으로 찾아내고자 했다.

아울러 쉬운 단어와 쉬운 문체를 사용해 읽기 쉽게 서술했다. 이 책을 통해 청소년은 물론이고 일반인도 우리 역사에 다가설 수 있을 것이다. 따라서 서술 방식도 나열식 설명은 될 수 있으면 피하고, 인과 관계의 맥을 간결하게 짚어 전체적인 흐름을 중시하는 방식을 취했다.

전체적으로는 시대를 한정하지 않고 전 시대와 전 지역에 걸쳐 역사적 줄거리를 서술하는 '통사'의 형식을 취하면서, 인간의 일상적인 삶의 모습이 드러나는 문화·생활사 부분에 대한 여러 자료를 보강해 좀 더 입체적이고 풍부한 내용을 담았다.

아울러 통사 형식임에도 시대 구분 문제에 대해 심각하게 고려하지 않은 것은, 특정한 역사 발전 법칙을 채택할 경우 전문적인 분석과 설명이 필요하게 되어 청소년들이 이해하기 힘들 것이라는 판단을 했기 때문이다. 이는 되도록 쉽고 재미있게 역사를 이해할 수 있도록 하자는 처음의 취지를 따른 것이기도 하다.

《청소년을 위한 한국사》는 우리 역사에 대한 청소년들의 이해를 돕기 위한 책이다. 내용 중 좀 더 설명을 보강하거나 정리가 필요한 경우 '보충 설명'을 두었고, 꼭지마다 '쉬어 가기'를 배치하여 본문에서 미처 다루지 못한 여러 가지 다양하고 흥미로운 읽을거리를 담았다.

이 책은 선사 시대부터 조선 후기까지를 다룬 것으로《청소년을 위한 한국사》시리즈의 1편에 해당한다. 그 이후의 이야기인 '근현대사 편' 또한 이른 시일 안에 독자들에게 선보일 것을 약속드린다.

아무쪼록 이 책을 통해 청소년들이 한국사와 서로 친근한 벗이 되기를 기대한다.

2013년 11월
백유선·신부식·임태경

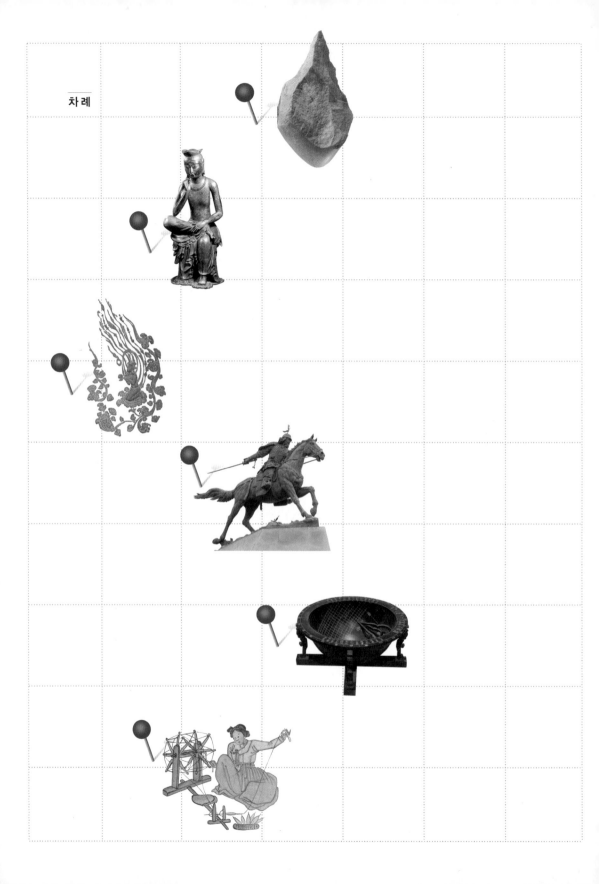

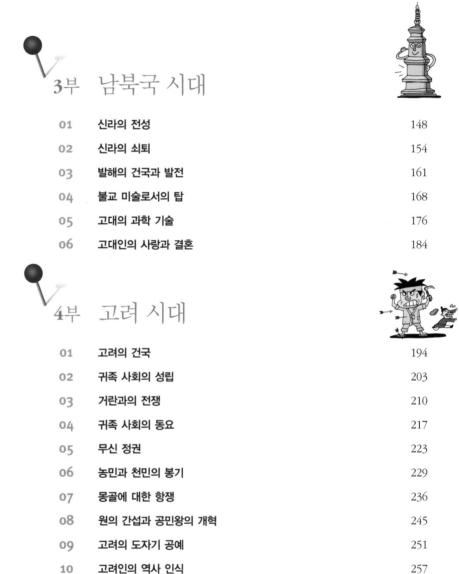

1부

선사 시대

01

선사 시대와 한반도

지구는 어떻게 생겨났으며 인간은 언제, 어디에서 왔을까? 이 문제는 오래전부터 풀기 어려운 과제였다. 이 문제에서 세계의 많은 종교와 신화가 생겼고, 제각기 인류와 지구의 탄생[•]을 설명하려 했다. 특히 근대 이전의 사회에서는 종교적인 견해가 지배적이었다. 그러나 과학이 발달함에 따라 종교적·신화적 관점을 벗어나 학문적으로 이 문제를 연구하고 분석하려는 노력을 계속하고 있다.

● 지구의 탄생
태양계의 일원인 지구는 태양 및 다른 행성과 밀접한 관계를 가지고 탄생했으리라 짐작된다. 즉 태양계의 탄생은 지구의 탄생이기도 하다. 따라서 태양계의 일원으로 간주되는 운석의 연대 측정을 통해 지구의 생성이 46억 년보다 오래되지 않았다는 것을 알게 되었다.

창조와 진화

현재 지구의 역사를 대략 46억 년으로 추정하고 있다. 사람에 속하는 동물이 나타난 것은 390만 년 전이고, 겨우 4,000~5,000년 전에야 비로소 인간은 자신의 생활을 문자로 남기기 시작했다. 인류가 발생한 이후의 대부분을 차지하는 긴 기간의 인류 역사는 단지 그들이 남긴 흔적을 통해 유추해 볼 수 있을 뿐이다. 이처럼 인류 역사의 약 99퍼센트에 해당하는, 문자에 의한 기록이 없었던 이 긴 기간을 선사 시대라고 한다.

선사 시대의 인간 생활을 연구하는 학문을 고고학, 특히 선사 고고학이라고 한다. 고고학자들은 긴 기간 동안의 선사 시대를 도구 제작 기술과 재료를 기준으로 구석기 시대·신석기 시대·청동기 시대 등으로 구분한다. 이와 같은 구분법은 문화는 진화하기 마련이라는 생각에서 나온 것으로, 19세기 서양에서 성립되었다. 오늘날에는 세계 여러 나라가 선사 시대 연구의 중요한 기준으로 적용하고 있다.

고고학에서 이러한 문화 진화의 관점은 인간을 하느님이 창조했다는 기독교적 세계관에 대항하면서 정립되었다. 즉 고고학은 인간의 창조에 관한 하느님의 가르침을 모독한다는 비판을 받으면서 출발한 것이다.

예를 들면, 17세기 영국의 대주교 어셔는 《성경》의 〈창세기〉 기록을 면밀히 분석했다. 그 결과 인류의 등장, 즉 아담과 이브의 창조는 기원전 4004년*의 일이라고 선언했다. 이에 따르면, 인류의 역사는 겨우 6,000여 년에 불과한 것이다.

그러나 진화론과 연대 측정법 등 과학이 발전함에 따라 6,000년보다 훨씬 전부터 인류가 지구 상에 존재했음이 확인되었다. 고고학자들은 지질학이나 동식물학 등 과학의 도움을 받아 인류가 남긴 흔적을 통해 선사 시대의 인간 생활의 모습을 연구했다. 그 결과 인간의 등장은 까마득한 과거의 일이며, 인간의 문화는 오랜 진화 과정을 거쳐 현재에 이르게 되었다는 생각이 보편화되었다. 따라서 오늘날에는 신앙으로서의 종교적 세계관과 논쟁을 계속하는 것은 더는 의미 없는 일이 되었다.

인류의 진화 과정

최초의 인류는 약 390만 년 전의 오스트랄로피테쿠스(남쪽원숭사람*)이다. 인류 공통의 조상인 이들은 원숭이와 흡사한 외모를 가지고 두 발 걷기를 할 수 있었다. 이들의 모습은 마치 고릴라의 머리에 사람의 팔

역사 시대
선사 시대와 달리 문자로 쓰인 기록(문헌 자료)을 통해 알 수 있는 과거, 즉 문자 발생 이후의 시대를 역사 시대라고 한다.

● 기원전 4004년
인간의 창조가 기원전 4004년이라는 이 내용은 17세기 이후 영국에서 표준 성서로 300년 이상 사용된 《흠정 영역 성서》에 따른 것이다.

● 남쪽원숭사람
1924년 R. A 다트는 남아프리카 타웅Taung에서 출토된 유년 두골을 입수하고, 이것이 사람과 유인원을 연결해 주는 고리라고 확신해 '오스트랄로피테쿠스아프리카누스'라는 이름을 붙여 발표했다. 당시에는 인정받지 못했으나, 그 후 많은 표본이 출토되어 수십 년 동안 연구한 결과 지금은 최초의 화석 인류로 인정하고 있다.

다리를 붙인 것과 비슷하다고 생각하면 된다.

이후 인류는 새로운 종이 나타나고 멸종하기를 반복하면서 진화했다. 약 180만 년 전에는 호모 에렉투스(곧선사람*)가 등장했다. 호모 에렉투스는 오스트랄로피테쿠스에 비해 두뇌 용량이 훨씬 늘어났으며, 턱도 전체적으로 작아지고 얇아졌다. 두뇌 용량의 증가는 대체로 지능이 발달한 것을 의미한다. 또한, 말 그대로 허리가 훨씬 펴져서 똑바로 설 수 있는 모습으로 변했다.

약 40만 년 전에는 호모 네안데르탈렌시스(네안데르탈인)가 등장했다. 이들도 현재의 인류에 비하면 이빨과 턱이 앞으로 튀어나와 원숭이와 같은 외모에서 완전히 탈피하지는 못했다.

현대인과 거의 비슷한 외모와 지능을 갖춘 인류가 나타난 것은 약 20만 년 전이다. 호모 사피엔스(슬기사람)로 이름 지어진 이들이 현재 살고 있는 인류의 직접적인 조상인 현생 인류이다. 그러므로 현재 지구상에 살고 있는 사람은 모두 호모 사피엔스라고 할 수 있다. 호모 사피엔스가 약 5만 년 전 세계 여러 지역으로 확산되어 새로운 환경에 적응하면서, 비로소 백인·황인·흑인 등 인종적 특징이 나타나기 시작한 것으로 생각된다. 대표적인 호모 사피엔스의 화석으로는 약 4만 5,000년 전에 살았던 것으로 밝혀진 크로마뇽인이 가장 유명하다.

이 같은 호모 에렉투스·호모 사피엔스 등의 분류는 단지 서양의 이야기가 아니라 우리나라의 선사 시대에도 적용할 수 있는 개념이다.

황해 바다는 육지였다

인류가 나타난 이후 지구의 자연환경에는 커다란 변화가 여러 차례 있었다. 여러 번의 빙하기*가 반복되었는데, 빙하기에는 지금보다 훨씬 추워서 지구의 많은 지역이 얼음으로 덮여 있었다. 빙하기 사이에는 기후가 따뜻해지면서 빙하가 녹고 비가 많이 내리기도 했는데 이를 간빙

● 곧선사람
세계적으로, 곧선사람으로 생각되는 화석 인류로는 자바인·베이징인·하이델베르크인이 있다. 남쪽원숭사람의 두뇌 용량은 약 500~700cc였으며, 곧선사람의 두뇌 용량은 약 900~1,000cc였다.

● 빙하기
빙하기에는, 심할 경우 지금보다 평균 기온이 약 10도 낮았을 것으로 추정하고 있다. 현재는 양 극지방을 중심으로 육지 면적의 약 10퍼센트가 얼음으로 덮여 있지만, 가장 확대되었을 때에는 30퍼센트 이상이었다. 그만큼 바닷물의 양이 줄어들어서 현재보다 100~140미터 정도 수면이 낮았다.

동해

태평양

☐ 현재의 육지
☐ 10만 년 전 육지

기라고 한다. 마지막 빙하기가 끝난 것은 약 1만 2,000년 전이었으며, 그 다음부터 다시 지구가 따뜻해졌다. 학자에 따라서는 또다시 빙하기가 온다고 말하기도 하고 빙하기는 아주 끝났다고 말하기도 한다. 지금은 빙하기가 끝나고 따뜻해 동식물이 살기 좋은 기후다.

지구가 따뜻해지자 빙하가 녹기 시작했다. 그래서 빙하기 때보다 바다는 넓어지고 육지는 줄어들었다. 빙하기에 동아시아의 지형은 한반도와 일본, 중국 대륙이 육지로 연결되어 있었고 동해는 거대한 호수였다. 빙하기가 끝나고 바다의 수면이 높아지면서 비로소 오늘날 한반도의 모습이 되었다.

즉 한반도의 모습은 선사 시대 때 빙하기와 간빙기를 거치면서 모습이 여러 차례 크게 변했다. 그러다가 마지막 빙하기가 끝난 약 1만 2,000년 전쯤 오늘날의 한반도 모습이 생겼다. 이때, 심할 때는 해수면이 대략 140미터 정도 높낮이 변화가 있었다. 지금보다 동해와 황해의

한반도 기후 변화의 증거
구석기 유적지에서 출토되는 동물 뼈를 통해 기후 변화를 확인할 수 있다. 평안남도 상원의 검은모루 동굴에서는 따뜻한 기후에 살았던 물소·원숭이·코끼리 등의 뼈가 출토되었고, 충청북도 제천의 점말 동굴에서는 추운 시기에 살았던 사향노루·여우 등의 뼈가 출토되었다.

해수면이 140미터 정도 낮았을 때의 모습을 생각해 보면, 빙하기의 지도를 그릴 수 있을 것이다.

역포 사람과 흥수 아이

이러한 환경의 변화 속에서 한반도에 거주한 이들은 어떤 사람들이었을까? 한반도의 구석기 문화는 약 70만 년 전에 시작되었다. 따라서 한반도에 생활의 흔적을 남긴 최초의 사람은 곧선사람이라고 할 수 있다. 그러나 맨 처음 이 땅에서 생활한 사람의 뼈는 아직 발견되지 않아서 이들의 구체적인 모습은 알 수 없다.

한반도에서 발견된 인류 화석으로는 역포 사람과 덕천 사람 등이 있다. 북한에서 출토된 이들 사람 뼈는 발견된 지역의 명칭에 따라 이름 지어졌다. 베이징인이나 네안데르탈인, 크로마뇽인처럼 발견 지역의 이름을 붙인 것이다. 겨우 머리뼈 조각의 일부와 어금니 정도를 남긴 이들이 지금 복원할 수 있는 한반도에서 가장 오래된 인류다. 이들은 호모 네안데르탈렌시스의 범주에 드는 특징을 보이는 것으로 생각되고 있다.

호모 사피엔스의 특징을 보이고 있는 사람 뼈는 좀 더 많이 출토되었다. 북한에서는 아래턱뼈가 출토되어 이를 토대로 복원한 승리산 사람이 있다. 그리고 청원군 두루봉 흥수굴에서는 완전한 개체의 사람 뼈가 발견되었다. 발견자의 이름을 따서 흥수 아이로 이름 붙여진 이 주인공은 약 4만 년 전에 살았던 것으로 보인다.

역포 사람이나 덕천 사람은 우리나라의 네안데르탈인이며, 승리산 사람과 흥수 아이는 우리나라의 크로마뇽인이라고 할 수 있다. 구석기 시대 이후 한반도에 거주하며 진화를 계속해 온 이들이 신석기 시대를 거쳐 고유한 우리 민족을 이루었다고 보는 견해가 있다. 그러나 이들을 현대 한국인의 직계 조상으로 보기는 어렵다.

구석기 시대에는 빙하기와 간빙기를 거치면서 많은 환경의 변화가 있었고, 오래 시간을 두고 인류는 여러 차례 이동을 거듭했다. 또한 멸종이나 진화의 과정도 거쳤다. 아직은 인종적 구분이 확실히 드러나지도 않았던 시기였다. 따라서 이들이 현대의 한국인들에게 직접적으로 유전 인자를 남겼다고 볼 수는 없을 듯하다.

대체로 한국인의 직계 조상은 신석기 시대 이후 한반도에 거주했던 사람들인 것으로 보인다. 신석기 시대의 사람은 빗살무늬 토기를 사용했다고 해서 빗살무늬 토기인이라고 부르기도 하는데, 우리나라의 빗살무늬 토기인은 고아시아족이라는 견해가 일반적이다.

고아시아족은 본래 동북 시베리아의 변두리 지역에서 생활하던 무리다. 이들이 청동기를 가진 이주민에 밀려 만주(중국 둥베이 지방)와 한반도 등의 지역으로 남하한 것으로 보인다. 결국 이 지역에 거주하던 사

금굴 유적
우리나라에서 가장 오래된 구석기 유적으로, 약 70만 년 전부터 사람이 살았던 흔적이 발견되었다. 충청북도 단양 소재

● 우리 민족의 조상
우리 민족의 조상은 예족·맥족·한족 등으로 기록되어 있다. 흔히 동이족이라고도 하나, 이것은 중국의 역사책에 기록된 것으로 우리 민족을 '동쪽 오랑캐'로 비하하는 표현이다.

람들과 동화되면서 하나의 종족으로 통일되었는데, 이들이 우리나라 사람의 조상으로 생각된다.

옛 기록에 의하면 청동기 시대 이후 우리 민족의 조상*들은 예족·맥족·한족 등으로 나타난다. 이들이 바로 신석기 시대의 한반도 거주민들의 뒤를 이어 우리나라 사람을 형성한 직접적인 조상이다.

유물의 **연대**는 어떻게 **측정**하나?

유물의 연대를 알아내는 방법으로는 '상대 연대 측정법'과 '절대 연대 측정법'이 있다. 상대 연대 측정법은 두 유적이나 유물을 비교할 때 상대적으로 앞서는 것을 가려내어 연대를 결정하는 방법이다. 예를 들면, 발굴할 때 위 지층보다는 아래 지층이 상대적으로 앞선다는 것으로 시대의 우선 여부를 판단하는 '층위 분석법' 등이 있다.

직접, 유물의 연대를 결정하는 방법으로는 절대 연대 측정법을 사용한다. 이 측정법은 과학적인 방법을 동원해 연대를 추적하는 방법이다. 현재 가장 널리 사용하는 방법은 '방사선 탄소 연대 측정법'이다. 식물이나 동물 등의 유기체 속에 포함되어 있는 방사선 탄소는 생명체가 생명을 잃는 순간부터 점차 줄어든다. 그 줄어드는 비율이 5,730년이 지나면 2분의 1이 되고, 다시 5,730년이 지나면 4분의 1로 줄어든다는 원리를 이용한 것이다. 따라서 남아 있는 방사선 탄소의 양을 측정하면 연대를 계산해 낼 수 있다.

이 밖에 절대 연대 측정법으로는 '포타슘 아르곤 연대 측정법·나이테 측정법·발열광 연대 측정법' 등이 있는데, 발굴된 자료에 따라 다양하게 응용한다.

최초의 인류인 오스트랄로피테쿠스의 등장을 예전에는 약 200만 년 전으로 보았으나, 연대 측정법의 발달에 따라 지금은 약 390만 년 전으로 판단하고 있다.

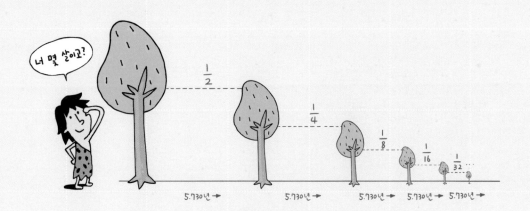

02

도구의 발달

원숭이는 열매를 딸 때 나무 막대기를 쓰기도 한다. 하지만 이는 주변에 있는 도구를 이용한 것이지 직접 만든 것은 아니다. 간혹 어떤 원숭이는 나무 막대기를 변형하기도 하지만, 이 역시 도구를 만들었다고 보기는 힘들 만큼 원초적이다. 결국 동물은 도구를 이용할 수는 있지만 만들지는 못한다.

사람이 동물과 구별되는 본질적인 특성은 바로 도구를 만들 수 있다는 점이다. 즉 사람은 자연에 맹목적으로 순응하는 게 아니라 도구를 이용해 자신의 뜻에 따라 자연을 변화시켜 가는 유일한 존재다.

원숭이가 나무 막대기 같은 것을 도구로 사용했듯이, 최초의 인류는 각종 자연물을 도구로 사용했을 것이다. 그러나 인간이 만든 도구 중 현재 남아 있는 것은 오랜 세월 속에서도 썩지 않는 돌로 만든 도구, 즉 석기다. 따라서 석기는 선사 시대 사람들의 생활을 알려 주는 중요한 자료이다.

돌을 깨서 도구를 만들다

사람이 최초로 돌을 도구로 사용한 것은 저절로 깨진 돌이었다. 따라서 원시 인류는 뾰족한 돌을 찾아 이곳저곳을 돌아다녔다. 돌을 깨뜨리면 뾰족해진다는 것을 알게 된 것은 오랜 시간이 지나서였다. 돌로 도구를 만들기 시작한 것이다. 우리나라의 경우 50만~70만 년 전 전기 구석기 시대의 뗀석기가 단양 금굴 유적·공주 석장리·상원 검은모루 동굴 등에서 발견되었다.

이 최초의 석기는 자갈돌을 다른 자갈돌로 쳐서 한 방향으로 떼어 만든 외날찍개이다. 이 수법을 직접떼기라고 하는데, 뗀석기를 만들기 시작하면서부터 널리 쓰인 가장 원시적인 방법이다. 이 외날찍개가 더욱

상원 검은모루 동굴 유적
우리나라의 대표적인 전기 구석기 시대 동굴 유적이다. 길이 약 30미터, 너비 약 2.5미터, 높이 2미터 정도로, 석기 및 30여 종의 동물 화석이 발견되었다. 평양 상원 소재

발전해 차차 양쪽으로 떼어 양날찍개를 만들게 되었다. 양날찍개는 뼈를 부수어 골수를 꺼낸다거나 나무뿌리를 캔다거나 할 때 사용했다.

이후 석기의 제작 방법이 더 발달해 나타난 것이 주먹 도끼다. 주먹 도끼는 돌의 양쪽 면을 모두 뾰족하게 가공해 날을 좀 더 예리하게 한 것이다. 인류는 이 주먹 도끼로 땅을 파거나, 무엇을 찍기도 하는 등 여러 가지 방법으로 사용했다. 주먹 도끼는 현재의 원시 집단에서도 사용하고 있는 것으로, 찍개와 함께 인류 역사에서 오랜 기간 사용한 도구이다. 연천군 전곡리에서 출토된 주먹 도끼는 거의 완벽한 모습을 하고 있다.

이같이 석기를 만드는 기술은 수십만 년을 두고 조금씩 발전했다. 떼어 내는 수법도 자갈돌 망치를 쓰는 법에서 모루 돌에 올려놓고 망치로 떼어 내는 법으로 발전했다. 그리고 하나의 돌덩어리(몸돌)에서 격지(몸돌에서 떼어 낸 돌 조각)를 떼어 그 조각들을 잔손질해 예리하고 정교한 석기를 만드는 수법이 널리 보급되었다. 이러한 기술을 응용하면서 찌르개나 긁개 등의 분화된 석기들을 만들었다.

격지를 떼어 내는 방법도 점차 발달해 새로운 수법이 등장했다. 나무나 사슴뿔 등으로 만든 원통형 망치로 좀 더 얇고 길게 격지를 떼어 내는 방법이 있고, 뼈나 뿔로 된 끌과 같은 것을 돌에 대고 망치로 내려쳐서 떼어 내는 방법이 있다. 이를 간접떼기라고 한다. 이렇게 해서 떼어 낸 날은 날카로워서 면도를 할 수 있을 정도다. 이 방법으로 밀개·새기개·뚜르개 등의 정교한 석기를 만들 수 있었다.

현생 인류가 활동했던 후기 구석기 시대에 접어들면서 눌러떼기 수법이 널리 보급되었다. 눌러떼기는 극히 제한된 면적에 힘을 서서히 가해 아주 작은 크기의 격지를 원하는 형태대로 떼어 내는 방법을 말한다. 따라서 이 기법으로는 정밀하고 미세한 석기를 만들 수 있었다. 이 기법의 출현으로 수십만 년에 걸친 뗀석기 제작 기술이 그 정점에 도달

주먹 도끼
한쪽은 손으로 잡아 질 수 있고, 다른 쪽은 날카로워서 물건을 자르거나 땅을 팔 수 있는 작은 도끼. 전기 구석기 시대의 대표적인 뗀석기다. 국립 중앙 박물관 소장

깨진 돌과 뗀석기의 구별
초기의 뗀석기는 자연적으로 깨진 돌과 구별하기 힘들 정도로 서툴게 만들어진 것이 많다. 따라서 사람이 만든 석기인가, 혹은 자연적으로 깨진 돌인가를 가려내려면 그것이 어떤 지층에서 나왔는지, 그것과 함께 나온 것들에 사람이 남긴 흔적이 있는지를 살펴봐야 한다. 또한 사람이 남긴 흔적이 있는 지층에서 나온 것이라 하더라도 깨진 면을 살펴서 사람이 목적의식을 가지고 깨뜨린 석기인지 자연적으로 깨진 돌인지를 구별한다.

했다. 이 시기 이후 만들어진 잔석기는 창끝이나 화살촉 등 복합 도구의 부품으로 쓰였다. 즉 눌러떼기 수법은 돌을 갈아서 석기를 만드는 방법이 알려지기 전까지는 가장 발달한 석기 제작 기술이었다.

돌을 갈아 날을 세운 간석기

사람들이 토기를 만들어 쓸 줄 알게 되고, 돌을 갈아서 석기를 만들게 된 때부터 청동기를 만들어 사용하기까지의 시기를 신석기 시대라고 한다. 우리나라의 경우, 약 1만 년 전에서 4,000년 전까지의 시기다.

돌을 갈아서 석기를 만들게 됨으로써 사람들은 전보다 예리하고 단단한 날을 쉽게 얻을 수 있었다. 또한 석기를 만드는 일을 훨씬 더 능률적이고 효과적으로 할 수 있었다. 뗀석기는 날이 떨어지거나 무디어지면 그것을 본래의 모양대로 만들기가 힘들었으나, 간석기는 웬만한 것은 다시 갈아서 원상태로 만들 수 있었다. 신석기 시대 사람들은 돌을 갈아서 날을 세울 때뿐만 아니라 돌을 잘라 내거나 구멍을 뚫을 때도 돌을 가는 수법을 사용했다.

이 시기의 석기는 그 쓰임새에 따라 농경용·공구용·사냥용·고기잡이용으로 구분할 수 있다. 농경 용구는 갈이용으로는 돌괭이·돌보습·곰배괭이·삽 등이 있고, 수확용으로는 돌낫, 조리용으로는 갈돌·갈판

갈돌과 갈판
갈판에 곡식을 올려놓은 다음 껍질을 까거나 갈아서 음식을 만들었을 것이다.

등을 들 수 있다. 그리고 공구용으로는 돌칼·돌도끼·돌끌이 있고, 사냥과 고기잡이용으로는 돌화살촉·돌창·그물추 등 다양하게 나타난다. 이 간석기들은 청동기 시대까지 널리 사용했던 도구들이다.

이들에게서 보이는 특징은 자루에 맞춰 쓰게끔 된 것이 많아졌다는 점이다. 이 중, 도끼 등 몇 가지는 그것이 돌로 되었을 뿐이지 그 생김새는 오늘날 금속으로 만든 것과 별반 다르지 않다. 한편 이 시기에는 뿔괭이·작살·뼈낚시·뼈바늘 등, 뼈나 뿔로 만든 도구들도 용도에 따라 더욱 다양하게 제작하고 사용했다.

이렇게 사람들이 도구를 개선하는 것은 그들이 먹고 입고 사용하는 데 필요한 생산 활동을 확대해 나가기 위한 것이다. 그러므로 신석기 시대에 노동에 쓰는 도구의 종류가 늘어나고 용도에 따라 도구가 세분되어 가는 것은 생산의 발전, 생업의 확대 등을 뜻한다.

대장장이의 탄생

우리나라에서 청동기를 사용하기 시작한 것은 기원전 20세기~15세기경(약 4,000~3,500년 전)부터다.

청동으로 도구를 만드는 일은 여러 가지 공정과 기술 및 지식, 경험이 필요한 일이다. 실제로 아주 간단한 제품 하나를 만드는 것마저도 석기를 만드는 것과는 비교도 할 수 없을 만큼 복잡하고 어려운 일이어서, 일상적으로 많이 쓰는 도구나 무기를 처음부터 청동으로 생산하기는 힘들었다. 따라서 청동기 시대에도 비교적 손쉽게 만들 수 있었던 돌로 만든 도구와 무기를 계속 사용했다. 농경용이나 공구용 등 일반 살림에는 거의 간석기를 이용했으며, 이 간석기들은 신석기 시대보다 훨씬 발전된 것들이 많다. 실제로 청동기 시대의 출토 유물을 보면 간석기가 압도적으로 많은 양을 차지하고 있다.

청동으로는 주로 무기류나 주술적인 의식용 기구인 거울, 장식품 등

을 만들었다. 그러므로 청동기는 부유하고 권력 있는 지배층의 독점물이 될 수밖에 없었다.

청동기 중 주로 출토되는 동검은 살상용 무기로 제작한 것이었다. 초기의 것은 중국 고대 악기인 비파의 모양을 하고 있어서 비파형 동검이라고 한다. 주로 중국 만주의 랴오닝 성(요령성) 지방에서 많이 출토되기 때문에 요령식 동검이라고도 한다. 청동기 시대 말에는 이것을 더욱 개량해 가늘고 긴 모양의 세형동검으로 발전시켰다. 세형동검은 주로 한반도에서 출토되었고, 검을 만든 거푸집이 발견됨으로써 우리나라에서 직접 동검을 만들었다는 사실이 확인되었다. 그래서 한국식 동검이라고도 한다.

청동기 시대의 유물 중 이러한 살상용 무기가 많이 발견되는 것은 이 시기에 약탈과 노예 확보를 위한 전쟁이 치열하게 벌어졌음을 말해 준다. 권력자들은 그들의 전유물인 청동 검을 들고 약탈 전쟁을 지휘했으며, 이러한 약탈 전쟁을 통해 그들의 지배 영역을 확대했다. 그리하여 확대한 영역을 효율적으로 지배하기 위한 제도적 장치가 마련되면서 국가가 발생했다. 청동기 시대에 접어들어 국가 조직을 갖춘 최초의 나라가 고조선이며, 고조선 초기의 영역은 비파형 동검의 출토 지역과 대체로 일치하고 있다.

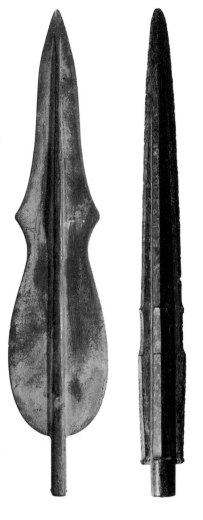

비파형 동검(왼쪽)과 세형동검 (오른쪽)
우리 고대 청동기 문화권에 널리 분포된 청동 검이다. 비파형 동검은 남만주와 한반도 서북 지역에서 많이 발견되고, 세형 동검은 한반도 내에 많이 분포한다. 이를 통해 고조선 초기의 중심지와 후기의 중심지가 달랐음을 알 수 있다. 국립 중앙 박물관 소장

석기는 **벼락** 덕분에 만들어진 것?

선사 시대 도구인 석기에 대해 근대의 지식인들은 어떻게 생각했을까?

실학자 이익(1681~1763)은 자신의 저서 《성호사설》에서 선사 시대의 석기는 낙뢰에 의해 자연적으로 형성된 것, 즉 뇌부雷斧라고 했다. 이러한 해석은 유럽에서도 마찬가지였다. 19세기 중엽 이전, 즉 근대 고고학이 성립되기 이전의 유럽인들은 석기를 인간이 남긴 것이라고 보지 않았다. 그들은 석기가 낙뢰가 칠 때 하늘에서 떨어진 돌(Thunder-stone, Lightning-stone)이라고 생각했다.

그러나 추사 김정희(1786~1856)는 선사 시대의 유물은 자연적으로 만들어진 것이 아니라 사람이 만든 도구이자 무기이고, 따라서 역사적으로 중요한 자료라고 생각했다. 놀랍게도 근대 학문이 훨씬 앞서 있었던 서양인보다도 과학적인 주장을 했던 것이다.

오산리 주먹 도끼
동탄2 신도시를 만드는 과정에서 감배산 유적 가까이에 있는 오산리 부근에서 주먹 도끼가 출토되었다. 전곡리에서 미군 병사가 처음 발견한 종류의 주먹 도끼다. 화성시 향토 박물관 소장

03
선사 시대의 생활

무엇을 먹고, 무엇을 입고, 어디에서 살 것인가? 이 문제는 오늘날에도 인간 생활의 기본적인 문제다. 그 가운데서도 가장 중요한 것은 먹는 문제다. 인간의 역사는 어쩌면 이 먹는 문제를 해결하기 위한 역사라고 할 수 있다. 그러나 여전히 이 문제는 완전히 해결된 것이 아니다. 지금도 수많은 사람이 먹지 못해 죽어 가고 있다. 그러면 더 어려운 조건에서 생활했던 선사 시대의 사람들은 이 문제에 어떻게 대처했을까? 또한 이 문제로 인해 사람과 사람의 관계는 어떻게 변화했을까?

먹을 것을 찾아 떠돌아다닌 구석기인

아프리카의 한 동굴에서 사람의 두개골이 다량 출토되었다. 놀랍게도 이 두개골에는 표범의 이빨 자국이 있었다. 표범은 사람을 잡아먹고 나무에 걸어 두는 습관이 있는데, 이때 두개골이 동굴 안으로 굴러떨어져 많이 쌓인 것이다. 이처럼 최초의 인류는 나약한 존재였으며 맹수의 좋은 사냥감이었다. 따라서 맹수와 추위를 피하는 일이 생존을 위한 가장 큰일이었다. 사람은 무리를 지어 맹수의 공격을 피했고, 동굴을 찾아 추위를 피했다.

사람이 이런 나약함을 극복하게 된 것은 직립을 할 수 있게 되면서부터다. 똑바로 설 수 있게 됨으로써 사람은 자유롭게 손을 사용할 수 있게 되었다. 자유로운 손의 활용을 통해 사람은 도구를 만들어 사용할 수 있게 되었다. 또한 발달된 도구를 사용함으로써 사나운 맹수와도 맞설 수 있었다. 이리하여 사람은 자연계에서 강한 동물로 성장하게 된 것이다.

구석기 시대의 사람들은 무엇을 먹고 살았을까? 그들은 나무 열매나 뿌리 등을 채집해 먹거나 작은 동물을 잡아먹고 살았다. 채집과 사냥이 주된 식량 획득 수단이었기 때문에 사람들은 부단히 돌아다녀야 했다. 먹을거리를 찾아 이곳저곳으로 떠돌아다니며 생활했던 것이 이 시기의 생활 모습이었다.

이 시기 인간 생활에서 중요한 것은 불을 이용한 것이다. 불을 자유로이 이용할 수 있게 됨으로써 인간의 생활은 크게 달라졌다.

석장리 구석기 유적지
구석기 시대 사람들은 자연적으로 생긴 동굴을 이용한다고 여겼기 때문에 '동굴사람cave man'이라는 명칭이 붙었다. 그러나 지금은 야외나 강가의 막집터가 발견되고 있어 구석기 시대 사람들이 동굴뿐만 아니라, 야외에도 집을 짓고 산 것으로 밝혀졌다. 공주 석장리, 화순 대전리 등지에서 막집터가 발견되었다.

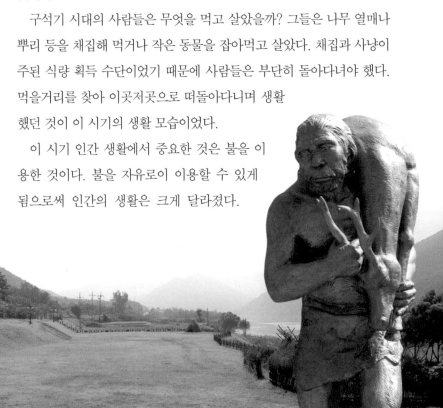

사냥하는 구석기인 조형물

사람들은 불을 이용해 추위를 막고, 맹수의 습격으로부터 자신들을 보호할 수 있었다. 또한 이전에는 날것으로 먹던 것을 구워 먹을 수 있었다. 더 부드럽고 맛있는 음식을 먹게 된 것이다. 구석기 여러 유적지에 남아 있는 불을 피운 흔적이 이런 사실을 뒷받침한다.

그러나 이 기간에 인간 생활의 발전은 매우 더뎠다. 거의 수십만 년 동안 큰 변화 없이 똑같은 생활 방식이 유지되었다. 언제나 먹는 문제를 비롯한 살아남는 문제가 가장 큰 고민일 수밖에 없었다. 도구 사용법의 발달과 축적된 경험의 전수를 통해 생활에 커다란 변화가 생기게 된 것은 신석기 시대에 접어들면서부터였다.

농경과 목축을 시작한 신석기인

신석기 시대에도 짐승을 사냥한다거나 열매와 뿌리를 채집해 먹는 생활은 계속되었다. 그러나 사람은 수십만 년의 경험 속에서 자신들이 먹고 버린 장소에서 같은 식물이 자란다는 사실을 알게 되었다. 결국 식물을 재배하는 기술을 발견해 낸 것이다. 또한 사냥에서 잡아 온 짐승을 죽이지 않고 가두어 두면 점점 자란다는 사실, 즉 고기의 양이 늘어난다는 점도 알게 되었다.

이제 사람은 농사짓는 일과 짐승을 기르는 일, 즉 농경과 목축을 할 수 있게 된 것이다. 사람이 이러한 사실을 터득한 것은 인류 역사 390만 년 중 겨우 1만 년 전의 일이다. 인간의 진화 과정이 그만큼 더뎠다.

신석기인들은 어떤 방법으로 농사를 지었을까? 신석기 시대의 농경 생활을 알 수 있게 해 주는 것은 그들이 남긴 유물이다. 그들은 돌괭이나 뿔괭이 등을 이용해 밭을 갈고 씨를 뿌렸다. 돌낫을 이용해 수확했으며, 갈돌과 갈판을 이용해 껍질을 벗기고 음식을 조리했다. 그들은 주로 조·피·수수 등을 재배했는데, 이것은 불에 탄 곡식을 분석해 알게 된 사실이다. 신석기인들은 음식을 저장하기 위해 그릇도 만들었다. 그

● 빗살무늬 토기
왜 토기의 밑바닥이 포탄 모양처럼 생겼을까? 이 토기를 어떻게 사용했을까? 빗살무늬 토기를 보면서 갖게 되는 의문점이다. 신석기인들은 이 토기를 땅을 파서 묻고 사용하거나, 오늘날 수박을 묶을 때 사용하는 망태 같은 것을 만들어 토기를 들고 다니며 사용했을 것이다. 국립 중앙 박물관 소장

들이 만들었던 대표적인 그릇은 포탄 모양으로 된 빗살무늬 토기●다.

농경과 목축의 발견은 사람의 생활에 커다란 변화를 초래했다. 그래서 '신석기 혁명'이라고까지 표현한다. 이제는 먹을거리를 찾아 떠돌아다니는 생활은 그만해도 되었다. 집을 짓고 정착해 생활하게 된 것이다. 서울 암사동에 복원해 놓은 움집이 바로 신석기인들이 생활했던 집의 모습이다. 그러나 아직 농경이나 목축의 기술은 원시적인 수준이었다. 따라서 예전의 채집·사냥·고기잡이 등은 여전히 생활에서 큰 비중을 차지했다.

신석기 시대의 유적지는 주로 강가나 바닷가에 위치하고 있다. 이것은 조개나 물고기를 잡아 생활하는 것이 농사만큼이나 큰 비중을 차지하고 있었음을 보여 준다. 그들은 물고기를 잡기 위해 뼈로 만든 작살이나 그물 등을 사용했고, 뼈로 만든 낚시도 이용했다.

사냥법도 크게 변했다. 구석기 시대에는 집단으로 동물을 포위해 창이나 나무 막대기, 주먹 도끼 등으로 때려잡는 근거리 사냥법을 사용했다면, 이제는 활과 화살을 이용한 원거리 사냥법을 사용할 수 있게 되

묶음식 낚시와 돌 그물추
신석기 시대의 낚시는 대체로 날카로운 뼈를 묶어서 만든 묶음식 낚시(이음낚시)다. 이 묶음식 낚시는 지난날 아메리카 원주민들도 사용하던 방식이었다. 오늘날의 낚시 기술은 수천 년의 역사를 지닌 채 발전하고 있다. 국립 춘천 박물관 소장

었다. 맹수 가까이 접근하지 않고도 먼 거리에서 활을 이용해 사냥할
수 있게 된 것은 더욱 안전한 사냥을 보장했다. 이러한 사실은 출토된
잔석기 중에 화살촉이 많이 포함되어 있다는 것에서 알 수 있다.

이 시기에도 거대한 자연 앞에서 혼자 생존하기는 어려웠다. 대부분
의 노동은 힘을 합쳐 해야 했고, 따라서 그 결과물은 평등하게 나누어
가질 수밖에 없었다. 대체로 씨족의 지도자는 경험이 많은 원로가 맡았
다. 그의 주도하에 회의를 통해 공동 생산과 분배가 이루어졌다. 그러
나 이 사회의 평등은 인간의 생산력 수준이 보잘것없었기 때문에 가능
했다. 이와 같이 공동으로 생산하고 공동으로 분배하는, 불평등이 없는
사회를 원시 공동체 사회라고 한다.

벼농사를 시작한 청동기인

청동기 시대가 되면서 농경은 더욱 발달했다. 이전의 시기와는 비교도
할 수 없을 만큼 농사가 활발해졌고 보편적으로 이루어졌다. 무엇보다
도 주목할 만한 점은 이 시기에 벼농사가 시작된 것이다. 오늘날 주식
으로 하고 있는 쌀이 이때부터 본격적으로 생산되기 시작했다. 이제 생
산 활동의 중심은 농경이 되었다.

청동이 귀하기 때문에 농기구로는 여전히 석기가 사용되었으나, 좀
더 정교해지고 종류가 다양해졌다. 돌보습 등을 이용해 땅을 깊게 갈

수 있게 됨으로써 생산량도 늘어났다. 특히 반달 돌칼●은 수확용으로
널리 사용되었는데 전국 대부분 지역에서 출토되고 있다.

반달 모양의 이 석기에는 두 개의 구멍이 뚫려 있다. 이 구멍에 끈을
매어 손으로 잡고 이삭을 따는 데 사용했다. 줄기를 잘라 수확하는 것
보다는 이삭을 따는 것이 효율적이어서 반달 돌칼을 널리 이용한 것으
로 보인다. 이 시기의 농사짓는 모습은 대전에서 출토된 농경 무늬 청
동기를 통해 잘 알 수 있다.

이처럼 농경이 발달하고 생산력이 증가됨에 따라 정착 생활은 점차
안정되어 갔다. 움집의 규모는 커졌고, 깊이는 얕아졌다. 그리고 오늘
날 농촌 마을의 입지 조건과 같은 지형, 즉 뒤에는 산을 끼고 앞에는 하
천이 흐르는 얕은 구릉 지역에 집단 주거지가 형성되었다.

그러나 사람 사이의 관계에는 매우 큰 변화가 생겼다. 농업 생산이
발달함에 따라 생산물의 보관 및 관리의 문제가 중요해졌다. 신석기 시
대 이래 지도자는 생산물의 보관과 관리를 통해 자신의 지위를 높였다.
이 지위를 이용해 생산물을 사유화했으며 그들만의 권력을 만들어 냈
다. 단순한 지도자가 아니라 권력을 가진 지배자로 탈바꿈했다. 공동의
생산물을 개인적으로 독점할 수 있는 자가 생겨난 것이다.

한편 농사에 실패한 자는 생존을 위해 이들의 노예로 전락했다. 이렇
게 해서 구성원 간에 불평등한 관계가 발생했다. 또한 집단 간 우열의
차이도 생겨났다. 지배자는 약한 집단을 대상으로 약탈 전쟁을 일으켜
노예와 식량을 확보했다.

이처럼 청동기 시대 사람의 생활 모습은 외형적으로는 안정된 정착
생활이었다. 그러나 그 내부에서는 지배하는 자와 지배받는 자, 가진
자와 못 가진 자라고 하는 불평등한 인간관계가 발생했다. 이 모습은
오늘날까지도 큰 변화 없이 그 본질이 그대로 유지되고 있다.

옷을 만들기 위한 도구들

사람이 옷을 만들어 입기 시작한 증거가 보이는 것은 신석기 시대부터이다. 출토된 유물 중 의생활에 관계되는 것은 가락바퀴·칼·바늘·바늘통·송곳·실 등을 들 수 있다.

가락바퀴는 돌이나 토기 조각을 둥글게 갈고 가운데에 구멍을 뚫어 만든 것과, 진흙을 빚고 가운데에 구멍을 뚫은 후 구워 만든 것이 있다. 가락바퀴는 그 중앙의 구멍에 나무봉을 끼워 돌려 실을 꼬던 도구였다. 바늘은 동물이나 생선 뼈를 갈아 만든 것으로 고루 출토된다. 평남 온천군 궁산리에서는 바늘에 베실이 꿰어 있는 채로 출토되었는데, 이는 당시 식물성 섬유를 실로 사용하여 바느질했음을 보여 준다. 이 밖에도 재단에 필요한 칼, 구멍 뚫는 데 사용한 송곳 등이 대부분의 유적에서 출토되었다.

이로 보아 신석기 시대에는 식물성 섬유나 동물성 섬유로 옷감을 짜서, 간단한 형태의 옷을 만들어 입었을 것으로 추정된다. 그러나 직물보다는 구하기 쉬운 나무껍질 또는 육상 동물이나 해양 생물의 가죽 등을 옷 모양으로 자른 다음, 실로 꿰매 만든 의복이 보다 보편적이었을 것이다.

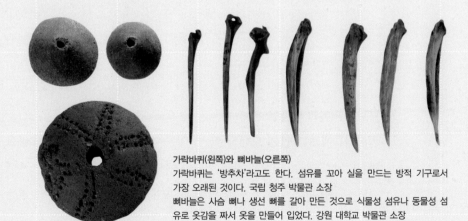

가락바퀴(왼쪽)와 뼈바늘(오른쪽)
가락바퀴는 '방추차'라고도 한다. 섬유를 꼬아 실을 만드는 방적 기구로서 가장 오래된 것이다. 국립 청주 박물관 소장
뼈바늘은 사슴 뼈나 생선 뼈를 갈아 만든 것으로 식물성 섬유나 동물성 섬유로 옷감을 짜서 옷을 만들어 입었다. 강원 대학교 박물관 소장

04

선사 시대의 신앙과 예술

박물관에 들어서면 가장 먼저 눈에 띄는 것이 빗살무늬 토기나 청동 거울 같은 선사 시대 유물이다. "아, 저것이 선사 시대의 그릇이구나. 거울이 이상하게 생겼네." 이런 생각 외에 더는 어떤 느낌도 갖지 못하고 무심히 지나치는 경우가 많다. 하지만 말없이 가만히 놓여 있는 선사 시대의 유물들은 많은 의미를 담고 당시 사람들의 생활상을 전해 준다.

토기의 빗살 무늬는 어떤 의미일까? 거울은 수천 년이 지난 오늘날 우리에게 어떤 뜻을 전해 주고 있는가? 상상의 날개를 펴 봄 직한 관찰 대상이 아닌가?

공포의 극복과 생존을 위해

원시인들에게 자연은 도대체 알 수 없는 것이었다. 추위와 더위, 바람과 비, 낮과 밤 등 수많은 자연 현상 속에서 인간은 한없이 나약한 존재였다. 도저히 알 수 없는 자연의 변화 속에서 무엇 하나 바꿀 수 없는 무력감은 커다란 공포였다.

　사냥이 뜻대로 되지 않으면 며칠이고 굶어야 했고, 추위가 닥치면 동굴 안으로 피할 수밖에 없었다. 인간이 스스로 자연의 지배자라고 생각하기에는 아직 너무나 미약했다. 많은 사냥감은 그들에게 은인과도 같았다. '늘 사냥감이 많았으면, 먹을 수 있는 것들이 많았으면' 하는 것이 그들의 바람이었다.

　그래서 그들은 동물을 형상화한 조각품을 만들거나, 동굴 벽에 그림을 그리고 풍성한 사냥감을 얻게 해 달라고 비는 의식을 행했다. 이처럼 예술과 신앙의 발생*은 대체로 구석기 시대 후기의 일이다. 이후 이러한 동물에 대한 숭배 의식이 관습화된 것이 토테미즘이다.

　또한 그들은 자신들에게 사냥하는 법과 살아남을 수 있는 법을 가르친 조상에게 기원하기도 했다. 조상의 얼굴을 형상화한 예술품을 만들고, 그런 조각품을 몸에 지니고 다니면 조상이 자기를 보호해 줄 것이라고 믿었다.

　결국 자연 현상에 대한 무지에서 공포가 생겨났고, 공포의 극복과 생존을 위해 예술품을 만들었다. 그리고 그들은 사냥이 잘되기를 기원하기 위해 춤을 추고 노래를 부르며 의식을 행했다. 즉 원시 시대의 예술과 신앙은 서로 나누어진 것이 아니었다. 그들의 생존과 밀접하게 결부되어 있었다. 이렇게 원시 사회에서 발생한 신앙과 예술, 의식 행위는 서로 얽혀 원시 종합 예술을 이루고 있다. 따라서 남아 있는 것은 그들의 조각이나 그림이지만, 이를 통해 그들의 춤이나 노래를 상상해 볼 수 있다. 짐승 가죽을 둘러쓰고 사냥하는 흉내를 내면서 춤을 추고 노래하는 모습, 그것이 그들의 신앙 행위요, 예술이었다.

　에스파냐의 알타미라 동굴 벽화는 구석기 시대의 대표적인 예술로 손꼽히고 있다. 우리나라의 경우, 벽화보다는 새기개 등

● 예술과 신앙의 발생
원시 시대 사람들은 두려움을 이겨 내고 살아남기 위해 자신들이 바라는 것을 예술로 표현하고 의식을 행했다. 이 과정에서 예술과 신앙이 발생했다.

그림 실력은 타고났구먼~

알타미라 동굴 벽화
1879년 에스파냐 북부에서 발견된 이 동굴 벽화는 프랑스의 라스코 동굴 벽화와 더불어 세계적으로 유명하다. 이 벽화는 구석기 시대 후기 약 1만~2만 년 전의 것으로 추정하고 있다. 주로 천장에 매머드·들소·사슴 등이 그려져 있는데, 그 생생한 묘사와 아름다운 색채, 입체감은 보는 사람들을 압도한다. 이 벽화를 통해 당시의 예술 활동뿐만 아니라 수렵의 방법이나 무기, 신앙 등을 알 수 있다.

의 석기를 이용한 조각품이 주로 출토되고 있다. 청원의 두루봉 동굴, 제천의 점말 동굴에서는 뼈에 얼굴 모양을 새긴 예술품이 출토되었다. 얼굴 모양은 바로 영혼을 지닌 조상의 얼굴을 뜻하는 것이며, 지니고 다니면 자신을 보호해 준다고 믿었다.

또한 두루봉 처녀굴에서는 꽃사슴 뿔을 가운데 놓고, 동굴 곰 한 마리가 의도적으로 동쪽을 향해 놓여 있었다. 이곳은 의식을 집행했던 곳으로 보인다. 이러한 곰 의식을 집행한 흔적은 우리나라뿐만 아니라 서양의 여러 곳에서 그 흔적이 나타난다. 한편 두루봉 제2 굴의 입구에서는 그곳의 토양에서 살 수 없는 진달래 꽃가루가 출토되었다. 의식적으로 살림집인 동굴을 아름답게 꾸며 놓았던 흔적이다. 이것은 원시인들에게 미의식이 싹트고 있었음을 보여 주는 예다.

빗살 무늬에 담긴 의미

신석기 시대에 접어들어 농경과 정착 생활이 보편화되었다. 이와 같은 생활의 변화는 신앙과 예술에도 많은 영향을 끼쳤다.

농경을 시작하면서부터는 농사가 잘되기를 기원했다. 또한 일할 수 있는 노동력이 많아지기를 기원했다. 그리하여 풍요와 다산에 대한 기원이 이 시기 사람들의 신앙 중 주요 부분을 차지하게 되었다. 농경과 함께 시작된 이러한 풍요의 기원은 오늘날까지도 농촌 사회에서 계속되고 있다.

구석기 시대의 사냥꾼들이 사냥감을 두고 기원했다면, 이제는 땅과 하늘과 해와 물 등 알기 힘든 자연을 대상으로 풍작이 들기를 기원했다. 그들은 자연의 모든 것을 기원의 대상으로 삼았다. 해·달·바람·비·구름 등 모든 자연 현상의 배후에는 초자연적인 어떤 힘이 있을 것으로 생각했던 것이다. 그들은 추수한 곡식이 노동의 대가가 아니라 자연이 내려 준 것이라고 믿었다.

조개 가면
조개 가면을 통해 예술과 신앙이 발달했음을 알 수 있다.

따라서 그들이 만든 토기의 빗살 무늬는 장식뿐만 아니라 상징적인 의미도 지녔다고 추정할 수 있다. 직선적으로 뻗어 나가는 것이야말로 신석기 시대의 농사꾼에게 소중한 의미가 있었을 것이다. 곡식의 성장을 상징하는 것이기도 하고, 태양을 나타내는 것이기도 하다.

이 시기에 풍요와 다산을 기원하는 대표적인 예술품으로는 양양 오산리와 부산 동삼동 등에서 출토된 얼굴 모양의 예술품, 북한 서포항 유적의 여성을 상징한 조각품 등이 있다. 또한 조가비 팔찌 등 장식품류는 자신을 지켜 준다는 부적으로서의 의미와 함께 아름다움을 추구하려는 마음에서 만든 것으로 보인다. 이 시기에 죽은 자를 매장하는 풍습이 널리 이루어진 것도 조상과 영혼에 대한 숭배를 보여 주는 예라고 할 수 있다.

●청동기 시대의 족장
오늘날 무당의 모습을 통해 추
정할 수 있다. 무당은 굿을 할
때 한 손에는 칼을, 또 한 손에
는 방울을 들고 춤을 춘다. 청
동기 시대의 족장도 마찬가지
였다. 다른 점이 있다면 무당
은 종교 의식의 집행자일 뿐이
지만, 족장은 정치권력까지
가진 지배자였다는 것이다.
국립 전주 박물관 소장

신성하게 여긴 새
새를 신성시하는 것은 이후 솟
대의 윗부분에 설치한 새 조
각, 그리고 신라 시대 금관 윗
부분에 있는 새 조각을 통해
계속되었음을 알 수 있다.

태양을 상징하는 것들

청동기 시대에 접어들면서는 생산 활동의 대부분을 농경에 의존하게
되었다. 따라서 이 시기의 신앙과 예술의 주된 부분도 농경과 관련된
풍요와 다산에 대한 기원이 중심이 되고 있다.

인간은 식물을 재배하는 과정에서 식물의 성장 특성을 알게 되었다.
계절의 변화와 곡식의 열매를 맺게 해 주는 태양의 힘을 알게 된 것이
다. 단순히 자연에 대한 숭배에서 벗어나 농사와 관련된 하늘과 태양
숭배가 나타났다. 남자가 농업의 주된 담당자가 되면서 하늘과 태양에
대한 숭배 의식도 남자가 주관하기 시작했다. 하늘 신과 태양신은 농작
물의 풍작을 비롯해 사람의 모든 행복, 그들의 생명까지도 수호하는 최
고의 만능 신이 되었다.

원시 공동체 사회가 붕괴하면서 등장한 종족의 대표자, 즉 족장(군
장)이 하늘 신과 태양신 숭배 의식의 집행자가 되었다. 따라서 청동기
시대의 족장●은 권력을 가진 지배자이기도 했지만, 의식 행사의 집행
자이기도 했다. 그들은 청동 거울·청동 방울·청동 검을 손에 들고 의
식을 집행했다.

청동 거울에 새겨져 있는 가는 줄무늬는 태양을 상징하는 것이며, 의
식 행사 때 청동 거울을 가지고 태양의 빛을 반사시킴으로써 그들의 권
능을 과시했다. 청동기 시대의 종교와, 사회 지배자로서의 족장의 모습
은 오늘날 무당의 모습을 통해 추정해 볼 수 있다.

이 시기 정치와 종교의 지배자인 족장들은 그들의 지위와 권력을 강
화하고 지배를 합리화하기 위해, 자기의 핏줄을 하늘 신이나 태양신과
결부시키려고 했다. 이러한 사실은 우리나라 초기 국가 대부분의 건국
신화에서도 살펴볼 수 있다.

또한 그들은 인간과 하늘, 태양을 연결시켜 주는 매개물이 새라고 생
각했다. 이러한 사실은 새를 조각한 예술품을 통해서 알 수 있다. 대표

적인 것으로 대전에서 출토된 농경 무늬 청동기가 있다. 이 청동기는 농업과 관련된 의식 행위에 사용했을 것으로 보인다. 뒷면에는 농사짓는 남자가 커다란 성기를 내놓은 채 밭갈이를 하는 모습이 새겨져 있다. 앞면에는 두 쪽으로 갈라진 나뭇가지 위에 새가 한 마리씩 앉아 있다. 이것은 후에 솟대 신앙으로 발전한다.

청동기 시대의 신앙과 예술을 한꺼번에 보여 주는 대표적인 유적으로는 울산 울주군의 반구대 암각화가 있다. 이 바위그림은 크게 평면 그림과 선 그림으로 이루어져 있다. 평면 그림으로는 고래나 거북 같은 물짐승과 멧돼지·사슴 등의 들짐승, 그리고 성기 달린 남자가 있고, 선 그림으로는 교미하는 멧돼지와 그물과 울안에 갇힌 짐승이 있다.

특히 새끼를 가진 모습과 내장이 표현된 엑스선 투시법은 북부 유라시아의 바위그림에서 많이 발견되었다. 새끼를 가진 고래의 모습을 어찌 이보다 훌륭하게 표현할 수 있을까? 한편 이 고래를 두고 새끼를 업고 다니는 습관이 있는 귀신고래를 표현한 것이라는 견해도 있다. 그리고 이 바위그림뿐만 아니라 농경 무늬 청동기에도 그려져 있는 성기 달린 남자의 모습은 다산을 기원하는 것으로 생각된다. 이 바위그림의 소재로 볼 때, 이곳은 당시의 사회 환경이나 살림 방식을 교육하는 장소, 혹은 종교적 의식을 집행했던 곳으로 보인다.

또 다른 바위그림으로는 울산 울주군의 천전리 암각화가 있다. 여기

청동 거울
얼굴을 보기 위한 것이라기보다는 제사 의식에 사용했던 의식용 도구다. 국립 광주 박물관 소장

내 생애 최고의 걸작이오.

울주 반구대 암각화 세부
성기를 드러낸 남자, 새끼 밴 고래, 작살에 찔린 고래, 울안에 갇힌 짐승의 모습이 보인다. 국립 중앙 박물관 전시 탁본

에는 기하학적 무늬와 더불어 태양을 상징하는 기호가 새겨져 있다. 이곳 역시 농경 생활과 풍요를 바라는 의식 행사의 무대였음을 알려 준다. 이것으로 보아 아직까지도 신앙과 예술은 분화되지 않은 채 서로 보완적인 역할을 하고 있었음을 알 수 있다. 그들은 신앙 행위를 위해 예술 활동이 필요했던 것이다.

울주 반구대 전경
울주 반구대 암각화는 청동기 인들의 신앙과 예술을 알 수 있는 대표적인 유적이다. 초여름부터 가을까지는 사진처럼 물에 잠겨 있어서 암각화를 보기 어렵다.

남한 **최초**의 구석기 **유적**

구석기 유적에 대한 조사는 일제 강점기에 함경북도 종성군 동관진 유적의 발굴에서 처음 시작됐다. 현재까지 100여 곳의 구석기 유적지를 조사했으며, 남한에서는 공주 석장리 구석기 유적지를 처음으로 발굴·조사했다.

석장리의 구석기 유적은 1964년부터 1992년까지 12차례에 걸쳐 연세 대학교 박물관이 발굴·조사해 3,000여 점의 유물을 수습했다. 남한에서 구석기 연구의 기틀을 마련한 것도, 남한 지역의 문화적 기원을 구석기 시대로 끌어올린 것도 바로 이 유적의 발굴을 통해서였다.

모두 12개의 문화층(지층)으로 이루어진 석장리 유적에서는 전기 구석기 시대로부터 후기 구석기 시대까지의 뗀석기가 고루 출토되었다. 이곳에서 발굴한 것만을 가지고도 뗀석기의 발달 과정과 제작 과정을 모두 확인할 수 있을 정도다.

한편 1979년부터 발굴한 연천 전곡리 구석기 유적을 살펴보기 위해 방문한 미국의 고고학자 클라크D. J. Clark는 석장리 유적을 둘러보고는 지형상 도저히 전기 구석기 시대의 유적이라고 볼 수 없다는 견해를 밝혔다. 국내의 학자들이 오랜 기간 연구한 내용을 단한 번의 관찰로 부정하는 것은 학자답지 못한 태도다. 그러나 국내의 일부 학자들이 여기에 동조함으로써 이른바 '구석기 논쟁'이 일어나는 계기가 되었다.

05

선사 시대의 무덤

오늘날에도 '죽은 자를 어떻게 처리할 것인가'는 매우 중요한 문제다. 어느 시대, 어느 사회에서나 죽은 자에 대한 처리 방법은 그 사회의 사상 및 종교와 관련이 있으며 오랫동안 지속되는 관습이다. 따라서 같은 시대, 같은 문화를 가진 사회에서는 대체로 공통적인 형태로 나타난다.

오늘날 우리나라에서 주로 시행하고 있는 화장법이나 매장법 역시 과거부터 있던 것인데, 오랜 관습에 따라 지금까지 계속되고 있다. 그러므로 죽은 자의 처리에 대한 그 사회의 전통적인 풍습을 살펴보면 그 시대, 그 사회의 관습이나 신앙을 이해하는 데 큰 도움이 된다.

흥수 아이의 무덤으로 본 석기 시대의 매장

선사 시대에는 죽은 자를 어떻게 처리했을까? 죽은 자를 매장하는 풍습은 이미 중기 구석기 시대의 네안데르탈인 때부터 나타난다. 이들은 주검을 주먹 도끼와 함께 매장했다. 또한 여러 가지 꽃으로 주검을 덮기도 했다. 이들은 최초로 삶과 죽음에 대한 감정을 가지고 있었다. 죽은 자의 몸을 단순히 썩어 없어질 고깃덩어리가 아니라, 다른 무엇인가로 여겼던 것이다.

한반도에서 매장의 흔적을 보여 준 예로는 구석기 시대 후기의 유적인 청원 두루봉 동굴 유적이 있다. 이곳의 흥수굴은 김흥수 씨가 제보해 발굴하게 되었다. 제보자의 공을 기리려는 의미에서 동굴 유적을 '흥수굴'이라고 했고, 발굴된 어린아이의 유골에 '흥수 아이'란 이름을 붙였다.

흥수 아이는 약 4만 년 전에 묻힌 것으로 판명되었다. 이곳의 구석기인들은 먼저 넓고 평평한 석회암 암석을 아래에 깔고 그 위에 고운 흙을 뿌렸다. 그다음 흥수 아이의 주검을 바로 펴서 묻고 다시 그 위에 같은 방법으로 고운 흙가루를 뿌렸다. 주검에 대한 그들의 마음을 이렇게 표현한 것이다. 이것은 이 시기 사람들이 죽은 후의 미지의 세계에 대해 인식하고 있었음을 보여 주는 것이다.

신석기 시대에 접어들면 생활의 풍요를 바라는 마음과 내세에 대한 믿음이 보편화된 것으로 보인다. 따라서 이 시기의 매장 행위는 다분히 여러 의식을 포함한 종교적인 면을 지니고 있다.

신석기 시대의 무덤으로는 춘천 교동 동굴 유적이 있다. 이 동굴 안에서 세 사람의 주검이 발견되었다. 이들은 각각 머리를 벽 쪽에 두고 발을 중심부에 모이게 해 수레바퀴 살처럼 누워 있었다. 동굴에 살던 사람들이 어떤 이유에서인지 몇 사람이 죽자 살던 집에 주검을 묻고 다른 곳으로 이사한 것으로 보이는데, 이것은 일종의 주술적인 행위로 추정된다.

이 밖에 신석기 시대의 무덤으로는 청동기 시대의 무덤으로 이어지는 초기의 돌무덤, 고인돌 등이 나타난다. 그러나 신석기 시대의 무덤

은 발굴된 자료가 드물어 당시의 사유 형태와 의식 세계를 총체적으로
이해하기는 어렵다.

고인돌의 발생

청동기 시대가 되면 비로소 그 사회를 이해하는 데 도움을 주는 공통된
매장 풍습이 나타난다. 이 시기의 대표적인 무덤으로는 고인돌과 돌널
무덤이 있다. 돌널무덤은 돌로 사람 하나를 바로 눕힐 만큼 관을 만들
어 매장한 무덤을 말한다. 무덤 방은 한 장 또는 여러 장의 판석을 잇대
어 짠 것도 있고, 네 벽에 판석과 모난 돌, 그리고 강돌을 섞어 벽을 만
든 것도 있다. 돌널무덤은 거의 전국적으로 분포되어 있으나 양적으로
는 매우 적다. 왜냐하면 땅 위에 아무 흔적이 없어서 우연히 조사된 것
이 거의 대부분이기 때문이다.

　고인돌은 커다란 돌을 가지고 만든 구조물이다. 종교적인 의식을 위
한 제단의 성격을 띤 것도 일부 있기는 하지만, 우리나라의 선사 시대
유적 가운데 가장 두드러진 성격의 무덤이다. 우리나라에는 중국·일본

고인돌 만드는 과정

❶ 쓸 만한 돌을 캐서 옮긴다.

❷ 받침돌을 세운 다음 흙을 돋운다.

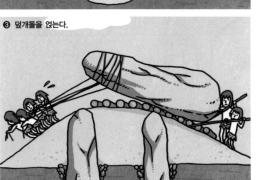

❸ 덮개돌을 얹는다.

❹ 흙을 제거한다.

등 다른 동아시아의 나라와는 비교도 할 수 없을 만큼 많은 고인돌이 있다. 수만 기에 이르는 많은 고인돌이 내륙은 물론 제주도에까지 퍼져 있어서 쉽게 눈에 띈다.

이 고인돌에 대해서는 바다를 통해 동남아시아나 중국 동북부에서 전해졌다는 주장이 있다. 그러나 수적으로 보나 축조 연대가 이르다는 점으로 보나, 주변 지역과 관계없이 자체적으로 만들어졌을 가능성이 높다.

고인돌은 밖으로 드러난 덮개돌을 받치고 있는 받침돌에 따라서 크게 탁자식 고인돌과 바둑판식 고인돌, 개석식 고인돌로 나누어진다.

탁자식 고인돌은 판판한 받침돌을 세워서 지표 위에 네모꼴의 무덤방을 만들고 그 위에 덮개돌을 올려놓는 형식으로, 말 그대로 탁자 모양의 전형적인 고인돌이다. 현재 남아 있는 것을 보면 덮개돌의 무게를 받치고 있는 받침돌의 긴 벽은 그대로 있다. 그러나 주검을 안치하는 나들이 문 역할을 한 것으로 짐작되는 짧은 벽(막음돌)은 거의가 파괴되어 없는 상태다. 주로 한강 이북 지역에서 많이 발견되기 때문에

강화도 부근리 고인돌
우리나라에 있는 고인돌 중 큰 편에 속한다. 2,500여 명 정도의 무리를 거느린 족장의 무덤으로 추정하고 있다. 인천 강화도 소재

북방식이라고도 한다.

바둑판식 고인돌은 땅속에 무덤 방을 파서 주검을 안치하고, 무덤 방 주변에 4~5개의 굄돌이 덮개돌을 받치고 있는 모양을 하고 있다.

개석식 고인돌은 땅 밑에 무덤 방을 만들고 굄돌 없이 위에 덮개돌을 올렸다. 땅 속에 있는 무덤 방은 구덩·돌널·돌덧널 등 여러 가지가 있다. 특히 무덤 방을 돌널이나 돌덧널로 만든 경우는 고인돌이 돌널무덤과도 연관이 있음을 보여 준다. 바둑판식 고인돌과 개석식 고인돌은 주로 한강 이남 지역에 집중되어 있어서 남방식이라고도 한다. 이처럼 만들어진 시기와 지역에 따라 고인돌은 다양한 형태를 띠고 있다.

권력의 상징 고인돌

대체로 평지에 고인돌이 있는 경우, 그 주변은 바윗돌이 나지 않는 지역일 때가 많다. 심지어는 수 킬로미터 주변으로 범위를 넓혀 봐도 바윗돌을 찾아보기 어려운 곳에 고인돌이 있는 경우도 많다. 우리나라의 고인돌은 적어도 4톤 이상이며, 큰 것은 수십 톤이나 된다. 이러한 무거운 돌을 운반하기 위해서는 많은 인력이 필요했다. 또한 이들 인력을 먹이기 위한 생산물의 축적도 필요했다. 그리고 이러한 인력을 동원하고 부리기 위한 통솔력 등이 기본적으로 요구되었다.

따라서 고인돌에 묻힌 자는 당시의 족장(군장)이거나, 경제적 능력이 있는 자, 혹은 그들의 가족이라고 생각할 수 있다. 이들은 신석기 시대 후기에 나타나기 시작한 부족장의 후예로서 그 부족의 전통을 계승한 자였을 것이다. 그들은 농업 생산의 증가에 따른 생산물을 자신의 소유로 만들었다. 그리고 자신을 부족과 신의 중재자, 신의 사자라는 것으로 정당화해 지배자로 군림했다.

여기가 고씨네 가족묘 맞나?

그들이 지배했던 사회의 규모는 어느 정도였을까? 강화도 부근리의 고인돌은 덮개돌 하나의 무게만 약 80톤 정도다. 이 정도의 큰 돌을 운반하기 위해서는 대략 500여 명 정도의 장정이 필요했을 것이다. 청동기 시대의 집터 크기로 보아 한 가족의 규모는 5인 정도로 추정되므로, 이 족장이 지배하는 지역의 인구는 2,500명 정도의 규모였다. 따라서 족장은 이 정도 인구의 집단을 지배하는 권력을 가진 자라고 볼 수 있다.

또한 전북 고창과 전남 화순에는 고인돌이 수십, 수백 기가 한곳에 널려 있다. 이것은 고인돌을 여러 대에 걸쳐 당시 사회 지배자의 가족 공동묘지로 이용했음을 보여 주는 예라고 할 수 있다. 이 무덤군은 많은 노동력을 동원해 개인의 무덤을 만들 수 있었던 지배자의 권력이 여러 대에 걸쳐 계속되었음을 반영하고 있다. 또한 그것을 뒷받침할 수 있는 생산력 수준의 향상을 보여 주는 것이기도 하다.

죽은 사람을 정해진 질서에 따라 씨족 또는 가족 공동묘지에 묻는 풍습은 영혼 숭배와도 연관이 있다. 당시 사람들은 죽은 다음에도 영혼은 계속 남아 후손에게 영향을 미친다고 생각했다. 그와 같은 관념은 주검

고창 고인돌군
고창 죽림리와 화순 효산리 일대는 세계적으로 보기 드물게 수백 기의 고인돌 무덤이 밀집되어 있는 곳이다. 대체로 이런 곳은 채석장이 가까이 있는 경우가 많다. 족장의 가족 공동묘지로 추정하고 있다.

옆에 그가 쓰던 물건과 음식을 담은 그릇을 껴묻는 데서도 나타나고 있다.

그렇다면 지배자들이 고인돌을 만든 이유는 명백해진다. 이러한 커다란 기념물을 세움으로써 죽은 사람의 영혼이 신에게로 간다거나, 후손에게 좋은 영향을 끼친다고 생각했기 때문이다. 또한 이것을 기회로 해서 죽은 자의 권력을 계승하고, 그것을 과시함으로써 자신의 지배력을 확고히 하려는 의도도 있었다. 결국 구성원 간의 평등한 관계를 바탕으로 한 원시 공동체 사회가 붕괴되고, 권력과 불평등을 기초로 하는 계급 사회로 발전했음을 증명하는 대표적인 유적의 하나가 고인돌이다.

거석문화로서의 선돌

자연석이나 일부만을 가공한 돌을 단독으로 세운 거석 기념물을 선돌 또는 입석이라
한다.

우리나라의 경우 대체로 청동기 시대부터 만들었을 것으로 추정하고 있다. 선돌은 고인
돌에 비하면 그 수가 매우 적지만 거의 한반도 전역에 분포하고 있다. 선돌의 형태는 주
로 원뿔이나 원기둥, 모난 뿔이나 모난 기둥 모양이며, 높이는 1~2미터의 것이 많고,
때로는 그 이상의 것도 있다.

선돌의 외형적 형태는 남성의 성기와 비슷하다. 농경 사회에서 성기는 다산과 풍요의
상징이므로, 선돌은 그것을 기원하는 신앙 대상물로 축조되었다고 볼 수 있다. 조선 후
기에 이르러서 선돌은 신격화되어, 마을의 수호신, 기자암(아들 낳기를 기원하는 바위) 같
은 역할을 담당해 왔다. 일부는 고인돌과 인접해 있는 것도 있다. 이로부터 선돌이 고인
돌에 묻힌 사람을 보호하는 의미를 지닌 것으로 보거나, 또는 죽은 사람을 추모하는 의
미에서 세운 비석이나 기념비의 원조로 이해하는 견해도 있다.

양주 옥정리 선돌
옥정리 마을 입구 자리하고 있는 이 선돌은 다른 지역의 것이 넓
적한 것에 비해, 길고 홀쭉하다. 또한 윗부분이 뾰족한 모양을 이
루고 있어 독특하다. 구체적인 건립 연대는 알 수 없다.

06

고조선의 건국과 발전

1993년, 북한은 평양 근처에서 단군릉을 발굴했다고 발표했다. 이곳에서는 두 명분의 사람 뼈와 금동관 장식 등이 발굴되었다. 이 뼈는 단군과 그의 부인의 것이며 연대 측정 결과 5,000여 년 전의 것이라고 한다. 이것을 근거로 하여 단군은 신화적·전설적 인물이 아니라 실재한 인물이라고 주장했다. 따라서 단군의 고조선 건국은 기원전 2333년이 아니라 그 이전이라는 것이다.

과연 고조선은 언제쯤 국가로서의 모습을 나타냈을까? 북한의 주장대로 고조선의 건국은 과연 기원전 3000년경인가, 아니면 이미 알려진 것과 같이 기원전 2333년인가? 좀 더 정확한 사실에 접근하기 위해서는 선사 문화의 발전 과정을 고려하면서 살펴보아야 한다.

하늘 신의 손자 단군

세계의 많은 나라가 고유의 건국 신화를 가지고 있다. 대체로 환상적인 신의 이야기로 엮여 있고, 그대로 믿기 어려운 내용이 많다. 그리고 대개의 경우 건국 신화는 하늘과 연결되어 있다. 고조선 건국 신화의 경우도 마찬가지다.

고조선의 건국에 관한 내용은 여러 역사책에 기록되어 있다. 그중 가장 오래된 것은 일연(1206~1289)이 지은 《삼국유사》의 기록이다.

옛날 하늘 나라의 왕 환인의 아들 환웅이 인간 세상을 탐내다가 마침내 아버지의 허락을 받았다. 환웅은 천부인 세 개를 얻은 후, 3,000여 명의 무리를 거느리고 태백산 꼭대기 신단수 아래에 내려와 그곳을 신시라 이름 지었다. 그리고 바람·비·구름을 관장하는 자들을 거느리고 곡식·목숨·질병·형벌·선악 등 무릇 인간 세상의 360여 가지 일을 주관했다.

이때 환웅 앞에 곰과 호랑이가 나타나 환웅에게 인간이 되게 해 달라고 빌었다. 환웅이 이들에게 신령스러운 쑥과 마늘을 주면서, 그것을 먹고 100일 동안 햇빛을 보지 않으면 인간이 된다고 가르쳐 주었다. 참을성 없는 호랑이는 굴을 뛰쳐나가 버렸다. 하지만 잘 견뎌 낸 곰은 여자(웅녀)가 되었다. 웅녀가 신단수 아래서 잉태하기를 기원하자, 환웅이 잠시 변한 다음 그녀와 혼인해 단군왕검●을 낳았다. 중국 요임금이 즉위한 지 50년에 평양성에 도읍하고 나라 이름을 조선이라고 했다.

1,500년 동안 나라를 다스리다가 주나라 무왕이 즉위한 해에 기자를 조선에 봉하므로 장당경으로 옮겼다. 뒤에 아사달로 돌아와 숨어 산신이 되니 이때 나이가 1,908세였다.

단군 신화의 중심 내용은 환인의 아들 환웅이 땅에 내려와 웅녀와 결합해 단군을 낳고, 단군이 고조선을 세웠다는 것이다.

여기서 환인은 하늘 신이다. 하늘 신의 아들 환웅이 땅에 내려왔다는 것은 다른 곳에서 이주해 왔다는 역사적 사실을 반영하고 있다. 일찍이

● 단군왕검
신화에 고조선의 지배자를 칭하는 말로 등장하는 것이 '단군왕검'이다. 학자들은 '단군'이 무당, 또는 하늘을 뜻하는 몽골어 '텡그리'라는 말과 서로 통한다고 보고 있다. 또한 '왕검'은 정치적 군왕을 뜻하는 '임금'으로 해석하기도 한다. 다시 말해 '단군왕검'을 종교와 정치를 지배하는 제정일치 사회의 우두머리로 보고 있다.

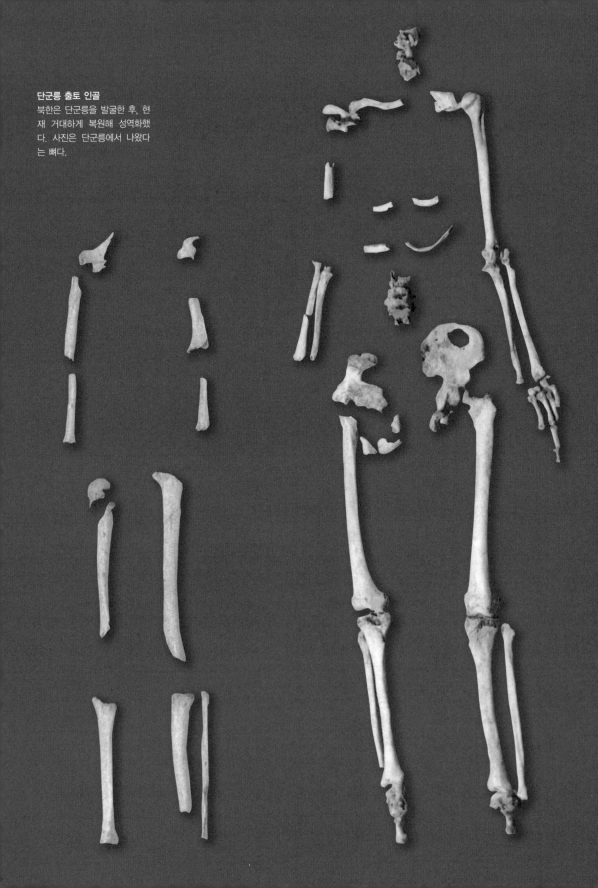

단군릉 출토 인골
북한은 단군릉을 발굴한 후, 현
재 거대하게 복원해 성역화했
다. 사진은 단군릉에서 나왔다
는 뼈다.

청동기를 받아들인 환웅 부족의 지배자는 자신이 하늘의 자손이라고 생각했다. 환웅 부족은 이 지역으로 이주해서 곰과 호랑이로 상징되는 토착 집단을 정복했다. 이 과정에서 곰을 상징으로 하는 부족과 결합했음을 알 수 있다. 그리고 환웅 부족과 곰 부족, 즉 환웅과 웅녀의 결합으로 태어난 단군이 이주민과 토착민을 모두 아우르는 지배자로 등장한 것이다. 그러므로 단군은 하늘 신의 손자인 셈이고, 그가 세운 나라인 고조선은 하늘 신의 뜻에 의해 세워진 나라임을 암시한다.

일반적으로 지배자의 등장, 부족의 통합·축출에 의해 국가가 발생한 것은 청동기 시대의 일이다. 우리나라의 경우 청동기 시대는 기원전 20세기경에 시작되었다. 따라서 고조선의 건국 연대가 중국의 요임금 시절인 기원전 2333년, 또는 그 이전이라고 하는 것은 신석기 시대에 국가가 발생했다는 것이므로 사실이라고 보기는 어렵다. 다만 신화가 전해지고 기록되던 시기에 중국 문화와는 다른 우리 문화의 독자적인 전통과 주체성을 강조하기 위해 그렇게 기록한 것이다.

즉 권력과 국가 발생 이후 지배자들은 그들의 권위를 내세우기 위해

기자 조선

"주 무왕이 기자를 조선 왕에 봉했다."라는 내용은 중국의 역사책에도 나온다. 여기에 근거를 두어 예전에는 고조선은 단군 조선, 기자 조선, 위만 조선으로 발전했다고 보았다. 그러나 현재는 기자 조선을 인정하지 않는 견해가 대세다.

자신의 권력이 하늘로부터 받은 신성한 것임을 강조했다. 그러한 내용이 국가가 발전해 가면서 그럴듯한 건국 신화로 전해 오게 된 것이다. 따라서 신화는 어디까지나 신화일 뿐이고, 그 자체를 역사적 사실로 보는 것은 타당하지 않다. 다만 국가 발생기의 역사적 사실을 간접적으로 반영하고 있다는 점을 무시할 수는 없다.

고조선의 본래 이름은 조선

고조선의 본래의 이름은 조선이다. 일연은 조선을 위만이 집권했던 위만 조선과 구분하기 위해 고조선(옛 조선)으로 기록했다. 지금의 고조선이란 명칭은 이성계가 건국한 조선과 구별하기 위해 일반적으로 사용하는 명칭이다.

중국의《관자》·《전국책》·《사기》등 역사책에 조선이라는 명칭이 등장한다. 이 책들은 기원전 7~기원전 6세기 또는 기원전 4~기원전 3세기의 내용을 기록하고 있다. 그러므로 어느 정도 국가의 모습을 갖춘 고조선은 대체로 기원전 4세기 이전, 즉 기원전 7~기원전 6세기 무렵부터 존재했음이 틀림없다.

단군 신화에 의하면 단군이 처음 도읍한 곳은 평양성이라고 했다. 그러나 이 평양성이 지금의 평양이라고 보기는 어렵다. 신화가 기록된 때는 많은 시간이 지난 후의 일이기도 하고, 옛 지명은 자주 바뀌었을 뿐만 아니라 같은 지명이 여러 곳에서 사용되기도 하기 때문에 그 위치를 정확히 알아내기가 힘들다.

그런데 고조선의 성립과 발전 과정은 청동기 문화의 발전 과정과 대체로 일치한다. 대표적인 우리나라 초기 청동기 유물인 비파형 동검이 주로 출토된 곳은 중국의 랴오닝 지방을 중심으로 한반도 서북부에 이르는 지역이다. 따라서 청동기 유물이나 유적 분포, 문헌 기록 등을 종합해 볼 때 고조선 초기의 중심지는 랴오닝 지방이었다. 비파형 동검의

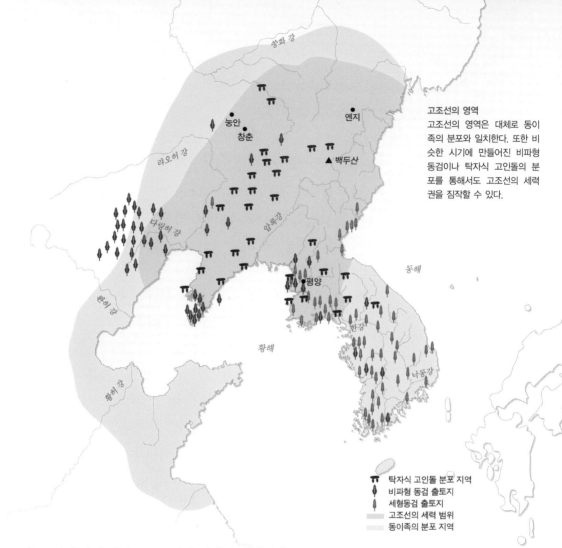

쑹화 강

엔지

눙안
창춘

백두산

랴오허 강

다링허 강

압록강

동해

훈허 강

평양

한강

황해

황허 강

낙동강

탁자식 고인돌 분포 지역
비파형 동검 출토지
세형동검 출토지
고조선의 세력 범위
동이족의 분포 지역

출토 지역 역시 대체로 고조선의 영역과 일치한다.

이 지역을 중심으로 성장하던 고조선이 처음으로 중국과 충돌하게
된 것은 전국 시대 7웅의 하나인 연燕과의 대립이었다. 기원전 4세기
말부터 기원전 3세기 초에 연나라는 가장 강성했다. 연의 침입으로 고
조선은 서쪽의 일부 지방을 잃기도 했으나 곧 되찾았다.

대체로 이즈음 고조선은 중심지를 평양 부근으로 이동한 것으로 보
인다. 이는 랴오닝 지방의 비파형 동검을 계승해 나타난 세형동검이
랴오닝 지방에서는 출토되지 않고 한반도 지역에서 주로 출토된다는

사실을 통해 확인할 수 있다. 따라서 고조선은 처음에 랴오닝 지방을
중심지로 했다가 평양 부근으로 이동해 세형동검 문화를 이룩했다고
볼 수 있다.

중국에서는 기원전 221년 진나라가 전국 시대의 혼란기를 통일했다.
이 과정에서 중국의 유민들이 대거 고조선으로 이주해 왔다. 이 중 위
만이 고조선으로 망명한 것은 한나라의 유방이 초나라의 항우를 물리
치고 중국을 재통일한 직후였다.

당시 고조선은 준왕이 지배하고 있었다. 준왕은 그를 신임해 서쪽
100리의 땅을 주고 변경을 수비하게 했다. 그러나 위만은 여기에서 세
력을 키워 기원전 194년 준왕을 몰아내고 왕위를 빼앗았다. 이때부터
를 단군 조선과 구분해 위만 조선이라고 한다.

위만 조선에 이르러 고조선은 철기 문화를 수용해 더욱 발전했다. 이
무렵 고조선은 연맹 국가 형태의 국가 조직을 갖추고 있었다. 왕 아래
상·대부·장군 등의 관직을 갖추었으며 대외 방어를 위한 강력한 군대
를 육성하고 있었다. 그리하여 위만의 손자 우거왕 대에 이르러서는 중
국 한나라의 가장 강력한 적대국으로 등장했다.

한 무제의 군대에 맞선 고조선

한편 중국을 재통일한 한나라는 무제 대에 이르러 동아시아의 최강국
으로 성장했다. 흉노를 격퇴하고 남월(지금의 베트남)을 정복했으며, 서
역과의 교역을 위한 비단길을 개척한 것도 무제 대의 일이었다.

고조선의 우거왕은 중계 무역을 독점하기 위해 한나라가 한강 이남
의 진국과 직접 교통하는 것을 금지했다. 고조선이 강력해지자 불안을
느낀 한 무제는 기원전 109년 수륙 5만의 병사로 고조선을 침략했지만
고조선은 완강한 저항으로 한의 침략군을 격퇴했다. 초반전부터 패배
한 무제는 고조선을 회유하려 했으나 고조선은 이에 굴하지 않았다.

한나라는 또다시 침략해 왕검성을 포위했으나 고조선의 저항은 여러 달 동안 계속되었다. 완강한 저항에 부딪힌 한 무제는 고조선의 지배층을 매수하는 방법을 취했다. 결국 고조선의 지배층이 분열되고, 일부가 적에게 투항했다. 또한 우거왕이 이들에 의해 살해되었다. 그러나 고조선 사람들은 대신이었던 성기의 지휘 아래 수도인 왕검성 방어를 위해 용감히 싸웠다. 그러나 성기마저 살해되자 왕검성이 무너졌다. 기원전 108년, 한의 침략에 맞선 고조선은 지배층 내부의 분열에 의해 멸망했다.

고조선을 멸망시킨 한은 고조선의 옛 땅에 한사군*을 설치하고 직접 통치했다. 그러나 한의 지배에 저항하는 고조선 유민들의 투쟁은 계속되었으며, 이후 고구려에 의해 고조선의 옛 땅을 찾으려는 투쟁은 더욱 줄기차게 진행되었다.

● 한사군
한나라가 한반도의 서북부 지역에 설치한 낙랑·임둔·현도·진번의 네 군을 말한다. 한사군은 낙랑군과 나중에 설치된 대방군을 제외하고는 존속 기간이 불과 25년 정도로 짧았다. 313년 고구려 미천왕의 공격으로 낙랑군이 멸망한 다음 이 땅은 고구려에 속하게 되었다.

금제 허리띠고리
평안남도 대동군 석암리 9호분에서 출토되었다. 이 허리띠고리는 한반도에서 발견된 최고 수준의 금속공예품 중 하나로 평가받는다. 국립 중앙 박물관 소장

위만은 누구인가

위만은 한의 유방이 중국을 재통일한 직후 고조선에 망명한 사람이다. 그는 준왕의 신임을 얻어 변경을 수비하다가 세력을 키워 준왕을 몰아내고 고조선의 왕이 되었다.

위만에 대해 중국 역사책《사기》와《위략》에는 연나라 사람으로 기록하고 있다. 이를 근거로 과거 일제의 어용 사학자들은 위만 정권을 한나라의 '식민지 정권'이라 하여 우리 민족이 고대로부터 중국의 식민 통치하에 있었던 것처럼 모략했다.

하지만 당시 연나라의 세력권에는 고조선계 주민인 동이족이 많았다. 따라서 '연나라 사람 위만'이란 연의 세력권 안에 살던 사람이란 뜻으로 볼 수 있다. 또 위만이 망명할 때, "상투를 틀고 오랑캐의 옷을 입었다."라는 기록은 그가 동이족이었음을 말해 준다. 그리고 위만에 의해 정권이 교체된 뒤에도 조선이란 국호가 유지되고 중국과 강경하게 대치한 점으로 보아, 고조선 안에서 일어난 단순한 정권 교체로 보아야 할 것이다. 당시 동이족의 세력 분포나 정치 정세에 비추어 볼 때 이러한 이해가 더 합리적이라고 할 수 있다.

07

철기의 전래와 초기 국가의 형성

중국 춘추 전국 시대부터 출현한 철기 문화는 기원전 5세기경 고조선과 한반도로 흘러들어 오기 시작했다. 특히 전국 시대의 혼란기를 피해 한반도로 이주한 사람들에 의해 철기 문화의 전파는 더욱 확대되어 기원전 1세기경에는 한강 이남 지역까지 광범하게 보급되었다. 철기 문화의 보급은 고조선 사회의 변화와 멸망에 큰 영향을 끼쳤을 뿐만 아니라 우리나라 여러 초기 국가의 성립을 촉진했다.

철이 국가를 만들다

철기의 사용은 생활의 양상을 여러모로 변화시켰다. 무엇보다도 철로 만든 괭이·보습·낫 등을 사용함으로써 농업의 발달을 촉진했다. 그리고 철제 무기를 사용하면서 전투력이 향상되었다. 농업의 발달에 따른 부의 축적은 종래의 부족 국가들이 지역적으로 보다 큰 연맹체로 통합 및 발전할 수 있는 정치적·사회적 기반이 되었다. 또한 철제 무기를

따비   쇠 낫   쇠스랑

사용하면서 철제 무기를 독점한 부족 국가 지배자들의 정복 욕구도 커
졌다.

철기의 도입은 청동기 시대에 뒤이어 우리 민족의 형성과 초기 국가
의 성립에 결정적으로 기여했다. 우리 민족의 형성 과정에서 구체적으
로 등장하는 구성 종족의 명칭은 동이족이라 불리는 예·맥·한족이다.
이 가운데 예·맥족은 동북 만주, 랴오허 강(요하遼河) 유역, 한반도 북부
일대에 분포해 고조선·부여·고구려·동예·옥저 등으로 불리는 여러
정치 세력 집단을 구성했다. 한족은 한반도 중남부 일대에 분포해 마
한·진한·변한 등의 정치 집단을 구성했다. 이러한 정치 집단이 연맹
국가의 형태로 발전해 가는 것은 다름 아닌 철기의 확대에 따른 것이
었다.

이 연맹 국가들 가운데 가장 먼저 성립된 것은 부여와 고구려였으
며, 그 남쪽에 위치한 옥저와 동예, 삼한은 상대적으로 발전이 늦은 편
이다.

흉년이 들면 왕도 쫓겨나고

부여●는 북만주의 쑹화 강(송화강松花江) 유역의 넓고 비옥한 평원에서
성장했다. 시조 설화에 의하면 부여는 더 북방에서 남쪽으로 내려와 그
곳에 정착한 것으로 보인다.

농경과 목축을 하며 여러 부족 사회를 이루고 있던 부여에서는 철기

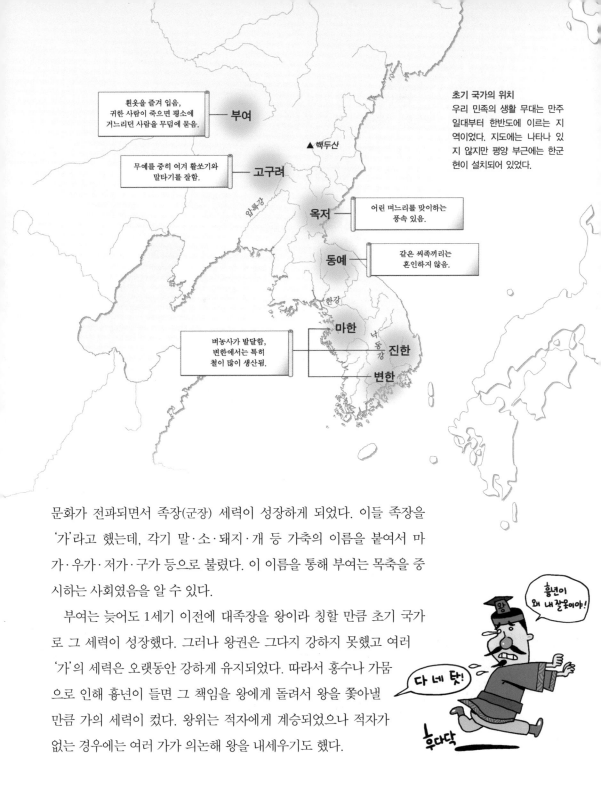

흰옷을 즐겨 입음,
귀한 사람이 죽으면 평소에
거느리던 사람을 무덤에 묻음.

부여

무예를 중히 여겨 활쏘기와
말타기를 잘함.

고구려

▲ 백두산

옥저

어린 며느리를 맞이하는
풍속 있음.

동예

같은 씨족끼리는
혼인하지 않음.

벼농사가 발달함,
변한에서는 특히
철이 많이 생산됨.

마한
진한
변한

초기 국가의 위치
우리 민족의 생활 무대는 만주
일대부터 한반도에 이르는 지
역이었다. 지도에는 나타나 있
지 않지만 평양 부근에는 한군
현이 설치되어 있었다.

문화가 전파되면서 족장(군장) 세력이 성장하게 되었다. 이들 족장을 '가'라고 했는데, 각기 말·소·돼지·개 등 가축의 이름을 붙여서 마가·우가·저가·구가 등으로 불렀다. 이 이름을 통해 부여는 목축을 중시하는 사회였음을 알 수 있다.

부여는 늦어도 1세기 이전에 대족장을 왕이라 칭할 만큼 초기 국가로 그 세력이 성장했다. 그러나 왕권은 그다지 강하지 못했고 여러 '가'의 세력은 오랫동안 강하게 유지되었다. 따라서 홍수나 가뭄으로 인해 흉년이 들면 그 책임을 왕에게 돌려서 왕을 쫓아낼 만큼 가의 세력이 컸다. 왕위는 적자에게 계승되었으나 적자가 없는 경우에는 여러 가가 의논해 왕을 내세우기도 했다.

흉년이
왜 내 잘못이야!

다 네 탓!

후다닥

한편 압록강 중류의 혼 강 유역은 평야가 없는 산골짜기지만 대륙으로부터 철기 문화가 전래되는 중요한 통로였다. 부여에서 망명한 주몽이 이 지역에 세운 나라가 고구려였다. 이 지역은 농경만으로 식량을 자급자족하기 힘들었으므로 정복 사업을 통해 문제를 해결할 수밖에 없었다. 이에 따라 고구려인들은 말타기와 활쏘기를 즐기며 강건하고 정복적인 기질을 지니게 됐다. 훗날 고구려가 동아시아의 강대국으로 성장하게 된 것은 이러한 기질에서 나온 것이라고 할 수 있다.

지금의 함경도, 강원도의 동해안에 잇닿아 있는 지역에서도 여러 부족 집단이 성장했다. 지금의 함흥평야를 중심으로 한 북부의 부족 사회를 통틀어 옥저라고 한다. 그리고 지금의 원산 부근을 중심으로 한 동부 동해안 지역의 부족 사회를 동예라고 한다. 이 지역은 동해안에 치우쳐 있어서 대륙의 철기 문화의 수용이 그만큼 늦었다. 따라서 부여나 고구려에 비해 그 문화 발전 단계가 훨씬 뒤져서 일찍부터 고구려 세력의 압력을 받을 수밖에 없었다.

무용총 〈수렵도〉(부분)
산악 지대에서 생활하던 고구려인의 강건한 기질이 잘 나타나 있다.

정치와 종교가 분리된 사회

위만이 고조선의 지배권을 탈취할 무렵인 기원전 2세기경, 한강 이남의 지역에는 진국이라는 세력 집단이 있었다. 진국이라 불린 세력 가운데 가장 유력한 것은 지금의 익산 지방을 중심으로 성장한 목지국[•]이다.

위만에게 지배권을 빼앗긴 고조선의 준왕도 이 지역으로 망명해 스스로 한왕이라고 일컬었다고 한다. 그러나 그가 어디에 정착했는지는 알 길이 없다. 다만 지금도 준왕의 후예임을 자처하는 기씨·한씨·선우씨는 익산의 쌍릉을 준왕의 무덤으로 생각해 매년 제사를 지내고 있다. 또한 고조선이 멸망하면서 한나라의 억압과 수탈을 피해 한강 이남 지역으로 남하한 유민 집단도 적지 않았다.

이 지역의 족장(군장)들은 한나라가 고조선의 옛 땅에 설치한 군현과 접촉을 꾀해 앞선 철기 문화를 수용하기 위해 노력했다. 그리하여 기원전 1세기를 전후해 철기 문화가 널리 전파되었다. 이 같은 배경 아래 마한 54개국, 진한과 변한 12개국의 초기 국가가 성립되었다. 흔히 마한·진한·변한을 합쳐 삼한이라고 한다.

삼한의 규모를 보면, 마한의 대족장 세력은 만여 호, 소족장 세력은 수천 호를 거느려서 총 호수가 10여 만 호에 이르렀다. 그리고 진한과 변한의 대족장 세력은 4,000~5,000호, 소족장 세력은 600~700호를 거느려서 그 총 호수가 4만 호에 이르렀다.

삼한에서 부족 사회의 발전 정도는 북부 지역에 비해 훨씬 뒤져 있었다. 2~3세기에 이르기까지 삼한 사회에서 부족 간의 권력 차이는 그다지 크지 않았다. 신지·읍차 등으로 불리는 족장(군장) 세력이 있었으나 그들은 그때까지 지역적으로 조직화된 권력을 형성하지 못해 서로 제어할 수 없었다.

그러나 다른 지역과 달리 삼한에서는 정치와 종교가 일찍부터 분리

● 목지국
한강 이북 위례성이나 충청남도 직산, 충청남도 예산, 전라남도 나주 반남 지역으로 추정하기도 한다. 아마도 백제의 성장에 따라 쫓기면서 남쪽으로 이동했던 것 같다.

우린 갈 길이 달라!

정치

종교

되어 있었다. 정치권력을 가진 족장 이외에 제사권을 장악한 천군이라는 제사장이 따로 있었다. 천군은 소도라는 특별 구역을 지배했는데, 여기에는 큰 나무를 세우고 방울·북· 새 등을 달아서 신성 지역의 표시로 삼았다. 이것을 솟대라고 하고 오늘날까지도 그 전통을 유지하고 있는 마을이 많다. 솟대는 제사 지낼 때 땅의 기원을 하늘에 전해 주는 것이라 생각했고, 그 매개물인 새를 꼭대기에 꽂아 놓았다. 새는 오래전부터 인간 세상과 하늘을 연결해 주는 영물로 여겼던 동물이다.

소도는 법률의 힘이 미치지 못하는 지역으로, 죄인이 이곳으로 도망치더라도 그를 붙잡아 가지 못하게 되어 있었다. 천군이라는 제사장은 부족원 전체를 위한 축원의 제사 의식을 주관했으며, 그것은 다른 지역과 달리 원래 족장의 기능 일부가 분리되어 이를 대행하게 한 것이라 여겨진다.

여기는 '소도'. 잡을 테면 잡아 봐!

솟대
새는 인간 세상과 하늘을 연결해 주는 영물로 생각했던 동물이다. 오늘날에도 여러 곳에서 솟대를 볼 수 있다.

춤과 노래를 즐기는 민족

초기 국가의 성립이 일시에 이루어진 것은 아니었다. 선진 지역의 부족이 장기간에 걸쳐 후진 지역을 정복하거나 예속시키면서 연맹 형태의 국가를 만들어 간 것이 초기 국가의 모습이었다. 그리고 국가의 성립과 더불어 여러 부족과 넓은 영토를 효율적으로 다스리기 위한 사상과 지배 체제 등이 생겼다.

고조선과 마찬가지로 이 과정에서 생겨난 것이 건국 신화다. 건국을 주도한 지배 부족의 지배층은 자기의 조상을 하늘에 연결해 '하늘의 아들', '태양의 아들'이라고 했다. 그들은 하늘에서 조상을 구함으로써 곰이나 말 등 지상의 동물을 숭배하는 각 부족 고유의 신앙, 또는 사상 형태를 통괄하고 지배했던 것이다.

법률은 이러한 사회를 효율적으로 통치하기 위한 중요한 수단이었다. 지배 규모가 커지면서 예전에 족장이 정하던 계율을 대신할 법률이 생겼다. 고조선의 8조법의 일부와 부여의 법률 4조가 지금까지 전해지고 있다. 대체로 남의 생명을 해치거나 물건을 훔치면 노예로 전락시키는 등 중벌을 내림으로써 국가적 질서를 유지하려고 한 것이다.

초기의 국가는 철제 농기구의 확산과 함께 농경을 기반으로 성립된 사회였다. 농업은 공동의 노력으로 이루어졌기 때문에 문화 역시 집단적·공동적 성격을 띠고 있었다. 그 대표적인 것이 풍년제·추수 감사제 등으로 나타났다. 부여의 영고, 고구려의 동맹, 삼한의 시월제 등의 제천 행사가 바로 그것이다. 흉년이 들면 왕이 책임을 지거나 죽임을 당해야 했던 시대였던 만큼, 이러한 행사는 국가적인 차원에서 치러졌다.

흔히 우리 민족을 춤과 노래를 즐기는 민족●이라고 한다. 이러한 전통이 바로 이 시기의 농업과 관련된 제천 행사로부터 전해 오는 것이

● 춤과 노래를 즐기는 민족
중국의 역사책에서 고구려·부여·삼한 등 우리나라 초기 국가에 대해 기록할 때 거의 빠뜨리지 않는 것이 "노래하고 춤추며 술을 즐긴다."라는 내용이다.

고구려의 축제, 동맹
"온 나라 사람들이 하늘에 제사를 지내며 사냥, 활쏘기와 같은 대회를 벌이는데, 그 이름이 동맹이다." 동맹은 그리스의 올림포스 제전처럼 나라의 큰 축제였다. 이 사진은 덕흥리 벽화의 사냥 장면이다.

다. 당시의 모습을 전하는 다음 기록은 이러한 사실을 잘 말해 준다.

> 5월 씨뿌리기를 마치고 신에게 제사 지낸다. 떼를 지어 노래와 춤을 즐기며 술 마시고 노는 데 밤낮을 가리지 않는다. 그들의 춤은 수십 명이 모두 일어나서 뒤를 따라가며 땅을 밟고 구부렸다 치켜들었다 하면서 서로 장단을 맞추는데, 그 가락과 율동은 중국의 탁무와 흡사하다. 10월에 농사일을 마치고 나서도 이렇게 한다.
>
> —《위지》〈동이전〉중에서

부인이 **질투**하면 사형

국가가 발생하면서 지배 세력은 사회 질서를 유지함으로써 강력하게 국가를 통제하려 했다. 이 과정에서 생겨난 것이 엄격한 법률이다. 함무라비 법전이 '눈에는 눈, 이에는 이' 하는 식으로 매우 엄격했던 것처럼, 우리나라 초기 국가의 법률도 그러했다.

부여의 법률은 흔히 1책 12법으로 알려져 있는데, 그 내용은 중국의 《위지》〈동이전〉에 다음과 같이 전하고 있다.

① 살인자는 사형에 처하고, 그 가족은 종으로 삼는다.

② 도둑질한 자는 물건값의 12배를 배상한다.

③ 남녀 간에 음란한 짓을 한 자는 사형에 처한다.

④ 부인이 질투하면 사형에 처하되, 그 시체는 서울 남쪽 산 위에 버려서 썩게 한다. 그 여자 집에서 시체를 가져가려면 소나 말을 바쳐야 한다.

이 내용으로 보아 부여의 법률도 매우 엄격하였음을 알 수 있다. ①항의 경우도 고조선에서는 사형에 처하는 것에 그쳤지만, 부여에서는 가족까지 종으로 삼는 엄중함을 보이고 있다. ②항의 경우가 1책 12법을 뜻하는 것이다. ④항을 보면, 부인의 질투에 사형까지 처하는 것도 부족하여 시체를 산에 버렸다고 하니, 여성에 대한 차별은 그때도 매우 심했던 모양이다.

삼국 시대

01

삼국의 성립

만주와 한반도에 성립된 여러 초기 국가가 고구려·백제·신라에 의해 통합되면서 삼국 시대가 열린다. 이 과정은 4세기에 이르기까지 오랜 세월을 거쳐 진행되었다. 삼국은 이 시기에 부족 연맹체의 약점을 극복하면서 점차 중앙 집권적인 국가의 형태로 발전했다.

삼국의 시작은 부여족

고구려 건국의 발단은 부여족의 분열과 이동에서 시작되었다. 부여가 북부여와 동부여로 나뉘는 과정은《삼국사기》에 설화의 형태로 다음과 같이 전한다.

국가 발전 단계
군장 국가→부족 연맹체 국가
(=연맹 국가)→중앙 집권 국가

부여 왕 해부루가 아들이 없어 산천에 제사 지내며 후계자를 구했다. 해부루가 근심에 차서 산책하던 중, 타고 있던 말이 곤연이란 연못에 이르러 큰 돌을 바라보며 눈물을 흘렸다. 왕이 이상하게 여겨 사람을 시켜 돌을 옮겼더니, 거기에 어린아이가 누워 있었다. 금색의 개구리 모양이었다. 해부루는 하늘의 뜻임을 알고, 그 아이를 데리고 와서 태자로 삼고 금와金蛙라고 이름 지었다. 후에 국상國相 아란불이 하늘의 뜻임을 전하며 동남쪽 가섭원으로 나라를 옮길 것을 건의했다. 해부루는 가섭원에 새로이 도읍을 정하고 동부여라고 했다. 해부루가 동부여로 나라를 옮기자 옛 부여 땅에는 범상치 않은 한 사나이가 나타나 스스로 천제天帝의 아들이라고 하면서 그곳을 다스렸다. 그 사나이가 해모수였다.

이 해모수의 아들이 고구려의 시조 주몽朱蒙이다. 이후 주몽이 고구려를 건국하는 과정은 다음과 같이 전한다.

엄친아!
엄마 친구 아들
주몽이라고 해~

　　동부여에서 해부루가 죽자 금와가 왕위에 올랐다. 금와는 사냥에 나섰다가 백두산 남쪽 우발수에서 유화라는 여인을 만났다. 유화는 하백(물을 다스리는 신)의 딸이었는데, 해모수의 유혹에 빠져 허락도 없이 혼인했기 때문에 하백의 노여움을 사서 쫓겨나 그곳에 살고 있었다. 금와는 이상히 여겨 유화를 대궐로 데려왔다.
　　유화의 몸에는 항상 햇빛이 따라다녔다. 얼마 후 유화에게 태기가 있더니

오녀 산성
주몽이 고구려를 세우고 도읍한 졸본성으로 천연의 요새다.
중국 환런 소재

고구려 수도의 변천
졸본(계루부 중심지)→국내성
(현재 지린 성 지안)→평양성

환도성(산성자 산성)은 별도의
수도가 아니고, 국내성의 군사
방어선으로 평소에는 군비 비
축을 하고 전시에는 국왕이 피
신하는 곳이었다.

고구려의 건국 시기
《삼국사기》와 '광개토 대왕릉
비'에는 주몽을 고구려의 건
국 시조로 기록하고 있다. 하
지만 최근에는 주몽 이전에
이미 고구려가 성립되었다고
보는 것이 학자들의 일반적인
견해다.

● **연맹 국가**
부족 연맹체 국가(연맹 국가)는
왕은 출현했으나 아직 군장이
갖고 있던 독자적 자치권을
인정했다. 이에 비해 중앙 집
권 국가는 국왕이 이 자치권
을 빼앗아 종래의 군장을 중
앙 귀족화하는 단계다.

큰 알을 낳았다. 놀라고 당황한 금와가 알을 내다 버리려고 했으나 돼지들
은 이를 피하고 온갖 새들은 날아와 깃털로 감싸 주었다. 이 알에서 아이가
태어났는데, 어려서부터 활을 잘 쏘아 주몽이라고 불렸다. 부여에서는 활을
잘 쏘는 사람을 주몽이라 했는데, 이를 아이의 이름으로 삼은 것이다. 영특
하고 비범한 주몽에 대해 금와의 일곱 아들들은 질투를 느껴 죽이고자 했
다. 이에 주몽은 어머니 유화 부인의 권유를 받아 오이·마리·협보 등 3인
의 부하와 함께 도망쳤다. 그들은 엄호수를 건너 모둔곡에서 재사·무골·묵
거 등을 만나 합류하고, 졸본천에 이르러 도읍을 정하고 고구려라고 했다.
왕은 비류수(훈 강) 상류 비류국의 송양과 다투어 항복을 받았다.

—《삼국사기》 중에서

주몽의 건국 설화는 주몽이 동부여에서 성장해 자기 세력을 키운 후,
압록강 중류 훈 강 유역에 있는 졸본으로 이동하는 과정을 보여 주고
있다. 또한 주몽의 세력은 이동하는 중에도 미리 정착했던 예맥의 약소
세력을 포용했고, 졸본 지역의 토착 세력인 송양의 비류국(소노부)을
통합하면서 더욱 크게 성장했다.

일찍이 훈 강 유역은 고조선이 멸망한 후 한의 군현인 현도군의 지배
하에 있던 지역이었다. 그러나 현도군은 기원전 75년경 토착 세력의 반
발로 랴오둥 지방으로 옮겨 갔다. 이 사실로 미루어 볼 때 이미 고구려
의 건국 이전부터 토착 세력이 성장하고 있다가 고구려에 의해 통합된
것으로 보인다.

고구려의 성장은 국가 체제를 연맹 국가® 형태로 변화시켜 나갔다.
주몽의 고구려 건국 이후 상당한 기간 동안 계속된 부족 연맹체 시기에
는 각 부족이 자기 지역에서 독자적인 자치권을 누리고 있었다. 부족장
들이 왕과 똑같은 사자·조의·선인 등의 관리를 두었다는 사실은 이를
증명한다. 경우에 따라서는 부족 독자적으로 중국의 한나라와 교섭하

기도 했다.

　그러나 고구려 사회 내에서 부족 서로 간에 통합이 진행되어 다섯 개의 큰 부족으로 정비되면서 왕족인 계루부는 다른 네 개 부족의 자치권을 약화시켰을 뿐만 아니라, 부족장의 대외 무역권과 외교권을 빼앗았다.

　이에 따라 네 개의 부족장 세력은 점차 중앙 귀족으로 전환되었고, 이들이 중앙의 다섯 개 지배 집단을 형성했다. 중앙의 5부 체제 성립은 태조왕(재위 53~146) 때 이루어졌다. 이것은 부족 연맹체적인 국가 체제가 중앙 집권적 국가 체제로 바뀌고 있었음을 의미한다.

고구려 5부족
계루부·순노부·소노부·관노부·절노부이며, 처음에는 소노부에서 임금을 내었으나, 뒤에 계루부에 주도권을 빼앗겼다.

'십제'에서 '백제'로

부여 계통의 이동은 한반도 남부에까지 미쳐서 마한 54국 중의 하나인 백제를 세웠다. 백제의 건국 설화는 이 같은 과정을 잘 보여 주고 있다.

　백제의 시조 온조왕은 그 아버지가 추모다. 혹은 주몽이라고도 한다. 주몽은 동부여에서 도망쳐 졸본 부여(고구려를 달리 이르는 말)로 이동했다. 주몽은 새로이 왕비를 얻어 두 아들을 낳았는데, 큰 아들은 비류이고 그다음이 온조였다. 그러나 주몽이 동부여에 있을 때, 예씨 부인에게서 낳은 아들인 유리가 찾아와서 태자가 되니, 비류와 온조는 유리를 두려워해 오간·마려 등 10명의 신하와 함께 남쪽으로 떠났는데 따르는 백성이 많았다. 비류는 백성을 나누어 미추홀(지금의 인천 부근)에 가서 살았고, 온조는 하남 위례성(한성)●에 도읍을 정해 10명 신하의 보좌를 받았으므로 십제라 했다. 그 후 비류를 따르던 무리도 모두 온조에게 합류했는데 이때 국호를 백제로 고쳤다. 온조는 고구려와 한 가지로 부여에서 나왔기 때문에 부여로써 그 성씨를 삼았다.

　　　　　　　　　　　　　　　　　　　—《삼국사기》 중에서

● **위례성**
위례성의 위치는 정확히 밝혀진 바 없으나, 서울 송파구의 풍납동 토성이 가장 유력하며 몽촌 토성, 경기도 하남시 일대, 또는 충청남도 천안시(직산) 일대로 추정하기도 한다.

풍납동 토성
백제 초기의 도읍지로 가장 유력한 곳이다. 지금은 도심 속에 일부의 성벽만이 남아 있다. 서울 송파구 풍납동 소재

온조의 설화는 백제 건국의 중심이 된 유민 집단이 부여 계통인 온조와 비류의 세력이었음을 보여 준다. 아마도 초기에는 형이었던 비류 세력이 강성했다가 뒤에 온조 세력으로 주도권이 넘어간 것으로 추측된다.

그 후 백제는 다른 부족들을 정복, 또는 수용하면서 그 세력을 확대해 나갔다. 그 대표적인 부족이 해씨와 진씨였다. 해씨는 부여 계통의 또 다른 이주 집단인 해루의 세력이었고, 진회로 대표되는 진씨는 아마도 한강 유역, 즉 위례성 부근의 토착 세력이었던 것으로 짐작하고 있다.

백제의 성장 과정은 인접한 기존 정치 세력과의 계속된 갈등이었다. 그중 한 세력이 한군현이었고 또 하나는 마한 세력이었다.

고이왕(재위 234~286)은 중앙 집권적 국가의 기틀을

마련하면서 한강 이북의 중국 군현과 맞서는 동시에, 마한의 가장 유력한 부족 세력이었던 목지국을 점령해 한반도의 중부 지방에 대한 지배권을 확립했다. 고이왕 역시 고구려의 태조왕처럼 부족장 세력을 중앙 귀족화하면서 5부 체제를 확립했다. 고이왕은 부족장 세력을 중앙 귀족으로 편입시키기 위해 좌평과 16관등의 관직 체계를 마련했다. 이렇게 해서 고이왕은 온조계 왕실의 권한을 강화할 수 있었다.

다 내 밑으로 들어와!

고이왕

부족장

혁거세와 알영이 세운 나라

북방에서 고구려와 백제의 움직임이 활발해질 무렵 한반도의 동남부, 즉 지금의 경상남도 지역에서도 부족 국가들이 형성되고 있었다. 이 부족 국가 중 하나가 사로국이었다. 사로국은 신라의 옛 이름으로 건국 설화는 다음과 같다.

일찍이 고조선의 유민들이 여섯 촌락을 이루고 있었다. 하루는 양산촌의 나정이란 우물 옆 숲 속에서 말이 무릎을 꿇고 울고 있는지라, 가서 보니 말은 간데없고 크고 붉은 알만 남아 있었다. 알을 깨뜨려 보니 사내아이가 모습을 드러내었다. 6부 사람들이 그 아이의 출생을 영험하게 여겨 장성함에 이르러 임금으로 삼았다. 큰 알이 박과 같았다 하여 성씨를 박으로 삼았다. ……

용이 알영 우물에 나타나 그의 오른쪽 갈빗대에서 한 계집아이를 낳는데 입술이 닭의 부리와 같이 생겼다. 이상하여 월성 북천에 가서 씻기니 부리가 떨어지고 고운 입술이 나타났다. 한 할머니가 데려다 길렀는데 우물 이름을 따서 알영이라 이름을 지었다.

그 계집아이가 자라 덕이 있거늘, 시조가 이를 듣고 왕비로 맞았다. 그때 사람들이 혁거세와 알영을 두 명의 성인이라고 불렀다.

—《삼국사기》,《삼국유사》 중에서

●지배자의 호칭 변화
거서간(군장), 차차웅(제사장)
→이사금(연장자)→마립간(대
군장)→왕(중국식 호칭)

●이사금
신라 초기 임금의 칭호. '치리
齒理'라는 뜻으로, 이가 많은
사람, 즉 연장자는 지혜로운
사람이라는 말에서 유래한다.
대등한 세력 간에 연맹장을
선출할 때 연장자를 선택한
유리와 석탈해 사이의 왕위
결정 방식에서 유래했다.

　신라의 건국 설화 역시 기마술을 갖춘 북방 유민의 이동 과정을 담고
있다. 빛·알·말로 상징된 하늘 신 부족 집단이 발달한 금속 문화를 가
지고 이동해 오면서 미리 정착하고 있던 개천·우물·닭으로 상징된 땅
신 부족 집단과 결합하는 과정을 표현했다고 할 수 있다.

　신라의 정치적 변천은 지배자의 호칭 변화●에서 그 과정을 짐작해
볼 수 있다. 초기 신라의 지배자는 거서간 또는 차차웅(제사장)으로서
경주 일대에 한정된 제정일치 사회의 모습을 보여 준다. 그 후 신라의
세력은 석탈해와 연합함으로써 울산·감포 방면으로 확산되었다. 박
씨·석씨·김씨 세력이 중심이 되어 이루어진 이 부족 연맹체 단계의
지배자 명칭이 이사금●이었다.

이사금 시대는 신라가 한반도의 동남부 지역의 주도 세력으로 성장한 시기였다. 이 시기에는 제사를 주관하는 천군의 존재가 따로 있어서 제정 분리의 모습을 보여 주고, 전 시대에 비해 군장인 이사금의 정치력이 성장하고 있었다.

부족 연맹체적인 신라의 국가 체제가 중앙 집권 국가 체제로 전환되는 때는 우두머리, 즉 대★수장이었던 마립간 호칭을 사용한 내물왕(재위 356~402)부터였다. 내물왕은 각 지역의 부족장들을 경주로 이동하게 함으로써 중앙 귀족으로 삼았고, 이에 따라 6부의 정치 체제를 마련했다. 이를 통해 내물왕은 김씨의 왕위 독점을 이루었고, 진한의 여러 나라에 대한 지배력을 강화할 수 있었다.

에헴~
이제 왕은
'김'씨만
할 수 있다!

내물왕

김 김

경주 오릉
신라의 시조인 박혁거세와 알영 부인, 제2대 남해왕, 제3대 유리왕, 제5대 파사왕의 무덤이라고 전한다. 경상북도 경주 소재

신라 내물왕의 초기 시기는 백제 근초고왕 시대와 맞물린다. 당시 백제는 낙동강 유역에 세력을 뻗쳐 신라를 압박하는 동시에 고구려를 공격해 평양 전투에서 고국원왕을 전사시켰기 때문에 신라와 고구려 사이에는 자연스럽게 동맹 관계가 형성되었다.

내물왕은 이 시기에 이루어진 고구려와의 우호 관계를 잘 유지했는데, 왜구의 침략으로 위기를 맞았을 때에는 광개토왕의 구원을 받기도 했고, 재위 후반기에 들면 고구려를 통해 중국의 전진에 사신을 보냄으로써 국제 무대에도 처음으로 등장할 수 있었다.

그러나 고구려의 구원 활동은 반대급부로 상당 기간 고구려의 신라에 대한 간섭을 불러올 수밖에 없었고, 이 같은 상황은 5세기 나제 동맹 이후 신라가 고구려의 간섭에서 벗어날 때까지 계속되었다.

임금의 옛말은 '잇금'

남해왕의 아들 유리는 석탈해가 어질다 하여 왕위를 그에게 양보하려고 했다. 석탈해는
여러 번 사양하다가 말했다. "옛날부터 덕이 있는 사람은 이[齒]가 많다고 하니 떡을 깨
물어서 잇금이 많은 사람이 왕이 되도록 합시다." 결국 잇자국이 많은 유리왕이 먼저 왕
위에 올랐고, 석탈해는 유리의 뒤를 이어 왕이 되었다. 이때부터 신라에서는 왕을 이사
금이라고 부르게 되었다. 이사금이란 잇금(잇자국)이 많은 사람이란 뜻이다. 임금이란
호칭도 이사금에서 비롯되었다고 한다.

고구려를 '하구려'라 부른 왕망

전한을 무너뜨리고 신新나라를 세운 왕망이 흉노를 공격하는 데 고구려군을 동원하려
고 했다. 그러나 고구려 유리왕이 이에 따르지 않고 도리어 중국 군사를 공격하자, 왕망
은 엄우라는 장수를 보내 고구려를 치게 했으나 실패했다. 이때 왕망이 분개하며 "이제
부터는 고구려高句麗라 하지 말고 하구려下句麗라 불러라." 했다고 한다. 이를 계기로 중
국 역사책 곳곳에 하구려라는, 고구려를 비하하는 표현이 등장한다.

02

삼국의 발전

태조왕·고이왕·내물왕 대에 중앙 집권 국가의 기틀을 마련한 삼국은 그 힘을 바탕으로 밖으로는 주변 지역에 대한 정복 사업을 추진하고, 안으로는 아직 남아 있는 부족적 전통을 극복해 중앙의 권력을 더욱 강화했다. 이러한 과정에서 삼국 사이에 존재하던 완충 지역이 사라지고 국경을 접하게 된 삼국은 본격적인 경쟁 단계에 돌입해 외교와 전쟁을 되풀이했다.

5세기는 고구려의 시대

태조왕 이후 고구려가 당면한 과제는 중앙으로 올린 부족 대표 세력들을 약화시키는 문제와, 그들을 통한 간접적인 지방 통치 방식을 어떻게 하면 국왕의 직접 지배 방식으로 바꾸느냐에 집중되었다.

　이 같은 과제를 해결하고자 한 이가 2세기 후반 고국천왕(재위 179~197)이었다. 고국천왕은 먼저 절노부에서 왕비를 맞아 계루부 왕실의 지지 기반을 넓혀 나갔다. 이러한 왕권 강화를 바탕으로 부족 단위의 중앙 5부 체제를 행정 구역 성격의 5부로 개편했고, 지방관을 파견해 지방에 대한 직접 지배를 시도했다.

을파소를 등용해 진대법*을 실시한 목적도 가난한 농민이 귀족의 노예로 몰락하는 것을 막으려는 데 있었다. 산상왕(재위 197~227) 이후부터 정착된 고구려의 왕위 부자 상속도 이러한 고국천왕의 정치적 성과를 바탕으로 이루어졌다고 할 수 있다.

중앙 집권화를 통한 국력의 강화는 고구려의 대외 팽창 정책을 가져왔다. 이미 태조왕 때 옥저를 복속하는 등 동쪽으로의 정복 사업을 추진했던 고구려가 본격적으로 서쪽 지역 팽창을 시도한 것은 3세기 동천왕(재위 227~248) 때부터였다. 중국이 유비·조조·손권의 삼국 시대로 분열된 틈을 노린 것이었으나, 동천왕의 시도는 위나라 관구검의 역습을 받아 실패했다.

관구검의 침략 이후 위축되었던 고구려의 팽창 정책에 다시 불을 지핀 것은 4세기 전반 미천왕(재위 300~331) 때였다. 중국의 분열이 5호 16국*시기로 접어들면서 낙랑군에 대한 중국 세력의 지배가 약화되자 미천왕은 전격적으로 이를 점령했다. 고조선의 멸망 이후 중국에게 빼앗겼던 대동강 유역을 실로 400여 년 만에 되찾은 것이다.

그러나 계속된 고구려의 팽창 정책은 순탄하지 않았다. 서쪽의 선비족(전연)의 침략에 시달리던 고국원왕(재위 331~371)이 급기야 백제 근초고왕의 공격을 받아 평양 전투에서 전사한 것이다. 이로써 고구려의 팽창 정책은 전면 수정될 수밖에 없었다.

4세기 후반 소수림왕(재위 371~384)은 팽창 정책을 중단하고 국력을 재충전하는 대대적인 체제 개혁을 단행했다. 소수림왕은 전연을 멸망시킨 전진과 평화 관계를 수립하고 불교를 받아들임으로써 부족적인 분열을 극복해 국민의 사상적 통일을 꾀했다. 또한 태학*을 세워 새로운 인재 등용의 기준을 마련함으로써 새로운 관료층을 확보했고, 율령*

● 진대법
농민이 몰락해 귀족의 노예가 되는 것을 막고자 고국천왕 때 을파소의 제창으로 실시된 빈민 구제 제도. 어려운 백성에게 나라의 곡식을 꾸어 주었다가 가을 추수 때 회수했다.

● 5호 16국
중국 동한東漢에서 남북조 시대에 이르기까지, 오호五胡가 세운 열세 나라와 한족漢族이 세운 세 나라를 말한다. 오호는 중국의 동한東漢에서 남북조 시대에 이르기까지 서북방으로부터 중국 본토에 이주한 다섯 민족, 흉노匈奴·갈羯·선비鮮卑·저氐·강羌을 이른다. 이민족에 의한 중국 지배의 최초 형태로, 당시 중국 남쪽에는 한족의 진晉이 쫓겨 내려가 동진東晉을 세웠다.

● 태학
372년, 전진前秦의 제도를 본떠 중앙에 설치한 학교다. 귀족 자제만이 입학할 수 있었고 경학·문학 등을 가르쳤다. 경당이 지방의 사립 교육 기관인 데 반해, 태학은 수도에 설치된 국립 학교였다.

● 율령
형벌에 관한 법규를 '율律'이라 하고, 행정에 관한 법규를 '영令'이라 한다.

광개토 대왕릉비
장수왕이 세웠으며 높이 6.39
미터, 너비 약 1.5미터의 큰 비
석으로 고구려 왕실의 역사와
광개토왕의 업적을 기록하고
있다. 오른쪽은 현재의 보존 모
습. 중국 지린 성 소재

● 남북조
북위가 5호 16국의 혼란을 수
습하면서부터 수가 남북조를
통일할 때까지의 시기. 이때
중국의 남부에는 동진—송—
제—양—진의 한족 정권이 흥
망을 되풀이했다.

충주 고구려비
약 400여 자의 비문이 적혀
있다. 고구려 장수왕의 남하 정
책을 보여 주는 대표적인 유적
이다. 충청북도 충주 소재

을 제정해 국왕 직속 관료 조직을 확대함으로써 대가(종래의 부족장)들
이 독자적인 관리(사자·조의·선인)를 거느리지 못하게 했다. 이러한 소
수림왕의 개혁은 뒤를 이은 광개토왕과 장수왕 대에 펼쳐진 고구려 전
성시대의 바탕이 되었다.

5세기는 고구려의 시대였다. 뛰어난 전략가의 자질을 갖춘 광개토왕
(재위 391~413)은 18세에 왕위에 올라 대대적인 정복 사업을 전개했다.
서쪽으로의 팽창을 마무리 지어 랴오둥 지방을 완전히 차지했고, 동북
쪽의 숙신肅愼을 복속시켰으며, 남쪽으로는 한강 이북까지 진출함으로
써 만주와 한반도 북부를 아우르는 광대한 영토를 지배했다. 만주 퉁거
우(퉁구) 지방에 남아 있는 거대한 광개토 대왕릉비는 광개토왕의 위대
한 정복 업적을 전하고 있다.

이 같은 광개토왕의 위업은 장수왕(재위 413~491)에게 계승되었다.
장수왕은 남북조(439~589) ●로 정리된 중국의 정세 변동에 능동적으로
대응해 두 세력을 적당히 견제 및 조종하면서 고구려의 국력을 키워 나
갔다. 장수왕은 평양성으로 천도해(427) 평양 출신의 신진 관료를 등용
한 다음 국내성의 옛 귀족 세력을 약화시켰을 뿐만 아니라, 남하 정책
을 적극 추진해 한강 이남의 아산만에서 영덕까지 영토를 확장했다. 이
과정에서 장수왕은 백제의 수도인 한성을 함락하고 개로왕을 붙잡아
죽임으로써 고국원왕의 원한을 풀 수 있었다.

백제의 빛나는 해상 진출

고이왕 이후 백제의 중앙 집권화 정책을 마무리 지은 이는 4세기 중엽 근초고왕(재위 346~375)이었다. 근초고왕은 먼저 유력 부족인 진씨와 손을 잡고 왕권을 강화했으며, 담로[•]를 설치해 지방을 직접 지배했다.

국왕 중심의 정치 체제를 확립한 근초고왕은 마한의 나머지 세력을 통합해 호남의 곡창 지역을 확보한 뒤, 5호 16국이라는 동아시아의 정세 변동을 이용해 정력적인 팽창 정책을 취했다. 이 시기를 기록하고 있는 중국의 역사책들은 백제의 세력이 랴오시(요서) 지방까지 진출하고 있음을 전하고 있다. 5호 16국의 혼란을 틈탄 백제의 해상 진출이었다.

백제의 해상 활동은 일본을 무대로 특히 활발했다. 당시 백제 왕이 왜왕에게 준 것으로 추정되는 칠지도에 새겨진 글은 백제의 세력이 일본에 강하게 뻗쳐 있었음을 말해 준다. 왕인과 아직기를 일본에 파견해 유학을 전래한 것도 이를 뒷받침하고 있다. 활발한 해상 진출과 함께 근초고왕은 고구려를 쳐서 고국원왕을 전사시키는 등 정복적 팽창 사업을 계속 추진했다.

●담로

백제 말인 '다라', '드르'의 음차로 성城을 의미한다. 백제의 지방 행정 구역으로 전국에 22담로를 두고 왕자나 왕족을 보내 다스리게 했다고 한다.

김제 벽골제

4세기, 백제가 호남의 곡창 지대를 확보한 뒤 만든 저수지로, 백제가 성장하는 데 발판이 되었다. 사진 왼쪽에 보이는 수로가 예전에는 거대한 저수지가 있던 곳이다. 전라북도 김제 소재

공주 공산성
문주왕부터 성왕 때까지 도읍
지였던 웅진성(공주)을 수호하
기 위해 축조한 것으로, 당시에
중심 산성이었다. 충청남도 공
주 소재

그러나 5세기에 들어 백제는 고구려의 남하 정책으로 위축되어 갔다. 장수왕에게 수도를 빼앗기고 한강 유역을 상실한 백제는 신라와의 동맹을 통해 이에 맞서고 있었다. 더구나 웅진성(공주) 천도 이후 해씨·진씨·목씨 등 한성의 옛 귀족들이 정치의 주도권을 장악함으로써 백제 내부의 정치적 갈등이 심해지고 있었다.

이러한 혼란을 수습하고자 노력한 이가 동성왕(재위 479~501)이었다. 그는 금강 유역의 사씨·연씨·백씨 세력을 등용해 한성의 옛 세력을 약화시키고자 했으나 오히려 귀족에게 피살당했고, 이로써 정치적 혼란은 계속되었다.

6세기 성왕(재위 523~554) 시기는 백제의 희망과 좌절을 함께 보여 준

백제 수도의 변천
위례성→웅진성→사비성

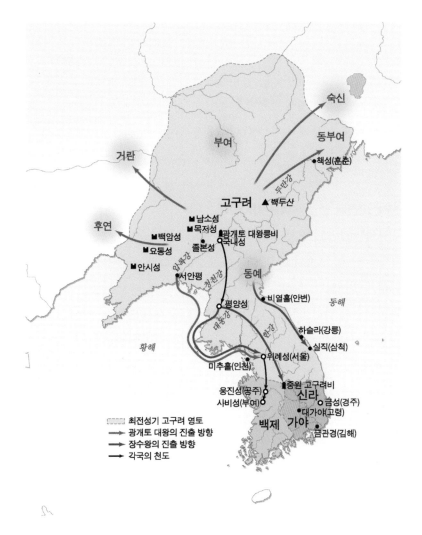

고구려의 영토 확장(5세기)
5세기 광개토 대왕과 장수왕에
이르러 고구려는 동북아시아의
패자로 떠올랐다. 고구려의 남
하라는 위협에 대응하여 백제
와 신라는 자연스럽게 손을 잡
게 되었다.

숙신

부여

동부여

●책성(훈춘)

거란

고구려 ▲백두산

후연

■남소성
■백암성   ■목저성
         ●광개토 대왕릉비
■요동성   졸본성 ■국내성
■안시성
       ●서안평
              동예

평양성   ●비열홀(안변)   동해

하슬라(강릉)
황해   ●실직(삼척)

●위례성(서울)
미추홀(인천)

●중원 고구려비
웅진성(공주)○   신라
사비성(부여)○   ●금성(경주)
                대가야(고령)
          백제 가야
                ●금관경(김해)

▨▨▨ 최전성기 고구려 영토
⟶ 광개토 대왕의 진출 방향
⟶ 장수왕의 진출 방향
⟶ 각국의 천도

시기였다. 결단력이 뛰어난 군주였다고 전하는 성왕은 사비성(부여) 지역의 사씨 세력과 손잡고 사비성 천도를 단행해 왕권 강화를 꾀하고 귀족 세력을 약화시켰다. 성왕은 국왕 직속 관청인 22부를 중심으로 정치를 운영함으로써 좌평 중심의 귀족 회의체를 약화시켰고, 인도에서 돌아온 겸익과 함께 불교 진흥에도 힘썼다.

성왕은 나라 안의 정치적 성공을 바탕으로 고구려 장수왕에게 빼앗긴 한강 유역의 회복에 나섰다. 그러나 나제 동맹(433~553)⦁의 체결 이래 동맹군이었던 진흥왕의 배반으로 한강 유역을 신라에 빼앗기면서 신라에 대한 보복전을 펼쳤고, 이 과정에서 성왕은 관산성(충청북도 옥천) 전투에서 전사했다. 중흥을 위한 성왕의 노력이 좌절된 후 백제의 국력은 급속히 약화되었다.

신라, 마침내 한강 유역을 차지하다

내물왕 이후 고구려의 정치적 간섭에 시달린 신라는 5세기 눌지왕(재위 417~458) 때 백제와 군사 동맹을 체결함으로써 고구려의 간섭에서 과감하게 벗어났다.

고구려의 남하 정책을 나제 동맹을 통해 저지한 신라는 6세기에 들어 놀라운 발전을 거듭했다. 지증왕(재위 500~514)은 주군제의 지방 행정 구역을 마련함으로써 부족의 자치권을 약화시켜 지방에 대한 직접 지배를 실현하는 한편 왕권 강화를 통해 '왕', '신라' 등 새로운 호칭을 사용했다. 법흥왕(재위 514~540)은 부족적인 토속 신앙의 저항을 뿌리치고 불교를 공인함으로써 사상의 중앙 집권화를 기했고, 율령을 제정해 통치 체계를 정비했으며, 새로이 설치된 병부를 통해 병권을 장악했다.

이러한 지증왕과 법흥왕 때의 체제 정비는 진흥왕(재위 540~576)의 정복적 팽창을 가져왔다. 7세에 왕위에 올라 어머니의 섭정기를 거쳐 정치 일선에 나선 진흥왕은 놀라운 정치적·군사적 능력을 발휘했다. 화랑도⦁를 개편해 국왕 직속의 인재를 양성하는 한편 사정부(감찰 기관) 등을 설치함으로써 관리들에 대한 통제와 감시를 강화했다. 이러한 국왕 중심의 집권 체제를 바탕으로 활발한 정복 사업이 추진되었다.

⦁ 나제 동맹
고구려의 남진 정책에 대항한 신라와 백제 사이의 공수 동맹. 백제 비유왕과 신라 눌지왕이 장수왕의 남하를 저지하고자 체결한 이래 왕실 간의 혼인 동맹으로 발전했으나 진흥왕의 한강 유역 획득으로 깨졌다.

⦁ 화랑도
화랑도는 귀족 출신 중에서 뽑힌 화랑이 수백 명의 낭도를 이끄는 신라의 청소년 단체다. 진흥왕 때 국가적인 조직으로 개편되어 교육 기관의 역할을 했다. 화랑도에서 배출한 많은 인재는 신라의 영토 확장 과정에서 큰 활약을 했다. 사다함은 대가야 공격 때 큰 공을 세웠으며, 백제와의 싸움에서 전사한 관창, 삼국 통일의 주역인 김유신도 화랑 출신이었다.

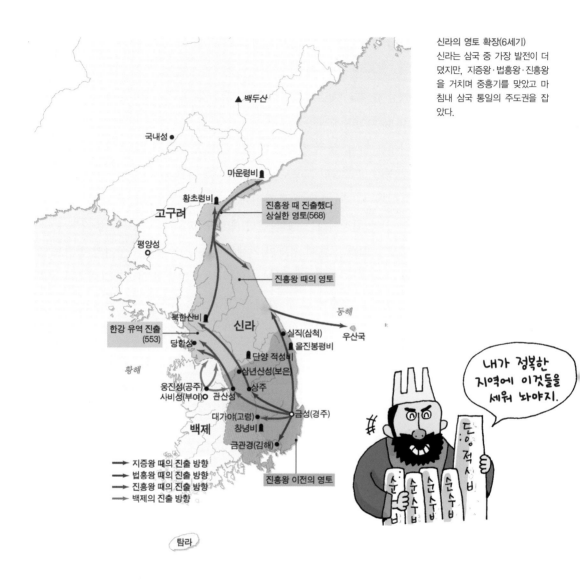

신라의 영토 확장(6세기)
신라는 삼국 중 가장 발전이 더
뎠지만, 지증왕·법흥왕·진흥왕
을 거치며 중흥기를 맞았고 마
침내 삼국 통일의 주도권을 잡
았다.

그러나 진흥왕의 정복 정책은 6세기 들어 심각하게 전개된 고구려
의 내분에 힘입은 바가 컸다. 당시 고구려는 북쪽에서 새로이 일어나
는 돌궐에 대한 방어 때문에 남쪽 경계를 철저히 하지 못했을 뿐만 아
니라, 왕위 계승을 둘러싼 귀족의 내분 때문에 대외 문제에 적극적이
지 못했다.

이 같은 상황을 이용한 진흥왕은 백제 성왕의 고구려 공격에 협조했고, 백제가 한강 유역을 되찾자 백제가 방심한 틈을 타서 기습적으로 한강 유역을 빼앗아 버렸다. 한강 유역의 획득은 한반도 동남부에 치우쳐 있던 신라에게는 대단히 중요했다. 한강 유역의 비옥한 평야가 가져다주는 인적·물적 자원과 한강을 통한 수송의 편리함뿐만 아니라 황해를 통한 중국과의 교통로가 트였기 때문이다.

그러나 고구려와 백제 사이에 신라가 자리 잡으면서 백제와 고구려의 신라 협공이라는 삼국 간의 새로운 정치적 국면을 만들기도 했다. 중흥을 꿈꾸던 백제 성왕의 기세를 꺾은 진흥왕은 고구려의 함경도 남부 지방에까지 세력을 뻗쳤고, 가야마저 완전히 복속시킴으로써 신라의 위상을 크게 떨칠 수 있었다. 진흥왕의 영토 팽창의 업적은 그가 세운 네 개의 순수비와 단양 적성비가 잘 말해 주고 있다.

진흥왕 순수비
신라는 한강 유역을 차지함으로써 삼국 통일의 기틀을 마련했다. 사진은 북한산에 있는 진흥왕 순수비다.

형수를 아내로 삼다

고대의 결혼 전통에는 형이 죽으면 그 동생이 형수를 아내로 맞이하는 형사취수兄死取嫂가 있었다. 이 제도는 형제 상속과 연결되었을 것으로 짐작된다. 흉노 등 북방 민족 사이에 널리 행해졌고, 부여와 고구려에서도 있었다. 고국천왕이 죽자, 그 동생 산상왕이 즉위해 형의 왕비인 우씨를 다시 자신의 왕비로 삼은 것은 그 대표적인 예다. 씨족 사회의 전통 속에서 남편이 죽은 후 여자가 다른 씨족으로 재가할 경우 생기는 재산이나 인적 손실을 방지하려는 데 그 목적이 있었다.

싸움으로 결정짓는 수상 자리

백제의 상좌평, 신라의 상대등과 같이 국사를 총괄하는 고구려의 수상은 대대로였다. 대대로는 국왕이 임명하는 관직이 아니라 귀족들이 뽑는 선출직이었다. 보통 3년마다 교체되었으나, 독재자의 경우는 얼마든지 임기를 연장했다. 그러나 마땅한 인물이 없어 서로 승복하지 않을 때에는 각기 사병을 동원해 승부가 날 때까지 싸워서 이기는 자가 대대로가 되었다. 그때 왕은 겁이 나서 궁궐 문을 닫고 자신만을 지킬 뿐 이를 막지 못했다고 한다. 삼국 시대의 귀족 중심 정치의 한 단면을 보여 준다고 하겠다.

03
가야의 건국과 발전

철기의 전파와 함께 변한 지역에서 성장한 나라가 가야이다. 가야는 6세기 신라에 멸망할 때까지 약 500여 년 동안 존속했다.

가야는 그 전성기에는 신라나 백제에 맞서 힘을 겨룰 만큼 강한 나라였다. 그럼에도 많은 사람이 가야에 대해 잘 모른다. 오히려 역사에서 사라지다시피 했다. 지도에는 분명히 네 개의 나라가 표시되어 있음에도 사국 시대가 아니라 삼국 시대라고 한다.

가야가 이처럼 신비의 왕국으로 남아 있는 것은 가야에 대한 옛 기록이 절대적으로 부족하기 때문이다. 《삼국사기》에서는 가야를 체계적으로 취급하지 않았고, 그나마 《삼국유사》에도 설화 형태의 기록만 일부 남아 있다. 게다가 《일본서기》●에는 가야에 대한 기록이 지나치게 왜곡되어 있다. 그러나 최근에는 가야의 유물과 유적이 대량으로 발굴되는 고고학적 성과에 힘입어 가야의 실체를 파악하고 있다.

● 《일본서기》
일본의 나라 시대에 관청에서 펴낸 역사서로, 720년에 완성된 것으로 추정한다. 이 책에 서술된 삼국과의 관계는 왜곡된 부분이 많은데, 진구 황후 神功 皇后가 삼한을 정복했다는 등 터무니없는 대목이 많다. 또한 연대도 백제의 기년 紀年과 약 120년의 차이가 있어서 내용의 신뢰성에 의문이 가는 책이다.

거북아 거북아 머리를 내밀어라

일연이 지은 《삼국유사》 〈가락국기〉에는 가야의 역사를 신화와 함께 기록하고 있다. 그 내용을 요약해 보면 다음과 같다.

천지가 개벽한 이래 이 땅에는 국가나 임금, 신하라고 부르는 칭호가 없었다. 그때는 9간의 촌장이 7만 5,000여 명의 백성을 거느렸다. 모두가 산과 들에 모여 살면서 우물을 파 식수로 하고 밭을 갈아먹었다.

중국 후한 광무제 18년(42) 3월 3일, 이곳 구지봉에서 무엇을 부르는 소리가 났다. 9간과 백성 300여 명이 소리를 듣고 구지봉에 모였다. 사람의 소리가 나는 듯하나 그 형상은 보이지 않았다. 이윽고 소리가 말하기를 "여기 사람이 있느냐?"라고 하기에, 9간 등이 "우리들이 여기에 와 있으며, 이곳은 구지봉이라는 곳입니다."라고 대답했다. 그랬더니 또다시 "황천 상제께서 나에게 명하시기를 이곳에 와서 살면서 나라를 세우고 임금이 되라고 하셔서 일부러 내려왔다. 너희들은 마땅히 봉우리 위의 흙을 파면서, '거북아, 거북아, 머리를 내밀어라. 만약에 내밀지 않으면 구워 먹으리라.' 하고 노래하며 춤을 추어라. 그렇게 하는 것이 대왕을 환영하는 것이 된다."라고 말했다.

영대왕가비
'거북아, 거북아……'로 시작되는 〈구지가〉의 내용을 새겨 놓았다. 경상남도 김해 구지봉 소재

첫째 김수로!

9간 등이 그 말을 듣고 춤을 추고 노래를 부르는데 갑자기 하늘에서 보랏빛 끈이 드리워지며 황금 상자가 땅에 내려왔다.

황금 상자를 열어 보니 금색의 알이 여섯 개 들어 있는데, 둥글기가 해와 같아 모두 놀라고 기뻐했다. 그날은 그대로 상자를 닫고 아도간(9간의 하나)의 집에 두었다. 다음 날, 9간 등이 다시 모여 신기한 황금 상자를 열어 보니, 여섯 알이 깨지면서 여섯 명의 사내아이로 변했다. 이들은 용모가 뛰어나서 모두들 이들에게 절하고 예의를 갖추어 모셨다. 그 사내들은 10여 일이 지나자 키가 9척이나 자랐다. 얼굴은 한나라의 고조처럼 용과 같았고, 눈썹과 눈동자는 요순과 같았다.

그달 15일, 촌장들이 모여 먼저 나타난 사람을 추대해 임금의 자리에 모셨으니 이가 바로 가락국의 시조다. 이렇게 해서 탄생한 가락국의 시조는 황금 상자에서 태어났으므로 성을 김씨라 했고, 또한 여섯 개 알 중에서 먼저 태어났다 하여 이름은 수로라고 했다. 그리고 나라 이름은 대가락 또는 가야국이라고 했다. 그리고 나머지 다섯 사람은 각각 5가야의 임금이 되었다.

가락 건국 7년, 수로왕은 왕후를 맞이했다. 왕후는 인도의 아유타국 공주로 돌배를 타고 이 땅에 시집왔으니 성은 허씨요, 이름은 황옥으로

수로왕릉
금관가야의 시조인 김수로왕의 무덤이다. 무덤 앞의 문·무인석 등의 석물은 나중에 세운 것이다. 경상남도 김해 소재

나이 16세였다. 허 왕후는 10명의 왕자를 낳았는데, 첫째는 왕업을 잇게 하고 2명은 어머니의 성인 허씨를 따르게 했다. 이들은 도학을 배워 선인이 되었다고 한다.

동아시아의 페니키아, 가야

이러한 건국 신화를 가진 가야가 성장한 지역은 낙동강 유역이었다. 기원을 전후한 시기에 철기 문화가 보급되면서 이 지역에서는 부족 사회의 통합이 진전되었다. 이에 따라 변한 12국으로 일컬어지는 작은 나라들이 나타나기 시작했고, 작은 나라들 사이의 통합이 한 단계 더 진행되어 6가야가 만들어졌다. 김수로왕의 건국 신화를 가진 김해의 금관가야(본가야)는 그중 하나였다. 그리하여 2, 3세기경에는 김해의 금관가야를 중심으로 가야 연맹을 이루게 되었다.

가야 연맹의 맹주국이었던 금관가야가 있던 김해 지역은 지리적으로 낙동강 하구에 위치해 해상과 내륙을 연결하는 교통의 중심지였다. 강을 따라 내륙과 교류할 수 있었고, 바다를 통해 왜나 한 군현과도 무역할 수 있는 요지였다. 또한 이 지역은 철이 풍부했다. 철은 무기나 농기구의 재료였으므로 사회 발전에 매우 중요한 자원이었다. 가야의 여러 지역에서 발굴된 철정*이나 환두대도* 같은 철기류는 가야가 풍부한 철을 바탕으로 성장했음을 보여 주는 대표적인 유물이다.

금관가야는 이러한 철의 자원을 통해 한 군현이나 왜 등과 교역을 주도하는 무역 중계지의 역할을 하면서 성장했다. 또한 새로이 북방계 유물을 수용하기도 하면서 발전의 기틀을 마련해 해상 왕국으로서 번영을 누렸다. 결국 풍부한 자원과 대외 교류를 바탕으로 튼튼한 경제력을 갖게 된 금관가야는, 주변 가야 소국을 주도하는 가야 연맹체를 만들 수 있었다.

● 철정
덩이쇠라고도 한다. 철을 제련하여 덩어리 모양으로 만든 것으로, 이것을 가공하여 여러 가지 철기를 만든다. 화폐와 같은 교환 수단의 기능을 하기도 했다.

● 환두대도
자루 끝에 둥그런 고리 모양의 장식이 달린 큰 칼로, 고리칼이라고도 한다. 고리에 여러 가지 장식이 있는 것도 있다.

4세기 후반 무렵 가야 연맹은 신라와도 맞설 수 있을 만큼 성장했다. 이 시기 가야 연맹의 영토는 낙동강 동쪽 및 중·상류까지 미칠 정도였다. 가야는 영토 확장 문제를 둘러싸고 신라와 대립이 잦았으나 백제와는 비교적 밀접한 관계를 유지했다.

그러나 4세기 말 이후 고구려의 남하 정책은 한반도 남부의 세력 판도에 큰 영향을 주었다. 고구려 광개토왕의 군대가 낙동강 하류 지역까지 진출함으로써 가야 연맹은 흔들리기 시작했고, 5세기 전반 신라가 낙동강 방면으로 세력을 뻗치자 무너질 수밖에 없었다.

5세기 중엽 고구려의 남하 정책에 따라 백제와 신라는 동맹을 맺었다. 여기에 위협을 느낀 가야 소국들은 내륙 지방에 있던 고령의 대가야를 중심으로 새로 연맹을 형성했다. 이를 금관가야가 주도하던 전기 가야 연맹과 구별해 후기 가야 연맹이라고 한다.

6세기 이후 신라가 영토 확장에 나서게 되자 가야 연맹의 결속은 흐트러졌다. 그 결과 532년 금관가야가 신라에 투항한 이후, 가야의 여러 나라가 연이어 신라에 편입되었다. 562년 마지막으로 대가야가 신라의 이사부●가 이끄는 군대에 항복함으로써 가야의 역사는 막을 내리게 되었다.

쌍어문과 파사 석탑에 얽힌 수수께끼

가야는 건국 신화에서부터 많은 부분이 신비에 싸여 있기 때문에 주로 역사가 아닌 신화로만 받아들여지고 있다. 그러나 허황옥의 도래는 사실로 보는 사람들이 많다. 신화에 의하면 김수로왕의 왕후가 된 허황옥은 인도의 아유타국 공주였다. 실제로 그 시기 인도에는 아유타국이 있었다. 허황옥이 인도에서 가져왔다는 파사 석탑이 현재 그녀의 무덤 앞에 놓여 있다. 그런데 이 파사석은 우리나라에서는 나지 않는 돌이다.

●이사부
신라 진흥왕의 영토 확장 과정에서 크게 활약한 장수다. 우산국(울릉도에 있던 나라)을 공격할 때 나무로 만든 사자로 위협해 항복을 받은 것으로 유명하다. 또한 한강 상류 지역을 공격하고 함경도로 진출하는 과정에서 활약했고, 대가야를 정복했다.

한편 수로왕릉의 정문에는 물고기 두 마리가 마주 보는 문양이 그려져 있다. 이 쌍어문은 우리나라에서는 가야 지방에서만 발견되는 문양이다. 그런데 이를 인도의 아요디아 지방의 힌두 사원에서는 흔히 볼 수 있다. 따라서 파사 석탑과 쌍어문 등을 근거로 하여 허황옥의 도래를 사실로 여긴다. 그러나 더 많은 구체적 증거가 드러나기 전에는 확인할 수 없는 문제다. 다만 가야의 해상 무역이 활발했기 때문에 이러한 신화가 성립할 수 있었을 것이라고 본다.

그렇다면 해상 교역의 중심지로 발전하면서 철의 교역과 활발한 해상 무역을 통해 일찍이 경제와 문화가 발달했던 가야는 왜 멸망했을까?

고구려·신라·백제 등도 초기에는 소국 연맹체를 형성하고 있었다. 그러나 삼국은 그 단계를 넘어 중앙 집권적 국가로 발전하는 데 성공했다. 따라서 넓은 영토를 효율적으로 다스릴 수 있는 통치 체제를 갖추게 되었다. 그러나 가야 연맹에 속해 있던 작은 나라들은 각기 정치적인 독자성을 유지했기 때문에 경제적·문화적으로 다른 지역과 통합하지 못했고, 근본적으로 신라나 백제에 비해 강력한 군대와 권력을 유지할 수 없었다. 이 점이 가야가 삼국과의 경쟁에서 결국 도태될 수밖에 없었던 이유다.

가야는 비록 신라에 정복·병합되었으나 그 문화와 인물마저 소멸된 것은 아니었다. 오히려 신라의 역사와 문화의 발전에 큰 영향을 끼쳤다. 가야의 궁중 음악, 특히 가야금은 신라에 전해져 신라의 궁중 악기로 채택되었다. 그리고 금관가야 왕족의 후예들은 신라의 귀족으로 받아들여져 신라의 삼국 통일에 기여했다. 금관가야의 마지막 왕인 구형왕의 아들 김무력은 관산성 싸움에서 백제를 대파했으며, 그의 손자는 다름 아닌 삼국 통일의 제일 공신이라 할 수 있는 김유신이다.

파사 석탑
김수로왕의 왕후가 된 허황옥이 인도 아유타에서 가져왔다는 탑이다. 원래는 사각형이었을 것으로 추정되나 많이 마모되었다. 경상남도 김해 소재

가야의 멸망 원인
가야는 중앙 집권적 국가로 발전하지 못했기 때문에 삼국에 비해 강한 군대와 권력을 유지할 수 없었고 결국은 경쟁에서 도태되었다.

우륵과 가야금

우륵과 가야금에 대한 내용은 《삼국사기》의 단편적인 기록을 통해 알 수 있다. 가야의 가실왕은 음률이 열두 달을 상징하는 12현금을 만들었다. 그러고는 "어찌 당나라의 노래만 부를 수 있느냐."라며 악사인 우륵에게 명하여 12곡을 창작하게 했다고 한다.

그러나 가야가 혼란스러워지자 우륵은 악기를 가지고 신라 진흥왕에게 귀순했다. 이후 그 악기의 이름을 가야에서 가지고 왔다고 하여 가야금이라고 했다. 진흥왕은 우륵을 지금의 충주에 정착시키고, 계고·법지·만덕 세 사람으로 하여금 우륵에게 음악을 배우도록 했다. 우륵은 그들의 재능을 참작해, 계고에게는 가야금을, 법지에게는 노래를, 만덕에게는 춤을 가르쳤다.

세 사람은 우륵이 만든 12곡을 줄여 5곡으로 만들었다. 진흥왕이 그 곡을 듣고 크게 기뻐해 이를 신라의 궁중 음악으로 삼았다고 한다. 결국 우륵은 조국인 가야가 혼란할 때 적대국인 신라에 귀순했으니 조국을 배신한 셈이다. 그러나 그의 음악은 신라의 궁중 음악으로 채택되었으니 오히려 예술적으로는 신라를 정복했다고 평가할 수 있지 않을까?

우륵이 귀순 후 정착했던 충주에는 그가 가야금을 연주하였다는 데서 이름이 유래한 탄금대가 있고, 탄금대에는 그를 추모하는 비가 있다. 또한 그가 배신했던 조국, 대가야의 중심지였던 고령에도 가야금 모양으로 만든 우륵을 기념하는 탑이 있다.

04

수·당과의 전쟁

오랜 분열 끝에, 실로 300여 년 만에 중국에 출현한 수·당의 통일 제국은 동아시아 일대의 국제 정세를 급변하게 했다. 고구려는 이들이 요구하는 국제 질서를 거부하고 당당하게 맞섰다. 수·당의 연속적인 고구려 침략은 중국에서도 보기 드문 대규모의 것이었으나, 고구려 백성들은 조금도 굽힘 없이 용감히 싸워 우리 역사에 길이 기록될 빛나는 승리를 이룩했다.

일곱 번 싸워 일곱 번 져 주다

589년, 수가 강남의 진陳을 멸망시키고 중국을 통일하자 고구려는 즉각적으로 이에 대비하는 작업에 착수했다. 통일 왕조의 압력을 예상했기 때문이다. 병기를 수리하고 곡식을 비축했을 뿐만 아니라 중국인 무기 기술자를 데려와 새로운 무기를 만들었고, 수나라의 사신에 대해서는 고구려를 정탐하지 못하도록 한적한 곳에 머물게 했다.

이러한 고구려의 움직임을 눈치챈 수 문제●는 고구려에 대해 "랴오

● 문제
581년 사위인 북주의 정제에게 양위를 받아 나라를 개창하고, 589년 남조南朝인 진陳을 멸망시켜 중국의 통일 왕조를 이룩했다.

● 양제
아버지(문제)와 형제를 죽이고
즉위했기 때문에 역사가들은
대표적인 폭군으로 기록하고
있다. 중국의 남북을 잇는 대
운하를 완성했다. 대대적인
토목 공사와 원정 때문에 원
망을 샀고, 이연(당고조)에 의
해 멸망했다.

허 강이 넓으면 얼마나 넓겠는가. 어찌 창장 강(장강)에 비하리오. 한
장군이면 충분할 것을 굳이 많은 병력까지 필요하겠는가."라는 국서를
보내 고구려를 협박해 왔다.

양국 간의 이러한 긴장 상태를 깨고 선제공격을 감행한 것은 고구려
였다. 이에 맞서 수 문제는 30만의 육해군을 편성해 역습해 왔다. 이 1차
침략의 결과는 중국 측 기록에 의하면 육군은 홍수 때문에, 해군은 폭
풍 때문에 싸워 보지도 못하고 10명 중 8∼9명이 사망했다고 하지만,
사실은 전투에 의한 패배였다. 군량을 운반하던 해군이 먼저 고구려군
에 전멸당했고, 이 때문에 보급품을 받지 못한 육군도 버티지 못한 채
뒤따라 패배한 것이다. 이후 고구려를 두려워한 수 문제는 섣불리 고구
려를 공격하지 못했다.

한동안 평온이 유지되었던 양국 간에 다시 전운이 감돈 것은 수
양제●가 즉위한 이후였다. 당시 한반도에서는 신라의
한강 유역 점령 이후, 고구려와 백제가 신라를 협공하는
형세였다. 고립되었던 신라는 수에 접근하고 있었고,
고구려는 신하국으로 복속하기를 요구하는 수 양제에
맞서 돌궐과 동맹을 꾀하고 있었다. 이에 따라 동
아시아는 수−신라의 동서 진영과, 돌궐−고구려−
백제−왜로 이어지는 남북 진영이 팽팽히 맞서는
형국을 이루었다.

수 양제는 5년간의 전쟁 준비를 거쳐 드디어
고구려 침략을 개시했다(612). 좌우 12군씩
24군으로 편성된 수의 침략군은 총병력
이 113만여 명이었다. 군량과 병기
운반자는 그 숫자의 두 배에 달했다.
하루에 1군씩 출발시켜 40일 만에 출동이

을지문덕 흉상
을지문덕은 고구려 영양왕 때의
장군(?∼?)으로 영양왕 23년에
중국 수나라 양제가 고구려에
대군을 이끌고 쳐들어오자 살수
에서 이들을 물리쳤다. 지략과
무용에 뛰어났으며 시문에도 능
했다. 서울 용산 전쟁 기념관
소장

완료되었고, 군대의 행렬은 960리에 걸쳤다. 중국 역사책 《수서》는 "고금 이래 군사 출동의 성대함이 이 같은 적이 없었다."라고 기록하고 있을 정도다.

　엄청난 수의 침략에 맞선 고구려는 을지문덕을 중심으로 세밀한 작전을 구상했다. 고구려 작전의 핵심은 전선을 축소시키는 것이었다. 벌판에서의 정면 승부는 피하고 성을 중심으로 수비전을 폄으로써 수의 대군이 위력을 발휘할 기회를 주지 말자는 것이었다. 이를 위해 고구려는 적에게 양식이나 말먹이를 빼앗기지 않도록 농작물 등을 없앤 후 모든 백성을 성안으로 피난시키는 '청야淸野 전술'을 폈다.

　이 같은 고구려의 작전은 적중했다. 랴오허 강의 전략 요충지인 요동성은 전쟁 개시 이틀 만에 수의 군대에 포위당했지만, 요동성은 전쟁이 끝날 때까지 함락되지 않았다. 수 양제가 직접 공격을 지휘했으나, 4개월이 넘도록 요지부동이었다. 수 양제가 계획했던 속전속결 전략은 요동성에서 무력화되었다.

　이에 수 양제는 우중문·우문술의 30만 별동대를 급히 평양으로 출

살수 대첩(기록화)
고구려 영양왕 23년(612)에 수나라의 양제가 고구려를 정복하려고 200만의 대군을 인솔하고 쳐들어왔으나, 을지문덕 장군이 지휘한 고구려 군사가 살수를 건너온 수나라의 별동대 30만 5000여 명을 몰살했다. 서울 용산 전쟁 기념관 소장

● 고건무(영류왕)
고구려의 제27대 왕(재위 618
~642). 영양왕의 이복동생으
로 영양왕 사망 후 즉위했다.
631년 천리 장성의 축조를 시
작해 연개소문에게 감독을 맡
겼으나 그의 반역으로 살해되
었다.

동시켰다. 이때 4만의 수 해군은 대선단을 이끌고 이미 대동강에 접근
하고 있었다. 그러나 육군의 평양 공격이 지체되자 해군 단독으로 성
급한 공격을 감행하다가, 고건무●가 이끄는 고구려군에 대패했다. 이
에 따라 평양에 당도한 수의 별동대는 보급품을 공급받을 수 없게 되
었다.

한편 별동대를 상대한 을지문덕은 계속해서 적군을 유인하는 작전을
폈다. 적군이 들어오는 길목마다 미리 백성을 성으로 옮기고 식량을 감
추고 우물마저 메워 버렸다. 하루에 일곱 번을 싸워 일곱 번 모두 져 주
면서 적군을 유인했다. 이윽고 별동대가 평양성 외곽 30리에 도달했을
때, 겉으로는 칭찬하는 듯하지만 실제로는 적장 우중문을 희롱한 것으
로 유명한 〈유우중문시遺于仲文詩〉를 보냈다.

신묘한 그대의 작전은 천문을 꿰뚫고,
기묘한 계산은 지리를 통달했다.
전쟁에 승리한 공 이미 높으니,
만족한 줄 알았다면 그만두기를 원하노라.

보급품이 끊긴 상황에서 사태의 심각함을 깨달은 우중문은 급히 퇴
각 명령을 내렸다. 이때를 기다린 고구려군은 본격적인 공격을 시작해
살수(청천강)에서 수의 별동대를 거의 전멸시켰다. 별동대 30만의 군사
중 살아서 돌아간 병사가 고작 2,700여 명이었다고 전한다. 전쟁에 지
친 수 양제는 퇴각 명령을 내릴 수밖에 없었다. 이 승리를 살수 대첩이
라고 한다.

수 양제는 이후에도 두 차례나 고구려를 침략했지만 모두 실패했고,
오히려 전쟁에 대한 백성의 불만이 높아져 각지에서 반란이 일어남으
로써 결국 당나라 고조 이연에게 나라를 빼앗겨 멸망하고 말았다(618).

난공불락의 요새 안시성

당 건국 초기에는 양국 사이에 화해의 기운이 일었다. 당 고조나 이때 즉위한 영류왕 모두 긴장 상태를 원하지 않았기 때문이었다. 두 나라는 전쟁 중 생겼던 포로를 서로 교환했고, 당으로부터 고구려에 도교가 전래되기도 했다.

그러나 당 태종●이 즉위하면서 다시 긴장이 감돌기 시작했다. 당 태종은 국내 정치가 안정되자 고구려에 대해 압력을 가하기 시작했다. 이에 맞서 고구려에서도 연개소문의 지휘 아래 랴오둥 지방에 천리장성●을 축조하는 등 경계 태세를 취했다.

그러나 당과의 긴장 관계가 격화되자, 고구려의 영류왕은 당과의 화해를 기본으로 하는 북수남진● 정책을 채택했다. 이러한 정책에 불만을 느낀 이가 연개소문이었다. 그는 쿠데타를 일으켜 영류왕과 당에 대한 온건 세력을 처단하고 강경 노선을 선포했다. 이 사이 신라는 다시 당에 접근하고 있었다.

양국 사이의 대립이 날카로워진 가운데 644년에는 사신을 서로 감금하는 사태가 벌어졌고, 끝내 국교가 단절되고 말았다. 당 태종은 영류왕을 죽인 연개소문을 단죄해야 한다는 명분을 내걸고 고구려에 대한 침략을 개시했다.

당의 목표는 요동성이었다. 요동성은 수의 침략 이후 난공불락의 요새지로 알려져 있었기 때문이다. 태종이 직접 지휘하는 가운데, 새로운 공성 무기를 총동원해 성곽을 무너뜨리고, 성안으로 불화살 공격을 가했다. 고구려 군민들은 끈질기게 버텼지만, 1만여 명의 전사자를 냈고 요동성은 10일 만에 함락되고 말았다.

요동성의 함락으로 랴오둥 반도에 길게 형성되었던 전선은 안시성으로 압축되었다. 안시성은 고립무원의 상태였으나 성주와 고구려 군민들은 당군의 어떤 공격에도 흔들리지 않았다.

●태종
당 고조 이연의 둘째 아들로 본명은 이세민. 수를 무너뜨린 최대 공로자였으나, 형과 동생이 시기하자 이들을 죽이고 제2대 황제에 올랐다. 돌궐을 평정하고, 한漢나라를 능가하는 대제국을 다스렸다. 치세 20년은 '정관의 치'라고 하는 태평성대를 이루었다.

●천리 장성
당나라를 경계하여 631년부터 16년간에 걸쳐 동북의 부여성에서 서남의 보하이 만(발해만)에 이르는 국경 지대에 쌓은 1,000여 리의 장성. 연개소문이 공사를 진행했다.

●북수남진
북으로는 당과 평화를 유지하면서 남으로는 신라를 공격한다는 뜻이다.

● 위징
당나라 초기의 공신이다. 특
히 굽힐 줄 모르는 곧은 간언
으로 유명하며 학자로도 명망
이 높았다.

안시성 전투(기록화)
수나라의 뒤를 이어 중국을 통
일한 당나라는 계속해서 고구려
를 침략했는데, 안시성 전투도
그중 하나다. 당나라는 안시성
을 점령하기 위해 각종 기계와
무기를 동원했으나, 고구려 군
민이 힘을 합쳐 이를 막아 냈고
당나라군은 철수할 수밖에 없었
다. 서울 용산 전쟁 기념관 소장

태종은 하루에 5~6회씩, 온갖 무기를 앞세워 60여 일간 계속 공격
했으나, 끝내 안시성을 함락시키는 데 실패했다. 당군은 성의 안쪽을
공격할 수 있는 흙산을 쌓기도 했으나 이 흙산마저 고구려군에 빼앗기
고 말았다. 전투가 길어지면서 9월에 접어들자 추위와 군량 부족을 견
디지 못한 태종은 마침내 안시성을 포기하고 퇴각하고 말았다.

태종은 중국으로 돌아가 "만일 위징*이 있었다면 나로 하여금 이 원
정을 하지 못하게 했으리라."라며 탄식했다고 한다.

태종은 그 후에도 두 차례나 고구려를 공격했으나 그때마다 격파되
었고, 649년 태종이 죽음으로써 고구려에 대한 당의 전략은 단기 결전
의 정면 공격으로부터 장기전을 통한 우회 공격으로 수정되었다. 이에
따라 당은 고구려 남쪽의 백제를 먼저 치는 작전을 계획했다.

고구려 **산성**山城은 어떤 모습일까?

고구려가 수·당을 비롯한 침략자들을 물리칠 수 있었던 것은 돌을 잘 다듬어 독특한 형식으로 튼튼한 성벽을 쌓았기 때문이다. 고구려의 성곽은 대개 험한 산악 지대의 자연 지세를 이용하여 쌓은 산성이다. 이들 성곽에는 일정한 사이를 두고 치●가 설치되어 있고, 성벽 위에는 성가퀴●가 있다.

고구려 성곽의 특징은 다음과 같다. 돌의 크기는 밑에서부터 위로 올라가면서 점차 작아지고, 성벽의 겉면은 밑으로 내려가면서 밖으로 내밀리고 있어 안정감을 준다. 아래쪽에는 큰 판돌을 깔고 그 위에는 길고 각진 돌을 벽돌 쌓듯 쌓아 올리고 그 사이사이에 작은 돌·자갈·흙을 다져 넣음으로써 견고성을 살렸다. 성벽 쌓기에 사용된 흙은 구어서 다져 넣은 것인데 이것은 바람·비·나무뿌리에 의한 파괴나 침식 작용 등을 되도록 적게 받도록 하려는 데서 비롯된 것이다.

백암성 성벽
고구려 시대 랴오둥 지방의 주요 방위 성이다. 백암성은 요동성에서 오골성 등 압록강 방면으로 나아가는 교통로의 길목에 자리한 요충지이기도 하다. 바위산의 험준한 지세를 이용하여 성을 쌓았다.

● 치 적을 공격하는 데 편리하도록 성벽 밖으로 불쑥 나오게 쌓아 올린 특별한 시설

● 성가퀴 성 위에 낮게 쌓은 담으로 이 담에 몸을 숨기고 적을 공격한다.

05
삼국의 통일 과정

7세기는 우리 역사에서 격동의 시기였다. 이미 수백 년에 걸쳐 동맹과 적대, 전쟁과 평화를 복잡하게 펼쳐 온 삼국이 마지막 승부를 연출한 시기였기 때문이다. 이 시기의 전쟁은 종래의 산발적인 전투와는 달리 국가의 운명을 건 총력전이자 당과 일본까지 개입한 국제전이었다.

이 격동의 7세기는 결국 당을 끌어들인 신라의 불완전한 승리로 끝이 났고 삼국 시대는 끝났다. 그러나 우리의 역사 지도를 새롭게 그린 통일기의 이 총력전은 갑자기 시작된 것이 아니었다. 신진 세력이 각각 집권에 성공하는 과정에서 삼국 간의 전면전은 예고되어 있었다.

연개소문의 권력 장악

5세기에 전성기를 맞았던 고구려는 6세기에 들어 정치적 혼란에 빠졌다. 안장왕(재위 519~531)이 귀족들에게 피살되면서 그 동생 안원왕(재위 531~

545) 이후에는 귀족 세력이 왕위 계승에 간섭하기 시작했다. 따라서 국가 운영의 실권은 자연히 국왕으로부터 귀족에게로 넘어갔다. 귀족들은 타협을 통해 세력 간 균형을 유지하고자 했지만, 대대로*의 교체 등 중요한 고비 때마다 서로 군사 대결을 벌이곤 했다.

이런 상황에서 고구려가 대외 문제에 적극적으로 대처하지 못한 것은 당연한 일이었다. 양원왕(재위 545~559) 때 고구려가 신라 진흥왕에게 한강과 원산만 지역의 남쪽 영토를 빼앗긴 것은 바로 이러한 내부 분열 때문이었다.

귀족 세력이 한때나마 단결을 보인 때는 다행스럽게도 수의 침략기였다. 영양왕(재위 590~618)은 이때의 단결에 힘입어 수의 침략을 물리칠 수 있었다. 그러나 영류왕(재위 618~642) 시대에 들어 당과의 대립이 장기화되면서 귀족들은 다시 당에 대한 강경파와 온건파로 갈렸다.

100여 년에 걸친 불안정한 귀족 연립 정권을 붕괴시킨 것은 신진 귀족 출신인 연개소문이었다. 연개소문은 군대 사열식을 이용해 100여 명의 대신들과 영류왕을 살해하고 보장왕(재위 642~668)을 세움으로써 권력을 장악했다. 당에 대한 대표적 강경파인 연개소문의 집권은 당과 신라를 긴장하게 했다.

신라의 김춘추가 고구려에 와서 연개소문을 만난 것은 바로 이때였다. 고구려의 새로운 실력자 연개소문과 손을 잡고 백제의 공격을 막아 보고자 한 것이었으나, 연개소문은 이를 거절했다. 따라서 김춘추의 청병請兵 외교는 당나라 쪽으로 돌려진다.

연개소문의 당에 대한 강경책은 결국 당 태종의 대규모 침략을 불러들였다. 그러나 안시성의 승리(645)로 연개소문의 일인 독재 체제는 오히려 더욱 강화되었다. 고구려에 대한 정면 공격에 실패한 태종은 작전을 바꾸어 신라와 연합을 꾀했다. 이 같은 상황 아래에서 김춘추와 비밀 협약을 맺었고 나·당 군사 동맹을 체결했다(648).

● 대대로
고구려 관등 중 최고 자리로 국사國事를 총괄했다. 오늘날의 총리와 같은 직책이다. 임기는 보통 3년이지만 현명한 인물, 혹은 독재자인 경우에는 얼마든지 연장할 수 있었다.

● 6좌평
백제 16관등 중 1관등으로 내
신좌평(수상, 왕명의 출납)·내두
좌평(재정)·내법좌평(의례)·위
사좌평(대궐의 숙위와 병사)·조
정좌평(형옥)·병관좌평(병마)을
이른다. 사·연·해·진·국·
목·백·협의 8성 귀족이 주로
차지했다.

● 무왕
백제 제30대 왕. 법왕의 뒤를
이어 즉위했는데 신라와 자주
충돌했다. 또한 고구려의 남
진을 견제하기 위해 수나라에
도움을 청하기도 했다. 진평
왕의 딸인 선화 공주를 사모
한 서동이 무왕이었다고 알려
져 있기도 하지만, 사실 관계
는 확실하지 않다.

● 전륜성왕
인도 신화에서 통치의 수레바
퀴를 굴려 세계를 지배한다는
이상적인 제왕이다. 무력이
아닌 정법으로 세계를 지배하
며, 금륜왕·은륜왕·동륜왕·
철륜왕의 네 왕이 차례로 나
타난다고 한다. 마우리아 왕
조의 아소카 왕을 가리켜 세
속의 전륜성왕이라고 한다.

의자왕의 신라 공격

성왕의 관산성 패전(554) 이후, 백제에서는 그동안 소외되었던 귀족 세력이 재등장했다. 국가 운영의 실권이 또다시 귀족들에게로 넘어간 것이다. 이 시기의 백제 정치가 바로 8성 귀족 중심의 6좌평* 체제였다.

귀족 중심의 정치 운영에 제동을 걸고자 한 이가 무왕*(재위 600~641)이다. 그는 거대한 규모의 미륵사를 창건하고, 불교를 통해 세상을 다스린다는 전륜성왕轉輪聖王*을 자처했다. 그러나 익산으로 천도해 왕권 확립을 꾀하고자 한 무왕의 계획은 사비 지역 귀족 세력의 반대로 끝내 실패했다.

무왕의 뒤를 이은 의자왕(재위 641~660)은 즉위 직후, 힘 있는 귀족 40여 명을 추방하고 강력한 왕권을 확립했다. 지방을 순시하고 죄수를 석방하는 등 민심 안정책을 펼치기도 했다. 국내 정치의 성공에 힘을 얻은 의자왕은 본격적인 신라 공격에 나서서 신라 서쪽 40여 성과 전략 요충지인 현재의 경상남도 합천의 대야성을 무너뜨렸다. 그러나 의자왕의 무모한 공격은 신라의 청병 외교 활동을 촉진하는 결과를 가져왔다.

김유신과 김춘추

진흥왕의 장남은 동륜이었으나 일찍 죽었기 때문에, 왕위는 동생인 사륜(금륜)에게 계승되었다. 이가 진지왕(재위 576~579)이다. 그러나 진지왕이 3년 만에 귀족 회의에서 폐위되어 왕위는 다시 동륜의 아들인 진평왕(재위 579~632)에게 넘어갔다. 힘들게 왕위에 오른 진평왕은 동륜계인 자기 집안을 '성골'이라 하여 신성시했다. 사륜계가 다시 왕이 되는 길을 막기 위해서였다. 따라서 진지왕의 손자인 김춘추는 사륜계였기 때문에 왕권과는 거리가 멀었던 인물이었다.

그러나 당시에 성골 신분의 남성이 없었다는 사실이 김춘추에게 기회를 제공했다. 김춘추는 선덕 여왕(재위 632~647)의 왕권을 뒷받침함으로써 자신의 정치적 위치를 확보했고, 김유신의 여동생과 혼인해 금관가야계의 진골 세력과 손을 잡음으로써 세력을 확대해 나갔다.

642년, 신라는 백제 의자왕의 공격을 받아 서쪽의 전진 기지인 대야성을 잃었다. 이 싸움에서 대야성 성주인 품석과 그 부인이 백제군에 죽임을 당하는데, 이들은 바로 김춘추의 사위와 딸이었다. 이에 김춘추는 백제에 대한 개인적 원한과 국가적 위기를 해결하기 위해 고구려로 가서 연개소문에게 군사를 요청했으나 거절당했다.

647년, 여왕의 폐위를 주장하는 상대등 비담과 염종의 난이 일어났다. 김춘추에 반대하는 귀족 세력의 반발이었다. 그러나 이 난이 김유신에게 진압됨으로써 김춘추와 김유신의 신진 세력은 오히려 귀족파를 누르고 정권을 장악할 수 있었다. 이 반란의 과정에서 진덕 여왕●(재위 647~654)이 즉위했다.

신라의 실권자가 된 김춘추는 당으로 건너가 태종과 비밀 협약을 성사시켰다(648). 이 비밀 협약은 당의 고구려 정벌을 신라가 돕는 대신 패강(대동강) 이남의 영유권을 신라에 준다는 내용이었다.

김춘추의 정치적 지위가 더욱 확고해진 가운데 진덕 여왕이 죽자, 귀족 회의에서는 일단 상대등인 알천을 추대했다. 그러나 김춘추와 김유

김유신과 김춘추
김유신은 금관가야 마지막 왕인 구형왕(구충왕)의 증손자로 금관가야계의 진골이다. 김유신의 동생 문희가 김춘추와 혼인해 문무왕 등을 낳았고, 훗날 김유신은 김춘추의 딸 지조를 부인으로 맞아들여 둘 사이는 처남 매제 간인 동시에 사위와 장인이 되는 특수한 관계였다.

● 진덕 여왕
진평왕의 친아우인 국반의 딸. 마지막 성골로서 선덕 여왕으로부터 왕위를 물려받았다. 상대등 비담과 염종이 난을 일으켰으나 김유신과 김춘추의 도움으로 이를 진압할 수 있었다.

김유신의 묘
묘를 보호하기 위한 둘레돌(호석)에 12지상十二支像을 조각했다. 이 상은 머리 부분은 동물 모양이고, 몸뚱이 부분은 사람 형상이며, 모두 무기를 잡고 서 있는 모습이다. 경상북도 경주 충효동 소재

신의 위세에 눌린 알천은 왕위를 김춘추에게 양보했다. 이가 곧 무열왕
(재위 654~661)이다.

흑심을 드러내는 당

왕위에 오른 무열왕의 첫 과제는 백제의 침공에 맞서는 일이었다. 무열
왕은 당나라와 연합군을 결성해, 백제에 대한 통합 전쟁을 펼쳤다.

백제의 의자왕은 탄현(대전 동쪽)과 기벌포(금강 하구)에서 적군을 막
아야 한다는 성충의 충고를 무시하고 신라군이 탄현을 넘어오게 함으
로써 황산벌(논산)에서의 패전을 자초했다. 여기에 당군이 금강을 침략
하자 의자왕은 사비성을 버리고 웅진성으로 피했으나 끝내 항복하고
말았다(660).

당은 웅진 도독부를 설치하고 군대를 주둔시킴으로써 백제 영토를
지배하고자 했다. 신라에 대한 당의 약속 위반이었다. 따라서 661년에
죽은 무열왕은 사비성 함락에 성공했음에도 백제 통합이라는 자신의

고란사 벽화
낙화암 아래에 있는 고란사에
는 백제 여인들이 당군을 피해
뛰어내리는 모습을 묘사한 벽
화가 있다. 충청남도 부여 고란
사 소재

오랜 꿈은 이루지 못했다.

　이런 가운데 백제인들의 당에 대한 무력 항쟁이 전개되고 있었다. 주류성(충남 한산)과 임존성(충남 예산)을 중심으로 끈질기게 계속된 백제 부흥 운동●은 끝내 지도부의 내분으로 복신과 도침이 죽고 흑치상지가 당에 항복함으로써 3년 만에 무너졌다.

　한편 백제의 멸망으로 남북 협공의 위협에 직면한 고구려에서는 연개소문이 죽음으로써 그 아들들이 연관된 귀족 세력 간에 다툼이 벌어졌다. 이 틈을 노려 당은 50만 대군으로 랴오허 전선을 돌파하고 압록강을 건너 총공세를 취했다. 이와 함께 남쪽에서도 나·당 연합군이 북상함으로써 평양성은 완전히 포위되었고, 이를 버티지 못한 고구려의 보장왕은 마침내 항복하고 말았다(668).

당과 맞선 신라의 통일 전쟁

당은 안동 도호부를 설치하고 고구려 영토마저 지배했다. 게다가 신라 영토까지 엿보았다. 신라를 계림 도독부, 문무왕(재위 661~681)을 계림 도독으로 칭하며 신라를 당의 속국인 양 취급했다.

　이에 신라의 문무왕은 당과의 전쟁을 감행했다. 이로써 7년에 이르는 나·당 전쟁이 시작되었다. 문무왕은 고구려 보장왕의 서자 안승이 이끄는 고구려 유민을 받아들여 고구려 부흥 운동●을 지원함으로써 당에 맞섰다. 동시에 신라는 본격적인 백제 통합에 나서 당군을 격파하고 웅진 도독부의 82성을 되찾았다. 신라는 이곳에 소부리주(부여)를 설치했다.

　통일을 3년 앞둔 673년, 탁월한 군사 지도자인 김유신이 죽었다. 그러나 김유신의 유업은 아들 원술에 의해 마무리된다. 675년, 당은 문무왕의 동생 김인문을 신라의 왕으로 선포해 신라의 내부 분열을 꾀하면서 수십만의 대군으로 신라를 공격해 왔다. 이때 신라는 원술의 활약에

여기도 내 땅
저기도 내 땅!

● 백제 부흥 운동
당나라의 사비성 함락 후 5도독부가 설치되었으나 일부 지역 외에는 통제하지 못하고 백제 부흥군이 4년간 전국을 장악했다. 대표적 인물은 임존성의 흑치상지, 주류성의 복신과 도침으로, 일본에서 돌아온 왕자 풍을 추대했으나 당의 공격과 내분으로 실패했다.

● 고구려 부흥 운동
당이 평양에 설치한 안동 도호부에 반대해 검모잠이 한성(황해도 재령)에서 안승安勝을 추대한 후 고구려 부흥을 기도했다. 신라와의 연합도 꾀했으나 분열이 일어 안승이 검모잠을 죽였다. 이후 신라는 안승 무리를 금마저(익산)에 집단 이주시키고 안승을 보덕국 왕으로 임명해 포용했다.

무열왕릉비의 귀부와 이수
비신은 없고 거북 모양의 비석
받침돌인 귀부와, 비석의 머릿
돌인 이수만이 남아 있다. 머리
를 치켜든 씩씩한 모습이 통일
의 기상을 보여 준다. 경상북도
경주 소재

힘입어 매소성(경기 양주, 또는 연천) 싸움에서 당의 침략군을 크게 무찔
렀다. 한때 전쟁에서 후퇴한 일 때문에 아버지에게 버림받았던 원술은
이로써 명예를 회복할 수 있었다. 신라군은 매소성 승리의 여세를 몰
아, 당의 해군마저도 기벌포(금강 하구)에서 쫓아냄으로써 삼국 통일을
이룩했다(676).

그러나 통일이 대동강 이남으로 한정되었기 때문에, 이후 대동강 이
북 지역에서 계속된 고구려 부흥 운동의 독자적인 발전은 통일 신라 이
외에 또 하나의 우리 민족 국가 형성을 예고하고 있었다.

1,300년 전의 **맹세**

국립 경주 박물관은 높이 약 30센티미터의 임신서기석을 소장하고 있다. 이 비석에는 신라의 두 젊은이가 서로 맹세한 글이 새겨 있는데 이 글에는 젊은이다운 순수함과 국가를 생각하는 열정이 잘 나타나 있다.

"임신년(612년으로 추정) 6월 16일에 두 사람이 함께 맹세하며 기록한다. 하늘 앞에 맹세한다. 3년 뒤 충성의 도리를 지키고 과실이 없기를 맹세한다. 만일 이 서약을 어기면 하늘로부터 큰 벌을 받을 것이라고 맹세한다. 만일 나라가 편안하지 않고 크게 세상이 어지러우면 모름지기 충성의 도리를 행할 것을 맹세한다. 또 따로 앞서 신미년 7월 22일에 크게 맹세했다. 시·상서·예기·전(《좌전》 혹은 《춘추전》 중 하나일 것으로 짐작)을 차례로 습득하기를 맹세하되, 3년으로 했다."

임신서기석
1934년에 경상북도 경주시 현곡면 금장리 석장사터 부근에서 발견된 돌로, 신라의 두 젊은이가 학문에 전념할 것과 국가에 충성할 것을 맹세한 내용이 담겨 있다. 총 74자의 한자가 새겨져 있는데 한자 배열이 국어 문장 투로 되어 있다.

06

불교의 전래와 수용

불교가 우리나라에 처음 전래된 때는 삼국 시대다. 당시 전래된 불교는 고등 종교이자 철학이었다. 그리하여 새로운 사회 윤리관 확립에 기여해 고대 국가의 정신적 기반을 마련해 주었다. 다른 한편으로는 단순히 종교의 범주를 넘어 중국과 인도의 문화까지 전해 줌으로써 한국 고대 문화 성립에 크게 기여했다.

불교는 공인된 이후 고려 시대까지 사실상 우리나라의 국교였다. 그러므로 불교는 삼국 시대 이후 우리나라의 정치·사회·문화 전반에 걸쳐 막대한 영향을 끼쳤다. 따라서 불교의 수용 과정을 이해하는 것은 곧 고대 사회의 정신세계와 문화를 이해하는 전제 조건이라고 할 수 있다.

부처를 받들고 복을 구하라

우리나라에 처음으로 불교를 들여온 것은 중국과 가장 가까운 관계를 맺고 있던 고구려였다. 고구려 소수림왕 2년(372)에 중국 북조의 전진

왕 부견이 승려 순도를 통해 불상과 불경을 전한 것이 그 시초였다. 이어서 동진의 승려 아도가 고구려에 오자 초문사와 이불란사를 지어 두 사람을 각각 머물게 했다. 당시 소수림왕은 태학을 설립하고 율령을 반포하는 등 중앙 집권적 지배 체제를 정비하는 데 노력을 기울이고 있던 때였다. 그 후 왕이 온 백성에게 "부처를 받들고 복을 구하라."라고 교시했고, 393년 광개토왕은 평양에 절을 아홉 군데나 지었다.

백제에 불교가 전해진 것은 고구려에 불교가 들어온 지 12년 뒤의 일이다. 침류왕 원년(384) 중국 동진에서 온 인도 승려 마라난타가 불교를 전했다. 왕은 그를 궁궐 안에 모시고 받들면서 불법을 들었고, 다음 해에는 한산(지금의 서울)에 절을 짓고 열 사람을 출가시켜 승려가 되게 했다. 백제 역시 왕이 직접 교시해 불교를 대대적으로 권장·보급했다.

이처럼 고구려와 백제는 각기 우호적인 관계에 있던 전진과 동진으로부터 불교를 받아들였다. 그러므로 이렇다 할 갈등이나 문제없이 처음부터 왕실에 의해 환영을 받으며 수용되었다.

그러나 신라의 경우는 그 사정이 달랐다. 신라에 불교가 전해진 것은 5세기 눌지왕 때였다. 고구려의 승려 묵호자가 신라에 들어왔으나 공식 경로로 온 것은 아니었다. 그는 일선군(경상북도 구미)에 살던 모례라는 사람의 집 안에 굴을 파고 숨어서 포교를 해야 할 정도로 어려운 처지였다. 그만큼 불교가 신라에 들어오는 데에는 박해와 장애가 컸다. 당시 신라는 국가 발전이 삼국 가운데 가장 늦었기 때문에 보수적인 토착 세력이 강했고, 국가 체제나 왕권이 확립되지 못했다. 따라서 종래부터 내려오는 원시 신앙의 벽을 뚫기에는 많은 어려움이 있었다.

그러나 6세기 이후 중앙 집권적인 체제가 확립되어 가면서 사정은 달라졌다. 법흥왕 때 신라와 남조의 양나라 사이에 외교 관계가

이차돈 순교비
이차돈은 우리나라 불교 사상 최초의 순교자라고 할 수 있다. 그의 순교를 기념해 세운 절이 경주의 백률사다. 이차돈의 순교비에는 그의 목이 떨어지고 하늘에서는 꽃비가 내리는 모습이 조각되어 있다. 국립 경주 박물관 소장

수립되고, 양나라의 승려 원표에 의해 불교가 정식으로 왕실에 전해졌다. 법흥왕은 수도 안에 있는 천경림을 베어 절을 세우고 불교를 크게 일으키려고 했다. 그러나 당시의 귀족들은 전통 신앙의 성지인 천경림을 베고 오랑캐의 신인 부처를 모시는 절을 짓는다 하여 강력하게 반발했다.

그때 젊은 신하 이차돈(506~527)은 자신을 희생해 반대파를 제압할 것을 왕에게 건의했다. 그리고 왕명이라 하여 절을 짓기 시작했다. 여러 신하는 왕에게 이를 중지하라고 간했다. 이에 법흥왕은 이차돈을 문책하며 처형했다. 그때 잘린 목에서 하얀 피가 솟구치며 꽃비가 내리는 등 기적이 일어났다. 그러자 더는 절을 짓는 것을 반대하는 자가 없었다고 한다.

물론 이 설화는 후대에 그럴듯하게 덧붙여진 것이겠지만 이러한 참담한 과정을 거쳐 법흥왕의 불교 수용 정책은 관철되었고 불교는 마침내 공인되었다. 이는 고구려에 불교가 전해진 지 무려 150여 년가량이나 지난 후의 일이다.

왕은 곧 부처다

삼국에서 불교를 받아들이는 데 앞장선 것은 모두 왕실이었다. 왕실이 불교의 수용에 적극적이었던 것은 중앙 집권적 정치 체제의 수립과 관련이 있다. 삼국이 연맹 국가의 단계를 넘어 강력한 왕권을 갖춘 국가로 성장하기 위해서는 그것을 뒷받침할 수 있는 새로운 정신적 지주가 필요했다.

종래에는 건국 신화 등을 통해 하늘의 자손이라는 것을 강조함으로써 국왕의 지위와 지배를 신성시했다. 그러나 영역의 확대와 국가 체제가 확립됨에 따라 그것만으로는 부족했다. 종래의 무속 신앙과 같은 원시 종교나, 건국 신화와 같은 조상 숭배 사상만으로는 새로운 지배 체

제를 이끌어 갈 수 없었다.

강력한 왕권의 수립을 통해 귀족 세력을 누르고 동요하는 민심을 수습하기 위해서는 효율적인 지배 사상이 필요했다. 때마침 전해진 불교는 지배 이념으로 적당했다. 신라의 불교 공인이 늦었던 것은 그만큼 중앙 집권적 국가로의 발전이 늦었기 때문인 것도 한 요인이다.

이런 배경 아래 수용된 불교는 왕실과 국왕의 권위를 내세우는 데 적극 활용되었다. 신라의 법흥왕은 바로 불법을 일으킨 왕이라는 뜻이다. 그리고 진흥왕은 불교를 통해 세상을 다스린다는 전륜성왕에 비유되었다. 신라 왕실에서는 자신들을 인도의 석가모니와 같은 찰리종(왕족)이라 했다. 진평왕과 왕비의 이름은 각각 백정과 마야인데, 이것은 석가모니 부모의 이름에서 따온 것이다. 그리고 23대 법흥왕 이래 28대 진덕 여왕까지 신라 왕의 이름은 불교와 관련이 있다.

이처럼 신라 왕실이 자신들을 석가모니와 같은 존재라고 표방한 것은 석가의 권위를 빌려 왕권 강화를 꾀한 것이라고

뚝 뚝 뚝

나무아미타불 관세음보살~

볼 수 있다. 다시 말하면 지배 체제 유지에 불교를 이용한 것이다. 그런 점에서는 백제와 고구려도 마찬가지였다.

이 같은 '왕은 곧 부처'라는 사상에 따라 지배층인 귀족은 보살에 비유되었다. 그리고 불법에 귀의하는 것은, 하나의 왕을 받드는 같은 백성이라는 생각을 갖게 함으로써 국가의 통일에 큰 역할을 했다고 볼 수 있다.

나라를 지키는 것이 불법을 지키는 것

결국 삼국 시대의 불교는 왕권 강화와 지배층의 특권을 옹호하는 사상으로 받아들여졌다. 그러므로 불교가 호국적인 성격을 강하게 띠었던 것은 당연했다.

물론 질병을 고친다거나 자식을 구한다거나 하는 개인의 현세 이익을 비는 경우도 많았지만, 대체로 국가의 발전을 기원하는 호국 신앙으로서의 성격이 강했다. 따라서 전쟁에서의 승리, 민란의 진압, 국왕의 질병 치료 등을 목적으로 한 법회가 자주 열렸다.

또한 삼국 시대 때 수많은 사찰을 건축한 것도 불법 자체만을 목적으로 한 것은 아니었다. 규모가 컸던 백제의 왕흥사나 신라의 황룡사 같은 곳은 모두 절을 짓게 된 동기가 호국의 도량을 마련하는 데 있었다.

황룡사 목탑터
삼국 시대의 대표적인 호국 사찰인 황룡사의 목탑이 세워졌던 곳이다. 경상북도 경주 소재

특히 황룡사는 진흥왕 때부터 짓기 시작해 선덕 여왕 14년(645)에 완성했는데, 신라 최대 규모의 불상과 9층탑, 종 등을 차례로 갖추었다. 이 가운데에서도 9층탑과 불상은 진평왕의 옥대와 더불어 신라의 호국을 상징하는 세 가지 보물이었다. 황룡사가 지닌 호국 도량으로서의 중요성을 짐작할 수 있는 대목이다. 더구나 황룡사의 9층탑은 각 층별로 왜·중국·말갈 등 아홉 나라를 상징하며 이들을 정복해 조공을 받을 수 있다는 호국적인 신념에서 세운 것이다.

호국이 곧 호법, 즉 나라를 지키는 것이 곧 불법을 지키는 것으로 생각했던 것이 당시 호국 신앙의 요지다. 따라서 승려들이 전쟁에 가담한 것도 당연한 일이었다. 고구려의 승려 도림은 장수왕의 한성 공격을 돕기 위한 목적으로 백제에 와서 첩자로 활동하기도 했다. 신라의 원광은 세속 오계*를 정하면서, 싸움에 임하면 물러서지 말라는 뜻의 '임전무퇴'를 넣었는데, 이 또한 호국 신앙에서 나온 것이다.

한편 백제 멸망 뒤에 복신(?~663)과 함께 주류성에 은거하며 부흥 운동을 주도했던 도침(?~661) 역시 승려였다.

그러나 삼국 시대 말기에는 이 같은 호국 신앙으로서의 불교도 변모했다. 점차 종교적·신앙적 의미를 강조하는 내세적인 불교로 바뀌었고, 내세에는 정토에 다시 나기를 기원하는 미륵 신앙이 널리 유행했다.

● 세속 오계
신라 진평왕 때 원광이 수나라에서 구법하고 돌아왔을 때, 화랑 귀산과 추항이 찾아가 일생을 두고 경계할 금언을 청하자 원광이 다섯 가지 계율을 주었다고 한다. 사군이충事君以忠·사친이효事親以孝·교우이신交友以信·임전무퇴臨戰無退·살생유택殺生有擇이 그 계율이다. 이는 뒤에 화랑도의 신조가 되어, 화랑도가 발전하고 삼국 통일의 기초를 이룩하게 하는 데 크게 기여했다.

부처는 **신**인가 **인간**인가?

기원전 624년, 불교 창시자 석가모니가 카필라바스투 성에서 태어났다. 본래 왕자의 신분이었으나 출가 후 고행을 통해 깨달음을 얻어 부처가 되었다. 부처는 '깨달은 사람'을 뜻하는 보통 명사다. 따라서 불교에서 부처는 한 분만이 아니다. 대개는 석가모니를 가리키지만 본래의 의미대로 깨달은 사람은 모두 부처다. 예를 들어, 몇 년 전 입적한 성철 스님 역시 부처로 일컬어지기도 한다.

불교는 석가모니의 가르침에 따라 수행을 통해 깨달음을 얻고자 하는 종교다. 따라서 깨달음을 통해 번뇌의 속박에서 벗어나기를 몸소 실천하고 가르쳤던 석가모니는 수행자의 스승이요, 모델인 셈이다. 대부분의 종교에서 자신들만의 신을 전지전능하다고 믿고 다른 신을 배척하는 것과는 전혀 다르다고 할 수 있다.

석가모니
불교를 창시한 인도의 성자聖者로 성은 고타마,
이름은 싯다르타이다. 부처님·부처·석가모니·
석가세존·석존·세존·석가·능인적묵·여래·불
타·붓다·불佛 등으로 다양하게 불린다. 사진은
설악산 신흥사의 통일대불이다.

07

삼국 시대의 의식주 생활

역사에서 인간이 어떻게 생활했는가를 살펴보는 것은 중요한 문제다. 그러나 역사는 인간의 삶 자체에 대한 기록이라기보다는, 정치·경제·사회 등 제도의 변화에 더 큰 비중을 둔다. 그래서 오랜 시간이 지난 오늘날 고대 인간의 삶의 모습을 살펴보는 것은 쉽지 않다. 단지 인간이 남긴 자취와 단편적인 기록을 통해 그 모습의 대략을 추측해 볼 수 있을 따름이다.

삼국 시대 각 나라 사람들의 생활 모습은 큰 차이 없이 거의 비슷했다. 다만 기후나 풍토 등의 지리적 영향으로 지방적 차이가 얼마간 있었을 뿐이다. 삼국 시대의 사람들은 무엇을 먹고, 무엇을 입고, 어떤 집에서 생활했을까?

고구려의 물방울무늬 패션

옷감을 만들어 입기 시작한 것은 신석기 시대였다. 뼈바늘과 방직용 가락바퀴 등은 그것을 입증하는 자료다. 이렇게 시작된 의복 생활은 국가

무용총 〈접객도〉 그래픽 복원도
앉아 있는 남자가 치마를 입고
있음을 알 수 있다.

발생 이후 대체로 완벽한 의복의 형태를 갖추게 된다. 삼국 시대가 되면 의복 생활은 더욱 발전해 우리나라 의복의 고유한 양식이 형성되기 시작한다.

삼국 시대 사람들은 대개 삼을 길러 짠 삼베로 옷을 만들어 입었다. 또는 칡 섬유로 짠 갈포로 지은 옷을 입었다. 오늘날을 기준으로 보면, 삼베는 여름철에나 시원하게 입는 옷이니만큼 겨울철에는 매우 추웠을 것이다. 일반인이 비교적 따뜻한 무명옷을 입게 된 것은 목화가 전래된 고려 말 이후다. 귀족들은 곱고 촘촘하게 짠 베, 또는 명주나 비단으로 만든 옷을 입었다.

신라에서는 법흥왕 때 관복을 정했는데, 이는 신분에 따라 옷에 제한 규정을 정한 것이었다. 관리는 등급에 따라 보라색·붉은색·푸른색·노란색의 옷을 입었다. 그러나 일반인은 흰색·검은색·감색과 같은 색깔의 옷만을 입을 수 있었다. 이런 제한은 대체로 삼국이 비슷했던 것 같다.

삼국 시대 옷 모양은 고분에서 출토된 흙 인형(토용)을 통해서도 알 수 있지만, 무엇보다도 고구려의 고분 벽화를 통해 직접 확인할 수 있

안악 3호분 〈수박도〉
오늘날 속옷과 유사한 옷을 입
고 있다. 다만 이들이 서역인의
모습이어서 고구려의 속옷이라
고 단정하기는 어렵다.

다. 벽화에 그려진 고구려 남녀의 기본 의복은 저고리와 바지였다. 저고리는 오늘날 한복과 달리 엉덩이까지 내려올 만큼 길었다. 여성 한복의 짧은 저고리는 고려 이후 나타난 것이다. 바지는 남녀 모두 입었다.

여성들은 신분에 관계없이 주름치마를 즐겨 입었으며, 신분에 따라 치마 길이를 달리하기도 했다. 흥미로운 사실은 여자뿐만 아니라 남자가 치마를 입은 경우도 있다는 것이다. 무용총의 〈접객도〉에는 치마를 입은 남자의 모습이 그려져 있다. 또한 귀족 남녀들은 의식이 있을 때는 물론 평상시에도 예의를 지키기 위해 두루마기를 덧입었다.

속옷으로 추정할 만한 자료는 안악 3호분의 〈수박도〉와 씨름 무덤(각저총)의 〈각저도〉를 들 수 있다. 이 그림 속 남자들은 오늘날 속옷과 유사한 옷을 입고 있어서 당시 남자의 속옷 모양을 짐작할 수 있다. 이것으로 보아 여성도 속옷을 입었으리라고 추정할 수 있으나, 그 자세한 모양은 알 수 없다.

부여에서는 짚신을 신었다는 기록이 있다. 아마 일반인은 짚신을 주로 신고, 귀족들은 가죽신을 신었을 것이다. 또한 귀족들은 사냥을 할 때 오늘날 승마용 부츠와 같은

신발만 봐도 신분을 알 수 있어.

긴 가죽신을 신기도 했다.

박물관에서 금속으로 된 못이 박힌 신발을 보고 어떤 용도로 쓴 것인지 의문을 품은 적이 있을 것이다. 이 신발은 모양에 따라 두 가지로 구분할 수 있다. 하나는 기마 무사의 전투용 신발이고, 또 하나는 왕이나 귀족들의 의식용, 혹은 장례용 신발이다.

한편 고구려 벽화에서 하녀나 시종 들이 맨발인 모습을 볼 수 있는데, 일반인이나 하층민 들은 신발을 신지 않고 맨발로 생활하기도 했을 것으로 추정한다.

고분 벽화를 통해 주목할 만한 또 하나의 사실은 흰옷보다는 다양한 색깔과 무늬의 옷이 훨씬 더 많이 보인다는 것이다. 물론 벽화는 귀족 생활을 주로 묘사하고 있기는 하지만, 우리 민족을 백의민족이라고 표현하는 것은 고구려의 경우에는 적절하지 않다.

또한 고구려 벽화에는 둥그런 물방울, 또는 점 모양의 무늬가 그려진 옷이 많이 나타나는데, 이 물방울무늬는 오랜 세월이 지난 오늘날에도 유행하고 있어서 고구려인의 뛰어난 패션 감각을 짐작할 만하다.

소금에 절인 김치

신석기 시대 이후 농경이 시작되었다. 농경의 시작은 인간의 생활에 큰 변화를 가져왔다. 주식이 되는 작물을 재배함으로써 먹는 문제를 해결할 수 있었다. 이때는 조·피·수수 등의 잡곡류가 주식이었다. 청동기 시대에 접어들면서 오늘날에도 주식으로 사용하고 있는 쌀을 재배하기 시작했다. 삼국 시대에는 국가적으로 벼농사를 장려했으며 많은 저수지를 축조●했다.

그러나 고구려의 경우는 지리적 특성상 쌀보다는 잡곡류를 주로 생산했으며, 신라나 백제의 경우도 쌀은 일반인이 흔하게 먹을 수 있는 곡식은 아니었다. 쌀은 지배층이 먹는 귀한 곡식이었고, 일반인은 보

● 저수지의 축조
한반도 남부에서는 이미 삼한 때부터 많은 저수지를 축조했다. 대표적인 저수지로는 제천의 의림지, 상주의 공검지 등이 있다.

리·조·콩·수수 등을 주식으로 했다. 물론 이러한 곡식을 섞어 잡곡밥을 해서 먹었는데, 박물관에서 흔히 볼 수 있는 솥이나 시루 등을 통해 확인할 수 있다. 흙으로 만든 토기 솥이나 시루도 사용했지만 쇠솥도 일반에까지 널리 보급되었고, 이 쇠솥은 중요한 재산 중 하나였다.

반찬으로는 간장·된장·젓갈류 등이 있었는데, 당시에는 소금을 널리 이용했기 때문에 양념류의 조리가 가능했다. 김치도 있었지만 현재의 방식과는 차이가 있다. 오늘날 김치에 기본적으로 들어가는 고추는 임진왜란 이후 우리나라에 전해졌다. 그러므로 이때의 김치는 채소류를 소금이나 젓갈에 절인 정도였을 것이다. 백제의 김치가 일본에 전해져 단무지가 되었다는 설이 있으니, 삼국 시대 김치의 모습을 단편적으로나마 짐작해 볼 수 있다.

물고기나 조개류 등도 반찬으로 사용했다. 흥미롭게도 백제와 신라에서는 회를 즐겨 먹었다고 한다. 고기류로는 돼지와 닭을 식용으로 널리 사육했다. 소는 농사에 중요한 역할을 하는 가축이었던 만큼, 오늘날과는 달리 일상에서 식용으로 키우는 일은 드물었을 것이다.

귀족을 비롯한 지배층은 일반인보다는 훨씬 호화스러운 식생활을 했는데, 《삼국유사》에는 손님 접대에 50여 가지 반찬을 내놓았다는 기록이 있을 정도다. 그 외에도 당시의 음식으로는 술·약밥·떡·말린 고기·꿀 등이 있고, 조미료로 참기름까지 사용하고 있었다.

큰 가마솥·항아리·도가니·질그릇·시루·술잔·컵 모양 토기·다리 달린 주발·수저 등 식생활과 관련된 유물들은 당시의 식생활 문화를 짐작할 수 있는 중요한 자료다.

온돌의 등장
정착 생활이 시작된 신석기 시대 이후 지어진 최초의 집은 움집이었다. 신석기 시대의 움집은 땅을 60센티미터에서 1미터 정도 파고 기둥을

여름엔 시원! 겨울엔 따뜻!

1m

세워 지붕을 덮는 모양이었다. 사회가 발전함에 따라 움의 깊이가 낮아지면서 벽면이 생기고 지붕이 올라가기 시작했다.

삼국 시대에는 완전한 지상 가옥으로 발전했지만 신분이 낮고 가난한 사람들은 여전히 움집이나 반움집에서 생활하는 경우가 많았다. 부여의 부소산성에는 백제의 병사들이 기거했을 것으로 추정되는 움집을 복원해 놓는데, 이를 통해 당시 일반인의 주거 생활을 추측할 수 있다. 이러한 움집은 내부를 나눌 수 없어 방이 하나인 셈이므로 남녀노소 구분 없이 한 가족이 한 방에서 생활했다.

신라에서는 주생활과 관련하여 방의 크기나 담의 높이, 건축 재료나 장식물 등도 신분에 따라 규제했다. 일반인은 중국식 기와를 얹을 수 없었고, 담도 6자 이상 높이 쌓거나 회를 바를 수 없었다. 그리고 방의 길이나 너비도 15자를 넘을 수 없었다. 그러나 대다수의 사람들은 이 규정에도 훨씬 못 미치는 주거 생활을 했을 것으로 보인다.

삼국 시대의 집 모양을 보여 주는 유물로는 집 모양 토기가 있는데, 고구려의 고분 벽화를 통해서도 확인할 수 있다. 집 모양 토기를 통해

집 모양 토기
초가지붕의 토기(왼쪽)는 일반인의 집이고, 기와지붕(오른쪽)의 토기는 귀족의 집이다. 국립 중앙 박물관 소장

당시 집의 외형이 최근까지도 그대로 이어지고 있는 것을 볼 수 있다. 기와지붕의 집 모양 토기는 당시 지배층의 일반적인 주택 모습이었다. 가운데에 부엌이 있고 양 옆에는 두 개의 방이 있는 구조다.

우리 민족은 역시 온돌 체질이야.

뜨끈   뜨끈

왕이나 대귀족의 주거 생활은 몹시 호화로웠다. 궁궐이나 사찰, 그리고 귀족의 주택에는 화려한 기와 및 장식물을 사용했다. 고구려의 고분 벽화를 보면 대귀족의 대저택에는 부엌·우물·수레 창고·방앗간·외양간·마구간 등을 따로 갖추고 있었다. 방은 화려한 커튼이나 휘장으로 장식을 하고 침상에서 생활했으며, 거실에는 탁자와 의자가 있는 주거 생활이었다. 난방은 화로나 난로를 이용한 것으로 보인다.

일반인의 난방 방법도 발전했다. 신석기 시대 움집의 경우, 가운데에 화덕을 만들고 불을 피워 추위를 피했다. 그러나 움의 깊이가 낮아지고 지상 가옥으로 발전하면서 삼국 시대에 온돌이 등장했다. 불을 피우는 화덕이 부엌에 설치되고 방 한쪽에 구들을 놓아 온기를 통과시키는 초보적인 형식이다. 방바닥은 흙을 다지고 거적과 같은 깔개를 까는 정도였는데, 삼국 시대에는 온돌이 널리 보급되지는 않았다. 하지만 이 온돌 난방 방식은 지금까지도 널리 이용되고 있다.

삼국 시대의 **군대** 생활

군대에 가는 일은 예나 지금이나 신성한 의무로 여기고 있다.

삼국 시대에는 보통 15세 이상의 남자는 신체상 문제가 없으면 군대에 갔다. 신라의 경우 건강한 남자는 군에 입대하여 봉화병·국경 수비병, 또는 순라군 등 역할에 따라 복무했다. 복무 기간을 정확히 알 수는 없으나, 적어도 일생에 3년 정도는 국경 수비에 나간 것으로 보인다. 국경 수비에 나가는 것을 방추라 했는데, 오늘날 휴전선을 지키는 일과 유사한 일을 말한다. 3년은 대체로 지켜졌지만 전쟁 시에는 늘어나기도 했다. 3년의 방추 기간이 끝난 후에도 오늘날의 예비군처럼 상당 기간을 군인으로 복무했다. 농번기에는 농사짓고 농한기에는 훈련하는 형식이었을 것이다.

병사들의 계급은 없었던 것 같다. 귀족이나 지배층은 신분에 따라 자신에게 부여된 관등으로 위계질서를 갖추었다. 그러나 평민 출신의 병졸들은 연령이나 평시의 친분 관계에 따라 군대 내 질서가 유지되었을 것으로 보인다. 아마도 나이에 따른 질서가 보편적이었을 것이다.

08

삼국의 고분

삼국 시대에는 엄청난 노동력과 물자를 쏟아부은 거대한 무덤이 나타나기 시작했다. 이 시기에 만들어진 왕과 지배층의 무덤을 고분이라고 한다.

그러나 고분은 단순히 고대인의 무덤이 아니다. 그 속에 껴묻은 유물과 벽화, 축조 기술 등을 통해 당시 문화 수준을 가늠할 수 있다. 땅 위에 있던 궁궐이나 사원 같은 건축물은 전란과 풍화를 겪으며 대부분 파괴되었지만, 땅속의 고분은 그대로 남아서 고대 사회의 생활 문화를 지금까지 전하고 있다. 그래서 고분을 삼국 예술의 보고라고 하며, 삼국 시대를 고분 문화 시대라고까지 한다.

죽어서 나를 받들라

고대의 사람들은 사람이 죽으면 언젠가는 다시 살아나거나, 아니면 저 세상에 가서 산다고 믿었다. 즉 이 세상과 죽은 후의 세상은 단절된 것이 아니라 이어지는 것이라고 생각했다. 아니 그러길 바랐을 것이다.

가야 고분 순장 상상 모형
주인 아래 3명의 순장자 모습
이 보인다. 경상남도 김해 대성
동 고분 전시관 모형

그래서 많은 물자와 노동력을 들여 거대한 무덤을 만들고 죽은 자의 영
혼이 머물 수 있도록 했다. 그래서 무덤의 내부를 살아 있을 때의 집처
럼 만든 경우가 많았다. 죽은 자가 풍족하게 살 수 있도록 많은 토기·
장신구·무기 등을 껴묻었다. 토기에는 죽은 자의 식량으로 쌀 같은 곡
물을 넣기도 했다.

　죽은 자가 편히 살도록 하기 위해서는 그에게 봉사할 사람이 필요했
다. 그래서 첩과 노예 등 시중을 들던 이들을 순장했다. 순장이란 죽은
자를 위해 산 사람을 함께 묻는 장례 풍습을 말한다. 산 채로 묻어 버리
거나 일부러 죽여서 묻는 일도 있었다. 대개의 경우 그들은 인격적인
대우를 받지 못하는 노예 신분이었지만, 제법 높은 신분의 무사가 순장
되기도 했다.

　순장은 동서양을 막론하고 고대 사회에서 널리 행해졌다. 우리나라
는 고조선이나 부여에 순장의 풍습이 있었으며, 삼국 시대 말기까지도
그 흔적이 나타난다. 부여에서는 많게는 100여 명씩 순장했으며, 신라
에서는 왕이 죽으면 남녀 각 5명씩 순장을 했다.

　사회가 발전하면서 순장은 점차 사라졌다. 고대 국가의 체제가 정비
되면서 순장을 예에 어긋난 행위로 간주했기 때문이다. 그 대신 등장한
방법은 사람의 모습을 흙으로 구운 흙 인형(토용)을 매장하는 것이었

순장의 금지
《삼국사기》〈신라본기〉지증왕
조에는 "502년(지증왕 3) 3월에
명령을 내려 순장을 금했다.
그전에는 국왕이 죽으면 남녀
각 5명씩을 죽여서 순장했는
데 이때에 이르러 이를 금했
다."라는 기록이 있다.

다. 우리나라에서는 작은 토용들이 만들어졌지만, 중국의 시황제릉(진
시황릉)의 경우, 실물보다 조금 큰 크기로 막대한 양이 매장되었다. 또
는 무덤 안에 생시의 생활 모습을 그림으로 그려 대신했다. 고구려의
벽화 고분은 이렇게 해서 만들어진 것이다.

　삼국 시대 말기부터는 무덤에 대한 인식에 변화가 있었다. 불교가 사
회 이념으로 정착되면서 죽음에 대한 생각이 바뀌게 되었다. 그 결과,
삼국 통일 후에는 순장과 호사스러운 껴묻거리, 거대한 무덤의 축조와
같은 장례 풍습이 사라지게 되었다.

시황제릉 병마용
병마용의 '용'이란 고대 중국에
서 죽은 사람을 사후에도 지켜
주기 위하여 무덤에 묻었던 상
을 말한다. 병사 하나하나마다
표정이 다르고 신장도 평균 1.8
미터에 이른다.

고분은 죽은 자의 궁궐

삼국 시대의 고분은 주로 각 나라의 중심지인 수도 근처에 만들었다. 따
라서 고구려는 환런·지안 부근, 신라는 경주 부근, 백제는 서울·공주·

부여 부근에 고분군이 집중적으로 분포되어 있다.

고분은 대개 산을 뒤에 두고 평야를 앞에 둔 전망이 좋은 구릉 지대에 만들었다. 그러나 가야의 고분은 산이나 구릉의 정상, 또는 능선에 위치하고 있는 경우가 많다. 그 이유는 아직 밝혀지지 않았지만, 유민 집단의 이주에 의해 건국된 나라인 만큼 고향에 대한 향수를 달래기 위해 멀리까지 볼 수 있는 능선에 무덤을 만든 것이 아닌가 하고 추측하고 있다.

고구려 초기에 조성된 무덤은 돌무지무덤(적석총)으로 환런·지안 지역에 집중되어 있다. 돌무지무덤은 돌을 깔고 널(관)을 넣은 후 다시 냇돌●을 쌓은 간단한 구조로 되어 있다.

그 뒤 돌무지무덤은 냇돌 대신 모난 깬돌을 써서 벽이 무너지지 않게 계단식으로 쌓아 올린 모양으로 발전했다. 따라서 겉모양은 대체로 사각형을 이루고 있다. 대개 이 무덤은 돌무지무덤과 구분해 돌무덤(석총)이라고 한다. 또한 중국의 영향을 받아 돌무지무덤의 중심부에 널길●이 달린 굴식 돌방(횡혈식 석실)을 만들었다.

이 시기의 대표적인 무덤으로는 장군총이 있다. 장군총은 한 변의 길

● 냇돌
냇가 등에서 쉽게 볼 수 있는 것으로, 머리만큼 크며 가공하지 않은 돌을 말한다.

● 널길
무덤의 입구에서 주검을 안치한 널방에 이르는 길. 연도라고도 한다.

이가 30미터가 넘는 거대한 무덤으로 그 모양이 피라미드와 비슷하다.

평양으로 수도를 옮긴 이후에는 흙무덤(토총)이 주류를 이룬다. 흙무덤이란 널길이 달린 굴식 돌방을 반지하, 또는 지면 가까이 축조하고 흙으로 쌓아 올린 무덤이다. 따라서 겉모양으로 말할 때는 흙무덤이라고 하지만, 내부 구조로 말할 때는 굴식 돌방무덤(석실묘)이라고 한다. 고구려의 굴식 돌방무덤 중에는 대개 벽면과 천장에 벽화가 있는 벽화고분이 많다. 이러한 굴식 돌방무덤은 장례 후에도 입구만 찾으면 다시 들어가 합장하기에 유리했지만, 도굴이 손쉬워 껴묻거리를 도굴당한 경우가 대부분이다.

백제의 고분은 도읍의 변천에 따라 한성 시대·웅진 시대·사비 시대로 나눌 수 있다.

한성 시대의 무덤은 돌무지무덤과 흙무덤이 있다. 돌무지무덤은 고구려의 영향을 받은 것으로 고구려 초기의 무덤과 비슷하다. 이는 백제의 지배층이 고구려 출신이라는 기록을 뒷받침해 주는 것이다. 흙무덤으로는 굴식 돌방무덤과 널무덤(토광묘)이 있는데, 널무덤은 구덩이를 파서 널을 묻고 흙을 덮은 것이다. 이는 초기 국가 시대로부터 전해져

장군총
대표적인 계단식 돌무지무덤이다. 중국 지린 성 소재

●덧널
널을 담으려고 따로 짜 맞춘
큰 널. 곽이라고도 한다.

온 것으로 오늘날 민간의 묘제는 이 널무덤을 이어받은 것으로 볼 수
있다.

웅진 시대가 되면 돌무지무덤 양식은 사라지고, 굴식 돌방무덤이 한
성 시대에 이어 계속해서 만들어졌다. 그리고 중국의 영향을 받은 벽돌
무덤(전축분)이 나타난다. 벽돌무덤은 굴식 돌방무덤의 내부를 돌 대신
벽돌로 쌓은 것이다. 특히 무령왕릉에서는 많은 유물이 출토되었는데
백제 문화의 우수성을 보여 주고 있다. 사비 시대 역시 약간의 변화는
있으나 굴식 돌방무덤이 주로 만들어졌다.

그 밖에 영산강 유역의 나주 부근 등에는 거대한 독무덤(옹관묘)이
여러 기 분포하고 있는데, 이 지역이 백제의 중심부에서 멀어서 비교적
독자적인 문화를 형성했기 때문인 것으로 보인다.

신라의 고분 중에서 가장 전형적인 무덤은 돌무지덧널무덤(수혈식 적
석 목곽분)이다. 이 무덤은 지상이나 지하에 덧널(나무 곽)●을 짜 놓고
그 속에 널과 껴묻거리를 넣는다. 그다음 덧널 위에 사람 머리만 한 냇
돌을 쌓은 후, 그 위에 진흙을 덮고 흙을 쌓아 만드는 특이한 구조이다.
무덤 안에 덧널을 하나 이상 만든 경우도 있으며, 봉분을 잇대어 표주
박 모양으로 만든 것도 있다.

반남 고분군
영산강 유역의 나주 부근에는
거대한 독무덤이 여러 기 분포
한다. 백제의 중심 세력과는 다
른 독자적인 양식으로 마한 세
력의 무덤이라는 견해도 있다.

봉분은 거대하게 만들었는데, 천마총의 경우 분구 높이가 약 13미터 이고, 분구의 바닥 지름이 약 47미터나 되는 대형 무덤이다. 돌무지덧 널무덤은 널길이 없고 벽화를 그릴 공간이 없다. 흔히 천마총에서 출토 된 〈천마도〉를 벽화로 생각하기 쉬우나, 사실은 말안장 가리개 위에 그 린 그림이다. 또 구조상 도굴이 어려워 금관을 비롯한 많은 유물이 출 토되었다. 신라 고분에서 유달리 많은 유물이 출토되는 것은 이 때문 이다.

삼국 통일을 전후해서는 장례 풍습이 전보다 간소해졌다. 그리하여 돌무지덧널무덤보다는 상대적으로 인력과 물자가 적게 드는 굴식 돌방무덤이 주로 만들어졌다. 그 대신 봉토 주위에 둘레돌(호석)을 세우고 12지신상을 조각하는 새로운 양식이 나타 났다. 이러한 양식은 고려와 조선 시대의 왕릉으로 계승되었다.

아까워.

천마총은 도굴하기 쉽지 않겠군.

불교식 장례법
삼국 통일 후에는 불교식 화장 법도 유행했다. 박물관에서 볼 수 있는 뼈 단지(골호)는 화장 후 유골을 넣기 위한 것이다.

무덤에도 그림을 그린 고구려인

삼국인의 숨결을 직접 느낄 수 있는 최고의 것은 역시 벽화 고분이다. 삼국 시대의 벽화 고분은 110여 기가량이다. 백제나 신라에도 벽화 고 분이 각각 2기씩 있기는 하지만 그 대부분은 고구려의 것이다.

경주 고분군
경주 시내에는 대릉원을 비롯 해 거대한 돌무지덧널무덤이 많다.

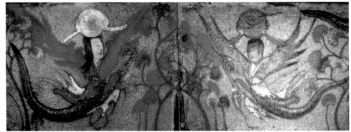

오회분 4호묘(왼쪽)
'다섯 투구 무덤'이라고도 불리는 오회분에는 고구려의 벽화가 생생하게 남아 있다. 중국 지린 성 소재

해의 신과 달의 신묘(오른쪽)
오회분 4호묘의 벽화 중 일부. 왼쪽이 달의 신이고, 오른쪽이 해의 신이다. 두 신 모두 위는 사람의 형상이지만 아래는 용의 형태를 띠고 있는데, 해 가운데에 삼족오(세 발 가진 까마귀)가 그려져 있다. 중국 지린 성 소재

● 사신도
동서남북의 방위를 나타내고 우주의 질서를 수호하는 상징적 동물을 그린 그림으로 사신 그림이라고도 한다. 사신이란 동쪽의 청룡, 서쪽의 백호, 남쪽의 주작, 북쪽의 현무를 일컫는다. 사신도 벽화가 뛰어난 무덤으로는 강서 고분이 있다.

　　고구려의 벽화 고분은 지안 지역에서 30여 기, 평양 부근에서 70여 기가 발견되었다. 벽화는 주로 굴식 돌방무덤의 벽면과 천장에 그려졌다. 대개는 벽면에 회반죽을 바른 후, 밑그림을 그리고 채색을 하는 프레스코 기법이 사용되었다. 일부는 화강암 벽면에 직접 그린 것들도 있다.

　　고분 벽화의 내용은 초기에는 주로 생활 풍속 위주의 그림을 그리다가, 뒤에는 사신도●가 주를 이루었다. 대체로 천장에는 별자리·태양 등 하늘 세계를, 벽면에는 생활상을 주로 그렸다. 그 소재가 워낙 다양해서 고구려의 총체적인 사회상을 반영하고 있다. 인물을 묘사할 때는 귀족은 크게, 시종들은 매우 작게 그리는 등 신분상의 격차도 보여 주고 있다. 씨름 무덤의 〈각저도〉 속 장사 중 한 명은 매부리코에 왕방울 눈을 하고 있는데 이 자는 서역계 인물이다. 다른 벽화에서도 서역계 인물들이 등장하는데, 이것은 고구려가 유목 민족 및 중앙아시아 지역민과도 교류했음을 보여 주는 증거다.

　　고구려의 고분 벽화는 고구려인의 기질과 기상, 종교와 사상, 생활 풍속, 대외 교류 등을 엿볼 수 있는 소중한 자료다. 대륙을 향해 웅비하는 고구려인의 기상은 오랜 세월이 지난 지금도 고분 벽화 속에 생생히 살아 숨 쉬고 있다.

우연히 발견된 **무령왕릉**

신라 고분이나 고구려 고분은 많이 남아 있지만, 묻힌 사람이 확인된 예는 매우 드물다. 그런데 무령왕릉은 삼국 시대 고분 중 묻힌 자의 신원과 축조 연대를 확실하게 알 수 있다.

무령왕릉의 발견은 실로 우연이었다. 무령왕릉이 있는 공주 송산리 일대는 백제 왕가의 무덤이 위치하고 있는 야산 지역이다. 이 중 5호분과 벽돌무덤인 6호분은 무령왕릉 발견 이전에는 이 일대의 무덤 중 대표적인 무덤이었다. 그런데 이 무덤은 발굴 과정에서 천장이 훼손되었다. 그래서 큰 비만 오면 무덤 안으로 물이 스며들었다. 1971년 장마를 앞두고 5, 6호분의 배수로를 만들기 위해 뒤쪽 언덕을 파내려 갔다. 그때 인부의 삽이 무령왕릉의 벽돌 모서리에 부딪힌 것이 발견의 계기가 되었다.

언론의 보도 경쟁으로 유물이 파손되기도 하는 등 어수선하던 중에 발굴이 진행되었고, 단 이틀 만에 유물을 수습하여 박물관으로 옮기는 것으로 끝이 났다.

무덤을 한번 연다는 것은 커다란 훼손이며, 오랫동안 보존되어 왔던 옛 모습을 파손하는 것이다. 따라서 무덤을 열 때에는 과학 기술의 성과를 집약하여 매우 신중해야 한다. 무령왕릉의 발굴에는 그런 점이 부족했다. 발굴에 참여한 한 고고학자는 엄청난 발견 앞에서 "고고학 발굴의 기본마저 생각이 안 날 정도로" 졸속으로 발굴했음을 뒤늦게 참회하기도 했다.

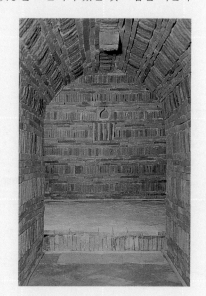

무령왕릉

09
고대의 한일 관계

선사 시대부터 우리나라의 문화는 일본의 발전에 막대한 영향을 끼쳤다. 우리나라가 중국의 선진 문화를 받아들인 것처럼, 일본도 우리의 문화를 끊임없이 전수받았다. 우리나라의 청동기 문화는 일본에 전파되어 야요이 문화를 낳았으며, 삼국의 문화는 일본의 아스카 문화의 성장에 바탕이 되었다.

따라서 오늘날에도 아스카 문화의 중심지였던 나라를 비롯해 일본의 각지에서 우리나라 문화의 흔적을 쉽게 찾아볼 수 있다.

임나일본부설에 담긴 일본의 역사 왜곡

고대 우리나라와 일본의 역사적 관계의 실상에 대해서는 두 나라가 서로 다른 견해를 보이고 있다. 일본에서는 교과서를 비롯해 많은 역사책에서 이른바 '임나일본부설'을 주장하고 있다.

대성동 고분 발굴 지역
가야 문화의 일본 전파를 알 수 있게 해 주는 많은 유물이 출토되었다. 오른쪽 건물은 노출 전시관이다. 경상남도 김해 소재

　이 설에 의하면, 4세기경 일본 야마토 정권의 군대가 남한 지역으로 쳐들어와서 신라를 치고, 낙동강 유역의 가야를 정복했다고 한다. 그리고 이 지역을 식민지로 지배하기 위해 설치한 기구가 임나일본부이며, 6세기 중엽 신라에 의해 쫓겨날 때까지 약 200년 동안 존속했다고 한다.

　이러한 임나일본부설은 근대 일본 제국주의의 한국 침략을 정당화하는 도구로 이용되었다. 일본이 한국을 병합해 지배하는 것은 고대의 상태로 돌아가는 것이라고 하면서 우리나라에 대한 식민지 지배 이념으로 이용한 것이다.

　그들은 《일본서기》의 기록 및 칠지도와 광개토 대왕릉비의 글귀 등을 임나일본부설의 근거로 내세우고 있다. 그러나 《일본서기》는 8세기 초에 쓰인 책으로 그 내용이 의심스러운 부분이 많아 일본 학자들 사이에서도 논란의 대상이 되고 있다. 더구나 일본이란 국호는 7세기 이후

에 사용된 것이니만큼, 그 이전에 일본이란 명칭이 들어간 임나일본부가 있었다는 것은 있을 수 없는 일이다.

칠지도 역시 일본에서는 백제의 왕이 일본 왕에게 바친 것이라고 주장하지만, 거기에 새겨진 글귀에 경어가 사용되지 않고 있어서 바친 것이 아니라 하사한 것임이 틀림없다. 또한 광개토 대왕릉비에 대해서도 비문의 변조설이 있는가 하면, 일본 측의 해석이 임나일본부설을 뒷받침하기 위해 일본에 유리하도록 번역한 것임이 밝혀졌다.

일본은 한국을 강제 병합한 후에 임나일본부의 존재 증거를 찾기 위해 가야 전 지역을 조사했으나 그 흔적을 발견하지 못했다. 최근에는 오히려 김해 지역의 대성동 고분을 비롯해 일본의 후지노키 고분의 발굴을 통해 임나일본부의 주장이 사실이 아니라는 것이 드러나고 있다. 그런데도 일본은 여전히 억지 주장을 하고 있다.

물이 높은 곳에서 낮은 데로 흐르는 것처럼, 발전된 삼국의 문화가 후진국이었던 일본으로 자연스럽게 전파된 것은 너무나 당연한 일이다.

높은 곳에서 낮은 곳으로 흐르는 문화

우리 역사에서 문화적으로 일본에 영향을 끼친 내용이 가장 다양했던 시기는 삼국 시대였다. 삼국의 문화는 일본에 전파되어 일본의 고대 문화 형성과 고대 국가의 성장에 큰 역할을 했다. 양심적인 일본의 한 학자는 "이 시대의 일본 문화에서 한국 문화의 흔적을 제거하면 얼마나 공허할 것인가."라고 표현할 정도다.

문화의 전파는 문화 내용만 단독으로 건너가는 것이 아니고, 반드시 사람이 개입한다. 따라서 문화의 이동에는 인적 자원의 이동도 뒤따른다. 특히 삼국 시대에는 많은 사람들이 일본으로 이주했다. 대개는 전란을 피해 간 것으로 보이는데, 그들은 문화의 전파는 물론 일본에서 정치적인 세력을 형성해 활동하기도 했다. 그들이 야마토 정권이 고대

칠지도
일본의 이소노카미 신궁에 보관되어 있는 칼. 칼에 새겨진 명문 가운데 '공공후왕供供侯王'이란 문구는 백제의 왕이 왜왕에게 하사했음을 보여 준다. 일본 고베 시립 박물관 소장

국가로 발전하는 과정에서 중요한 역할을 했다는 것은 일본 학계에서도 인정하고 있다. 일본 고대 호족들의 성씨를 기록한 《신찬성씨록》 (815년 편찬)에도 한반도 계열의 성씨가 30퍼센트 정도 차지하고 있는 것으로 나타나고 있다.

삼국은 문화적으로 일본보다 선진국이었던 만큼 각 나라가 모두 일본에 문화를 전해 주었다.

삼국 초기에는 가야가 주도적으로 철기 문화를 비롯해 많은 문화를 전파했는데, 일본의 고분에서 출토되는 유물은 가야 문화의 영향을 받은 것이 많다. 또한 가야는 해상 무역을 통해 성장한 나라인 만큼, 삼국의 문화를 일본에 전해 주는 교량과 같은 구실을 했다.

삼국 중에서 일본에 가장 커다란 영향을 끼친 나라는 백제였다. 《일본서기》나 《고사기》• 등 일본의 옛 역사책에도 삼국 문화의 전래 기사는 무수히 많은데, 백제의 왕인이 유학과 천자문 등을 전했다는 내용도 우리 역사책이 아닌 《일본서기》에 나온다. 일본이 백제와 관계를 맺은 이래, 학자뿐만 아니라 승려나 기술자가 일본 측의 요청에 의해 일본으로 건너가기도 했다.

고구려에서도 많은 승려가 일본으로 건너갔다. 혜자(?∼622)는 쇼토쿠 태자(574∼622)의 스승이 되었고, 담징(579∼631)은 종이나 먹 만드는 법을 전했으며 호류지의 금당 벽화를 그린 것으로 알려졌다.

신라 역시 일본에 다양한 문화를 전파해 주었다. 제방 쌓는 기술, 배 만드는 기술은 물론 토기까지 전해 주었다.

● 《고사기》
일본 나라 시대 초기에 편찬한 천황가의 이야기를 엮은 책이다. 역사책이라기보다는 신화로 보는 견해가 많다.

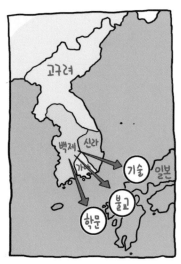

일본의 국보 1호는 복제품

삼국의 문화 전파 가운데 가장 주목할 만한 것은 불교문화다. 백제 성

아스카 문화는 쇼토쿠 태자
시기의 수도였던 아스카(지금
의 나라 현)에서 발달했던 문화
를 말한다. 일본에 불교문화
가 토착화되고, 고대 국가로
발전하는 계기가 된 것이 아
스카 문화다. 일본은 이후 다
이카 개신(645)으로 율령을 정
비하고 고대 국가로 성장하게
되었다.

왕 때(552)귀족인 노리사치계가 불경과 불상을 전파함으로써 일본에 불교가 처음으로 전해졌다. 이후 백제는 승려뿐만 아니라 기술자까지 일본에 보내 일본의 불교 발전과 사찰 건립에 이바지하도록 했다.

이런 문화 전파에 힘입어 백제와 일본은 계속 우방으로서의 관계를 유지했다. 문화 교류를 통한 백제와 일본의 긴밀한 관계는 백제가 멸망했을 때 일본이 군대를 보내 도왔다는 사실 하나만으로도 확인할 수 있다.

일본에 백제의 불교가 전래된 이후 신라나 고구려의 승려들도 일본에 들어가 활동했으며, 불교는 일본의 고대 국가 정비의 정신적 이념이 되었다. 아울러 많은 불교 문화재를 남기게 되었는데, 이때 싹튼 일본의 아스카 문화●는 삼국, 특히 백제의 영향 아래 성장한 것이다.

지금도 일본에는 가람 배치·불상·건축 양식·고분 등에 삼국 문화

삼국 시대의 금동 미륵보살 반
가상(왼쪽)과 일본 고류 사의
목조 미륵보살 반가상(오른쪽)
재료만 다를 뿐 전체적으로 매
우 비슷하다.

의 흔적이 다양하게 남아 있다. 일본 최초의 사찰인 아스카 사는 그 터
를 발굴한 결과 고구려나 백제식의 가람 배치임이 밝혀졌다. 일본의 국
보 1호인, 고류 사의 목조 미륵보살 반가상은 그 재료가 나무라는 점만
다를 뿐, 신라(또는 백제)의 금동 미륵보살 반가상의 복제품이라고 해도
과언이 아니다. 그 재료 역시 우리나라에서 많이 나는 소나무인 적송임
이 밝혀져서, 우리나라에서 만들어졌거나 아니면 우리 기술자가 가서
만들었을 것으로 보인다.

또한 일본 아스카 문화의 진수라고 할 수 있는 호류 사는 마치 백제
문화의 옛 모습을 보는 듯하다. 5층 목탑은 백제계 양식이며, 금당의
관세음보살상은 이름조차 백제 관음상이다. 또한 일본이 세계적 보물
로 자랑하는 호류 사의 금당 벽화는 불에 탄 후 복원된 것이지만, 고구
려 승려 담징이 그린 것으로 추정된다. 일본의 다카마쓰 고분 벽화도

그 인물 묘사나 옷차림이 고구려 고분 벽화와 매우 닮아서 고구려의 영향을 받은 것임을 알 수 있다.

이 외에도 삼국 문화가 일본에 전해진 예는 수없이 많으며, 지금도 일본의 지명에는 백제촌이나 백제사처럼 백제·고구려·신라의 이름이 붙은 곳이 많다.

이처럼 일본의 고대 문화는 한반도로부터의 문화 수용을 통해 성장했다. 그렇지만 고대의 한일 관계에서 문화의 전파만을 지나치게 강조함으로써 고대 일본의 후진성을 부각시키는 것은 바람직한 태도가 아니다. 일본도 나름대로 사회 발전을 이룩하고 있었음을 인정해야 하고, 한반도로부터의 문화 수용이 일본의 발전에 어떤 역할을 했는가를 따져 보아야 한다. 아울러 삼국이 동아시아에서 차지하는 문화적 위치를 살펴보는 것도 중요하다.

호류 사의 금당과 5층 목탑
호류 사는 일본 나라 현에 있는 절로, 쇼토쿠 태자가 601~607년에 세웠다고 한다. 이 절의 금당 벽화는 610년 고구려 승려 담징이 그린 것으로 전해진다. 이 절의 금당은 1949년 수리 중 화재가 일어나 비천상을 제외한 벽화 전부가 불타 버려 현재는 사진으로만 전체 모습을 알 수 있다.

일본 태자의 스승 **왕인**

일본에 학문을 전한 백제의 왕인은《고사기》,《일본서기》등에 나오는 이름이다. 우리나라에는 입으로만 전해져 왔을 뿐 기록이 전혀 없다. 따라서 그가 언제 나서 언제 죽었는지 분명하지 않다. 일본의 기록으로 추정해 볼 때 근초고왕 때의 학자로 본다.

이미 일본에서 태자의 스승으로 활동하던 백제 사람으로 아직기가 있었다. 왜왕이 아직기에게 "백제에 너보다 나은 박사가 있느냐?"하고 물으니, 왕인이라는 사람이 가장 우수하다고 말했다. 왜왕은 사신을 백제에 보내어 왕인을 초청했다. 왕인은 백제 왕의 명령으로《논어》와《천자문》을 가지고 일본으로 건너갔다. 그 후 태자의 스승이 되어 여러 서적을 가르쳤는데 통달하지 아니한 것이 없었다 한다. 그의 자손들은 대대로 역사 기록을 맡은 관리로 일본 조정에 봉사했다고 전해진다.

일본에서 왕인은 고대 문화 발전에 크게 기여한 성인으로 추앙받고 있다. 그의 무덤은 일본의 오사카와 교토의 중간쯤인 히라카타에 있다.

왕인 박사 사당
전라남도 영암 소재

3부

남북국 시대

01
신라의 전성

신라 1,000년은 흔히 세 시기로 구분한다. 각각 건국에서부터 진덕 여왕까지를 상대, 무열왕에서 혜공왕까지를 중대, 선덕왕부터 멸망까지를 하대로 한다. 신라는 이 세 시기에 따라 각각 다른 특색을 보인다. 상대는 중앙 집권 국가의 성립 기간으로 삼국 간에 끊임없이 전쟁과 대결이 벌어진 시기다. 중대는 통일을 이룩해 찬란한 문화를 꽃피운 평화의 시기이며, 하대는 정치의 혼란으로 농민 반란이 일어나는 멸망의 시기다.

7세기 중엽에서 8세기 후반까지의 중대는 다시 무열왕에서 문무왕까지의 통일기, 신문왕 대의 제도 정비기, 성덕왕에서 경덕왕 대의 찬란한 문화기로 이루어진다.

제도의 정비

신라는 삼국을 통일함으로써 군사와 외교 등 대외적 활동보다는 제도 정비와 문화 활동에 힘을 쓰게 되었다. 이것은 통일을 이룬 문무왕이 죽음에 이르러 남긴 글에 잘 나타나 있다.

> 전쟁의 시대를 맞이해 싸움이 그칠 날이 없었다. 이제 삼국이 하나로 통합되어 한 나라가 되었으니, 병기를 녹여 농기구로 삼았고, 조세를 가볍게 하였고, 요역을 덜어 민생이 안정되었다.
>
> —《삼국사기》중에서

원효 대사
원효(617~686)는 신라의 고승이자 으뜸가는 저술가다. 불교 사상의 종합과 실천에 노력한 정토교의 선구이며 불교의 대중화에 힘썼다.

이것은 통일 후 나라 안의 정치에 눈을 돌리고 있음을 나타내는 내용으로, 병기를 녹여 농기구를 만들었다는 것은 이를 잘 드러내는 대목이다.

원효 대사가 전쟁에 시달린 백성을 위해, 귀족이 아니더라도 '나무아미타불'만 진심으로 외면 누구든지 극락에 갈 수 있다고 하는 정토 사상*을 설파한 것도 바로 이러한 시대 분위기를 반영한 것이다.

제도의 정비는 문무왕의 아들인 신문왕(재위 681~692) 대에 이르러 완성되었다. 신문왕은 전제 왕권의 체제를 법과 제도로 뒷받침하는 작업에 힘을 기울였다.

● 정토 사상
아미타불 및 그가 출현할 서방 정토의 존재를 믿고, 죽은 후 그 정토에 태어나기를 바라는 대승 불교 일파의 사상.

중앙 정치 기구로 13개의 부서가 마련되었다. 이는 관리들을 관직 중심으로 조직화했음을 의미한다. 이러한 관료 조직에서 나타나는 중요한 특징의 하나가 장관 복수제이다. 병부(국방)의 장관을 세 명, 위화부(관리 인사) 등 여덟 개 부의 장관을 각각 두 명씩 임명했다. 이것은 곧 두세 명의 장관에게 업무를 나누어 맡김으로써 권력이 한 사람에게 모이는 것을 막으려는 데 그 목적이 있었다. 반면 국왕 직속 기관의 성격을 갖는 집사부(최고 행정 관청)와 사정부(관리 감찰)의 경우는 장관을 한 명 둠으로써 왕명을 능률적으로 집행하도록 했다. 왕권의 전제화를 위한 조치였다.

관청과 관직이 정비됨으로써 상대등의 지위는 자연히 약화되었다.

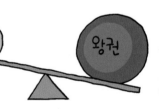

신문왕의 귀족 숙청
신라 중대의 전제 왕권을 연 신문왕은 즉위하던 해 장인인 김흠돌의 반란을 계기로 귀족에 대한 대담한 숙청을 감행하여 제도 정비에 박차를 가했다.

●상대등

관등을 초월한 신라의 최고
관직으로 화백 회의 의장이
다. 귀족 세력의 대변자로 왕
권을 견제하는 역할도 수행했
다. 신라 중대에 집사부의 강
화로 실권을 잃었다가 하대에
왕권 약화와 함께 권력을 회
복했다.

녹읍과 관료전

녹읍은 조세·특산물·농민 노
동력까지 사용할 수 있는 토지
인 반면, 관료전은 조세만을
거둘 수 있는 토지였다.

감은사지 전경

신라 문무왕은 삼국 통일을 이
룬 후, 부처의 힘으로 왜구의
침입을 막고자 이곳에 절을 세
우려 했으나 완성하지 못하고
죽었다. 그 후, 아들인 신문왕
이 아버지의 뜻을 받들어 즉위
한 이듬해(682)에 완공하고 감
은사라 했다. 경상북도 경주 양
북면 소재

관료 조직이 발달하지 못했을 때에는 상대등●이 귀족의 대표로서 실질
적인 최고 지위를 누렸으나, 관료 조직이 발달한 중대에 들어서는 자기
직속의 하부 기관을 가지지 못했기 때문에 지위가 약화될 수밖에 없었
던 것이다. 이에 비해 집사부는 현저하게 강화되었다. 국왕 직속으로
여러 관청을 통제하는 실질적인 권한을 갖고 있었기 때문이다.

  관료 조직의 정비를 통해 귀족 세력을 약화시킨 신문왕은 관리들에
게 관료전을 주는 한편 녹읍을 폐지했다. 이와 함께 신문왕은 국학을
설립함으로써 통일 후 많이 필요하게 된 하급 관리를 양성하고자 했다.
국학의 설립은 종전의 화백 회의에 의한 관리 추천 제도를 대신해 국왕
이 직접 관리 임명권을 갖기 시작했음을 뜻한다.

다섯 개의 작은 서울

통일 후 신라가 맞이한 시급한 문제는 세 배 이상 증가한 영토와 인구
를 어떻게 효율적으로 다스리느냐에 있었다. 더구나 신라의 서울인 경

주가 동남부에 치우쳐 있었기 때문에 이 문제는 더욱 중요했다. 문무왕이 주마다 두 명의 외사정(지방 감시관)을 파견하고, 신문왕이 한때 서울을 대구로 옮기려 했던 것도 이 때문이었다. 지방 행정 구역 개편의 핵심도 이 문제를 우선적으로 해결하는 데 있었다. 그 결과 9주 5소경® 제도가 마련되었다. 통일 전의 신라·고구려·백제 영토에 각각 3주씩 둠으로써 통일 후 넓어진 영토에 대해 균형 있는 지배를 꾀한 것이다.

한편 서울이 동남쪽 구석에 치우쳐 있는 약점을 보완하기 위해 5소경을 두었다. 5소경도 옛 가야·고구려·백제 지역에 각각 1·2·2소경을 두어 그 지방의 통치를 중요시했다. 이와 함께 5소경에 가야·고구려·백제의 옛 귀족들을 서로 엇갈려 이주시킴으로써 그들 세력을 약화시키는 데 이용하기도 했다.

●9주 5소경
주는 일반 행정 구역으로 주·군·현의 계통적 조직이고, 소경은 특수 행정 구역이다. 소경은 소백산맥 외곽 옛 고구려와 백제 지역의 4소경과 옛 가야 지역의 금관경을 포함해 5소경을 두고 그 경내에 경주와 같이 6부를 설치했다.

만파식적의 평화

통일 후 신문왕 대에 이루어진 제도의 정비는 정치적 안정을 가져왔다. 신문왕 때에 만파식적이 출현했다는 설화는 바로 이러한 정치적 안정과 평화를 상징하는 것이다.

신문왕은 아버지인 문무왕을 동해 바닷속 대왕암에 장사 지내고, 문무왕이 왜구를 격퇴하기 위해 짓기 시작한 절을 완공하여 감은사라 했다. 어느 날 감은사 앞바다에 작은 산이 떠다닌다는 보고를 받고 점을 친 결과 문무왕과 김유신 장군의 영혼이 나라의 영원한 평화를 위해 보물을 내릴 것이라는 점괘를 얻었다. 그런데 떠다니는 산의 대나무 한 줄기가 밤에는 합쳤다가 낮에는 둘로 나뉘고 있었다. 신문왕이 직접 가 보니 바다의 용이 "이 대나무로 피리를 만들면 천하가 태평할 것이다."라고 하며 이와 함께 검은 옥대를 왕에게 바쳤다. 이에 대나무로 피리를 만들었는데, 이것을 불면 적군이 물러가고 질병이 없어지며, 가뭄에는 비가 오고, 홍수가 지면 비가 그치

석굴암 본존불
석굴암 조각상 가운데 가장 중심을 이루고 있으며, 석굴 자체가 이 본존상을 봉안하기 위하여 조영한 것일 만큼 그 의의가 매우 크다. 신라 조각 미술의 결정이라고 해도 지나치지 않는 작품이다.

고, 바람과 물결을 잦게 하는 효험이 있었다. 이에 그 피리를 '만파식적'이라 이름 짓고, 당시에 용을 본 곳을 '이견대'라고 했다.

—《삼국유사》 중에서

이 '만파식적의 평화' 속에서 문화의 전성기를 맞이한 때가 8세기였다. 성덕왕에서 경덕왕에 이르는 이 시기의 대표적인 문화재로 불국사와 석굴암, 그리고 봉덕사 성덕 대왕 신종 등이 있다. 통일 신라를 대표하는 이 문화유산들은 이 시대의 안녕과 번영 속에서 융성한 불교 예술의 극치를 보여 주고 있다. 지상 세계에 건설한 이 같은 불국토의 이상은 바로 그 시대 신라인들의 자신감과 평화에 바탕을 둔 것이었다고 볼 수 있다.

문무 대왕릉은 정말로 **물속**에 있나?

감포 해안에서 약 200미터 떨어진 곳에 바위섬이 있는데 이를 문무 대왕릉(대왕암, 사적 158호)이라고 부른다. 문무왕의 뼈를 이곳에 뿌렸다 하여 붙여진 이름이다. 실제로 문무왕을 매장이 아닌 불교식 화장법으로 장례를 치러 그 뼈를 바다에 뿌렸다는 것은, 문무왕릉비의 "나무를 쌓아 장사 지내고 뼈를 부숴 바다에 뿌렸다."라는 기록을 통해서도 알 수 있다. 그럼에도 유골을 묻은 세계 유일의 수중릉으로 알려지게 된 것은 대왕암이란 바위섬의 모양이 연못처럼 가운데가 패어 있고, 기둥 모양을 하고 있는 둘레의 자연 암석 안쪽이 마치 바위를 인위적으로 따 낸 것처럼 보이기 때문이다.

문무 대왕릉 경상북도 경주 양북면 소재

귀족 불교를 거부한 기행-원효

원효는 언제나 술에 취한 채 방방곡곡을 누비며 노래를 부르고 춤추면서 불도를 전했다. 그는 정한 곳 없이 다녔고, 사람을 교화하는 데도 일정한 방법을 쓰지 않았다. 소를 타고 가면서 소의 두 뿔 사이에 책을 걸쳐 놓고《금강삼매경론》을 쓰기도 했다. 이 같은 기행을 통해 원효는 당시 귀족 중심의 신분 질서에 야합하는 불교를 거부하고 위선의 탈을 벗기고자 했다. 이런 노력 덕분에 뽕을 따는 노인에서부터 무뢰배에 이르기까지 부처님의 명호와 합장을 알았다고 한다.

02

신라의 쇠퇴

780년에 혜공왕이 피살당했다. 그는 무열왕 직계손의 마지막 왕이었다. 쿠데타에 성공한 상대등 김양상(선덕왕, 재위 780~785)이 즉위함으로써 신라 중대는 막을 내렸다. 이렇게 시작된 신라 하대에는 정치 혼란의 소용돌이가 끊임없이 이어졌다. 하대 150년간 20명의 왕이 교체되었고, 20여 차례의 정치적 변란이 있었다. 쿠데타로 피살된 왕만도 모두 다섯 명이나 되었다.

궁궐에 먼저 들어간 자가 왕

선덕왕이 후사 없이 죽은 후, 화백 회의에서 왕위 계승자로 추대된 사람은 시중 김주원이었다. 그는 무열계의 후손이었다. 그러나 상대등 김경신(원성왕, 재위 785~798)이 먼저 왕궁에 들어가 왕위 즉위식을 거행하는 바람에 왕위에 오르지 못하고 말았다. 김주원은 그 후 강원도 명주(강릉) 지방으로 물러나고 그 후대에 이르러 이 지역에서 독자적인 세력으로 커 나갔다.

비상수단을 동원해 왕이 된 원성왕은 정치 경험이 풍부한 인물이었다. 독서삼품과를 실시한 목적도 자신의 경험에 비추어 귀족 세력을 약화시켜야 했기 때문이다. 아울러 무열계의 재도전을 막아야 한다는 계산도 깔려 있었다. 신라의 하대는 사실상 원성왕의 직계손이 왕위를 독점했고, 그들끼리 왕위를 둘러싼 대립을 벌였다.

원성왕계 사이의 왕위 쟁탈전을 시작한 사람은 헌덕왕(재위 809~826년)으로, 조카인 애장왕을 죽이고 왕위에 올랐다. 이 헌덕왕 때 일어난 사건이 김헌창의 반란이다. 김헌창은 김주원의 아들로 아버지가 이루지 못한 왕위에의 꿈을 반란을 통해 실현하고자 했다. 왕위를 향한 무열계의 재도전이었다. 김헌창의 반란은 왕위 쟁탈전이 지방으로까지 확산되었음을 의미한다.

장보고의 꿈과 한

김헌창에 이어 지방 세력의 본격적인 등장을 가져온 대표적 인물은 장보고였다. 장보고는 전라도 완도의 미천한 태생으로 어릴 적 이름은 궁복이었다. 그는 친구 정년과 함께 당에 건너가 군인으로서 두각을 나타냈다. 당시의 당은 안녹산의 난 이후 지방의 절도사*들이 독립적인 세력을 이루고 있을 때였다. 아마도 장보고는 이러한 절도사의 사병 출신으로 공을 세워 출세한 것으로 보인다.

쉬저우(서주) 무령군 소장의 지위로 신라에 돌아온 장보고는 황해의 해적을 물리치기 위해 흥덕왕(재위 826~836)에게 요청해 자신의 고향 완도에 청해진을 설치했다. 당시는 당나라의 힘이 약해진 틈을 타 많은 당나라 해적들이 신라 사람들을 잡아다 노예로 파는 일이 빈번했기 때문이다.

청해진을 중심으로 해상 무역을 통해 재산을 모은 장보고는 1만여

괘릉(원성왕릉) 무인석
괘릉에는 봉분과 멀리 떨어진 전방에 돌사자 두 쌍과 문·무인석이 각각 한 쌍씩 배치되어 있는데, 특히 무인석은 서역인의 모습을 하고 있어서 서역과 교류가 있었음을 알려 준다. 경상북도 경주 외동 소재

● 절도사
당나라 현종 때 안녹산의 반란 이후 중국 조정의 힘이 약화되면서, 지방의 군진軍鎭을 장악한 지휘관인 절도사들이 모병제를 이용해 많은 병사를 마음대로 모집해 독립적인 세력을 이루었다.

나는 장보고, 황해와 남해의 해상권을 장악했지!

명의 사병을 거느렸다. 이때 서울 경주에서는 여전히 왕위를 둘러싼 왕족들의 싸움이 끊이질 않았다. 흥덕왕이 후사 없이 죽자, 왕위 쟁탈전은 더욱 극심해졌다. 희강왕(재위 836~838)은 사병까지 거느리고 피비린내 나는 싸움에서 승리했으나 왕위 쟁탈전을 버티지 못하고 자살할 정도였다.

이 과정에서 희강왕에게 패했던 김우징이 막강한 군사력을 가진 장보고에게로 도망쳐 왔다. 두 사람은 자식들의 결혼을 조건으로 합세해 군사를 일으켜 민애왕(재위 838~839)을 죽이고 왕권을 탈취했다. 그 후 김우징은 신무왕(재위 839)이 되었다.

신무왕이 갑자기 병으로 죽어 그 아들이 문성왕(재위 839~857)으로 즉위하자, 장보고는 김우징과의 약속대로 자신의 딸을 문성왕과 결혼시키려 했다. 그러나 '비천한 섬사람의 딸'이란 이유로 거절당했다. 왕의 장인이 되어 자신의 신분을 바꾸고자 했던 장보고는 이에 반란을 일

청해진 유적지 장도
장보고가 군사 1만여 명을 이끌고 중국과 일본을 오가는 해로의 요해처인 청해에 진을 설치하고, 가리포에 성을 쌓아 항만을 보수해 전략적 거점을 마련했다는 곳이다. 전라남도 완도군 장좌리 장도 소재

으켰으나, 왕이 보낸 자객 염장에게 살해되었다. 당과 신라를 오가며
군사적 야망을 불태웠던 장보고도 결국에는 폐쇄적인 진골 사회의 높
은 벽에 부딪혀 좌절하고 말았다.

신라를 흔든 농민 반란

치열하게 전개되던 왕위 쟁탈전이 9세기 후반에 들어 잠시 주춤한 가
운데, 이번에는 왕과 귀족들의 사치 생활이 극에 달했다. 경주의 귀족
들은 금으로 기둥을 장식한 호화 주택인 금입택金入宅, 계절이 바뀔 때
마다 옮겨 다니는 별장 주택인 사절유택四節遊宅까지 마련했다.

또한 그들은 호화 주택을 서역의 값비싼 수입품으로 치장했다. 페르
시아 직물인 구유와 답등, 수마트라 섬의 향기 나는 목재인 자단, 타슈
켄트 지방의 푸른색 구슬인 슬슬 등을 사용해 자신의 몸과 집을 꾸밀
정도였다. 〈처용가〉에서 보이는 퇴폐적인 신라 사회의 모습이 표출되

골품 제도

골품제는 혈통이 높고 낮음에
따라 관직 진출·혼인·의복·
가옥 등 사회생활 전반에 걸쳐
규제를 한, 세습성과 배타성이
강한 고대 사회의 대표적 신분
제도다.

포석정

신라 임금들이 잔을 띄우고 시
를 읊으며 놀이한 곳으로 추정
하고 있다. 신라 말 경애왕이
이곳에서 견훤에게 살해되었다.
경상북도 경주 배동 소재

● 《신라장적》
일본 정창원에서 발견됐다.
서원 소경의 4개 촌락에 대하
여 호구 수·전답田畓·마전麻
田·과실나무 수, 가축 수 등
을 기록하고 3년 동안의 변동
내용을 싣고 있다. 특히 호구
는 상상에서 하하까지 나누었
는데 그 구분은 인정人丁의 많
고 적음에 따랐다. 국가가 노
동력과 생산 자원을 철저하게
통제했음을 알 수 있다.

는 헌강왕(재위 875~886) 시대도 이 무렵이었다.

이러한 귀족들의 향락 생활은 농민들에 대한 가혹한 수탈이 있어야
가능하다. 통일 신라의 《신라장적》●은 서원 소경 근처 촌락의 호구·인
구 수·가축 수·토지 면적·과일 나무 수까지 꼼꼼하고 정확하게 기록
하고 있다. 이 민정 문서는 농민에게서 얼마나 철저하게 세금을 거두고
있었는가를 잘 보여 준다. 이런 상황에서 농민의 생활은 위협받을 수밖
에 없었다. 창장 강(양쯔 강) 하류에까지 가서 먹을 것을 구걸하는 신라
인이 170여 명이었고, 자식을 팔아 끼니를 잇는 농민들이 있었다는 《삼
국사기》의 기록은 이러한 농민들의 몰락을 잘 말해 준다.

우리 역사에서 농민 반란이 본격적으로 나타나는 것은 신라 하대가
처음이다. 이미 헌덕왕 때 김헌창에 이어 그의 아들 범문이 반란을 일
으키자 고달산의 산적 수신이 100여 명과 함께 적극적으로 가담하는
등 농민 반란이 지방에서 확산되고 있었다. 이러한 상황은 신라를 걷잡
을 수 없는 혼란으로 몰고 갔다.

농민 반란이 전국적으로 확대된 것은 진성 여왕(재위 887~897) 때였
다. 상류층의 지나친 사치와 진성 여왕의 정치적 무능이 겹치면서 사회
곳곳에서 불만의 목소리가 터져 나왔다. 경주 거리에 '남무망국南無亡國
찰니나제刹尼那帝'로 시작하는 주문 글귀가 뿌려질 정도였다. 주문에서
찰니나제는 여왕을 가리키는데, 진성 여왕과 신라가 제발 망하기를 비
는 내용을 '나무아미타불'의 형식을 빌려 표현한 것이다.

세력화하는 지방 호족

진성 여왕 때의 농민 반란
진성 여왕 때의 농민 반란 세
력으로는 경상도 상주에서 봉
기한 원종과 애노, 경주 근처
까지 출현한 서남 지방의 붉은
바지 도적, 강원과 경기 일대
를 장악한 북원(양주)의 양길,
죽산(안성)의 기훤 등이 있다.

농민 반란이 확대되고 신라 정권이 약화되자 지방에 독자적인 세력이
나타나기 시작했다. 주로 신라의 외곽 지역에 자리 잡은 세력가들은 장
군 또는 성주로 자처하면서 도적을 막는다는 구실로 사병을 거느렸다.
이 지방 호족들 대부분은 그 지역 토착 세력인 촌주 출신이거나 중앙의

왕권 경쟁에서 밀려나 지방으로 낙향한 중앙 귀족 출신이었다. 그 밖에 해상 세력과 지방 군사 세력도 호족 세력을 이루었다. 이들 호족은 자체적으로 세금 징수와 군사 징발까지 함으로써 그 세력을 강화했다. 그들은 광대한 농장 경영을 통해 경제력도 확대했다.

이들의 경제력은 선종 9산●의 성립에 유력한 후원 요인이 되기도 했고, 이를 통해 지방 호족들은 그 지역 종교 활동의 중심적인 역할을 행하기도 했다.

지방에 독립적인 세력을 형성한 호족들은 후삼국 성립 이후 궁예·왕건·견훤의 각기 다른 지지 세력으로 분리되기도 했으나, 대부분이 왕건의 고려를 지지함으로써 후삼국의 통일을 가져오게 했다. 그러나 고려의 통일 이후까지도 그들의 독립적인 위치는 상당 기간 유지되었다.

● 선종 9산
신라 말기, 고려 초기의 사회 변동기에 주관적 사유를 강조한 선종을 퍼뜨리면서 사상계를 주도한 아홉 갈래의 대표적 승려 집단이다.

보림사
선종이 가장 먼저 정착한 가지산파의 근본 도량이다. 전라남도 장흥 소재

문자를 앞세우지 말라

원래 선종은 석가가 영산 설법에서 말없이 꽃을 들자 제자인 가섭이 그 뜻을 알았다는 이심전심以心傳心에서 연유했다고 한다. 선종이 종파로 성립된 것은 시조로 알려진 달마가 650년경 중국에 입국하면서부터고, 우리나라에 들어온 것은 764년 도의가 당에서 법을 받아 가지산迦智山을 개창한 데서 비롯된다.

흔히 선종의 종지宗旨는 불립문자不立文字(문자를 앞세우지 말라), 교외별전敎外別傳(말이나 문자를 쓰지 않고 마음으로 진리를 전한다), 직지인심直指人心(단도직입적으로 자신의 마음을 꿰뚫어 보라), 견성성불見性成佛(중생이 본래 지니고 있는 불성에 눈떠라)의 네 가지로 표현된다. 곧, 인간의 마음이 바로 부처이므로[直指人心] 다른 곳에서 가르침을 구할 것이 아니라[敎外別傳], 석가모니가 몸소 행한 것처럼 참선을 통해[不立文字] 자기 마음속의 부처를 깨닫는 것[見性成佛]이 올바른 수행 방법이라고 했다.

03

발해의 건국과 발전

우리는 발해의 역사를 당연히 우리 민족의 역사로 생각하고 있다. 그러나 중국에서는 발해를 당나라의 지방 국가라고 주장하고, 일본에서도 말갈족의 나라로 보고 있다. 멸망한 지 1,000년이 지난 지금까지도 발해의 호적 정리가 명확하지 못한 셈이다.

그렇다면 우리 민족은 발해를 어떻게 보아 왔는가? 발해는 역사 기록을 남기지 않았다. 우리나라 최초의 역사책인《삼국사기》에서도 발해에 관한 기록은 찾아볼 수 없다. 발해의 역사를 우리 민족사로 되찾으려는 노력은 조선 후기 실학자들로부터 비롯되었다. 안정복·유득공·김정호 등의 실학자들은 '남북국'이라는 이름으로 발해를 새롭게 인식했고, 이 같은 생각은 구한말의 민족 사학자인 단재 신채호의 '양국 시대'로 계승되었다.

우리 학자와 외국 학자들의 이러한 시각 차이는 그들이 근거로 삼은 사료가 서로 다른 데 있다. 발해의 건국자인 대조영을 고구려인으로 보는 사료와 말갈인으로 보는 사료 중 어느 쪽을 선택하느냐에 따라 그 주장을 달

구당서와 신당서
발해의 대조영을 고구려인으로 본 사서는 《구당서舊唐書》, 말갈인으로 본 사서는 《신당서新唐書》다.

리하고 있는 셈이다.

그러나 현재까지 남아 있는 발해에 관한 제한된 양의 사료만 가지고는 이 문제를 명확하게 해결하기 쉽지 않다. 그 때문에 발해의 문화적 혈통이 어느 민족과 관련되어 있는가를 밝히는 작업이 매우 중요하다. 그런 점에서 최근의 발해 유적 발굴에서 속속 나타나고 있는 발해 속의 고구려 문화● 전통이 보여 주는 의미는 상당히 크다.

대조영의 등장

나라 잃은 고구려 백성에게 고난이 닥쳤다. 고구려를 멸망(668)시킨 당은 이듬해 고구려 백성을 랴오시 지방으로 강제 이주시켰다. 고구려 백성들의 생활 터전을 빼앗아 멀고 낯선 땅으로 이주시킴으로써 그들의 세력을 약화시키려는 의도에서였다. 따라서 그곳에서의 생활은 고난의 세월이었다.

당시 당은 측천무후(624~705)●라고 하는 보기 드문 여인의 시대였다. 중국의 정치가 한 여인의 간교한 술책으로 어지러웠기 때문에, 지방에 대한 감시가 소홀했던 것은 당연했다.

고구려의 옛 장군인 걸걸중상과 그 아들 조영이 나타난 것은 바로 이때였다. 그들은 걸사비우라는 말갈 장수와 합세해 반란을 확대했다. 측천무후의 회유도 거절하고 당의 토벌군과 맞선 고구려인들은 용맹하게 싸웠다. 그러나 말갈족● 동맹자인 걸사비우를 잃고 패배했다.

걸걸중상은 남은 무리를 이끌고 새로운 근거지를 찾아 랴오허 강을 건너 동쪽으로 이동했다. 이는 후퇴의 길이었지만, 한편으로는 고향을 향해 가는 길이기도 했다. 이때부터 고구려인들과 당의 토벌군 사이에는 후퇴와 추격을 거듭하는 기나긴 싸움이 계속되었다. 이 과정에서 걸걸중상은 세상을 떠났고, 고구려 부흥이라는 그의 굳은 뜻은 아들 조영에게로 이어졌다.

● 발해 속의 고구려 문화
발해의 5경 제도는 고구려의 5부제에 기초한 것이며, 상경 궁전터에서 발견한 온돌 장치와 굴식 돌방무덤, 그리고 절터에서 발견한 불상, 기와 무늬 등은 웅대한 기백이 넘치는 고구려적 선을 보여 준다.

● 측천무후
당나라 태종의 후궁이었지만, 빼어난 미모로 전례 없이 태종의 아들인 고종의 후궁이 된 후, 황후 자리까지 차지했다. 뒷날 자기 아들 예종에게서 황제의 자리를 빼앗아 주周를 건국하고 중국 유일의 여황제로 즉위했다.

● 말갈족
6~7세기경 만주 북동부에서 한반도 북부에 거주한 민족. 주나라 때에는 숙신, 한나라 때에는 읍루로 불렸고, 송나라 때에는 여진으로 불렸다. 일반적으로 만주족을 이른다.

고구려인과 말갈인들이 승기를 잡고 전세를 역전시킨 것은 천문령 전투에서였다. 역습에 나선 조영은 천문령의 험준한 산세를 이용해 마침내 당의 기병 부대를 격파했다. 다른 민족의 지배에서 벗어나, 랴오시로부터 동쪽으로의 기나긴 후퇴 과정과 끊임없는 근거지 이동의 어려움을 딛고 얻은, 실로 값진 승리였다. 당을 물리친 조영은 다시는 당이 쳐들어오지 못하도록 험준한 산악 지대인 동모산 근처에 도읍을 정하고 진震을 세웠다(698). 이곳은 뒷날 중경 현덕부가 된다. 조영은 자신의 성을 '대'로 정하고, 보하이 만(발해만)까지 뻗어 가는 나라라는 뜻에서 국호를 '발해'로 고쳤다.

고구려를 되찾은 해동성국

발해가 만주를 무대로 크게 발전할 수 있었던 데에는 건국 초기 랴오시 지방을 차지한 돌궐*의 덕이 컸다. 당과 발해 사이에 돌궐이 끼어들었기 때문에, 당으로부터의 직접적인 압력에서 벗어나 비교적 순탄하게 만주 경영에 나설 수 있었던 것이다.

당의 입장에서는 만주의 새로운 강자로 등장한 발해를 현실적으로 인정할 수밖에 없었다. 8세기 초반, 측천무후의 뒤를 이은 당의 중종은 드디어 발해에 화해 요청을 하기에 이르렀다.

그러나 당의 발해에 대한 정책은 진정한 화친이 아니었다. 직접적인 마찰은 피하면서 발해의 지배하에 있던 말갈족을 교묘히 조종하는 분열 정책이었다. 당은 쑹화 강 및 헤이룽 강에 살고 있던 흑수부 말갈*과 내통하고 있었던 것이다. 이러한 당의 분열 정책에 정면으로 맞선 이가 발해의 2대 왕인 무왕(재위 719~737)이었다. 무왕은 대장군 장문휴를 앞세워 당을 공격했다(732). 수군과 함께 바다를 건너 공격한 발해 군사들은 기습적으로 당의 산둥 반도를 점령하고 지방관을 살해했다. 당의 현종 때였다.

●돌궐
6세기 중엽부터 약 2,000년 동안 몽골 고원을 중심으로 활약한 튀르크 민족. 돌궐은 튀르크의 음을 따서 한자화한 말이다. 동족 간의 다툼으로 583년 분열하여 동돌궐은 몽골 고원을, 서돌궐은 중앙아시아를 지배했다.

●흑수부 말갈
발해에 대항한 말갈의 일파로 쑹화 강과 헤이룽 강 하류 지역에 근거지를 두었고, 발해 멸망 이후 거란에 복속되어 여진이라 불렸으며, 그 후 생여진生女眞과 숙여진熟女眞으로 나뉘었다가 생여진이 금金을 건국했다.

전성기 발해의 영토
9세기 무렵 발해의 영역은 현재 한국의 북구와 중국의 동북 지방, 러시아의 연해주에 걸쳐 있었다. 발해는 전국을 5경 15부로 나누어 다스렸는데, 5경은 정치·군사적 요충지였으며 15부는 지방 행정의 중심지였다.

헤이룽 강

송화 강

당

발해

▲동모산

상경 용천부 ⊙

⊙동경 용원부

중경 현덕부 ⊙

라오허 강

서경 압록부 ⊙

▲백두산

압록강

남경 남해부 ⊙

신라

동해

황해

금성(경주) ⊙

⊙ 발해의 5경

이처럼 긴박하게 전개된 8세기 전반의 동북아시아 정세는 한편으로는 치열한 외교전의 시대이기도 했다. 흑수부 말갈을 앞세운 분열책이 효과를 거두지 못하자, 당의 현종은 이번에는 신라를 이용하는 술책을 폈고, 발해는 일본과의 화친 정책으로 이에 맞섰다.

이 같은 당과 발해의 갈등 관계는 결국 발해가 산둥 공격을 중지하면서부터 풀리기 시작해, 3대 문왕(737~793) 이후에는 친선 관계를 맺을 수 있었다. 당과의 친선이 이루어지자 발해와 신라 사이에도 관계 개선을 위한 노력이 있었다. 《삼국유사》에 보이는 "신라 천정군에서 발해 추성부에 이르기까지 도합 39개의 역이 있다."라는 신라도*에 대한 기록은 이를 잘 말해 준다.

　건국 초기부터 긴장을 증대시켜 온 당과의 외교적 갈등이 해결됨으로써, 발해는 안으로 문물제도의 정비에 힘썼다. 이러한 노력을 토대로 9세기 진반 선왕(재위 818~830) 때에는, 랴오둥의 일부를 제외한 옛 고구려 영역마저 대부분 회복함으로써 '해동성국'의 전성기를 누리게 되었다.

어처구니없는 멸망

9세기 후반 이후, 발해는 지배층인 고구려인과 피지배층인 말갈족 사이의 종족 갈등을 심각하게 겪으면서 국력이 급속도로 약화되었다. 반면 당의 멸망(907) 후, 발해 서쪽의 거란족은 급속히 강성해졌다.

　거란* 시조 야율아보기(예리아포치)는 중국 침략에 앞서 발해를 공격할 생각을 갖고 있었다. 그는 자신의 친척인 할저를 본국에서 큰 죄를 지은 것처럼 꾸며 발해에 거짓 망명시켰다. 이후 거란은 할저를 통해 발해의 내부 사정을 속속들이 알 수 있었다.

　925년 12월, 야율아보기는 드디어 발해 공격에 나섰다. 3일 만에 전략 요충지인 부여성을 함락하고 파죽지세로 만주 동부를 향해 군사를 몰아 발해 수도인 상경 용천부를 포위했다. 발해의 마지막 왕 애왕(재위 906~926)은 거란의 엄청난 군사력에 놀란 나머지 싸울 엄두도 내지 못한 채 항복하고 말았다. 애왕이 항복한 후에도 홀한성 내의 발해인들은 최후까지 거란 침략군에 맞섰으나 역부족이었다. 결국 발해는 거란의 침략을 받은 지 한 달도 안 되어 멸망하고 말았다(926).

　발해의 멸망에 관해서는 자세한 기록이 전하지 않는 까닭에 이와 같은 어처구니없는 멸망의 원인이 어디에 있는지는 정확히 밝혀져 있지

● 신라도
조공도·거란도·일본도와 함께 발해의 대외 교통로로 신라도가 있었는데, 발해 수도 상경을 출발하여 동경과 남경을 거쳐 동해안을 따라 신라로 가던 길이다.

● 거란
퉁구스족과 몽골족의 혼혈족으로 5세기 이래 랴오허 강 상류 유역에서 거주. 916년 야율아보기가 통합해 황제를 칭하고 거란을 건국했다.

백두산 화산 폭발과 발해 멸망
최근 1,000년 동안 지구 상의 가장 큰 화산 폭발이 백두산 화산 폭발이었고, 그 시기가 10세기 전반이었다는 사실에 주목해 화산 폭발이 발해에 끼친 영향이 적지 않았을 것으로 보는 학자들이 있다. 이들은 화산 폭발이 발해가 멸망한 주요 원인이라고 주장하기도 한다.

않다. 다만 거란인들의 기록에 "우리 시조(야율아보기)는 발해의 국내가 서로 뜻이 맞지 않는 틈을 타서 싸우지도 않고 이겼다."라고 한 것으로 보아 발해 내부의 종족 갈등이 그 원인이 되었으리라 짐작할 뿐이다.

발해사를 규명하는 공주의 무덤

발해는 무덤 주인공에 따라 무덤의 규모, 축조 방식과 매장 방법이 달랐다. 그것은 제3대 문왕의 두 딸 정혜 공주와 정효 공주의 무덤에서 잘 드러난다. 정혜 공주의 묘는 돌방무덤으로 고구려 전통을 보여 주고 있으나, 정효 공주 묘는 벽돌무덤으로 당의 문화 요소가 강하다.

정혜 공주 묘에서는 돌사자와 함께 비석이 나왔다. 이 비석은 700여 자에 달하는 비문이 있어 발해 역사를 밝히는 데 중요한 자료로, 정혜 공주 묘가 있는 지역이 발해 초기 도읍지인 동모산 지역이라는 것 등을 보여 주고 있다. 비문은 질서 정연하게 칸을 친 다음에 해서로 새겼다. 또한 비문의 둘레에는 당초무늬를 두르고 비문 위 부분에는 구름무늬를 새겼다. 비석의 각선 무늬는 고구려 무덤 벽화에서 볼 수 있는 장식 무늬와 거의 비슷하다.

정혜 공주 묘에서 드러난 두 개의 돌사자는 조각술의 한 면을 보여 준다. 돌사자들은 앞발을 버티고 돌바닥 위에 앉아 있는 모습을 형상화한 것이다. 그 가운데 하나는 높이가 51센티미터로 머리를 쳐들고 입을 벌린 채 앞을 바라보고 있는데, 돌사자의 억센 목덜미와 앞으로 불쑥 내민 가슴이 힘 있어 보인다.

정혜 공주 묘 돌사자

04

불교 미술로서의 탑

우리나라 고대 문화재 가운데 불상과 함께 주류를 이루는 것이 탑이다. 오늘날 남아 있는 옛 탑은 약 1,500여 기에 이르며, 국보와 보물의 상당수를 탑이 차지하고 있다.

불교가 국교가 된 이후 우리나라에는 많은 탑이 세워지기 시작했다. 중국 인들은 백제를 가리켜 '절과 탑이 매우 많은 나라'라고 했으며, 《삼국유사》 에는 경주에 대하여 "절은 밤하늘의 별처럼 널려 있고, 탑은 기러기 행렬 처럼 줄지어 있다."라고 묘사하고 있다.

탑은 부처의 무덤

● 사리
사리는 원래 석가모니의 유골
을 뜻한다. 지금은 의미가 좀
더 확장되어 승려가 입적한
후 화장을 했을 때 나온 유골
중 구슬 모양의 것도 사리라
고 한다.

부처가 열반했을 때, 부처의 시신을 화장하고 남은 유골을 사리●라고 하며, 사리를 안치한 곳이 탑이다. 탑은 본디 석가모니의 사리를 묻고 그 위에 돌이나 흙을 높이 쌓은 무덤이었는데 후에 건축물의 형태로 발 전했다.

마우리아 왕조의 아소카 왕(재위 기원전 268~기원전 232)은 불교 전파를 위해 인도 전역에 8만여 기의 탑을 세웠다 한다. 그 후 불교가 여러 나라로 전파되면서 각지에 탑이 세워졌다. 그러나 사리의 수는 한정되어 있어서 건립되는 모든 탑에 부처의 사리를 넣을 수 없었다. 그리하여 나중에는 금·은·옥 또는 깨끗한 모래알 등으로 대신하거나, 불경·작은 탑 등 부처를 상징하는 다른 유품을 넣었다. 앞의 부처의 사리를 진신 사리라 하고, 뒤의 것을 법신 사리라고 한다.

탑은 부처의 사리를 안치한, 즉 부처가 영원히 쉬고 있는 집이다. 그러므로 탑에 대한 예배는 불상에 대한 예배와 마찬가지로 부처에 대한 예배의 의미를 갖고 있다. 불교에서는 절을 건립하는 목적을 탑과 불상을 봉안하고 예배를 하기 위해서라고 한다. 즉 불교에서 신앙의 대상 중 하나가 탑이기 때문에 탑은 절의 중심부에 세우는 것이 원칙이다.

탑은 불교에서는 신앙의 대상이지만 역사에서는 중요한 고대 예술품의 하나다. 따라서 탑을 고찰할 때는 그것에 깃든 의미와 상징성을 살펴보아야 하고, 그것을 전제로 탑의 건축적인 예술성을 찾아보아야 한다.

대개 탑의 예술성을 고찰할 때 두 가지 측면을 고려한다. 그 하나는 안정감이고 또 하나는 상승감이다. 이 두 가지 요소를 모두 갖추고 상하좌우가 잘 조화된 균형미를 형성한 대표적인 탑으로는 석가탑(불국사 3층 석탑)을 들 수 있다.

탑의 의미
탑은 종교적으로는 예배의 대상이지만 역사적으로는 고대 예술품의 하나다. 탑의 예술성을 고찰할 때는 안정감과 상승감의 조화를 살펴보아야 한다.

탑의 층수는 탑신의 개수

탑의 외형은 크게 위로부터 상륜부·탑신부·기단부로 나뉜다. 상륜부는 탑, 즉 부처가 머물러 있는 집에 대한 장식적인 의미를 갖는다. 특히 보개와 같은 부분은 왕이 행차할 때에 쓰는 일산을 표현한 것으로서 부처의 고귀함을 상징하는 것이다. 우리나라

내 안에 부처님 사리 있다.

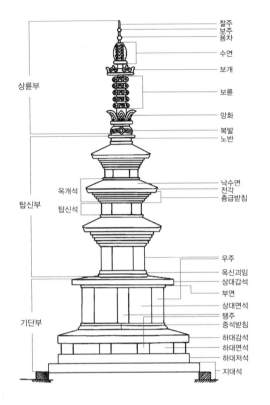

상륜부
- 찰주
- 보주
- 용차
- 수연
- 보개
- 보륜
- 앙화
- 복발
- 노반

탑신부
- 옥개석
- 탑신석
- 낙수면
- 전각
- 층급받침

기단부
- 우주
- 옥신괴임
- 상대갑석
- 부연
- 상대면석
- 탱주
- 중석받침
- 하대갑석
- 하대면석
- 하대저석
- 지대석

탑의 세부 명칭
탑신이나 지붕돌의 개수로 탑의 층수를 알 수 있다.

탑의 층수
우리나라의 탑의 층수는 모두 홀수다. 그러나 고려 후기 원의 영향으로 세워진 개성 경천사지 10층 석탑과 그것을 모방한 조선 시대의 원각사지 10층 석탑은 예외적으로 층수가 짝수다.

탑의 상륜부는 그 모양을 보면 전체적으로는 인도의 봉분형 탑을 간략히 공예화해 놓은 것임을 한눈에 알 수 있다.

탑신은 부처가 머무는 방이다. 즉 사리 공(사리 구멍)을 파고 사리를 안치하는 곳이 탑신이다. 대개는 1층 또는 2층 탑신의 윗부분에 사리 공을 판다. 목탑은 석탑과 달리 목탑의 중앙 기둥이 놓이는 초석에 사리 공을 파고 사리를 안치한 다음 그 위에 기둥을 세운다. 탑신은 초기의 큰 탑은 돌을 판자 모양으로 깎아 잇대어 만들었으나, 탑의 규모가 작아지면서부터는 탑신을 하나의 돌로 만들었다. 탑의 층수는 탑신의 개수를 세어 보면 알 수 있다.

탑신을 덮고 있는 것을 지붕돌(옥개석)이라 하는데, 말 그대로 지붕 모양을 하고 있다. 탑신을 정확히 구분해 내기 힘든 경우에는, 이 지붕돌을 세어 보면 층수가 확실해진다. 지붕돌의 처마 부분은 층급 받침(옥개 받침)이라고 해서 계단 모양으로 되어 있는데 이것은 전탑(벽돌 탑)을 쌓을 때 생기는 처마 모양에서 유래한 것이다. 신라 전성기의 석탑은 층급 받침이 5단으로 되어 있지만, 신라 말 이후 고려 시대에는 4단, 3단으로 줄어든다. 그래서 탑이 어느 시대에 만들어진 것인지 판단하는 중요한 근거가 된다.

기단부는 집을 지을 때 땅을 다지고 축대를 쌓는 것처럼, 탑의 받침에 해당하는 부분이다. 초기에는 기단을 단층으로 만들었으나 삼국 통일 후에는 대개 두 층으로 만들었다. 기단부에는 집의 기둥 모양을 양각(돌을새김)으로 새겨 놓았다. 바깥쪽 모서리의 기둥을 귀기둥(우주)이라고 하고, 안쪽 기둥을 버팀기둥(탱주)이라고 한다. 버팀기둥의 숫자

는 대개 2개였으나, 신라 말 이후 고려 시대에는 1개로 줄어드는데 이
것 역시 탑이 언제 만들어졌는지 알 수 있는 중요한 근거이다.

삼국 시대의 탑

본래 인도의 탑은 반구형의 무덤 모양을 하고 있었다. 이것이 중국으로
전해져 중국식으로 변한 고층 누가의 형태를 띠게 되었고, 이 양식을
따라 삼국도 고층 누각 모양의 목탑을 만들었다. 그러나 삼국 시대의
목탑은 현재 1기도 전하지 않는다.

삼국 시대의 대표적인 목탑으로는 황룡사 9층 목탑이 있었다. 신라
의 자장이 삼국 통일이라는 염원 아래 백제의 공장工匠 아비지를 초청
해 건립한 이 탑은 선덕 여왕 때 완성되었다. 그 높이만 225자(약 80미
터)나 되었다고 하는 이 거대한 탑은 13세기 몽골의 침략으로 불에 타
고 말았다. 근대 이전에 지어져 현재 남아 있는 목탑으로는 조선 시대
에 만든 법주사 팔상전이 유일하다. 이 탑을 통해 과거 목탑의 윤곽
을 짐작해 볼 수 있을 따름이다.

나무로 만든 탑은 수명이 짧을 수밖에 없다. 그래서 중국에서는

우리나라의 목탑
현존하는 우리나라의 목탑은
모두 3기다. 조선 시대에 건립
한 것으로는 법주사 팔상전이
있고, 비교적 최근에 세운 것
으로는 화순 쌍봉사 3층 목탑
과 진천 보탑사 3층 목탑이 있
다. 법주사 팔상전과 화순 쌍
봉사 3층 목탑은 1층만을 법
당으로 사용하여 위층으로 올
라갈 수 없는 구조다. 그러나
보탑사의 목탑은 내부의 계단
을 통해 3층까지 올라갈 수 있
다. 신라의 황룡사 9층 목탑도
위층으로 올라갈 수 있었다고
한다.

몇 층짜리
석탑을 지을까나~

익산 미륵사지 석탑
목탑이 석탑으로 바뀌는 과정
에서 처음으로 만들어진 탑이
다. 전체적으로 목탑의 건축 기
법이 그대로 드러나고 있다. 왼
쪽의 서탑은 현재 해체되어 복
원 중이며, 오른쪽의 동탑은 최
근에 새로 세운 것이다. 전라북
도 익산 소재

주로 벽돌을 탑의 재료로 이용했다. 우리나라에서는 곳곳에 널려 있는 질이 좋은 화강암을 이용해 탑의 새로운 변화를 시도해 석탑이 등장하기 시작했다.

삼국 시대 후반, 백제에서 만든 최초의 석탑이 익산 미륵사지 석탑이다. 익산 미륵사지 석탑은 본래 9층이었을 것으로 짐작되나 6층만 남아 있다. 이 탑은 재질이 돌이기는 하지만, 목탑의 건축 기법을 그대로 따른 탑이다. 따라서 이전의 목탑 모습을 추측할 수 있는 중요한 자료가 된다. 이 탑은 2013년 현재, 해체·복원 중에 있다.

또 하나의 백제 석탑으로는 부여 정림사지 5층 석탑이 있다. 탑의 재료가 돌로 바뀐 후 목탑 모양을 그대로 유지하면서 만든 것이 익산 미륵사지 석탑이라면, 부여 정림사지 5층 석탑은 돌의 특성을 살려 대폭 간소화·형식화한 것이다. 즉 목탑을 맹목적으로 모방한 것이 아니라 창의적인 조형을 하고 있다. 이 탑은 백제 멸망 이후, 백제 지역에서 세워지는 석탑의 원형이 되었다.

부여 정림사지 5층 석탑
목탑 양식이 남아 있으나 돌의 특성을 살린 아름다운 탑이다. 충청남도 부여 소재

신라 석탑은 경주 분황사 모전석탑에서부터 시작되었다. 신라에서 석탑의 발생 과정은 백제와는 달리 전탑의 모방에서 출발했다. 경주 분황사 석탑은 벽돌로 만든 탑처럼 생각하기 쉬우나, 사실은 벽돌이 아니라 안산암을 벽돌 모양으로 다듬어 탑을 세운 것이다.

우리나라 탑의 모델 석가탑

신라가 삼국을 통일한 후 세운 석탑으로는 경주 감은사지 3층 석탑과 경주 고선사지 3층 석탑이 있다. 이 석탑들은 통일 직후 신라의 자신감과 힘, 기상을 느낄 수 있는 거대한 탑으로 기단부와 탑신, 상륜부 등 이후에 세워진 우리나라 석탑 양식의 표본이 되고 있다.

이후 신라의 석탑은 두 석탑을 본받으면서도 차츰 그 규모

가 작아지는 경향을 보인다. 그리하여 100여 년이 지난 8세기 중엽, 신라 문화의 전성기에 만들어진 것으로 경주 불국사 3층 석탑(석가탑)이 있다. 무영탑의 전설*을 간직한 이 탑은 석탑의 아름다움을 마음껏 구가해 정점을 이룬 탑이다. 또한 안정감과 상승감을 모두 갖추어 상하좌우가 잘 조화된 균형미를 보여 주는 대표적인 탑이다. 석가탑은 우리나라 탑의 전형이며, 이후에 만들어진 3층 석탑의 대부분은 석가탑을 모방해 제작했다고 해도 과언이 아니다.

한편 이때부터 다양한 형태를 가진 이형 석탑이 나타난다. 이형 석탑이란 석탑의 보편적인 양식을 취한 전형적인 석탑과는 달리 특이한 모양을 한 석탑을 말한다. 경주 불국사 다보탑이나 구례 화엄사 4사자 3층 석탑과 같은 전혀 다른 모양의 탑에서부터, 탑신에 화려한 장식을 새긴 탑 등이 있다. 탑신에 사천왕상 등 수호신상을 새겨 장식한 이유는 부처를, 즉 진리의 세계를 수호하고자 하는 뜻이다.

● 무영탑의 전설
백제에서 석공인 남편 아사달을 찾아온 아사녀는 석가탑이 완성되면 영지(경주시 외동읍에 있는 못)에 그림자가 비칠 것이라는 말만 믿고 영지 주변에서 그림자가 비치길 기다리다 못에 빠져 죽었다는 내용이다. 그림자[影]가 비치지 않았다[無] 하여 무영탑이라 했다고 한다.

경주 분황사 석탑
통일 전 신라의 원효가 당나라 유학을 포기하고 집필에 몰두하던 곳이 분황사이다. 탑은 9층(추정)이던 본래 모습을 잃었지만 탑의 곳곳에 원효의 숨결이 남아 있다. 경상북도 경주 구황동 소재

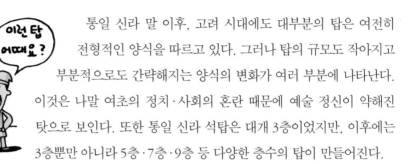

이런 탑 어때요?

통일 신라 말 이후, 고려 시대에도 대부분의 탑은 여전히 전형적인 양식을 따르고 있다. 그러나 탑의 규모도 작아지고 부분적으로도 간략해지는 양식의 변화가 여러 부분에 나타난다. 이것은 나말 여초의 정치·사회의 혼란 때문에 예술 정신이 약해진 탓으로 보인다. 또한 통일 신라 석탑은 대개 3층이었지만, 이후에는 3층뿐만 아니라 5층·7층·9층 등 다양한 층수의 탑이 만들어진다.

고려 시대에는 지방적인 특색이 되살아나 제 나름의 개성을 갖춘 탑들을 많이 만들었다. 옛 고구려 지역에서는 고구려 계통의 6각 또는 8각으로 된 다층탑이 많이 건립되었다. 옛 백제 지역에서는 부여 정림사지 5층 석탑을 모형으로 한 백제계 석탑이 만들어지기도 했다. 익산 왕궁리 5층 석탑이나 부여 장하리 3층 석탑은 한눈에 백제계 양식이라는 것을 알 수 있다. 그리고 몽골 간섭 이후에는 개성 경천사지 10층 석탑과 같은 라마 양식의 영향을 받은 탑도 등장한다.

경주 불국사 3층 석탑(석가탑)
우리나라 석탑의 모델이라고 할 수 있는 가장 완벽한 석탑이다. 경상북도 경주 불국사 소재

탑의 **이름**은 어떻게 붙이는가?

탑의 이름은 원칙적으로 지역 명칭과 절 이름·층수·재료를 순서대로 붙여서 부른다
(예, 경주 불국사 3층 석탑). 절 이름을 알 수 없는 경우에는 절 이름을 생략하고 자세한 지
명을 앞에 붙여서 표현한다(예, 중원 탑평리 7층 석탑). 그리고 절이 현재 남아 있지 않고
절터만 있는 경우에는 절 이름 뒤에 지(터)를 붙여서 말한다(예, 부여 정림사지 5층 석탑).
탑이 파손되어 층수를 알 수 없는 경우에는 생략한다(예, 익산 미륵사지 석탑). 그리고 특
이한 모양으로 된 탑의 경우 그 모양을 이름에 넣는 경우도 있다(예, 구례 화엄사 4사자 3층
석탑).

그리고 탑을 만든 재료가 돌이면 석탑, 벽돌이면 전탑, 나무면 목탑, 그리고 돌을 벽돌
모양으로 만들거나 또는 전탑의 양식을 따를 경우에는 모전탑이라고 한다.

중원 탑평리 7층 석탑

구례 화엄사 4사자 3층 석탑

05
고대의 과학 기술

삼국의 국가 체제가 정비되면서 과학과 기술은 일찍부터 발달한 농업과 수공업에 기초해 발전했다. 삼국 중에서는 고구려와 백제의 과학 기술이 신라보다 상대적으로 앞서 있었다. 삼국 간의 과학 기술 교류도 많아서 백제의 기술자들이 신라의 과학 기술 발전에 기여하는 예도 많았다.

통일 신라 시대에는 귀족 사회의 안정, 불교문화의 융성, 활발한 해외교류에 힘입어 과학 기술은 더욱 발전했다. 지금까지 전해지는 기록과 유물을 통해 당시의 과학 기술 수준이 상당한 정도였음을 확인할 수 있다.

일식은 하늘의 경고

근대 이전의 사회를 이끈 주요 산업은 농업이다. 따라서 농업은 국가적으로 장려되었으며, 농업과 밀접한 관계가 있는 천문·기상·역법 등에 대한 관심은 매우 컸다. 천문 지식은 농사짓는 데도 긴요한 것이었지만 정치적인 성격도 띠고 있었다. 즉 당시에는 자연을 움직이는 것은 하늘이었고 하늘이 정치 이념의 중심이었다. 따라서 일식·혜성·지진 등과 같은 천체 현상은 국가적으로 흉한 일의 징조로 받아들여졌다. 왕은 이런 일을 하늘로부터의 경고로 생각하기까지 했다.

　이러한 배경 아래 기상 및 천체 관측은 국가적인 사업으로 이루어졌다. 그리하여 국가에서는 담당 관청이나 관리를 두어 관측을 게을리하지 않았다.

　백제에서는 천문학을 담당하는 누각박사(시간 측정 전문가), 역박사(역법 전문가), 일관(천체 기상 관측자) 등의 기술관을 두었다. 신라에서는 세계 최초의 천문대라 할 수 있는 첨성대를 만들어 천체 관측에 활용했다. 첨성대가 실제로 천문을 관측하는 곳이었는지에 대해서는 의견이 분분하지만, 첨성대 자체는 많은 천문학적·수학적 원리를 내포하

밤에 본 첨성대
첨성대가 관측을 위한 장소인지에 대해서는 논란이 많으나 다양한 천문학적 원리가 담겨 있다. 경상북도 경주 인왕동 소재

고 있다.

첨성대를 쌓은 돌의 수는 모두 362개로 1년의 날 수와 거의 같다. 원주형으로 쌓은 석단은 27단인데 맨 위의 우물 정# 자 모양의 돌까지 따지면 모두 28단으로 기본 별자리 28수를 상징한다. 석단 중간의 네모난 창 아래위 12단은 12달, 24절기를 의미하고 맨 위의 정자석은 신라 자오선의 표준이 되었으며, 각 면은 정확히 동서남북의 방위를 가리킨다. 또한 석단 중간의 창문은 정남을 향하고 있다. 춘분과 추분 때는 광선이 창문을 통해 첨성대 밑바닥까지 완전히 비추고, 하지와 동지 때는 완전히 사라져 춘하추동을 나누는 분점의 역할을 했다.

이렇게 다양한 과학적 원리를 담고 있는 첨성대는 그 자체가 관측대건 아니건 간에 천문학 시설의 일부였음에는 틀림이 없다. 삼국 통일이후에도 첨성대는 계속 운영되었으며, 시간 측정을 위한 누각전에는 관리들이 배치되었다.

그런 노력의 결과, 삼국 시대부터 통일 신라 시대 이후까지 여러 가지 이상 기후와 천문 현상이 《삼국사기》와 《삼국유사》에 기록되어 있다. 이상 기후로는 가뭄·홍수·폭풍·우박·서리 등의 기록이 있고, 일식·혜성·유성 등과 같은 천체 현상에 대한 기록도 있다. 심지어는 태양의 흑점 변화에 대한 기록까지 있다. 《삼국사기》만을 분석해 보면 삼국 시대부터 통일 신라 시대까지 일식이 67회, 혜성 관찰이 60회, 지진이 117회가 기록되어 있다.

고구려 벽화에 자주 등장하는 별자리 그림을 통해서 보면, 삼국 시대의 천문 관측은 단순한 관측의 수준을 넘어서 일정한 이론이나 방법을 가지고 있었던 것으로 보인다.

통일 신라 시기에는 관측 기술이 더욱 발전해서 기상이나 천문 관측 내용이 날짜와 시간까지 기록되어 있다. 또한 관측체의 크기, 변화 과정, 색깔에 이르기까지 상세하게 기록한 것들이 많다. 게다가 큰 지진에 대해서도 자세히 기록하고 있는데, 혜공왕 15년(779)에는 경주에서 집이 무너지고 100여 명이 죽는 큰 지진이 있었다고 한다.

기하학 원리의 활용

삼국 시대부터 이미 산학박사나 산박사 등을 두어 수학을 교육시키고, 또 그것을 응용하는 전문가가 있었다. 당시의 수학 수준이 어느 정도인지 자세히 알 수는 없으나, 사원의 평면 구성이나 석탑 등의 비례 구성은 분석 결과 모두 정밀한 수학적 지식이 응용되었음이 확인되었다. 성의 축조나 왕릉의 축조 역시 수학 지식 없이는 어려운 일이다.

탑 중심의 사찰이었던 고구려 금강사의 평면 구성을 살펴보면, 금강사는 일정한 크기 기준, 즉 중앙에 위치한 탑의 한 변의 길이에 따라 건물이 배치되어 있다. 탑에서 문까지의 거리, 동쪽 서쪽 건물까지의 거리, 금당 앞 계단까지의 거리가 모두 탑의 한 변의 길이와 같다. 탑은 그 기단이 70자를 직경으로 하는 원에 외접하는 팔각형으로 만들어졌다. 금당의 평면은 $1:\sqrt{2}$ 의 비례, 강당의 평면은 $1:1.6$의 황금 비례*에 따르고 있다.

석가탑은 1 · 2 · 3층 탑신의 너비는 4:3:2의 비율로 되어 있으나 탑신의 높이는 4:2:2의 비율로 되어 있다. 이것은 아래쪽에서 바라보는 사람의 시선까지 고려한 것으로, 이러한 치밀한 계산의 결과가 탑의 완벽한 균형미를 낳은 것이다.

수학적 계산과 당시의 과학 기술을 집약해 놓은 건축물이 다보탑과 석굴암이다. 다보탑의 폭 비율은 아래쪽에서부터 8:4:2:1의 비례를 이루고 있다. 또 정삼각형 · 정사각형 · 정팔각형 등 다양한 도형의 원리가 응용되었다. 이같이 전체가 수학에 기초해 균형이 잡힌 대표적인 건축물이 다보탑이다. 그 결과, 기록에 나오는 수차례의 지진에도 불구하고, 오늘날까지 원래 모습을 그대로 유지하고 있다. 삼각형 · 사각형 ·

● 황금 비례
눈으로 보고 시각적으로 아름다움을 느끼는 최적의 비례로, 그리스 기하학에서 시작되어 지금도 세계 여러 나라의 예술품에 많이 적용되고 있다.

고대의 수학
고대에는 수학 지식이 건축 등에 다양하게 응용되었다. 따라서 기하학이 특히 발달했으며, 원주율의 값, 다면체의 부피 계산, 피타고라스 정리, 수열 등의 수학 지식을 다양하게 활용하고 있었다.

팔각형·원 등 기하학의 원리를 이용한 건축 기술은 고대의 유적에서 흔히 찾아볼 수 있는 보편적 방법이다.

석굴암에도 평면 기하학과 입체 기하학의 지식들이 다양하게 적용되었다. 한 변의 길이가 1인 정사각형과 그 대각선의 길이인 $\sqrt{2}$ 의 응용, 정삼각형 높이의 응용, 원에 내접하는 육각형과 팔각형 등의 비례 구성 등 다양한 수학 지식이 총동원되고 있다. 여러 차례에 걸쳐 보수해 놓은 오늘날에는 오히려 기계 장치를 통해 내부의 습도와 온도를 조절해 주어야 할 정도이니, 당시의 과학 기술 수준을 짐작할 만하다.

석굴암의 기하학적 구도를 통해 석굴암의 수학적 기법을 밝혀낸 어떤 학자는 "신라인들은 원주율 파이의 값을 3.141592······보다도 훨씬 더 높은 정확도로 알고 있었을 것"이라고 했다. 여러 건축물들을 분석해 볼 때 통일 신라 시대에는 제곱근이나 세제곱근 구하기라든지, 다면체의 부피 계산, 피타고라스 정리, 등차수열과 등비수열의 활용 등 다양한 수학 지식을 활용한 것으로 보인다.

불가사의한 금속 가공 기술

삼국 시대 이후, 과학·수학의 발전과 함께 일반 기술 분야에서도 금속 가공 기술이 특히 발전했다.

철의 제련, 금은의 세공 및 도금과 같은 기술은 현재 남아 있는 유물을 통해 직접 확인할 수 있다. 신라의 금관이나 금장식품, 백제의 칠지도와 금동 대향로 같은 것은 특히 높은 수준의 기술을 보여 주고 있다. 금장식품을 만드는 기술을 보면 금·은·동판을 늘려서 두께 0.3밀리미터까지 가공하고 실을 뽑을 수 있을 정도였다. 그런가 하면 불상이나 범종과 같은 대규모의 주조물을 만드는 기술은 오늘날에도 풀기 어려운 숙제들을 담고 있다.

현재 우리나라에 남아있는 종들 가운데 가장 큰 성덕 대왕 신종(봉덕

백제 금동 대향로
1993년 부여 능산리에서 출토된 이 향로는 중국 향로의 형식을 따랐으나, 조형성이나 회화적인 구도는 중국을 뛰어넘는다. 예술적 감각과 독창성을 발휘한 대표적인 백제의 공예품이다. 국립 김해 박물관 소장

성덕 대왕 신종
맑은 소리로 유명한 이 종의 주조 기술은 지금도 풀 수 없는 불가사의한 점이 많다. 국립 경주 박물관 소장

사종)은 혜공왕 7년(771)에 완성되었다. 높이가 3.75미터, 입 지름이 2.27미터, 둘레가 7미터, 무게가 18.9톤이나 되는 이 거대한 종은 에밀레종이라는 별칭을 가지고 있다. 한 어린아이를 희생시켜 민들었다는 전설을 가진 이 종은 그 소리의 여운이 '에밀레'와 같다 하여 그런 별칭을 얻었다.

이 종을 만드는 데는 구리가 약 12만 근이나 들어갔다.

이 엄청난 양의 구리를 녹여 주조하는 과정에서 공기가 빠져나가지 못하면 기포가 생기기 마련인데, 이 종에는 기포가 거의 없음이 감마선 촬영 결과 확인되었다. 그 때문에 장중하고도 맑은 소리가 나는데, 오늘날의 주조 기술로도 풀 수 없는 과제라고 한다.

더구나 약 19톤에 달하는 이 종을 걸기 위한 쇠막대의 지름이 8.5센티미터밖에 되지 않는다. 현재의 과학 기술로도 19톤의 무게를 버티기 위해서는 최소한 지름 15센티미터 이상의 쇠막대가 필요하다고 하니, 당시의 주조 기술 수준은 오늘날을 능가했다고까지 할 수 있다.

한편 이보다 앞서 만들어진 황룡사의 종은 성덕 대왕 신종의 4배나 되었다고 하며, 분황사의 약사여래상은 3배 정도 되었다고 한다. 이렇게 큰 종이나 불상을 어떠한 과정을 거쳐 만들었으며 어떻게 도금했는지, 그 기술적인 측면에 대해서는 구체적인 기록이 없어서 알 수 없으니 신비스럽다고 할 수밖에 없다.

소리를 듣는 자는 복을 받으리라

성덕 대왕 신종은 경덕왕이 부왕인 성덕왕의 명복을 빌기 위해 만들기 시작했는데, 이 종이 에밀레종으로 불리게 된 것은 애절한 사연 때문이라 한다.

경덕왕이 종을 만들기 위한 성금을 모으기 위해 전국에 시주 중을 내보냈다. 그런데 어느 아낙네가 어린애를 안고 "우리 집엔 시주할 것이라고는 이 애밖에 없는데요."라며 스님을 놀렸다는 것이다. 종 만들기가 여러 번 실패를 거듭하자 점을 쳐 보니, 부정을 씻는 희생이 있어야 한다는 것이었다. 여러 갈래로 부정을 추정한 결과 그 아낙네 탓으로 단정되었다는 것이다.

결국 아이는 쇳물과 함께 녹게 되었고 종은 완성되었다. 그런데 종소리에 '에밀레' 하는 소리가 섞여 울렸다. 그 뜻은 '에밀레라', 즉 '에미 탓으로'라는 뜻이다.

어린아이가 정말로 희생되었는지에 대해서는 지금도 의견이 분분하다. 희생됐다고 보는 쪽은 사람의 뼈 속에 있는 인 성분이 합금 과정에서 신묘한 작용을 했다고 믿는다. 반대하는 쪽은 단지 전설일 뿐이라며 말도 안 되는 이야기라고 한다. 또 불교를 공격하려는 의도에서 만든 허구라는 주장도 있다.

어쨌든 에밀레종의 표면에는 다음과 같은 글귀가 쓰여 있다.

"보는 자는 신기함을 느낄 것이요, 소리를 듣는 자는 복을 받으리라."

06

고대인의 사랑과 결혼

예나 지금이나 남성과 여성은 상호 불가분의 관계를 가지면서 더불어 사회를 형성하고 있다. 그렇지만 남녀 간의 관계는 시대에 따라 변했다. 우리 역사에서 유교 사상이 지배하던 조선 시대는 여성에게 최악의 시대였다. 남녀 관계도 '남녀칠세부동석'이란 표현에서 알 수 있듯이 엄격했다.

물론 유교 사상이 뿌리내리기 전에는 상황이 전혀 달랐을 테지만 구체적인 내용을 알기는 어렵다. 다만 《삼국유사》나 《삼국사기》 등에 전해 내려오는 이야기를 통해 단편적으로나마 당시 남녀 간의 관계를 짐작해 볼 수 있다.

눈짓으로 꾀어 이룬 사랑

신라 여성들은 매년 봄꽃이 필 무렵이면 청산 계곡 맑은 물가에서 야유회를 가졌다. 길쌈 대회가 끝나면 으레 음주와 놀이가 뒤따랐다. 귀족 사회에서는 여성이 승마하는 풍속도 있었으며 이별할 때는 손을 흔들었다고 한다. 이처럼 신라 여성들의 생활은 자유로웠다. 따라서 남녀 간의 관계에 있어서도 자유연애라고 할 수 있는 사랑을 나눈 경우가 많았다.

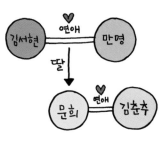

자유연애 가계도

남녀 두 사람이 정식적인 절차를 거치지 않고 정을 통한 후 결혼하는 경우를 《삼국사기》에서는 '야합'이라고 기록했다. 유교 윤리가 뿌리내리기 전이니만큼 야합은 별로 죄악시되지 않았다. 야합의 예로는 김유신(595~673)의 부모인 서현과 만명 부인, 김유신의 누이동생과 김춘추(무열왕, 재위 654~661), 강수와 그의 아내 등 여러 경우를 들수 있다.

가야계 귀족 출신인 김서현은 길에서 우연히 신라 귀족의 딸인 만명을 만났는데, 몹시 마음에 들어 그녀를 눈짓으로 꾀었다 한다. 그리하여 중매를 넣기도 전에 관계를 가졌다. 여자 집에서는 결혼을 반대해 만명을 가두었으나 만명은 도망쳐 지방 태수로 부임하던 서현을 따라가 살았다. 그리하여 김유신을 낳게 되었다. 눈짓으로 꾀고, 반해 사랑하고, 관계를 가졌음은 야합이었다.

김유신은 김춘추와 집 앞에서 공을 차다가 일부러 김춘추의 옷자락을 밟아 옷끈을 떼어 집으로 유인했다. 김유신은 동생 보희에게 옷을 꿰매게 했으나 거절하자 둘째 동생 문희에게 옷을 꿰매게 했다. 김춘추는 문희에 반해 곧 관계하고 자주 밀회하게 되었다. 그 결과, 문희는 임신을 하게 되었고 우여곡절 끝에 결혼을 하게 되었다. 김유신의 의도적인 행위도 있었지만 두 사람이 이내 반해 관계하고 아이를 갖게 되었다는 것은 두 남녀의 관계가 야합으로 시작되었음을 의미한다.

한편 김유신이 젊었을 때 기생 천관녀를 사랑한 경우도 야합으로 보인다. 비록 부모의 반대로 두 사람은 사랑의 결실을 맺지 못하고 천관녀는 자살하고 말았지만, 김유신의 집안은 가히 신라 자유연애의 선두 주자였다고 할 수 있다.

삼국 시대의 남녀 관계
조선 시대 이후 유교 윤리가 뿌리내리기 전까지는 남녀 간의 관계가 그다지 엄격하지 않았다. 여성의 생활도 비교적 자유로웠으며 자유연애라고 볼 수 있는 기록도 많은 편이다.

● 강수
신라의 유학자이자 문장가이
다. 무열왕 즉위 당시 당나라
의 사신이 가져온 어려운 내
용의 외교 문서를 왕 앞에서
막힘없이 풀이함으로써 그 학
식을 인정받았다. 뛰어난 문
장력으로 당나라 황제에게 보
내는 답서를 작성하고, 그 뒤
무열왕이 당나라에 구원병을
요청할 때도 외교 문서를 작
성했다고 한다.

김유신 탄생지
지금의 충청북도 진천으로 김
서현이 길가에서 눈짓으로 꾄
만명과 함께 살면서 김유신을
낳은 곳이다. 뒤쪽 산은 김유신
의 태를 묻은 태실이 있다고 해
서 태령산으로 불린다.

또한 대문장가인 강수(?~692)*와 대장장이의 딸과의 만남 역시 야합이었다. 강수의 나이 20세 때 숨겨 놓은 여자가 있었으나, 강수의 부모는 중매를 통해 양갓집 처녀와 결혼시키려 했다. 강수는 완강히 거부하고 미천한 신분이지만 사랑하는 여자와 결혼했다. 강수의 자유연애가 승리한 것이다.

평민인 설씨녀와 청년 가실의 사랑 역시 자유연애에 의한 것이다. 설씨녀와 가실은 결혼을 약속했으나 가실은 3년간 군대에 가게 되었다. 그들은 거울을 깨뜨려 한 쪽씩 나누어 증표로 삼았다. 그러나 전쟁이 길어져 6년이 지나도록 가실은 돌아오지 못했다. 설씨녀의 아버지는 시집갈 것을 강권해 신랑이 될 사람을 집으로 데리고 왔다. 설씨녀는 도망하려 했으나 뜻을 이루지 못했다. 그때 가실이 돌아와 둘은 결혼해 잘 살았다고 한다. 애절한 사랑의 승리였다.

기록에 의하면, 고구려에서의 결혼은 서로 좋아하는 사람을 취해서 한다고 했을 만큼 삼국 시대를 거쳐 통일 신라 시대에도 당사자 간의 자유연애에 의한 결혼이 널리 행해진 것 같다.

신분을 뛰어넘은 사랑

여성들의 활동이 비교적 자유롭고 자유연애가 가능했던 시절인 만큼, 신분의 차이를 뛰어넘는 사랑, 또는 짝사랑의 이야기도 몇 가지 전한다.

대표적인 짝사랑의 설화로는 선덕 여왕을 사랑한 지귀의 슬픈 이야기가 있다. 선덕 여왕은 여근곡에서 겨울에 개구리가 운다는 말을 듣고 "개구리는 병사의 모습을 하고 있어서 적군이 쳐들어온 줄 알겠으나, 여근에 들어간 남근이야 죽게 마련이니 염려 없다." 할 정도로 개방적인 성격이었다.

천한 역졸이었던 지귀는 아름다운 선덕 여왕을 흠모해 눈물 흘리며 야위어 갔다. 여왕이 온다는 말을 듣고 탑 아래서 기다리다 잠이 들었다. 여왕은 팔찌를 빼서 지귀의 가슴에 얹어 놓았다. 잠을 깬 지귀는 그만 불귀신이 되고 말았으나, 왕이 명해 지은 주문을 붙이고 불을 끌 수 있었다고 한다. 이룰 수 없는 사랑이었지만 여왕도 그를 느꼈음인지 아름답고 애절한 이야기로 남아 있다.

그런가 하면 신분 차이를 뛰어넘어 사랑이 이루어진 설화도 전한다. 앞서 살핀 강수도 미천한 신분의 여성과 사랑을 이루었듯이, 바보 온달과 평강 공주의 이야기도 널리 알려져 있다. 한편 백제에서 마를 기르며 살았던 천한 신분의 서동은 신라 진평왕의 딸 선화 공주를 차지했다.

서동은 선화 공주님이 남몰래 밤마다 서동의 방을 찾아간다는 내용의 노래를 아이들에게 부르게 했다. 결국 궁궐에서 쫓겨난 선화 공주를 길에서 만나 관계한 뒤 같이 살게 된다는 이야기다. 후에 서동은 백제의 무왕(재위 600~641)이 되었다는 것으로 결말지어지지만 어디까지나 설화일 뿐 사실로 보기는 어렵다. 그러나 마음에 둔 여자와 결혼하기 위해 이 같은 노래를 지어 퍼뜨리는 풍속이 실제 있었을지도 모른다. 아니면 백성들의 신분 상승에 대한 희망이 이런 노래로 만들어졌을 것이다.

● 원효
구법을 위해 당나라로 가는 도
중 잠결에 해골에 괸 물을 마
시고는 '모든 사물과 법은 마
음에서 난다'는 깨달음을 얻고
되돌아왔다. 경주 거리에서
"누가 자루 없는 도끼를 내게
주겠느냐. 내, 하늘을 받칠 기
둥을 깎으리로다."라고 노래
해 무열왕이 이를 듣고 홀로
된 요석 공주와 짝을 지어 주
어 설총을 낳았다.

고구려에서도 산상왕(재위 197~227)이 민간의 처녀를 왕비로 삼았던 일이 있다. 나라에서 키우며 점을 치는 데 쓰던 돼지가 도망을 가서 이를 잡으러 따라가던 산상왕이 마을 처녀와 눈이 맞아 두 사람의 관계가 이루어졌다고 한다.

승려 신분의 원효●가 남편과 사별을 한 과부 공주와 사랑을 나눈 경우도 특이하다. 무열왕의 의도에 따른 것이기는 하지만, 하천에 빠져 옷을 말린다는 구실로 궁궐로 들어간 원효는 사흘간 머물다 떠나갔다. 그 뒤 요석 공주는 설총을 낳았다. 사흘이라는 짧은 기간의 사랑이 설총이라는 뛰어난 학자를 배출한 계기가 되었던 것이다.

죽음을 두려워하지 않고 사랑을 지킨 숭고한 경우도 많았다. 백제의 개로왕(재위 455~475)은 도미 부인의 아름다움에 반해 자신의 욕망을 채우려고 도미 부인 남편의 눈까지 뽑아 버렸다. 그런 극한 상황에서도 도미 부인은 생리 중임을 구실로 위기를 벗어났다. 그 후 남편을 다시 만나 고구려 땅에 가서 살게 되었다는 이 설화는 숭고한 사랑의 이야기로 남아 있다. 또한 신라 진지왕 때의 미인 도화랑의 이야기도 진지왕의 요구를 목숨을 걸고 거부했던 경우다.

문란했던 진성 여왕

오늘날의 상식으로는 도저히 이해하기 어려운 남녀 관계나 욕정에 눈이 어두워 부정으로 얼룩진 경우도 여럿 전하고 있다.

문무왕의 배다른 아우 거득공이 왕의 밀지를 받고 전국을 밀행하다가 고을 관리인 안길의 집에 머물게 되었다. 안길은 자기의 처첩 세 명을 불러, 거득공을 모시고 자는 사람은 죽을 때까지 자기와 살게 하겠다고 했다. 두 아내는 거절했으나 한 아내는 응했다고 하는데, 전혀 없는 일을 꾸며 낸 것이라고 할 수는 없다. 원시적인 유습이 남아 있었던 것으로 보이지만, 어쨌든 현재의 통념으로 보면 납득하기 어려운 경우다.

부정한 남녀 관계의 표본이라고 할 수 있는 간통과 같은 행위도 기록에 전하고 있는데, 대표적인 경우는 〈처용가〉*를 통해 확인할 수 있다.

"서울 달 밝은 밤에 밤늦게까지 노닐다가, 들어와 자리를 보니 다리가 넷이로구나. 둘은 내 것인데 둘은 누구의 것인고. 본디 내 것인데 빼앗긴 것을 어찌하겠는가."

이 노래처럼 처용은 자기 아내가 외간 남자와 부정한 행위를 하고 있는 현장을 목격하고도 체념하고 그냥 나가 버린다. 간단히 체념했다는 것을 통해 당시의 분위기를 어느 정도 짐작할 수 있다. 뒤에 상대가 귀신으로 밝혀지고 사과를 받기는 했지만, 나중에 처용이 아내와 같이 살았는지 이혼을 했는지는 알 수 없다.

그런가 하면 진성 여왕은 선덕 여왕이나 진덕 여왕이 쌓아 올린 여왕의 덕망을 떨어뜨린 장본인이다. 향가집 《삼대목》의 편찬자인 위홍은 바로 진성 여왕 유모의 남편이었으나, 여왕의 정부가 되었다. 게다가 그가 죽자 혜성 대왕으로 추존했다 하니 거의 공개적이었음을 알 수 있다. 이후에도 진성 여왕은 공공연히 미남자 두세 명을 궁중으로 끌어들여 음란한 생활을 했다. 또한 그들에게 요직을 맡겨 국정까지 문란해졌다. 가히 부정한 남녀 관계의 표본이라고 할 수 있다.

허례허식이 없었던 결혼 절차

결혼이라고 하는 절차를 거쳐 부부가 한 가정을 이루게 된 것도 국가 발생 이후의 일이다. 고조선에서는 '백성에게 결혼 풍속을 가르쳤다'고 하며, 진한에서는 '혼인을 예로써 했다'고 하는 데 그 구체적인 절차나 과정은 전하지 않는다.

그 내용이 구체적으로 알려진 것은 초기 고구려의 경우이다. 고구려에서는 먼저 말로써 가문끼리 약혼을 했다. 약혼이 이루어지면 여자 집

● 〈처용가〉
자신의 아내가 외간 남자(역신)와 밤에 몰래 동침한 것을 본 처용이 체념하고 노래(〈처용가〉)를 부르고 춤을 추면서 물러 나가자, 역신은 크게 감복하여 사과하고 처용의 모습을 그린 부적을 붙인 문 안에는 들지 않겠다고 했다. 이때부터 처용의 형상을 문에 붙여 나쁜 귀신을 물리치고 복을 맞아들이는 풍습이 생겼다고 한다.

에서는 집 뒤편에 작은 집(서옥)을 짓고 기다린다. 신랑은 해가 지고 난 뒤에 신부 집 문 앞에 가서 자기 이름을 말하고 꿇어 엎드리며 재워 줄 것을 세 번 거듭해 청한다. 신부의 부모가 이를 승낙하고, 그 서옥에서 신랑 신부는 첫날밤을 치른다. 신랑은 처가에 돈과 옷감을 바치고 그 집에 머물러 살다가 자식을 낳아 성장하면 아내를 데리고 자기 집으로 돌아갔다고 한다. 이러한 초기 고구려의 결혼 풍습을 서옥제(일종의 데 릴사위제)라고 한다.

옥저에서는 여자가 10세가 되면 약혼을 하고, 약혼 후에는 남자 집 에서 데려가 길러서 며느리로 삼았다. 성인이 되면 여자는 자기 집으로 돌아갔는데 남자 집에서 물품으로 대가를 치르면 다시 시집으로 와 살 았다. 이러한 옥저의 혼인 풍속을 민며느리제라고 한다.

삼국이 정립된 이후 국가의 체제가 정비되어 가면서 혼인 풍속도 바 뀌어 간다.

고구려에 대한 기록에는 "남녀가 좋아지면 곧 맺어질 수 있었으며, 남자 집에서는 돼지고기와 술을 보낼 뿐이었다."라는 것이 있다. 이것 으로 보아 혼인 당사자의 의사를 충분히 존중했음이 틀림없다. 이것은 남녀의 접촉이 비교적 자유로웠으며 까다로운 격식이 강요되지 않았음 을 의미한다. 또 예물을 갖추어 물건을 주고받는 것과 같은 허례허식이 없었다. 다만 고기와 술을 보내어 결혼을 축하하는 것으로 그쳤다. 만 일 재물을 받는 자가 있으면 여자를 종으로 파는 것이라 하여 큰 수치 로 여겼다 한다.

이러한 점은 백제나 신라의 경우도 마찬가지였다. 혼례는 다만 음식 을 차리고 즐기는 것일 뿐이었다.

《삼국유사》에는 이런 기록도

제22대 지철로왕의 성은 김씨요, 이름은 지대로 또는 지도로요, 시호는 지증이니 시호가 이때부터 시작되었다. 또 우리말로 왕을 불러 마립간이라고 하기는 이 임금 때부터 시작되었으니(《삼국사기》에는 눌지왕 때부터 마립간으로 불렀다고 기록되어 있다), 왕은 영원 2년 경진년(북위 효문제의 연호, 500년)에 즉위했다.

왕의 음경 길이가 1척 5촌이나 되어[王陰長一尺五寸] 좋은 배필을 얻을 수 없어, 사람을 세 방면으로 보내어 배필을 구했다. 사명을 맡은 자가 모량부의 동로수 나무 아래까지 가서 보니, 개 두 마리가 북만 한 큰 똥 덩어리를 물었는데, 두 끝을 서로 다투어 가면서 깨물고 있었다. 동네 사람에게 물어보니 웬 소녀가 나와서 "이 마을 재상 댁 따님이 여기 와서 빨래를 하다가 숲 속에 들어가 숨어서 눈 똥입니다."라고 말했다. 그의 집을 찾아가 알아보니 여자의 키가 7척 5촌이나 되었다. 이 사실을 자세히 왕에게 아뢰었더니 왕이 수레를 보내어 궁중으로 맞아들여 왕후로 봉하니 여러 신하들이 모두 치하했다."

—《삼국유사》 권1 지철로왕 중에서

왕(제35대 경덕왕)의 음경 길이가 8촌으로[王玉莖長八寸] 아들이 없으므로 왕비를 폐하여 사량 부인으로 봉했다. 다음 왕비는 만월 부인이니 시호는 경수 태후요, 의충 각간의 딸이다.

—《삼국유사》 권2 경덕왕·충담 스님·표훈 스님 중에서

4부

고려 시대

01

고려의 건국

신라의 쇠락 이후, 견훤과 궁예는 각각 후백제와 후고구려를 세웠다. 이로써 후삼국 시대가 도래했다. 후삼국 시대는 왕건이 고려를 세우면서 후백제와 고려의 대결 구도로 압축되었고, 결국 고려에 의해 통일되었다.

고려에 의한 후삼국의 통일은 신라의 삼국 통일과는 또 다른 의미를 지닌다. 신라의 통일은 발해의 등장으로 인해 곧 남북국의 새로운 분열로 이어졌으나, 고려의 후삼국 통일은 멸망한 발해의 유민까지 흡수함으로써 좀 더 명실상부한 통일의 의미를 갖추었다고 할 수 있다.

견훤이 세운 후백제

견훤은 본래 상주 가은현의 농민 출신이었다. 장성한 후 신라의 군대에 들어가 서남 해안 지역에 배치되었는데, 이것은 장보고 이후 다시 나타난 해적들을 막기 위해서였다. 진성 여왕 대에 신라 전역이 내란에 빠지자, 견훤은 기회를 잡아 신라에 반기를 들었다. 지방에 대한 신라의 지배력이 약화된 상황에서 견훤은 큰 저항 없이 무진주(광주)와 완산주(전주)를 점령했다.

이 지역은 옛 백제의 터전이었다. 더구나 신라 지배층의 사치와 향락은 이 지역 백성의 마음을 신라로부터 떠나게 한 지 이미 오래였다. 견훤은 이들의 마음을 읽고 완산주에 도읍을 정해 후백제를 세웠다(900).

군사 경험이 풍부한 견훤은 막강한 군사력으로 신라를 압박했다. 또한 당의 과거에 합격했던 최승우 같은 6두품 인물을 등용해 국가 조직의 정비에도 힘썼다. 이러한 노력으로 후백제의 영역은 오늘날의 전라남도·전라북도·충청남도, 그리고 경상도 서부 지역까지 아우르는 강한 세력으로 자랄 수 있었다.

견훤은 본래 신라의 신하였다. 그가 스스로 왕이 되었으면서도 공공연히 왕이라 일컫지 않았던 것은 그 때문이었다. 그렇기 때문에 그가

견훤과 미륵 신앙
신라 말부터 옛 백제 땅에서는 완산주 벽골 출신 승려 진표가 중심이 되어 미륵 신앙이 부흥했는데, 신라의 지배 아래에서 억압받던 민중들의 열렬한 지지를 받았다. 진표에 의해 중창된 절이 금산사였고, 견훤은 미륵불을 모신 이 금산사를 자신의 원찰로 삼아 자주 왕래했다고 한다. 견훤 스스로 미륵임을 자처한 것은 아니지만, 후백제의 건국 이념의 뿌리가 미륵 사상이었음을 짐작할 수 있다.

견훤의 묘
견훤릉이라고도 하며 견훤의 무덤으로 전해지고 있다. 충청남도 논산 소재

궁예 미륵
궁예는 비록 쫓겨났으나 민간
에서는 신앙의 대상이 되기도
했다. 경기도 안성 소재

취한 정책도 보수적일 수밖에 없었다. 관부 및 관등 조직과 관련해 신라의 제도를 답습한 데서도 짐작할 수 있듯 그는 현실적인 개혁 의지가 약했다. 그러면서도 신라를 공격하고 신라인들의 이념적 상징이었던 경애왕을 죽게 하는 등 신라인의 원성을 사서, 결과적으로 후삼국 통일의 주인공이 되는 데 실패했다.

궁예가 세운 후고구려

태봉의 관제
태봉은 국사를 총괄하는 광평성을 비롯해 병부·수춘부(예부)·의형대(형부) 등을 설치했다. 이 기관들로 국사를 분장시켰고, 관등은 정광·원보·대상·원윤·좌윤 등 9관등을 두었다. 이러한 관제는 호족 세력을 기반으로 성립된 것으로 신라의 관제인 17관등과는 다른 성격을 지니며 훗날 고려의 초기 제도에 영향을 주었다.

궁예는 신라 왕족 출신이었으나, 불길한 날에 태어났다고 하여 지방으로 쫓겨난 인물이었다. 어려서 영월의 세달사에 들어가 승려가 되었다가 진성 여왕 대의 혼란기에 절을 떠나 다시 북원(원주)의 양길에게 간 후 그의 부하로 활동했다. 양길의 군사를 거느리게 된 궁예는 영월·평창·정선·명주(강릉)를 정복하고, 다시 태백산맥을 넘어 영서 지방의 인제·화천·김화·철원까지 차례로 차지했다. 이 과정에서 궁예가 거느린 군사의 수는 날로 불어났다. 농민 반란군과 각 지방의 호족들이 합세했기 때문이다.

송악(개성)의 왕릉과 왕건 부자가 귀순해 온 것은 이때였다. 황해도까지 진출해 세력이 커진 궁예는 자신의 주인이었던 양길마저 격파해 충청북도 지역을 장악했다. 신라의 북부 지방을 통합한 궁예는 왕릉의 건의를 받아 송악에 도읍을 정하고 후고구려를 건국했다(901). 후삼국 전체의 3분의 2를 차지한 후삼국 최대의 세력이었다. 궁예는 그 후 도읍을 철원으로 옮기고(905) 국호를 태봉으로 고쳤다.

궁예는 초기에는 병사들과 더불어 생사고락을 같이했지만, 세력을 잡으면서 전제적이고 급진적인 면을 드러내기 시작했다. 그가 설치한 관청의 성격에서도 전제적인 측면을 엿볼 수 있다. 그는 신라를 전면 부정했다. 관청과 관직을 개편했으며 신라를 멸도滅都라 부르고 신라에서 오는 이들을 모두 죽였다. 심지어 영주 부석사에 있는 신라 왕의 초상화를 칼로 치기까지 했다. 아마도 신라 왕실에서 쫓겨난 것에 대한 반감이었던 것 같다.

그는 지나치게 급진적인 정책을 취한 나머지 끝내 왕위에서 내쫓기고 후삼국 통일의 주인공이 되지 못했다. 그러나 신라를 부정하는 그의 급진적 개혁으로 인해 신라의 폐쇄적인 골품 제도가 상당 부분 약화되었다는 점은 주목할 만하다.

나는 너의 마음을 읽을 수 있어! 관심법!

궁예

왕건의 고려 건국

왕건은 송악의 호족 출신이었다. 그의 조상은 해상 활동을 통해 많은 재산을 모았다. 특히 조부인 작제건은 활발한 무역 활동을 통해 등장한 송악의 호족이었다. 또한 근처의 군진 세력인 패강진(예성강 하구 평산), 혈구진(강화)과 관계를 맺어 군사적 기반을 갖추기도 했다.

이런 배경 때문에, 궁예는 귀순해 온 왕건을 우대해 자신의 중심 무대라 할 수 있는 철원의 태수로 임명할 정도였다. 궁예 밑에 들어간 왕

왕건의 나주 점령
왕건은 수군을 거느리고 전라도 나주를 점령했다. 이는 후백제의 배후를 교란하여 군사력을 분산시킴으로써 북쪽으로의 공격력을 약화시켰을 뿐만 아니라, 후백제가 신라를 병합하는 것을 견제하는 효과도 있었다. 또한 해상을 봉쇄함으로써 후백제의 외교 활동도 방해했다.

건은 수군을 이끌고 전남 해안의 금성(나주)을 점령함으로써 후백제의 배후에 교두보를 마련했다. 해상 활동을 해 온 자기 집안의 경험을 충분히 활용한 성과였다. 왕건은 수군 활동을 중심으로 두각을 나타내면서 36세에 수상(시중)의 지위에 오른다.

태봉의 군사적 팽창은 궁예를 자만에 빠뜨렸다. 일찍이 승려로서 활동한 바 있는 궁예는 스스로를 미륵불●이라 자처하고, 자신의 두 아들을 청광 보살, 신광 보살로 불렀다. 후고구려 이후의 국호인 '마진'이나 '태봉'도 불교식으로 붙인 이름이었고, 20여 권의 불경을 직접 쓰기도 했다. 궁예가 이렇듯 미신적인 방법으로 독재를 강화하려 하자 민심은 그에게서 떠났다. 이에 배현경 · 신숭겸 · 복지겸 등이 마침내 궁예를 내쫓고 왕건을 새로운 왕으로 추대했다(918). 왕건은 국호를 고려로 정하고, 수도를 자신의 고향인 송악으로 옮겼다.

태조 왕건 하루 계획표

후삼국의 각축전

고려 건국 이후 태조 왕건(재위 918~943)이 최우선으로 힘을 쏟은 것은 호족 문제였다. 지방 호족들이 누구를 지지하느냐에 따라 후삼국의 운명이 결정된다고 보았기 때문이다. 그래서 태조는 지방 호족들에게 사신을 보내 값진 예물을 선사하기도 했다. 이런 노력의 결과 많은 호족을 자기편으로 삼을 수 있었다.

또한 신라의 진골 중심 정치 체제에 불만을 갖고 있던 6두품 세력도 상당수가 고려에 합류했다. 당의 과거에 합격했던 최언위와, 최은함 · 최승로 부자 등이 그 대표적 인물이다. 이들은 뛰어난 정치 능력과 유교 지식을 통해 고려에 많은 공헌을 하게 된다.

고려의 성립 이후 한동안 후백제와는 큰 충돌이 없었다. 그러나 신라에 대한 두 나라의 정책이 대립하면서 마침내 전면전에 돌입했다. 견훤은 신라를 정복한 후 왕건과 겨루려 했고, 왕건은 신라와 손을 잡고 견훤에 맞서려 했기 때문이다.

　927년, 견훤이 기습적으로 신라를 공격해 경애왕을 죽이자 왕건은 직접 군사를 지휘해 후백제를 쳤다. 전쟁터는 주로 경상도 지역의 신라 영토였다. 초기 싸움에서는 후백제군이 월등히 강성해 왕건은 몇 차례 죽을 고비마저 넘겼으나, 고창 전투(930)에서 유금필의 활약으로 후백제군을 크게 이김으로써 전세를 역전시켰다. 이로써 고려는 후백제 세력을 경상도에서 내쫓고 신라와의 통로를 안전하게 확보할 수 있었다.

표충단
왕건이 후백제와의 공산 전투에서 위기에 몰렸을 때, 자신의 옷을 대신 입고 싸우다 죽은 신숭겸을 추모하기 위해 지묘사를 지었다고 전한다. 지묘사가 폐사된 후 조선 시대에 사당과 표충단을 다시 세웠다. 대구 지묘동 소재

고려의 값진 재통일

고려의 후삼국 통일은 예기치 않은 곳에서 실마리가 풀렸다. 935년에 후백제의 멸망을 재촉하는 돌발 사태가 벌어졌다. 견훤의 장남 신검이 아버지인 견훤을 금산사에 가두고 동생 금강을 죽인 것이다. 견훤이 넷째 아들인 금강에게 왕위를 물려주고자 했기 때문이다. 견훤은 결국 금산사를 탈출해, 금성을 거쳐 고려에 귀순했다.

개태사 삼존 석불
고려 태조 왕건이 후백제를 무너뜨리고 후삼국을 통일한 것을 기념하기 위해 세운 사찰이 개태사다. 충청남도 논산 소재

같은 해 신라는 고려에 항복했다. 경애왕의 뒤를 이은 경순왕은 난국을 헤쳐 나갈 수 없었다. 경주를 둘러싼 경상도의 거의 전 지역이 이미 왕건의 수중에 들어간 상태에서 국가를 유지한다는 것 자체가 의미 없는 일이었기 때문이다. 1,000년 왕조 신라는 이처럼 허무하게 멸망하고 말았다.

936년, 왕건은 10만 명의 원정군을 편성해 후백제를 공격했다. 이 공격 대열에는 견훤도 포함되었다. 견훤은 결국 자신이 세운 나라를 자신이 공격한 셈이었다. 후백제의 영토로 깊숙이 진격한 고려군은 마침내 황산벌(논산)에서 신검의 항복을 받아 냈다. 이로써 40여 년에 걸친 후삼국 시대는 고려의 통일로 마무리되었다.

통일의 의미를 더욱 새롭게 한 것은 발해의 옛 고구려 백성의 합류였다. 발해의 유민은 멸망 직전인 925년부터 시작해 약 50년간 적게는 10여 호, 많게는 수만 호가 고려로 넘어왔다. 조선 후기의 실학자 유득공이 발해 유민의 고려 이주민 수를 10만여 명으로 추산할 정도로 대규모 이동이었다. 이 같은 발해 유민의 합세는 비록 남북국의 완전한 영토적 통일은 아니었더라도, 분열되었던 민족의 통합이 불완전하게나마 진행되었다는 점에서 그 의의가 크다.

발해 유민의 포섭
발해 유민의 고려 합류는 크게 네 차례 있었다. 첫째는 멸망 전 해의 대규모 정치적 망명, 둘째는 멸망 다음 해 다수의 일반 백성의 합류, 셋째는 발해 후신인 후발해가 열훼(烈)씨의 정안국으로 바뀌는 시점에서 세자 대광현과 수만 명의 백성 합류, 넷째는 거란 극성기에 흥요국의 발해 재건 운동의 실패 이후 또 한 차례의 발해 유민 합류다.

고려 회사
발해인 환영
통일 신라

차전놀이의 유래

경상도 고창(안동) 지방에서 행하는 '동채싸움'은 '차전놀이'라고도 부른다. 이 놀이는 후백제의 견훤과 고려의 왕건 사이의 싸움에서 유래했다고 한다. 견훤이 고창으로 진격했을 때 성주 김선평은 왕건의 편을 들었다. 이때 지렁이가 사람으로 둔갑했다는 견훤의 비밀을 안 고창 사람들은 지렁이가 무서워하는 소금을 낙동강에 풀고 견훤을 강물에 떠밀었다고 한다.

그 후 해마다 고창 사람들이 모여 팔짱을 끼고 상대편의 어깨를 밀어내는 초보적인 동채싸움이 생겨났다. 이것이 이어져 마을의 주요 행사로 자리 잡았다. 보통 추수가 끝난 후 놀이를 벌이곤 했는데, 기구를 제작하면서 오늘날의 차전놀이와 비슷한 형태를 갖췄을 것으로 추정하고 있다. 수백 명이 서로 돌진하고 부딪쳤기 때문에 부상자가 나오기도 했다고 한다. 한 해 농사를 마무리하면서 농민들의 결속을 다지자는 의미도 담겨 있다.

차전놀이
1937년까지 연중행사로서 매년 음력 정월 대보름날 낮에 거행되다가 일제에 의하여 금지되었다. 광복 후 1958년 건국 10주년 기념행사로 공보부가 전국 민속 예술 제전을 개최하면서 부활했고, 1969년에 안동 차전놀이가 중요 무형 문화재 제24호로 지정되었다.

02

귀족 사회의 성립

고려 초기의 정치는 호족 연합 정권 중심이었다. 호족의 협조로 통일을 이룰 수 있었기 때문이다. 따라서 호족들은 통일 후에도 상당한 기간 동안 지방에서 독자적인 세력을 유지할 수 있었다. 이 과정에서 일부 호족은 왕권과 마찰을 일으키기도 했다.

그러나 국왕들의 중앙 집권화 정책은 호족 세력을 자신의 통치 체제로 끌어들여 중앙 관리로 삼는 데 성공했다. 중앙 관리들에게는 정치적·사회적 특권이 주어졌다. 독자적인 세력화를 포기한 대가였다. 특권을 가진 중앙 관리들은 자신의 지위를 자손에게까지 확대시켜 나가면서 귀족으로서의 권리를 누렸다.

고려 전기는 결국 호족 세력을 중앙 귀족으로 재편하는 과정이었다. 이러한 고려 전기의 사회를 흔히 귀족 사회라고 부른다.

귀족제 사회와 관료제 사회
고려와 조선은 귀족제와 관료제의 성격을 모두 갖고 있기는 하다. 하지만 고려는 귀족의 신분 특권을 중시하는 귀족제 사회로, 조선은 과거와 관직을 중심으로 능력을 중시하는 관료제 사회로 규정한다.

● 기인 제도
지방 세력 견제책으로 그들의 자제를 서울에 인질로 둔 제도다. 고려 태조가 지방 호족 포섭을 위해 시행했으나, 당시에는 호족 세력이 강하여 국왕에게만 유리한 제도는 아니었고, 호족도 중앙과 연결하여 기반을 다지는 데 이용했다.

불안한 왕권

통일 후 태조 왕건의 고민은 지방 호족들이었다. 이들은 만만찮은 수의 군사를 거느리고 독자적인 행동을 일삼았다. 호족 억제책의 하나로 시행된 기인 제도●도 사실상 큰 효과가 없었다. 기인 제도를 통해 개경에 볼모로 올라온 기인其人이 군사를 데려와 자신을 지키게 할 정도였기 때문이다.

태조가 풍수지리설과 북진 정책을 내걸며 서경(평양) 개발에 힘쓴 것도 이러한 사정과 관계가 깊다. 당시의 서경은 매우 황폐한 곳이라서 호족들과 전혀 관계없는 땅이었다. 따라서 이곳을 왕실의 직영지로 삼음으로써 호족에 맞서 왕권의 안정을 꾀하려는 복합적인 속셈이 작용했다고 볼 수 있다. 이를 위해 태조는 자신의 사촌 동생인 왕식렴을 서경에 파견했다.

결혼 정책은 또 하나의 호족 회유책이었다. 호족의 딸을 후궁으로 맞아들인 결과, 태조는 6명의 왕비와 23명의 후궁 등 모두 29명의 부인을 거느리게 되었다. 그러나 이들에게서 태어난 왕자만 25명이었다는 사실은 이후의 왕위 계승에 심각한 문제를 예고하고 있었다. 태조 이후의 2대 혜종, 3대 정종, 4대 광종이 모두 태조의 왕자였다는 사실은 이 같은 사정을 잘 보여 준다.

왕위 계승에 개입한 대표적인 사람이 왕규●였다. 왕규는 경기도 광주 출신의 호족으로 일찍이 두 딸을 태조의 제15, 16비로 바쳤던 인물이다. 혜종(재위 943~945)이 2년 만에 계승자를 정하지 않고 죽자, 왕규는 자신의 외손자인 광주원군을 왕위에 세우고자 반란을 준비했다. 그러나 서경의 왕식렴의 군사가 출동해 이를 진압하고 혜종의 이복동생인 정종을 추대했다.

정종(재위 945~949) 때, 서경 천도 계획이 추진되었다. 이것은 계속

● 왕규
경기도 광주의 대호족인 왕규는 자신의 두 딸을 태조에게 바쳤을 뿐만 아니라, 2대 혜종에게도 자신의 딸을 왕비로 들여보내 실권을 장악했다. 두 차례나 혜종을 암살하려 했으나, 이 같은 소행을 잘 알면서도 혜종이 응징하지 못했던 것은 그의 군사력이 왕권을 능가했기 때문이다.

태조의 왕자가 25명이나 되니 나는 누구에게 갈까?

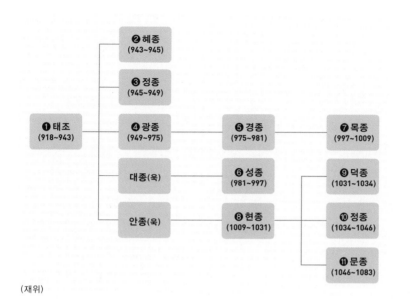

```
❶태조          ❷혜종
(918~943)      (943~945)

              ❸정종
              (945~949)

              ❹광종          ❺경종          ❼목종
              (949~975)      (975~981)      (997~1009)

              대종(욱)        ❻성종          ❾덕종
                            (981~997)      (1031~1034)

              안종(욱)        ❽현종          ❿정종
                            (1009~1031)    (1034~1046)

                                          ⓫문종
                                          (1046~1083)
```

(재위)

되는 왕위에 대한 불안을 떨치기 위해, 정종이 자신의 후원자 왕식렴의 근거지인 서경으로 서울을 옮기고자 했기 때문이었다. 그러나 대궐 공사를 진행하던 왕식렴이 죽고, 이어서 정종도 갑자기 세상을 떠남으로써 이 계획은 중단되고 말았다.

쌍기의 등용

왕권 확립에 강한 집념을 보인 임금은 4대 광종(재위 949~975)이었다. 광종은 즉위 초기에는 호족 출신 세력을 견제하면서 왕위의 기반을 튼튼히 닦았다.

　광종의 정책이 크게 바뀌는 것은 쌍기를 등용한 이후였다. 쌍기는 후주 사람으로 사신을 수행해 고려에 왔다가 광종에게 발탁되어 높은 벼슬을 받고 밤낮으로 광종을 접견했다고 한다.

　이 과정에서 추진된 두 가지 정책이 노비안검법●과 과거 제도였다. 노비 중 본래 양인이었던 자를 조사해 풀어 주도록 한 노비안검법의 실

노비안검법 = 왕권 강화

●노비안검법
안검按檢은 '자세히 조사하여 살핌'이라는 뜻으로, 노비를 살펴 원래 노비가 아니었던 자를 본래의 신분으로 교정하여 준다는 뜻이다.

향직 개편

중앙 집권의 강화와 함께 지방 호족을 국가의 통치 체제로 편입시킨 것이 향리직 수여였다. 지방 호족 세력을 호장·부호장 등으로 편입함으로써 그 세력을 약화시켜 중앙 정부의 통제력을 강화하기 위한 조치였다.

● 전시과

고려 시대에, 벼슬아치나 공신功臣 또는 각 관아에 토지 및 땔나무를 댈 임야를 나누어 주던 제도. 농민에게서 조세를 거둘 수 있는 수조권을 지급했는데, 실제로는 그 관리의 사유지를 전시과로 지정하는 경우가 많았기 때문에 조세를 면제받는 면조권으로 대체되는 경우가 흔했다.

● 시무 28조

최승로가 유교 정치 이념에 입각한 중앙 집권적 귀족 정치의 실현을 위해 올린 개혁안으로 태조에서 경종에 이르는 다섯 왕의 정치를 평가한 후, 그것을 토대로 앞으로 지향할 정책과 군주상에 관해 언급한 내용이다.

시는 호족들에게는 큰 타격을 주었다. 그들의 경제·군사적 기반이 노비였기 때문이다. 과거 제도의 실시 역시 유교적 지식을 갖춘 신진 관리를 등용함으로써 호족 출신 세력들을 정치적으로 약화시키려는 데 그 목적이 있었다.

이러한 정책에 대해 호족들이 반발하자 광종은 단호하게 대처했다. 성종(재위 981~997) 대 최승로가 "이때 살아남은 옛 신하가 겨우 40여 명뿐이었다."라고 한 것으로 보아 광종의 호족 숙청 작업이 얼마나 철저하게 진행되었는가를 잘 알 수 있다. 광종이 논산 관촉사의 미륵불 공사를 시작하게 된 동기도 호족 숙청 과정에서 많은 사람을 죽였기 때문에 이를 속죄하기 위한 것으로 이해하고 있을 정도다.

광종의 왕권 확립 과정을 통해 개국 공신 계열의 호족 세력은 그 힘이 크게 약화될 수밖에 없었다. 결국 왕권을 위협할 수 있는 세력이 제거되었다고 할 수 있다. 이러한 왕권 강화를 바탕으로 광종의 뒤를 이은 경종(재위 975~981년)은 전시과●를 마련할 수 있었다.

귀족 세력의 형성

최승로는 신라 6두품 출신의 유학자였다. 그는 12세 때 아버지 최은함과 함께 고려에 귀순했다. 문장이 뛰어났기 때문에 학문을 통해 정치에 참여했다. 최승로가 크게 활약한 때는 성종 시대였다. 태조 이래 여섯 명의 왕을 모신 바 있는 최승로는 당시 무시하지 못할 힘을 가진 신하였다. 따라서 성종이 즉위하던 해 최승로가 올린 시무 28조● 대부분은 국가 정책의 기본 방향으로 받아들여졌다.

이 시무책에는 그의 유교 정치사상이 강하게 반영되어 있다. 연등회와 팔관회가 백성들에게 주는 폐단을 지적해 축소를 건의한 것은 그것을 잘 말해 준다. 최승로는 또한 외관(지방관)의 파견을 주장해 지방 통치의 필요성을 강조했고, 개국 공신 계열을 대대적으로 숙청한 광종을

논산 관촉사 석조 미륵보살 입상
고려 광종 때 왕명으로 제작된
불상이다. 높이가 약 18미터나
되는 거대한 규모로 강한 힘과
자신감이 느껴진다.

비판하면서 귀족의 권익을 대변하기도 했다. 성종은 이에 따라 중앙 집
권적인 귀족 정치의 골격을 마련할 수 있었다.

최승로의 건의 이듬해, 성종은 12목을 설치하고 지방관을 파견했다.
이것은 그동안 지방에 독자적인 군사력을 갖고 있던 호족들을 중앙 정
부의 통제 아래 두기 시작했음을 의미한다. 이와 함께 지방의 병기를

● 음서제
고려 시대와 조선 시대에 할
아버지나 아버지가 고관이거
나 공훈을 세운 경우, 그 자손
을 과거에 의하지 않고 특별
히 등용하는 제도다. 문음이
라고도 한다. 고려 시대에는 5
품 이상 관리의 자제에게 허
용했으나 조선 시대에는 그
범위가 2품 이상으로 축소되
었다.

● 공음전
고려 시대에, 공신과 5품 이
상의 관리에게 지급한 토지
다. 전시과의 수조권이 1대에
한하는 데 비해 공음전의 수
조권은 자손에게 상속된다는
점에서 귀족의 특권을 보장한
제도였다.

몰수해 농기구를 만듦으로써 호족 세력의 무장을 해제시켰고, 지방 호
족의 일부를 향리로 임명함으로써 그들을 직접 국가 통치 체제 안으로
끌어들이기도 했다.

지방관을 파견하기 위해서는 새로운 관리를 뽑아야 했다. 성종 대 갑
자기 많은 횟수의 과거 시험을 치른 것은 이 때문이었다. 과거 제도가
마련된 광종 대 8회의 과거를 통해 33명의 관리를 채용한 데 비해, 성
종 대에는 14회의 과거를 통해 119명의 관리를 선출했다.

그런데 이 과거 합격자의 상당수는 지방 향리 출신이었다. 호족으로
서의 독립적인 힘을 잃은 이상 중앙 귀족으로 변신하는 편이 자신들에
게 훨씬 유리하다고 판단한 것이다. 이렇게 해서 이들은 자신의 가족을
이끌고 개경으로 상경할 수 있었다. 고려의 중앙 귀족들이 흔히 내세운
본관(인주 이씨, 해주 최씨 등)이란 것은 이러한 사정을 반영하고 있다.
지방 호족 출신이 중앙 귀족이 되는 과정에서 자신의 출신 지방을 나타
낸 것으로 추측할 수 있다.

성종 대 이루어지기 시작한 귀족 세력의 형성은 이후에 마련된 음서
제●와 공음전●에 의해 더욱 강화되었다. 이러한 귀족 사회의 발전은
11세기 중엽 문종(재위 1046~1083) 이후 전성기를 맞이했다.

'본관'은 조상의 출신지

본관本貫은 시조의 출신지를 말하는데, 우리나라의 경우는 성姓의 가짓수가 적어서 성만 가지고는 동종同宗을 구별할 수 없으므로 조상의 출신지인 본관과 성을 함께 붙여서 표시했다.

대체로 고려 시대에 들어와서 군현 제도가 정착되면서 거주와 신분이 결합되는 모습을 보여 주었다. 즉 일반 군현에 사는 사람을 양민이라 하고, 향·부곡·소 등의 주민을 일반 군현에 비해 차별하면서 거주지가 본관의 기원이 되었는데, 이것은 또한 신분을 표시하는 것이기도 했다. 이때의 군현·부곡 등은 모두 혈연적 집단 거주지였으므로 본관이 동종을 표시하는 성과 자연스럽게 연결된 것이다.

당시에는 성이 없는 사람도 본관은 있었으며, 고려 말기에 성이 일반화되면서 본관과 성을 함께 사용하게 되었다. 이와 함께 족보는 대체로 조선 시대에 들어와서 만들어졌으나, 귀족들은 고려 시대에 이미 족보를 만들기도 했다.

03

거란과의 전쟁

고려 시대의 동아시아는 강성한 북방 민족들의 활동이 왕성했다. 10~11세기의 거란, 12세기의 여진, 13세기의 몽골 등 북방의 여러 민족이 세기를 바꾸어 가며 교대로 일어나 중국을 정복해 들어갔다. 이러한 북방 정복 왕조의 시대를 처음으로 연 민족은 거란족이었다. 거란은 중국으로 세력을 넓히면서 고려에도 압박을 가했다. 당시의 고려는 국초의 혼란을 극복하고 국력의 상승기를 맞이한 때였으므로 이에 적극적으로 대처했다. 고려는 신축성 있는 외교 전술을 펼치면서 세 차례에 걸친 거란의 침략을 성공적으로 막아 낼 수 있었다.

거란의 급성장

당의 멸망(907)은 동아시아 일대의 세력 판도를 아주 복잡하게 만들었다. 중국은 5대 10국(907~979)●의 혼란에 빠졌고, 몽골 동남 지역에서는 거란족이 급성장했다. 왕건이 고려를 건국할 무렵, 야율아보기는 종

●5대 10국
당의 멸망부터 송의 통일까지 약 70년에 걸친 분열기. 5대는 화북 지방을 지배한 정통 5개 왕조인데 '후당'처럼 '후後' 자를 앞에 붙여 다른 시기의 왕조와 구별한다. 10국은 강남 일대의 지방 정권 10개국을 일컫는다. 대개 절도사들이 독립한 경우가 많았다.

족을 통일해 거란국을 세우고(916), 중국 침략의 기회를 엿보면서 그 준비 작업으로 발해를 멸망시켰다(926). 거란은 동단국이라는 괴뢰 정부를 세워 발해의 옛 땅을 다스리게 했다. 이어서 거란은 중국이 혼란한 틈을 타서 완리창청(만리장성)을 넘어 중국에까지 그 세력을 뻗쳐 연운 16주●까지 획득했다. 그 후 거란은 국호를 '요(遼)'로 고친다(946).

이 무렵 야율아보기는 새로 건국한 고려에 사신을 보내 화친 교섭을 청했다. 그러나 태조 왕건은 거란이 발해를 멸망시켰다는 이유로 30명의 거란 사신을 유배에 처하고 예물로 보내 온 낙타를 굶겨 죽이는 등 거란과의 적대 관계를 분명히 했다. 태조는 그의 훈요10조●에서도 '거란은 짐승 같은 나라'라고 규정함으로써 거란과의 접촉을 금지시켰다.

동단국을 통한 거란의 만주 지배는 매우 불완전한 것이어서, 만주와 한반도 북부에는 발해의 부흥 세력(정안국, 926~986)●과 여진(말갈)의 세력들이 흩어져 독립적인 활동을 펼치고 있었다. 이러한 상황은 송의 중국 통일(960) 이후 더욱 확대되어 한층 복잡한 국제 정세를 이룬다.

소손녕과 서희

993년, 거란족 소손녕의 군대가 대규모로 고려에 침략해 왔다. 고려 성종 때였다. 고려 조정은 결전을 결의했으나, 사정이 다급해지면 서경이북 땅을 떼어 주기로 작전을 세웠다.

거란은 고려의 항복을 요구하며 청천강 이남으로 진격을 계속했다. 그러나 안융진(청천강 남쪽, 평남 안주)에서 발해 출신 장군인 대도수의 반격을 받아 그 기세가 꺾였다. 거란의 공격이 주춤한 때를 활용해 서희는 소손녕 진영으로 들어가 침략 이유를 추궁했다. 이것이 유명한 서희의 외교 담판이다. 소손녕의 주장은 다음과 같았다.

고려는 신라 땅에서 일어났고, 고구려 땅을 차지한 것은 우리인데 왜 고

● 연운 16주
5대 10국의 혼란기에 거란이 후진에게서 할양받은 완리창청 이남의 베이징[연燕]·다퉁[운雲]을 중심으로 한 16주. 이후 중원 국가, 특히 송과 오랫동안 분쟁의 불씨가 되었다.

● 훈요10조
고려 태조가 자손들에게 남긴 10조의 정치 지침서. 고려의 대업이 부처의 호위와 지덕에 의했다고 해서 불교 숭상과 풍수지리설을 강조했고, 장자 상속을 강조해 정치적 안정을 기하고자 했다.

● 정안국
고려 광종 때, 발해 유민이 압록강 중류 지역에 세운 나라. 송과 친교를 맺어 거란에 맞섰으나 끝내 거란에 멸망당했다.

서희의 묘
소손녕과 담판을 벌여 거란의 침략을 물리친 서희의 무덤으로 부인의 묘와 함께 있다. 경기도 여주 산북면 소재

구려 땅을 넘보는가. 더구나 바다 건너 송을 섬기니 오늘의 군사 행동이 있게 된 것이다. 만일 고려가 땅을 바치고 조공을 보낸다면 무사할 것이다.

이러한 거란의 주장에 대해 서희는 다음과 같이 반박했다.

> 우리나라는 고구려를 계승했으므로 국호가 고려이고, 평양을 서경으로 삼은 것이다. 만일 땅의 경계를 따지자면 당신들의 동경(랴오양)도 우리 영토인데 어찌 우리가 당신들의 땅을 넘본다고 하는가. 압록강 유역의 땅도 본래 우리 영토이나 여진이 몰래 자리를 잡고 간악한 짓을 하고 있으므로 길이 막혀 조공을 바치지 못한 것이다. 만일 지금이라도 여진을 몰아내고 우리의 옛 땅을 다시 찾아 길이 열리게 된다면 어찌 조공을 바치지 않겠는가. 내 말을 귀국 황제께 아뢰도록 하라.
>
> ―《고려사》중에서

거란이 침략하기까지
거란 성종이 어린 나이에 즉위한 틈을 타서 고려와 송은 협공에 합의했으나, 송의 성급한 공격으로 패전했다. 거란은 고려와 송의 연결을 차단하기 위해 고려를 공격하게 된다.

소손녕은 서희와의 담판 이후 거란 성종의 허가를 얻어 군대를 철수시켰다. 고려의 양보가 더는 없으리라는 것을 알았기 때문이다. 거란이

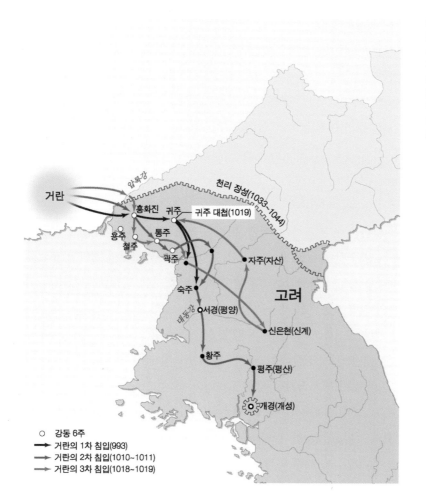

강동 6주와 천리 장성
강동 6주는 거란의 1차 침입 때 서희가 소손녕과 담판한 결과 거란과 수교를 맺는 조건으로 확보한 땅이다. 천리 장성은 강감찬이 거란의 침입을 물리친 뒤 거란족과 여진족의 침입에 대비해 압록강 하구부터 동해안 도련포까지 쌓은 성이다.

물러난 이듬해 고려는 거란에 사신을 보내 거란 연호의 사용을 약속하며 포로 송환을 교섭하는 동시에, 송에도 사신을 보내 거란 공격을 위한 원병을 요청하는 이중 외교를 폈다. 그러나 송이 이를 거절하면서 고려와 송의 외교 통로는 당분간 단절되었다.

거란이 물러난 후, 서희는 압록강 이남의 280리 지역에 성을 쌓고, 여진을 쫓아낸 다음 6주를 설치해 국경 관리를 엄격히 했다. 이를 강동 6주라고 부른다.

거란의 2차 침략

고려에서 목종을 살해하고 현종을 세우는 강조의 쿠데타●가 일어나자,
거란의 성종은 이를 구실 삼아 직접 40만 명의 군사를 이끌고 2차 침략
을 감행했다(1010). 거란은 이에 앞서 송을 공격해 매년 비단 20만 필
과 은 10만 냥을 받기로 약속을 얻어 낸 바 있었다(1004). 이러한 성공
을 바탕으로 거란은 고려를 완전히 굴복시키고자 했다.

그러나 자신감 넘친 거란의 2차 침략은 처음부터 그들의 뜻대로 진
행되지 않았다. 압록강 건너 첫 전투인 흥화진에서 양규가 거란의 대군
을 맞아 성을 지켜 낸 것이다. 따라서 거란은 20만의 군사를 이곳에 잔
류시킬 수밖에 없었다. 거란군은 남쪽으로 진격하면서 침략의 구실을
제공한 강조를 사로잡는 전과를 올리기도 했지만, 통주(평북 동림)와 서
북의 전략 요충지인 서경을 함락하는 데는 실패했다.

게다가 거란의 주력 부대가 개경을 향해 내려간 뒤에, 양규는 평북
지역에서 곽주(곽산)를 탈환하는 등 효과적인 군사 작전을 펼치고 있었
다. 이에 당황한 거란 성종은 고려와의 화의 교섭을 통해 철군을 결정
했다. 그러나 철수하는 길은 매우 어려웠다. 평북 지방의 양규의 군대
가 막고 나선 것이었다. 양규는 10일 동안 7전 7승을 거두며 거란의 주
력 부대를 공격해 큰 타격을 입혔으나 자신도 전사하고 말았다.

이 2차 침략에서 거란군은 스스로 전술의 약점을 노출시켰다. 벌판
의 기병전에는 대단히 뛰어난 거란군도 성을 공격하는 공성전에는 약
하다는 점이었다. 이러한 사실은 거란의 3차 침략에서도 드러났다.

강감찬의 귀주 대첩

동아시아에서 강국의 위치를 확보한 거란은 3차 침략을 시도했다
(1018). 이전부터 소규모 침략을 벌여 온 거란에 맞서 고려가 송의 연호
를 사용하는 등 다시 송과의 외교 관계를 부활시키고 있었기 때문이다.

소배압의 10만 군대를 맞아 압록강 전선에 출동한 강감찬은 다시 홍화진에서 거란군을 크게 무찔렀다. 그러나 거란군은 그대로 개경을 향해 나아갔다. 거란이 뒤를 돌보지 않는다는 약점을 간파한 강감찬은 평안북도 지역에서 거란군의 철수를 기다렸다. 남쪽으로 진격한 거란군은 평양 북쪽의 자산에서 강민첨의 군대에 패배했고, 평양 근처의 마탄에서 다시 조원에게 크게 패함으로써 후퇴할 수밖에 없었다.

귀주 대첩 당시 전란 이후에도 장군의 나이 71세. 그는 변방을 지켰어.

강감찬 장군

강감찬은 후퇴하는 거란군을 귀주(평북 구성)에서 대파했다. 살아서 돌아간 거란 군사가 겨우 수천 명이었다고 전한다. 거란의 왕이 소배압에게 "네가 적을 가벼이 여겨 적진 깊이 들어가 이 지경에 이르렀으니, 네 낯가죽을 벗겨 죽여 버릴 것이다."라며 크게 노할 정도였다. 이를 귀주 대첩이라고 한다.

세 차례에 걸친 거란의 고려 침략은 결국 전쟁의 목적을 이루지 못한 채 끝났다. 거란의 공격을 막아 낸 고려는 이에 따라 거란의 압력에서 완전히 벗어났고, 송과 거란의 양국 연호를 나란히 사용하는 등 실리적인 입장에서 국제 외교를 전개할 수 있었다.

강감찬 동상
강감찬의 탄생지인 서울 관악구 낙성대에 조성된 동상이다.

전쟁을 발전의 계기로

고려 시대의 지방 제도(군현 제도) · 토지 제도(전시과) · 군사 제도 등은 거란과의 전쟁이 일어나기 이전에 정비되기 시작했지만, 30여 년간의 전쟁이 종료된 현종 대에 대부분 확립되었다. 이것은 고려 사회의 역사 발전 과정이 국제 질서의 변동과 밀접한 관련이 있음을 시사한다.

이러한 사실은 고려가 대외 관계의 변동에 일방적 · 타율적으로 이끌려 간 것이 아니라, 국제 질서의 파동을 역사 발전의 계기로 삼아 적극적으로 활용했다고 볼 수 있다.

민중의 염원이 담긴 '매향埋香의례'

전쟁과 같은 고난의 시기에 고려의 힘없는 민중들은 구원의 방법으로 매향을 행했다. 매향은 글자 그대로 향나무를 묻는 것을 말한다. 대체로 계곡물과 바닷물이 만나는 곳에 향나무를 묻는데, 황해안 지역은 개펄이 발달되어 있다. 즉 개펄에 묻은 향나무를 매개로 하여 하생下生한 미륵보살을 만나서 그가 주관하는 용화회龍華會에 참여함으로써 미륵과 함께 도솔천 내원궁內院宮에 들 수 있다는 소망을 표현한 것이다. 맨손이 아닌 침향沈香을 지극정성으로 준비했다가 하생한 미륵을 맞이한다는, 소박하면서도 민중적인 신앙의 모습을 엿볼 수 있다.

04

귀족 사회의 동요

귀족 사회가 붕괴된 것은 무신의 난에 의해서였다. 그러나 귀족 사회는 12세기 전반기에 이미 내부에서부터 무너져 내리고 있었다. 그 과정을 잘 보여 주는 사건이 이자겸의 난과 묘청의 서경 천도 운동이었다.

이런 귀족 사회의 동요는 1세기 이상 권력을 독점해 온 중앙 귀족 세력과 새로이 등장한 지방 신진 세력의 대립에서 시작되었다. 문벌 귀족들은 이와 같이 내부 모순을 스스로 드러내면서 결국 무신 세력이 등장하는 기회를 제공했다고 할 수 있다.

이자겸의 난

이자겸의 집안은 경원 이씨 가문이었다. 이자겸의 조부인 이자연이 문종 때 왕의 외척으로 등장한 이래, 경원 이씨는 문종부터 인종까지 7대에 걸쳐 10명의 왕비를 배출한 고려 전기 최대의 문벌 귀족 가문이었다.

이자겸의 전성기는 인종(재위 1122~1146) 대였다. 자신의 딸을 이미

귀족 사회의 보수성
권력이 소수 문벌에 집중되면서 폐쇄적 정치 풍토가 조성되었고, 귀족들은 권력 유지에만 힘써 점차 안일한 생활에 빠져들었다. 마침내 귀족들 사이에 대립과 갈등이 심화되면서 사회 모순이 드러났다.

장인어른이라고
불러야 하나?
외할아버지라고
불러야 하나?

예종의 왕비로 앉혔던 이자겸은 외손자인 인종에게 다시 두 딸을 바쳤다. 이자겸의 입장에서 보면, 인종은 자신의 외손자인 동시에 사위였다. 보기 드문 혈연관계였다고 할 수 있다.

권력을 강화시키려는 이자겸의 노력은 인종이 즉위하던 해부터 시작되었다. 그는 왕위 찬탈의 모함을 씌워 예종의 동생인 대방공 왕보와 신진 세력인 한안인·문공미 등 50여 명의 관료를 살해 또는 유배시키는 쿠데타를 서슴지 않았다. 성장하고 있던 신진 세력을 제압해 권력을 확고히 한 이자겸은 마침내 왕위까지 넘보았다. 사사로이 송의 황제에게 글을 올리고 예물을 바쳤을 뿐만 아니라, 이자겸의 부하들은 왕에게 건의문을 올려 이자겸이 다른 신하들처럼 뜰에서 왕에게 인사하는 일이 없도록 해 달라는 등 온갖 무례함을 일삼았다.

이자겸의 횡포에 시달린 인종은 불안을 느껴 이들을 제거할 계획을 세웠다. 인종은 내시 김찬·상장군 최탁·오탁 등 반反문벌 세력을 앞세워 이자겸 일파를 궁중에서 몰아내고자 했다. 이에 이자겸 일파는 무신 척준경과 결탁해 반란을 일으키며 대항했다(1126). 척준경은 군대를 이끌고 왕궁을 포위해 불사르고 인종을 이자겸의 집에 가뒀다. 결국 왕과 합세해 이자겸 일파를 제거하려던 반문벌 세력의 거사는 실패하고 이자겸의 반란이 성공을 거두는 것 같았다.

그러나 이자겸에게 붙잡혀 있던 인종이 교묘히 척준경을 활용해 이자겸을 사로잡아 유배에 처하고, 이어서 척준경마저 제거함으로써 위기를 극복할 수 있었다.

이자겸의 난 이후에 김부일·김부식 일가의 경주 김씨가 대표 문벌로 권력을 이어감으로써 외형적으로는 문벌 귀족 사회가 유지되었지만, 지방 출신 신진 관료의 성장은 귀족 사회 내부의 새로운 대립 구조를 보여 준다. 이와 같은 문벌 귀족과 신진 관료의 정치적 갈등은 묘청 중심의 서경 천도 운동에서 다시 한 번 재연된다.

여진족의 성장과 금의 건국

거란이 만주를 지배하고 있을 때, 거란에 복속되지 않은 여진족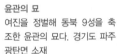들이 있었다. 이들을 흔히 생여진生女眞이라고 불렀다. 이들은 만주 동북부 변방 지역에 흩어져 살면서 두만강 이남까지 출현했다.

12세기 초까지만 해도 이들 여진족들은 고려를 부모의 나라로 섬기고 있었다. 이런 사실은 그들의 역사서인《금사金史》에서 자신들의 시조인 함보를 고려인이었다고 한 데서도 잘 알 수 있다.

그러나 추장 우야소 시대에 오면, 거란의 세력이 약해진 틈을 타 완옌부를 중심으로 하는 여진족의 통합이 활발히 전개되어 고려에도 상

● 여진족
퉁구스계인 여진족은 진秦 대에는 숙신, 한漢 대에는 읍루, 위진 남북조 때에는 물길, 수·당 시대에는 말갈 등으로 불리다가 발해가 멸망한 후부터는 여진으로 불렸다. 여진족은 일곱 개 부족으로 이루어졌는데, 고려 숙종 대 흑수부의 일족인 완옌부의 추장 우야소가 여진족을 통일하면서 북간도 지방으로 세력을 뻗쳐 왔다.

윤관의 묘
여진을 정벌해 동북 9성을 축조한 윤관의 묘다. 경기도 파주 광탄면 소재

당한 위협을 가했다. 윤관의 여진 정벌과 동북 9성의 축조는 바로 이 시기의 일이었다(1107).

여진의 세력이 더욱 강성해진 것은 아구다 대였다. 우야소의 뒤를 이은 아구다는 금을 건국하고(1115), 만주 일대를 정복하기 시작했다. 이때부터 금은 고려를 형제의 나라라 부르며 대등한 관계를 주장하다가, 급기야는 상국임을 자처하며 고려에 압력을 가하기 시작했다. 이런 현상은 금이 송과 연합해 거란을 멸망시킨 후에 더욱 심해지고 있었다.

고려는 이때가 바로 이자겸의 시대였다. 그러나 지방 출신 신진 세력과의 대립에 치중한 나머지, 이자겸은 많은 관리들의 반대에도 불구하고 금의 사대 요구를 받아들이고 말았다.

묘청의 서경 천도 운동

이자겸의 난 이후 새로운 지배층을 형성한 김부식 중심의 경주 김씨 문벌 세력도 이자겸의 외교 정책을 그대로 계승했다. 금에 대한 이 같은 굴욕적인 외교 자세는 조정 대신 사이에도 반발을 일으켜 윤관의 아들 윤언은 칭제북벌*을 주장하고 나서기도 했다.

이러한 분위기는 지방 출신의 신진 관료들에게 다시없는 명분을 제공했다. 정지상과 백수한 등 서경 출신의 신진 관리들은 묘청과 함께 서경 천도를 강력히 주장하며 세력을 규합해 나갔다.

마침내 인종도 서경에 새 궁궐을 짓도록 명하고 천도할 뜻을 세웠으나, 개경에 권력의 기반을 두고 있는 문벌 귀족들의 끈질긴 반발에 부딪혀 끝내 좌절하고 말았다.

서경 천도 계획이 백지화되자 서경파들은 비상수단을 취했다. 묘청은 조광·유감·조창언 등과 더불어 서경에서 반란을 일으켰다(1135).

이에 맞서 김부식 등의 문벌 세력은 개경에 남아 있던 정지상·백수

● 칭제북벌
고려 왕을 황제로 부르고(稱帝), 금을 정벌하자(北伐)는 뜻으로, 묘청은 칭제북벌론을 서경 천도론에 결합시켜 칭제북벌을 위해 지덕이 왕성한 서경으로 천도해야 한다는 주장을 폈다.

묘청의 타도 대상
국호와 연호까지 제정했지만 묘청의 반란은 고려로부터의 독립을 선언한 것이 아니라, 문벌 세력을 타도하기 위한 것이었다. 실제로 그들은 황제를 세우지 않았을 뿐만 아니라, 거사 소식을 왕에게 은밀히 전달하기까지 했다.

한 등을 즉시 처단하고 진압군을 편성했다. 순식간에 자비령 이북의 서북 지방을 장악했던 서경 세력은 진압군의 우회 공격 이후 약화되었다. 서경이 진압군에 의해 포위되자, 서경 천도 세력은 지도부가 분열되어 조광이 묘청을 죽이고 항복의 뜻을 표시했다. 그러나 김부식이 이를 거부했기 때문에 서경 세력의 항거는 이후에도 1년이나 계속된 후 진압되었다.

서경 천도 운동은 중앙과 지방 출신 관료 사이의 정권 다툼의 성격을 띠며 전개되었지만, 금에 대한 외교 자세에 대해 문제가 제기되는 등 복합적인 의미를 보여 주었다. 게다가 서북 지방의 군민들이 적극적으로 가담해 1년이 넘도록 항거를 계속해 문벌 귀족 세력의 지배에 대한 당시 민중들의 반발이 어느 정도였는가를 짐작하게 한다.

신채호가 본 묘청
근대 민족 사학자인 단재 신채호는 묘청의 서경 천도 운동을 "조선 역사 1,000년 이래 제1대 사건"이라고 하면서 개경파와의 대립을 독립당 대 사대당, 국풍파와 한학파의 대립으로 파악했다.

금강 이남의 사람을 등용하지 말라

풍수지리설은 도읍지·궁택·능묘에 알맞은 땅을 점치는 지상학地相學으로 산수의 형세를 살펴서 그것이 인간에 미치는 길흉과 화복을 설명한 것이고, 도참은 부호(8괘 등)·숫자·글귀 등을 통해 미래에 일어날 일을 예언하는 술법을 말한다.

고려 시대에 개경의 평야가 넓게 트이지 못하고 물 흐름이 너무 빨라 물의 기운이 순조롭지 못하다고 하여 비보사찰(땅의 기운을 보충하는 사찰)을 여러 곳에 지은 것이나, 산을 뒤로 하고 물이 둘러 흐르는 침산대수枕山帶水의 명당으로 서경이 중시된 것 등은 모두 풍수지리설의 영향이며, '十八子(李의 파자)'가 왕이 된다고 하는 식의 예언은 도참이다. 이자겸이나 이의민은 도참을 신봉했다.

그러나 이러한 풍수나 도참사상은 정치적으로 교묘히 이용되는 경우가 많았다. 고려 태조가 "금강이 '반궁수反弓水'의 물줄기를 이루고, 이곳의 산세가 개경을 등지고 있어 반역의 형세를 보인다. 이에 금강 이남의 사람을 등용하지 말라." 한 것도 풍수지리설을 교묘히 적용한 사례라고 할 수 있다. 이것은 통일 과정에서 그를 끝까지 괴롭힌 후백제 사람들에 대한 감정과 경계심을 드러낸 것이다.

묘청의 서경 천도 운동도 풍수지리설을 이용하여 개경의 지덕이 다했으므로 대화세(큰 명당)인 서경으로의 천도가 국력 신장을 가져온다고 주장하면서 자주적 입장에서 고구려 계승 의식을 표방했다.

05
무신 정권

이자겸의 난과 묘청의 서경 천도 운동 등으로 흔들리던 문벌 귀족 중심의 정권은 12세기 후반에 들어 마침내 무신의 난으로 무너졌다. 고려 건국 이후 특권을 독점하고 있던 문신 귀족 세력을 일거에 무너뜨린 무신 정권은 100년간(1170~1270) 계속되면서 정치·사회·경제·문화 모든 분야에 걸쳐 고려 사회에 일대 전환점을 마련했다.

차별받는 무신들

무신의 난이 일어난 직접 동기는 무신에 대한 차별 대우였다. 고려 사회에서 무신은 법제적으로는 문신과 동등한 대우를 받게 되어 있었다. 그러나 문신 중심의 고려 진기 사회에서 무신은 승진에 제한을 받는 경우가 허다했고, 같은 등급의 벼슬에서도 문신에 비해 천시를 받았다. 게다가 정치와 경제의 권력을 독점한 문신들은 무신의 고유 영역이라 할 수 있는 군대를 지휘하는 병마권

힘으로 흥한 자 힘으로 망한다!

쟁

무신 정권과 사원 세력

무신의 집권 후, 왕실 및 문신 귀족과 긴밀한 관계를 맺던 교종은 무신 정권에 항거하고 나서 갈등을 빚었지만, 선종은 속세를 떠난 수행을 주장하는 등 혁신적인 성격을 띤 탓에 무신 정권의 지원을 받았다. 당시 불교계의 혁신을 위해 앞장선 신앙 결사 조직이 바로 지눌이 주도한 조계종의 수선사였다.

까지 빼앗아 버렸다. 따라서 고려 전기의 무신이란 문신 정권을 지켜 주는 일개 호위병에 불과한 처지였다.

고위 무관이었던 정중부는 평민 출신이었고, 난에 가담했던 이의민●은 천민 출신이었다. 무신이 차별받았던 것은 문신에 비해 낮은 신분 출신이 많았다는 데 그 원인이 있었다. 이렇듯 고려 시대의 문신과 무신 관료 사이의 갈등은 출신 신분의 문제까지 포함해 매우 복잡하게 얽혀 있었다.

문신 정권에 의한 무신 천대 정책은 무신들에게 참을 수 없는 모욕을 주는 경우가 많았다. 정중부는 김부식의 아들 김돈중에게 촛불로 수염을 그슬리는 모욕을 당하기까지 했다. 오랫동안 멸시와 천대를 받아 오던 무신들은 문신들에게 복수할 기회만 노리고 있었다.

문신의 씨를 남기지 말라

1170년, 의종은 개경 근방의 보현원이라는 절에 놀러 가는 도중에 무신들에게 수박手博을 시켰다. 수박은 오늘날의 권투와 비슷한 것으로 군사 훈련을 겸한 놀이였다. 이때 대장군 이소응이 젊은 군사와 수박을 해 이기지 못하고 달아나다가 문신 한뢰에게 뺨을 얻어맞았다.

사소한 것 같은 이 사건이 바로 무신의 난의 도화선이 되었다. 울분을 참지 못하던 정중부·이의방·이고 등의 무신들은 왕의 행렬이 보현원에 가까이 오자 거짓 왕명으로 순검군巡檢軍을 모아 왕을 따라온 문신들을 몰살했다. 이것이 무신의 난의 시작이었다.

무신들은 다시 개경으로 군졸을 보내 "무릇 문신의 관冠을 쓴 놈은 서리라 할지라도 그 씨를 남기지 말라." 하면서 평소 앙심을 품고 있던 문신들을 닥치는 대로 처단했다. 다음 날 무신들은 왕은 거제도로, 태자는 진도로 내쫓고 왕의 동생을 새로운 왕으로 추대하니, 이가 명종(재위 1170~1197)이다.

무신 정권이 성립되자 문신 세력의 반발도 만만치 않았다. 3년 뒤, 문신인 동북면 병마사 김보당이 무신을 내쫓고 의종을 다시 왕위에 앉히려고 했다. 그러나 오히려 개경의 무신 정권은 이를 계기로 다시 한번 문신들에 대한 대규모의 살육전을 벌였다. 김보당의 반란은, 보현원에서 시작해 개경을 휩쓸었던 무신의 문신 숙청 작업을 다시 지방으로 확산시키는 결과를 가져왔다. 무신 정권은 이제 중앙 관직은 물론 지방 관직에 이르기까지 무신 관료를 배치함으로써 자신들의 정권을 더욱 확고히 했다.

무인들 사이의 권력 다툼

무신의 난은 조직이 주도하거나 어느 한 개인의 치밀한 사전 계획에 의해 이루어진 사건이 아니다. 오랫동안 문신들에게 멸시당해 온 무신들의 불만이 우발적인 사건을 계기로 폭발한 무신의 쿠데타였다고 할 수 있다.

따라서 무신 정권 초기의 무신 지배자는 절대적인 권력을 누리지 못하고 전체 무신 세력에 의한 집단 지도 체제를 유지하고 있었다. 즉 무신 지배자는 자신의 독자적인 권력 기관을 갖지 못한 채 무반의 합의 기관인 '중방'을 통해 정치권력을 행사할 수밖에 없었다. 이렇듯 무신 지배자의 지위가 확고하지 못했기 때문에 무신 정권 초기에는 집권 무인들 사이에 치열한 다툼이 전개되어 몇 차례에 걸친 정권의 변천을 겪어야만 했다. 정중부로부터 경대승—이의민—최충헌으로 빈번하게 정권이 바뀐 것은 바로 이러한 사정을 반영한 것이다.

정권의 불안정한 상황을 마무리 지은 이는 최충헌이었다. 그는 철저한 독재권을 확립해 반대파를 무자비하게 숙청했다. 최충헌의 독재 권력의 바탕이 된 것은 교정도감*과 도방*이었다. 교정도감이 설치됨으로써 무신의 합의 기관인 중방은 그 힘을 잃고 무신들은 최충헌 개인에

무신 정권의 변천
- 성립기(1170): 이의방—정중부—경대승—이의민
- 확립기(1196): 최충헌—최우—최항—최의
- 붕괴기(1258): 김준—임연·임유무

● 교정도감
무신 정권의 사적私的 정치 기구. 반대 세력 제거·행정 감시·세금 징수·명령 하달 등 국정을 총괄했다. 무신 정권의 최고 집권자가 장관인 교정별감이 되었는데, 이 직위는 최충헌—최우—최항—최의로 이어졌다.

● 도방
강력한 사병 집단으로 경대승 때 설치했으나, 최충헌은 기능을 더욱 강화해 3,000명 이상의 사병을 6교대로 자신의 집에 숙직하게 하니, 그 위세가 관군을 능가했다.

● 서방

서방書房은 최우 때 만들어진 문인들이 머무르는 거처였다. 최우의 정치적 자문에 응함과 함께 정방의 인사 담당관인 정색승선이 서방의 문사들 중에서 적당한 자를 관리로 선발하도록 하는, 인재 발탁을 위한 문인 집합소이기도 했다. 이인로·이규보·최자 등이 이곳 서방에서 배출된 문인 출신 관리들이다.

이규보의 묘

최충헌과 최우 등 최씨 무신 정권에서 발탁되어 신임을 받고 무신 정권에 적극적으로 참여한 문신 이규보의 묘다. 고구려 시조의 이야기를 엮은 〈동명왕편〉으로 유명하다. 인천 강화도 소재

게 완전히 복속되었다. 또 최충헌의 독재에 힘을 보탠 것 중 하나는 사병 집단인 도방이었다.

이러한 독자적 권력 기구를 바탕으로 최충헌은 23년간(집권 1196~1219) 두 왕(명종·희종)을 폐위하고, 네 명의 왕(신종·희종·강종·고종)을 새로 세우는 등 최고 권력을 누렸다.

최충헌을 계승한 그 아들 최우는 30년간(집권 1219~1249) 집권하면서 자신의 독자적 권력 기구를 더욱 강화했다. 교정도감과 도방의 기능을 더욱 강화시켰을 뿐만 아니라, 새로이 정방과 서방●, 그리고 삼별초를 조직함으로써 개인 권력을 절대화했다.

정방은 최우가 자기 저택에 설치한 인사 행정 기구로 모든 관리들의 인사 문제가 이곳에서 결정되었고, 서방 역시 최우의 저택에 3교대로 숙직하던 문인 조직으로 최우의 정치적 자문 기관 역할을 수행했다. 삼별초는 국가의 공식적인 군사 기구로 설치한 것이었으나, 최우가 독재

권을 위해 개인적으로 사사로이 이용해 도방과 함께 최우의 권력을 뒷받침하는 중요한 기반이 되었다.

최우는 독자적으로 문(정방·서방)과 무(도방·삼별초) 양대 기구를 거느림으로써 왕과 다름없는 지위를 누리는 전형적인 무신 정치의 모습을 보여 주었다. 그러나 위세를 떨치던 최씨 정권도 최항(집권 1249~1257)을 거쳐 최의(집권 1257~1258)가 유경·김준 등에게 죽임을 당함으로써 끝내 무너지고 말았다.

무신 정치는 그 후에도 김준-임연-임유무로 이어졌으나, 당시의 왕인 원종(재위 1259~ 1274)과 문신들이 몽골과 결탁해 임유무를 제거함으로써 100년에 걸친 무신 정치는 막을 내렸고(1270), 다시 왕정이 복고될 수 있었다.

지배층 분열은 **분배의 다툼**

고려 귀족 사회는 11세기 전 기간에 걸쳐 안정적으로 유지되었다. 그러나 12세기에 들어서면서 귀족 사회가 분열되는 조짐이 나타나기 시작했다. 이것이 이자겸의 난과 묘청의 서경 천도 운동, 그리고 무신 정변으로 표출되었다. 12세기의 이러한 분열의 원인은 무엇이었을까?

이러한 현상은 이 시기의 사회 · 경제적 변동과 직접 관련이 있다. 즉 고려 전기 이래 계속된 농업 생산력 발달의 추세 속에서 12세기 초부터는 휴한休閑 농법의 극복을 비롯해 수리 시설의 확충, 종자 개량, 시비 기술의 발달 등 일정한 성과가 나타나기 시작했다. 그 결과 늘어난 수익을 둘러싸고 지배층과 일반민, 그리고 지배층 내부에서 치열한 다툼이 일어났다. 이 가운데 지배층과 일반민의 대립은 지배층의 토지 탈취 및 수탈 강화와 그로 인한 백성들의 유망流亡으로 구체화되었고, 지배층 내부의 대립은 곧 정치권력을 둘러싼 정권 다툼으로 표출되었다.

대화궁의 터
묘청이 서경 천도를 목적으로 축조했던 궁궐터다. 그는 천도를 통해 문벌 귀족 사회를 개혁하고자 했다. 평양 소재

06

농민과 천민의 봉기

무신 정권의 초기는 다른 한편으로는 민중 봉기의 시대였다. 무신 정권이 초기에 불안정한 모습을 보이면서 국가 통제력이 약화되자 그동안 눌려 지내 온 농민과 천민 들은 민중 봉기를 통해 역사의 전면에 자신들을 내보였다. 무신 정권 성립 직후부터 최충헌의 독재권 확립까지 약 30년간 집중적으로 터져 나온 민중 봉기는 일찍이 우리 역사에서 찾아볼 수 없는 큰 규모의 항거였다. 그리고 이 과정에서 천민들의 신분 해방 운동이 주요한 위치를 차지하고 있다는 점에서 역사적 의미가 크다.

개경 정부에 대한 서경 세력의 재도전

무신 정권 때 최초의 민중 봉기는 서북 지방에서 시작되었다. 서경(평양)을 중심으로 하는 이 지역은 개경에서 멀리 떨어진 군사상 특수 구역으로 중앙 정부의 통제에서 비교적 자유로웠다. 더구나 묘청의 서경 천도 운동이 좌절된 이후, 이 지역의 백성들은 개경 정부에 대한 반감

● 유수
고려의 유수는 서경·동경·남경(지금의 서울) 등 3경에 둔 지방관이었고, 조선의 유수는 개성·강화·광주·수원 등에 각각 두 명씩 두었는데, 하나는 경기 관찰사가 겸임했다.

동계와 북계
5도와 함께 고려의 지방 행정 구역의 하나다. 흔히 양계라 불리며 북방의 외침을 막기 위한 군사 행정 구역이다. 군사 지휘관인 병마사가 파견되어 다스렸다.

● 양광도
지금의 경기 남부·강원 일부·충청의 대부분을 차지하는 지역이다.

을 갖고 있었다.

서경 유수●인 조위총이 중심이 되어 정중부 토벌을 내걸고 일으킨 봉기에는 북계의 많은 주민들이 대거 참여해 그 세력을 확대했다. 자비령 이북의 40여 성이 이에 호응해 개경을 압박하기까지 했다.

조위총의 난은 일반 주민들의 열렬한 호응이 있었다는 점에서 그 전해(1173) 동계에서 일어난 김보당의 난과는 확연히 구별된다. 김보당의 난이 순전히 문신 세력의 무신 정권에 대한 반발이었다고 한다면, 조위총의 난은 지방관이 주동했음에도 불구하고 농민 봉기의 성격을 보여 준다. 그러한 점에서 조위총의 반란은 농민 봉기를 전국적으로 확산시키는 중요한 계기가 되었다.

조위총의 난이 진압된 이후에도 서북 지방민의 반란은 그치지 않았다. 계속된 이 지역의 반란은 '조위총 여중(나머지 무리)의 봉기'로 일컬어진다(1174). 조위총 여중의 봉기는 그 주동에서부터 가담 세력에 이르기까지 서북 지방의 농민들이 중심이 되고 있다는 점에서 민란의 성격을 강하게 보여 주었다.

차별받던 특수 구역민의 봉기

서북 지역의 봉기가 북계라는 군사적인 특수 조건에서 일어났던 것에 비해, 양광도●와 전라도 등 남도 지방에서의 민중 봉기는 곡창 지대를 배경으로 한 순수 농민들의 봉기였다고 할 수 있다.

조위총의 난이 진행 중이었던 1175년에 시작된 남도의 민중 봉기가 대규모로 확대된 것은 공주 명학소에서였다. 소는 향·부곡과 함께 일반 군현의 농민에 비해 차별을 받는 구역이었는데, 이곳의 주민들은 주로 금·은·먹·숯·소금·차 등을 생산해 공납하는 수공업에 종사했다.

1176년, 공주 명학소에서 망이·망소이 형제가 무리를 모아 산행병마사山行兵馬使를 자칭하고 봉기해 공주를 점령했다. 망이의 부대는 공주 부근의 여러 고을 농민들과 합세하면서 탐관오리를 처단하고 빼앗긴 곡식을 되찾았으며, 중앙에서 파견한 3,000여 명의 관군을 격파하기도 했다.

당시의 실권자 정중부는 사태의 심각함을 깨닫고 명학소를 충순현으로 격상시켜 일반 현으로 대접하는 회유책을 폈다. 이에 중앙 정부와 망이의 농민군 사이에 협상이 이루어졌다. 일단 농민군을 해산시키는 데 성공한 무신 정권은 무력을 행사하여 망이의 어머니와 처를 잡아 가두었다. 망이는 격분한 나머지 재차 군사를 일으켜 투쟁의 규모와 활동 지역을 넓히면서 개경으로의 진격을 선포했다. 망이의 농민군은 청주 일부를 제외한 충청도의 거의 전 지역과 경기도의 일부까지 포함하는 넓은 지역에 그 세력을 펼치면서 탐관오리를 처단했다. 그러나 이러한 군사적 성공을 바탕으로 중앙 정부와 다시 협상을 전개하던 망이가 체포됨으로써 1년 반이나 계속된 봉기는 끝나고 말았다.

망이·망소이의 봉기는 특수 구역민들에게 가해진 차별에 대한 반항을 바탕으로 하면서, 농민들에게 주어진 가혹한 착취에 대한 반발이었다는 점에서 당시 고려 사회에 쌓인 여러 겹의 모순을 적나라하게 보여 준 사건이었다고 할 수 있다.

남도에서의 민중 봉기는 이후에도 계속되어 경대승 집권기에는 옥천·서산·전주로, 이의민 집권기에는 탐라(제주)·진주·안동 등지로 확산되었다.

신라 부흥을 내걸고 일으킨 김사미의 농민 봉기

이의민이 무신 정권의 실권자였던 시기의 대표적 민란은 운문산에서 시작된 김사미의 농민 봉기였다(1193). 이전부터 경상도 지방에서는 산발적인 반란 세력이 존재하고 있었다. 특히 경주는 동남쪽에 치우쳐 있는 지역 특성 때문에 중앙군의 토벌이 쉽지 않았고, 따라서 신라 부흥

향·소·부곡

향과 부곡은 전쟁 포로나, 반역 및 적군에게 투항하는 중대 범죄를 일으킨 자를 수용하기 위한 곳이다. 이곳 주민들은 세금을 납부하고 국역을 부담했다. 소는 국가에서 필요한 특정 수공업품을 만드는 곳으로, 반국가적 행위로 강제 편성된 경우와 주변 주민을 요역의 형태로 동원하는 경우가 있었다. 장과 처는 왕실이나 궁원 또는 사원 등이 지배한 일종의 장원으로 이곳 주민들은 일정한 세를 그들의 지배자에게 납부했다.

운문사
이 일대가 김사미의 농민 봉기 지역이다. 지금은 승가 대학이 있어 여승들이 공부하고 있다. 경상북도 청도군 운문면 호거산 소재

● '十八子' 참언
고려 시대 유행한 참언으로 '十八子'는 이李의 파자跛字로, 이씨가 나라를 세우리라는 예언이다. 인종 때 이자겸, 명종 때 이의민이 이를 믿었고, 이성계의 조선 건국으로 마침내 실제로 들어맞았다. 중국에서도 이세민이 아버지 이연을 도와 당나라를 세웠으니, 이역시 실제로 들어맞았다.

을 내건 세력이 이 지역을 중심으로 계속적으로 이어지고 있었다.

당시 무신 집권자인 이의민은 '十八子' 참언●, 즉 '李'씨가 왕이 된다는 말을 믿은 나머지 몇몇 학자까지 등용해 이를 부추기면서 왕 자리를 탐내고 있었다. 그러므로 이의민은 고려 왕실에 대한 경상도 백성의 반발심을 정치적으로 이용해 경상도 농민 봉기 세력에 대해서는 토벌을 늦추는 경우까지 있었다.

김사미의 농민군 세력이 경상도 전역으로 확산된 것은 이러한 분위기에 힘입은 바가 컸다. 농민을 진압하는 토벌군의 한 사람이었던 이의민의 아들 이지순이 농민군과 내통하면서 중요 정보를 알려 주기도 했다. 당시 토벌군의 총지휘관이었던 전존걸은 이지순의 소행을 알면서도 그가 당시 실권자 이의민의 아들인 까닭에 잡지 못하는 안타까움과, 거듭되는 패전에 책임을 느낀 나머지 자살하기에 이르렀다.

김사미와 효심의 농민군은 교체된 토벌군의 지휘부에 맞서 밀양에서

격렬한 전투를 벌였으나 결국 패전했다. 이 전투에서 전사한 농민군의 숫자가 7,000명이었다는 기록은 당시 농민군의 규모가 어느 정도였는가를 추측하게 해 준다.

천민의 호적을 불사르려던 만적의 봉기

무신의 난 이후의 봉기는 대부분 농민에 의한 것이었지만, 노비들도 신분 해방을 위해 일어났다. 최충헌의 노비인 만적의 봉기는 그중에서 가장 주목할 만한 것이다. 물론 망이·망소이의 천민 봉기가 있었지만, 이들은 농민적 성격을 갖는 천민들이었기 때문에 순수한 노비의 봉기는 아니었다. 또한 전주에서 관노비가 봉기에 참여한 바 있지만, 노비가 주체가 되어 일으킨 대규모 봉기는 만적의 봉기가 처음이었다.

1198년, 난을 모의한 만적 등 6인의 사노비는 개경의 북산에 나무하러 온 노비들을 불러 놓고 "무신의 난 이후 고관들이 천민과 노비에서 많이 나왔다. 왕후장상이 어찌 본래부터 씨가 있겠는가. 때가 오면 누구나 할 수 있다. 왜 우리만 근육과 뼈를 괴롭히며 채찍질을 당해야 하는가?"라고 외치며 선동했다. 모인 노비들이 모두 옳다 여기니 누런 종이 수천 장을 잘라 정丁 자를 새겨 표식으로 삼고 다음과 같이 약속했다.

우리들은 흥국사 복도로부터 격구*터에 이르러 한꺼번에 북을 치며 소리 지르자. 그러면 대궐 안에서 환관들과 관노비들이 함께 일어날 것이다. 우리가 성안에서 먼저 최충헌 등을 죽인다. 이어서 각각 그 주인을 쳐 죽이고 천민의 호적을 불살라서 이 나라에 천민이 없게 하자. 그러면 왕후장상을 우리가 할 수 있다.

—《고려사》 중에서

● 격구
고려와 조선 시대 무신들이 무예를 익히기 위한 방편으로 하던 놀이다. 하키처럼 막대기로 공을 쳤다. 페르시아에서 당을 거쳐 고구려와 신라에 전해졌으며, 고려 때 성행했다. 조선 전기까지는 무과의 시험 과목이었으며, 정조 때에 이십사반二十四般 무예의 하나로 정해졌다.

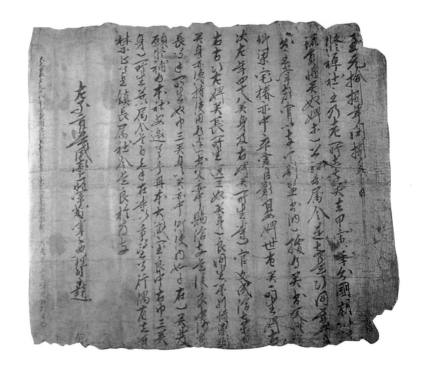

노비의 상속을 기록한 문서(송광사 노비첩)

천민의 대부분은 노비였다. 관청에 딸린 공노비와 개인 소유인 사노비로 나뉘었는데, 매매 대상이 되거나 상속되기도 했다. 짐승의 처지보다 못한 경우가 많았다.

그러나 약속한 날에 다시 모인 무리가 수백 명에도 이르지 못했다. 다시 보제사에 모이기로 약속했으나 그날 참석했던 순정이란 노비가 이 사실을 주인에게 밀고했다. 결국 만적 등 100여 명의 노비는 붙잡혀 강물에 던져지고, 순정은 은 80냥을 하사받고 양인이 되었다고 한다.

만적의 난은 당시 사회에도 큰 영향을 끼쳤다. 1200년에는 경상도 진주에서 공·사노비 수천 명의 봉기가 일어나 악질 관리를 습격해 그들의 집을 불태운 사건이 있었고, 1203년에는 개경 근처에서 전투 연습을 하던 노비들이 발각되어 50여 명이 다시 강물에 던져지기도 했다.

그러나 천민들은 이러한 봉기를 통해 자신들의 처지를 개선시켜 나갔다. 실제로 삼국 시대 이래 존속되어온 향·소·부곡 등이 이 시기를 거치면서 급격히 줄어들어서 많은 농민들이 천민 집단 구역의 예속 상태로부터 벗어나고 있음을 보여 주고 있다.

향·소·부곡의 특수 구역민에 대한 차별

고려 전기 군현 체제는 군현제(지방 행정 구역)와 부곡제(향·소·부곡)의 복합적 체제로 운영되었다. 이때 부곡제에 편성된 사람은 반反왕조적인 세력과 이전부터 수공업품을 생산해 온 거주민이었다.

부곡제의 주민은 군현제의 주민에 비해 특정의 역을 추가로 부담했다. 예컨대 향·부곡 인은 둔전·공해전·학전 등의 국가 직속지를 경작했고, 소의 주민은 금·은·동·철 따위의 광산물, 미역·소금 따위의 해산물, 종이·먹·자기 따위의 수공업 제품의 생산에 필요한 역을 부담하면서 군현제 주민과 똑같이 전세·공납·역을 부담했다. 따라서 이들 은 군현제의 주민에 비해 더욱 열악한 조건에 놓일 수밖에 없었다.

그러므로 부곡제 주민의 이탈이나 궁핍화는 군현제 주민에 비할 바가 아니었다. 그 가 운데서도 광산물과 해산물, 각종 수공업 제품을 생산한 소所지역은 관리들의 집중적인 수탈을 받았기 때문에, 유망流亡현상이 심각했다. 공주 명학소에서 망이·망소이 등이 봉기하자, 고려 정부가 봉기에 대한 회유책으로 명학소를 충순현으로 승격시킨 조치는 소의 주민이 군현민에 비해 그만큼 가혹한 수취를 당했음을 반증하는 좋은 예다.

농민 항쟁기에 이규보는 지방을 여행하면서, 당시 항쟁을 몸소 목격하고 겪은 사실들을 다수의 글로 남긴 바 있다. 그가 남긴 글을 보면, 당시 속현*이나 부곡 지역이 주현*에 비하여 훨씬 황폐한 모습이었고, 실제로 이 지역에서 유민의 발생이나 도적의 활동이 상당했음을 알 수 있다.

● 속현 지방관의 파견 없이 토착 세력인 향리가 다스리는 현

● 주현 지방관을 파견해 다스린 현

07
몽골에 대한 항쟁

13세기의 무신 정권이 맞이한 또 한 차례의 시련은 몽골의 침략이었다. 몽골의 침략은 강성한 기세로 30여 년에 걸쳐 고려의 국토를 유린했다. 고려 무신 정권은 몽골의 침략에 굴복하지는 않았지만, 강화도에 웅크린 채 본토를 방치했기 때문에 항쟁의 전면에 나선 농민과 천민 들만 몽골 침략군에 맞서 눈물겨운 싸움을 벌일 수밖에 없었다.

몽골의 칭기즈 칸

10세기부터 시작된 북방 정복 왕조의 시대는 거란, 여진을 거쳐 결국 몽골이 등장함으로써 그 절정에 이르렀다. 13세기 초에 나타난 몽골족의 영웅 테무친은 그들의 부족을 통합하고 스스로 황제의 자리에 올라 칭기즈 칸이 되었다(1206). 칭기즈 칸은 서쪽으로 나아가 순식간에 티베트족이 세운 서하를 멸망시키고, 유럽 여러 나라를 공격하는 한편 중국 화베이(화북) 지방의 금나라를 공격했다. 몽골의 공격에 못 견딘

금나라는 수도 연경을 빼앗기고 이리저리 쫓기는 신세가 되었다.

금의 허약함이 드러나자 그 지배 아래 있던 민족들이 일제히 반기를 들었다. 랴오둥 반도의 거란족들도 대요수국을 세우고 나섰다. 그러나 뻗어 나는 몽골의 위력 앞에 거란족은 무사할 수가 없었다. 견디지 못한 거란족은 랴오둥 반도를 버리고 압록강을 건너 고려 영토로 들어왔다(1216).

칭기즈 칸

거란족은 한때 개경을 위협하는 등 강성했으나 김취려 장군 등에 의해 강동성으로 내몰렸다. 이때 거란을 공격하던 몽골이 고려에 공동 작전을 제의함으로써 강동성의 거란족을 완전히 소탕할 수 있었다. 이를 계기로 고려와 몽골 사이에는 정식 외교 관계가 수립되었다(1219). 이 해에 고려에서는 최충헌이 죽고 그 아들 최우가 무신 정권의 새로운 지배자로 등장했다.

무책임한 무신 정권

몽골은 거란 소탕을 자신의 공으로 주장하면서 고려에 무리한 공물을 요구했다. 고려는 종래에도 요와 금에 공물을 보낸 적이 있지만, 공물의 대가로 그 이상의 답례품을 받고 있었다. 그러나 몽골의 경우는 답례품이 없는 일방적인 강요였기 때문에 고려의 반발이 컸다.

이런 상황에서 고려에 왔다 돌아가던 몽골 사신 저고여가 압록강에서 피살당하는 예기치 않은 사건이 발생했다. 몽골은 이 사건의 책임을 물어 고려에 국교 단절을 선언했다.

더구나 이 당시는 동아시아에 다시 전쟁의 기운이 감도는 때였다. 칭기즈 칸의 뒤를 이어 몽골의 황제가 되었던 오고타이가 본격적으로 금을 공격하기 시작한 것이다. 이에 그치지 않고 오고타이는 장군 살리타로 하여금 고려 공격을 명령했다. 이것이 몽골의 1차 침략이다(1231).

●다루가치
중국 원나라 때에 고려의 점
령 지역에 두었던 벼슬. 점령
지역의 백성들을 직접 다스리
거나 내정에 관여했다.

강화도의 사치 생활
최우가 왕실과 고위 관리를 초
청해 잔치를 열었는데, 비단으
로 장막을 만들고 그네를 맸
다. 악공 1,350명이 호화롭게
단장을 하고 풍악을 연주하니,
거문고·북·피리 소리가 천지
를 울렸다. 악공에게 각각 은
3근씩 주고 기녀와 광대들에
게도 비단을 줄 정도로 행사
비용이 엄청났다고 한다.

살리타는 기습적으로 서북 지방을 점령한 후, 별동대를 남하시켜 개
경을 포위하고 충주·청주까지 공격했다. 이에 당황한 최우 정권은 일
단 몽골에 강화를 제의함으로써 위기를 수습했다. 살리타는 서북 지방
에 다루가치●라는 지방 감시관을 남기고 돌아갔다. 몽골은 그 후 다루
가치를 개경에까지 파견해 많은 공물과 인질, 그리고 기술자까지 요구
했다.

몽골의 무리한 요구가 점점 심해지자 최우 정권은 몽골과의 결전을
다짐하고 강화도로 천도를 단행했다. 강화 천도는 물에 약한 몽골의 약
점을 이용한 전술로 볼 수도 있지만, 그보다는 집권층이 자신들의 안전
을 확보하려는 데 목적이 있었다. 최우는 100여 개의 수레에 자기 재산
을 챙겨 강화도로 수송했다. 그러나 본토의 백성들에게는 산성과 섬으
로 피신하라는 명령만 내렸을 뿐, 별다른 대책을 세워 주지 않았기 때
문에 백성들은 엄청난 고통을 당할 수밖에 없었다.

몽골은 금나라를 정복(1234)한 뒤, 집중적으로 고려 공격에 나섰다.
몽골의 침략은 최씨 정권의 마지막 지배자 최의가 암살당해 몽골과 화

의를 맺는 1258년까지 여섯 차례에 걸쳐 계속되었는데, 그 기간은 무려
30년이나 되었다. 그중에서도 특히 1254년에 시작되어 6년간이나
계속된 마지막 침략의 피해는 대단히 커서 "몽골병에게 포로가 된
남녀가 20만 6,800명이며 살육된 자는 이루 말할 수 없다. 그들이
지나간 지역은 모두 잿더미가 되었다. 몽골병의 침입 이래 일찍이
이처럼 혹심한 피해는 없었다."라고 《고려사》에 기록될 정도
였다.

농민과 천민 들의 눈물겨운 항쟁

강화도의 최우 정권은 자신의 막강한 사병을 전선에는 동원하지 않은
채 자신의 정권을 유지하기에만 급급했다. 강화 천도 자체도 무책임했
지만, 그보다는 지배층의 사치와 호화로운 생활이 더 큰 문제였다. 우
리의 빛나는 문화유산인 고려청자·금속 활자 등은 역설적으로 이 시기
지배층의 사치스러운 생활을 반영하고 있다. 국가가 위기에 빠진 상황
에서 국토 방어와는 관계없는 생산물들이기 때문이다.

　이러한 상황에서 항전의 중심은 농민과 천민들이었다. 몽골의 1차

강화 고려 궁궐터
인천광역시 강화군 강화읍 관
청리에 있는 고려의 궁궐터. 몽
골군의 침입에 대항하기 위해
왕도를 강화로 옮긴 후 개성으
로 환도할 때까지 39년 동안의
왕궁터. 현재는 조선 시대에
세워진 외규장각이 복원되어
있다.

처인성터
김윤후가 처인성의 부곡민을 이끌고 몽골의 장군 살리타를 사살한 곳이다. 경기도 용인 소재

우리가 끝까지 지켜 낼 것이다!!

● 초적
폭정에 반대해 궐기한 농민 반란군

● 김윤후
일찍이 승려가 되었다가 몽골군이 쳐들어오자 처인성으로 피한 후, 몽골의 장군 살리타가 성을 공격할 때 그를 사살했다. 그 후 충주성의 방호별감이 되어 충주성 전투에서 몽골군을 물리쳤다.

침략이 있자, 평북 귀주 부근에서 활동하던 초적* 지휘자 두 명이 5천의 무리를 이끌고 전투에 참가했고, 관악산 초적들도 몽골과의 항전에 자진해 투신했다.

역시 1차 침략 때의 충주성 전투에서는 지휘관과 양반 별초가 도망친 상태에서 노비로 구성된 노군 잡류 별초가 끝까지 남아 적을 물리쳤다. 치열한 전쟁의 현장에서 자기 고을을 지켜 낸 것은 양반이 아니라 노비들이었다. 그런데 이처럼 먼저 도망쳤던 양반들이 적이 물러난 후에는 기물 조사를 하면서 노비들을 도둑 취급하자 격분한 노비들이 폭동을 일으켜 양반들을 처단한 일도 있었다.

2차 침략 때는 처인성 전투에서 적장 살리타를 사살하는 큰 승리를 거두었다. 그런데 이 처인성은 차별받던 특수 구역이었다. 차별을 받았던 부곡의 주민들이 몽골의 주력군을 막아 낸 것이다.

5차 침략 때는 충주성 전투의 지휘관이었던 김윤후*가 전투에 앞서 노비들을 불러 놓고 만일 힘을 다해 잘 싸우면 귀천을 가리지 않고 모

두 관직을 줄 것을 약속하며 노비 문서를 불태워 노비들의 사기를 북돋기도 했다. 결국 노비 군대는 70일간의 공격을 막아 내 몽골군의 진격을 저지했다.

6차 침략 때는 다인철소의 천민들이 적군을 격파한 공을 인정받아 그들이 속한 소가 익안현으로 승격되기도 했다.

민족의 반역자들

민중들이 온몸으로 몽골군과 대치하고 있을 때, 민족을 배반한 반역의 무리들도 나타났다. 홍복원은 살리타가 침략하자 재빨리 항복해 그의 졸개가 된 후, 만주에 옮겨 살면서 몽골 침략이 있을 때마다 침략군의 앞잡이로 온갖 악질 행위를 일삼았다. 훗날 삼별초를 진압하고 일본 원정 준비 과정에서 고려를 괴롭힌 몽골군 장군 홍다구(1244~1291)●는 홍복원의 아들이다.

1258년, 조휘와 탁청은 동북면 병마사를 죽이고 몽골에 항복했다. 몽골은 화주에 쌍성총관부를 설치하고 조휘를 총관, 탁청을 천호에 임명해 이 지방을 몽골 영토로 삼았다.

1269년, 최탄은 무신 집권자인 임연을 치겠다면서 반란을 일으킨 후, 서경을 비롯한 서북면 일대(자비령 이북)의 60여 성을 몽골에 바치고 항복했다. 몽골은 이 지역에 동녕부를 설치하고 최탄을 총관에 임명했다.

유례없는 국왕 친조

최의가 피살되어 최씨 정권이 무너진 뒤, 고려와 몽골 사이에는 강화가 성립되었다(1258). 몽골이 태자의 입조●를 요구함에 따라, 고려 태자는 몽골 황제를 만나기 위해 중국으로 떠났다. 그러나 몽골에서는 마침 왕이 죽고 그 아우들 사이에 싸움이 벌어지고 있었다. 고려 태자는 이들

●홍다구
몽골 침략 때 모국에 해를 끼치고 아버지 홍복원과 함께 투항했다. 그 후 몽골의 무장으로 활약해 삼별초가 봉기하자 토벌군을 지휘했고, 일본 원정 때는 선박 제조를 가혹하게 독촉해 비난을 받았다.

●입조
원래는 외국의 사신이 조정의 회의에 참여하는 것을 이르는 말이지만, 고려의 태자는 몽골에 볼모로 끌려가다시피 했다.

●쿠빌라이
쿠빌라이는 칭기즈 칸의 손자로, 형 몽케 칸이 죽자 막내아우 아리크부카와 칸 자리를 놓고 싸움을 벌였다. 이후 원종과 원 세조(쿠빌라이)와의 유대가 강해졌다.

●친조
국왕이 직접 다른 나라의 조정에 가서 예를 올리는 것을 말한다.

●삼별초
원래 개경의 도적을 지키기 위해 둔 야별초가 좌별초와 우별초로 분리된 후, 몽골의 포로였다가 탈출한 군인으로 구성한 신의군을 신의별초로 개편해 좌별초·우별초와 함께 삼별초라 불렀다.

중 쿠빌라이●를 선택해 조공을 바쳤다. 쿠빌라이는 "고려는 이역만리의 먼 나라다. 당 태종 이래 친히 이를 쳤으나 굴복시키지 못했는데, 그 태자가 스스로 나에게 찾아온 것은 하늘의 뜻이다."라며 기뻐했다고 한다. 그 후 쿠빌라이는 원나라를 세웠고, 아버지 고종의 죽음을 듣고 귀국한 고려 태자는 원종(재위 1259~1274)으로 즉위했다.

원종은 쿠빌라이와의 인연을 바탕으로 김준이 이끄는 새로운 무신 정권과 맞서며 왕권 회복을 꾀했다. 원종은 우리 역사상 그 유례가 없는 국왕 친조●라는 부끄러운 일까지 무릅쓰면서 몽골 황제와의 유대에 힘썼다.

김준을 죽이고 새로이 집권한 임연은 이러한 원종과 원 황제의 결탁에 반대하면서 몽골과의 결전 의지를 보였다. 임연은 원종을 폐위시키기까지 했으나, 원의 출병 위협으로 원종을 다시 복위시킬 수밖에 없었다.

국왕 폐위 사건의 조사 명목으로 원이 원종에게 다시 입조를 요구했는데, 두 번째로 몽골 조정에 간 원종은 임연을 제거하기 위한 병력을 요청했다. 몽골 군사와 함께 원에서 돌아오고 있던 원종은 임연의 갑작스러운 죽음의 소식을 듣고 급히 강화도에 사신을 보냈다. 그때까지도 강화도에 있던 조정에 개경 환도를 명한 것이다. 새로운 사태에 직면한 강화 조정에서는 의견이 분분한 가운데 환도에 강력히 반대하던 임연의 아들 임유무가 피살됨으로써, 무신 정권은 꼭 100년 만에 막을 내리고 결국 개경 환도가 이루어졌다(1270).

반정부, 반몽골의 삼별초

개경 환도가 결정되자 삼별초●는 왕명을 거부하고 반反정부, 반反몽골의 기치를 내걸며 일제히 봉기했다. 삼별초의 지휘자인 배중손은 "몽골이 대거 침입해 고려 백성을 살육하려고 한다. 무릇 나라를 구할 뜻

이 있는 자는 모두 모이라."라고 하면서, 새 왕을 세우고 강화도에 새로운 정권을 출현시켰다.

이 같은 삼별초의 항쟁은 민중의 동조와 호응을 불러일으켰다. 개경의 관노비, 대부도 주민들의 봉기는 삼별초에 동조한 대표적 사례였다.

삼별초는 그 후 진도로 근거지를 옮겨 한때 전라도와 경상도 일대를 무대로 활동 영역을 넓혀 갔으나, 1271년 고려군과 몽골 연합군의 총공격으로 배중손이 전사하고, 진도가 함락되면서 그 세력이 약화되었다. 그 후에도 삼별초는 김통정의 지휘로 탐라에 진출해 본토를 공격하기도 했으나, 1만여 명의 여·몽 연합군의 공격을 받아 3년 만에 끝내 진압되고 말았다. 몽골은 삼별초의 항쟁을 진압한 후, 제주에 군대를 주둔시키고 탐라총관부를 설치해 직접 통치했다.

거리낌 없는 사랑 노래, **고려 속요**

속요는 고려 후기에 민간에서 불린 노래로, 민중들의 연정戀情 세계와 생활 감정을 서정 속에 담아 솔직하고 대담하게 표현하고 있다. 이별·비애·애원·환희 등 다채로운 사랑의 이모저모를 거리낌 없이 표현했다.

몽골의 침략과 일본 정벌로 인한 가족과의 이별, 몽골 간섭기의 처녀 징발 등 고려 후기 민중 생활의 큰 변동, 몽골의 영향으로 인한 성 의식의 변화 등 새로운 사회 분위기를 배경으로 불린 노래가 속요였다.

속요의 대담한 사랑 노래는 남녀상열지사男女相悅之詞●라 해서 조선 시대 유학자들의 혹독한 비판을 받았다.

속요는 고려 후기 이래 구전되어 내려오다가 조선 전기의 《악학궤범》과 《악장가사》에 그 가사가 오늘날까지 전한다. 현존하는 속요 작품으로는 〈동동〉·〈정읍사〉·〈청산별곡〉·〈서경별곡〉·〈가시리〉·〈만전춘〉·〈쌍화점〉 등이 있다.

악학궤범
조선 성종 24년에 펴낸 악전이다. 음악의 원리·악기 배열·무용 절차·악기에 관하여 서술되어 있으며, 궁중 의식에서 연주하던 음악을 그림으로 설명하고 있고, 〈정읍사〉·〈처용가〉 등이 실려 있다.

● 남녀상열지사 남녀 간의 애정을 노골적으로 표현한 글

08

원의 간섭과 공민왕의 개혁

고려는 개경 환도 이후, 80여 년간 계속된 원의 간섭으로 수많은 인적·물
적 수탈을 당했다. 게다가 원의 힘을 업은 권문세족들의 대토지 소유는 날
로 확대되어 국가 재정에 위기를 가져왔다.

공민왕은 몽골과의 관계를 끊고 권문세족을 약화시키고자 개혁에 힘썼
지만, 사회·경제적 힘을 앞세운 그들의 반발로 결국 실패했다. 이후 고려
의 국력은 걷잡을 수 없이 약화되어 멸망에 이르는 길을 향해 치닫게 되
었다.

원의 간접 통치

개경 환도가 이루어질 즈음, 몽골은 고려에 대해 여섯 가지의 의무 사
항을 요구했다. 즉 원나라에 볼모를 두고, 군사를 내서 돕고, 군량을 운
송하며, 역참을 설치하고, 호구를 조사하고, 다루가치를 둔다는 내용이
었다. 이 같은 요구를 조건으로, 고려의 독립성을 어느 정도 인정해 주

겠다는 뜻이었다. 이른바 간접 통치 방식이었다.

이는 주로 고려 왕실에 대한 지배를 통해 추진되었다. 고려의 왕세자는 원의 공주와 결혼한 후 왕위에 올랐다. 고려 왕실과 원 황실 간의 결혼은 원종이 강화도의 무신 정권을 누르기 위한 방편으로 먼저 원에 요구해 이루어졌지만, 그 후에는 하나의 전통으로 굳어져 고려는 원의 부마국이 되었다.

고려 왕은 왕위에 오른 뒤에도 자주 연경에 드나들었고, 충선왕 같은 이는 재위 기간 동안 연경에 머물면서 고려를 다스리기도 했다. 이에 따라 고려 왕의 임명은 철저히 원의 뜻에 따라 결정되었고, 원은 고려 왕의 폐위와 복위를 멋대로 결정했다. 충렬왕과 충선왕, 충숙왕과 충혜왕은 모두 한 번씩 폐위를 당했다가 다시 복위한 경우였다. 고려의 왕위 계보에 충선왕(재위 1298, 1308~1313), 충숙왕(재위 1313~1330, 1332~1339), 충혜왕(재위 1330~1332, 1339~1344)이 각각 두 번씩의 재위 기간을 갖고 있는 것은 이 때문이다. 원은 이러한 방법을 통해 전前왕파와 신新왕파 사이의 정치적 대립을 꾀했다.

분열을 통해 고려 왕실을 약화시키는 또 하나의 방법이 있었는데, 그것은 고려 왕과 심왕(심양왕)의 대립을 통한 것이었다. 본래 랴오둥지방에는 몽골과의 전쟁 기간 중 포로였던 고려인을 거주시킨 지역이 있었는데, 이곳을 다스리는 존재가 심왕이었다. 원은 고려 왕족을 심왕으로 임명해 고려 왕과 대립시킴으로써 고려 왕실의 분열을 꾀했던 것이다.

한편 몽골이 고려에 세운 관청으로 정동행성이 있다. 본래 일본 원정을 위해 설치해(1280) 한때 고려의 내정에 간섭하기까지 했으나, 고려 왕이 정동행성의 장관인 승상을 자동적으로 겸임하고, 소수밖에 없는 관원도 고려 왕이 임명하게 되면서부터는 단지 원과의 연락 기구 역할만 담당했다.

원의 간섭기에 우리 백성이 입은 피해는 대단히 컸다. 특히 일본 원정을 위한 전쟁 준비를 고려에 부담시킴으로써 고려는 많은 고통을 겪었다. 이후에도 원은 온갖 종류의 공물을 요구했다.

고려 후기의 권문세족

원의 간섭기를 통해 고려 사회에서는 새로운 지배층이 형성되었다. 이들 중에는 유난히도 원과 접촉 기회가 많았던 인물들이 포함되었다.

통역관이었던 조인규와 유청신, 응방에서 일하던 이정과 윤수 등은 천한 출신이었음에도 재상의 지위에까지 올랐다. 또한 무공武功을 통해 출세한 자들도 있었다. 김방경·나유·한휘유 등은 삼별초를 진압하거나 일본 원정에서 활약한 공적으로 쟁쟁한 가문을 형성했다. 이숙과 방신우처럼 원에 환관으로 보내졌다가 고려에 돌아와 권력을 잡은 자들도 있었고, 인후·장순룡처럼 고려 왕비가 된 몽골 공주의 시종으로 따라왔다가 재상이 된 몽골 출신의 무리들도 있었다.

이들을 포함한 고려 후기의 지배층을 고려 전기의 문벌 귀족과 구별해 흔히 권문세족이라고 부른다. 이들 권문세족들은 왕실과 혼인할 수 있는 가문, 즉 재상지종宰相之宗으로 지정되는 영예를 얻음으로써 자기 가문의 이름을 더욱 크게 떨쳤다.

막강한 지위와 특권을 누리게 된 권문세족은 여러 가지 방법을 동원함으로써 광대한 농장을 경영했다. 몽골과의 전쟁 이후 많은 농민이 죽거나 포로가 되었고, 토지 대장이 불탄 경우가 많아서 권문세족의 농장 확대가 비교적 쉬운 일면도 있었다.

또 그들은 농민의 토지를 강제로 빼앗고 농민을 협박해 노비로 삼는 등 온갖 불법적인 일도 저질렀다. 더욱이 황폐해진 농토를 다시 개간하기 위해 정부에서는 이들 권문

마곡사 5층 석탑
라마 탑(중국 원나라 때 라마교의 영향을 받아 티베트 양식으로 축조된 불탑) 형식으로 원의 간섭기에 축조되었다. 충청남도 공주 소재

세족에게 개간 토지에 대한 소유권과 면세를 인정하는 공문서인 '사패'를 주기도 했다. 그런데 이 사패를 내려 지급하는 토지나 노비는 제한이 없었기 때문에 산과 내로 경계를 이룰 만큼 광대한 토지를 갖게 되는 경우가 많았다. 더구나 농민들의 일부는 국가의 무거운 세금을 피해 보호막이 될 수 있는 권문세족에게 자신의 땅을 맡기고 소작을 함으로써, 자신의 살길을 찾는 경우도 있었기 때문에 국가 재정 수입은 날이 갈수록 악화되었다.

공민왕과 신돈의 개혁

공민왕은 즉위한 직후, 한족의 반란군을 토벌하기 위한 원의 군사 지원 요청을 받아들였다. 충정왕이 폐위되면서 원의 지시로 왕위에 오른 처지였기 때문이었다. 군사 2,000여 명을 이끌고 원으로 떠났던 최영·이방실·정세운 등은 한족 토벌에 실패한 후, 고려에 돌아와 중국 내란의 실정을 공민왕에게 자세히 보고했다. 일찍이 원에 머물 적부터 원의 쇠약함을 보아 온 공민왕은 이에 단안을 내려 반원 정책을 선포했다.

공민왕은 기황후●의 오빠인 기철을 비롯해 친원파 세력을 숙청하고

●기황후
고려인 기자오의 딸, 중국 원나라 순제의 황후. 황후가 된 이후 적극적으로 정치에 개입해 원나라와 고려에 많은 영향을 끼쳤다.

공민왕의 사당
서울의 종묘에는 조선의 태조 이성계가 공민왕의 업적을 기리며 세운 공민왕 신당이 있다. 그리고 서울의 마포구에는 민간 신앙의 대상이 된 공민왕의 사당이 있다. 사진은 서울 마포구에 있는 공민왕의 사당이다.

안동웅부 현판
공민왕이 홍건적의 난을 피해
안동으로 피난했을 때 썼다고
전한다. '웅부'는 '웅장하게 큰
고을'이라는 뜻으로, 공민왕이
주민들에게 감사의 뜻으로 안
동을 대도호부로 승격하면서
내린 현판이다.

정동행성을 폐지했으며, 원의 연호 사용을 폐하고 명의 연호를 사용했고, 쌍성총관부를 공격해 철령 이북의 땅을 회복했다.

이와 함께 공민왕은 권문세족의 세력을 약화시켜 왕에 의한 통치 체계를 확립하고자 했다. 이를 위해 등용한 인물이 신돈이었다. 신돈은 미천한 신분 출신의 승려로 권문세족과 전혀 관계가 없는 인물이었는데, 뒤에 역적으로 몰려 처형될 때까지 과감한 개혁을 추진했다. 신돈은 전민변정도감의 판사가 되어, 전田과 민民 즉 토지와 노비를 판정(변정)해 토지를 본래의 주인에게, 노비를 본래의 신분으로 되돌려 주었다. 신돈의 개혁이 실시되자 서울이나 지방의 백성들이 모두 기뻐했고, 권문세족 중에는 토지를 원래 주인에게 돌려주는 이도 있었으며, 해방된 노비들은 성인聖人이 났다고 말하기도 했다고 한다.

그러나 이러한 신돈의 개혁은 여전히 강력한 세력을 갖고 있었던 권문세족의 반발에 부딪혔다. 권문세족들은 왕이 되려는 음모를 꾸민다고 신돈을 모함해 반역죄로 처형시켰다(1371). 신돈이 제거된 후 공민왕은 더는 개혁을 추진하지 못했고, 그 자신도 결국 뜻하지 않게 암살당하고 말았다(1374).

이후에 권문세족에 맞선 것은 새로이 등장하고 있던 관료층인 신진사대부들이었다. 결국 공민왕 이후 고려 멸망까지는 신진 사대부와 권문세족 간의 대결 시기였고, 이 과정에서 고려의 운명이 결정되었다.

전민변정도감 계획서

작성자 : 신돈

공민왕과 이성계의 인연
이성계의 아버지인 이자춘은
원나라의 천호千戶라는 벼슬
자리에 있다가 원나라 정세가
불안해지자 고려에 귀의하여
공민왕에 협조했다. 이를 계기
로 이성계 또한 고려 정계에
등장한다.

원을 방문하는 데 드는 막대한 **여행 경비**

원 간섭기에는 고려의 국왕이 원나라에서 생활하거나 왕래하는 일이 잦았는데, 그때마다 막대한 물자가 필요했다. 이때 파생되는 재정 부담은 결국 일반 백성이 짊어져야 할 몫이었다. 이를 공물과 반전盤纏이라 하는데, 국왕이나 사신이 원에 갈 때 드는 여행 경비였다.

예를 들어, 충렬왕은 34년 동안 왕위에 있으면서 11차례나 원에 왕래했고, 1284년에 원에 갈 때에는 무려 1,200명이 넘는 사람이 따라갔는데 그 비용을 모두 국고에서 충당했다. 이는 곧 국가 재정을 압박하는 요인이 되었고, 그 부담이 백성에게 지워져 이들이 국가에 납부하는 조세가 더욱 늘었다. 당시 국왕이 원에 왕래한 목적은 주로 원의 정치적 후원을 얻기 위해서였다. 그로 인해 일반 백성들에게 부담이 가중되었는데, 이는 결국 국왕을 비롯한 고려의 지배층이 원에 의존하는 자세에서 말미암은 것이다.

09

고려의 도자기 공예

고려청자는 일찍부터 그 명성을 온 세상에 떨쳤다. 송나라에서는 열 가지의 천하제일을 꼽으면서 중국 남방의 도자기를 제쳐 놓고 도자기 분야의 천하제일은 고려 비색秘色이라고 했다. 신비로운 색깔의 고려청자를 일컫는 말이지만 고려 사람들은 비색翡色으로 고쳐 불렀다. 그저 신비한 색깔이 아니라 보석 비취의 빛깔이란 뜻이었다. '흙을 빚어 보석을 만든다'는 고려인들의 자부심을 엿볼 수 있다.

'도기'에서 '자기'로

잿물(유약)을 바르지 않고 진흙만으로 구워 낸 그릇을 토기라고 한다. 질그릇이 바로 토기다. 토기는 신석기 시대부더 삼국 시대에 이르기까지 생활용품의 주종을 이루었다.

유약을 바른 도기陶器가 등장한 것은 7세기의 삼국 시대 말기부터였다. 토기에 '녹유'라는 유약을 입혀 구운 '녹유 도기'가 그것이다. 녹유

청자 양각 죽절문 병
대나무 마디 모양으로 입체감 있게 잘 빚어냈다. 부드러운 곡선의 아름다운 흐름과 안정감 있는 형태의 보기 드문 작품이다. 삼성 미술관 리움 소장

는 낮은 온도에서 구워 낼 때 쓰는 유약으로 규산과 납이 주성분인 산화 구리의 발색제를 말한다. 초벌구이를 한 토기에 이 녹유를 발라 섭씨 900도 정도에서 구워 내면 표면이 빤질빤질한 유리질로 변하고 녹색의 색깔도 나타난다. 녹유 도기의 대표적 유물로는 백제의 잔 받침, 통일 신라의 벼루·항아리·기와 등이 있다.

이 같은 도기의 제작 기술이 300여 년 동안 쌓이면서 고려청자로 대표되는 자기磁器의 시대로 발전하게 되었다. 도기보다도 훨씬 높은 온도에서 구워 낼 때 쓰는 유약을 사용한 것이 '자기'다. 고려청자에 사용한 유약은 풀·나무 등을 태워 얻은 재와 장석과 석영 같은 광물성 물질을 일정한 비율로 배합한 것인데, 이것을 발라 1,200도 이상의 높은 온도에서 구워 내 푸른빛의 청자를 만들었다.

원래 청자를 굽는 방식은 중국에서 전래되었다. 중국에는 도자기를 구워 내는 두 가지 방식이 있었다. 하나는 황허 유역에서 사용하는 '산화염 방식'이고, 다른 하나는 남방의 양쯔 강 유역에서 사용하는 '환원염 방식'이다.

산화염 방식은 가마에 불을 땔 때 산소를 한껏 공급해 완전히 연소시키는 방법으로, 백자일 경우에는 온화한 백색, 청자일 경우에는 짙은 색의 어두운 청자가 된다. 이에 반해 환원염 방식은 불을 땔 때 산소를 공급하지 않고 불완전하게 연소시킴으로써 가마 속에 산소가 부족해져서 도자기의 유약이나 바탕흙에 포함된 적은 산소라도 모두 빼내면서 연소하므로 도자기에 함유되어 이미 산화되었던 철분이 다시 철로 환원되는 작용을 한다. 그러므로 백자일 경우에는 청아한 백색, 청자일 경우에는 맑은 청색이 나타난다. 고려청자는 이중 남방계의 환원염 방식을 받아들여 미묘한 화학적 변화를 잘 가늠해 내면서 이를 독자적으

로 발전시킨 것이다.

본래 우리나라에서 청자를 사용한 것은, 신라 말기의 선종 승려들이 참선의 과정에서 졸음을 쫓기 위한 방법으로 차를 마실 때, 중국에서 청자로 된 찻잔을 수입한 이후부터라고 한다. 신라 말기에도 이미 청자를 만들었다고 하나, 본격적으로 청자를 제작한 것은 고려 시대에 들어오면서부터였다. 고려 정부에서는 전라도 강진·부안 등 지방의 많은 곳에 자기소所를 설치해 전문 도공을 양성하는 한편 다양한 종류의 청자와 백자를 제작했다. 고려청자의 종류로는 순청자·상감 청자·화청자·퇴화문 청자 등이 있고 고려 말에 이르면 분청사기가 나타난다.

비온 뒤의 푸른 하늘빛

고려 비색 청자의 최고품으로 손꼽히는 순청자는 글자 그대로 청자에 유약만을 바른 순수한 청자를 말한다. 12세기 초 고려에 왔던 중국 학자 서긍이 《고려도경》에서 그 빛깔의 아름다움을 칭찬한 도자기가 바로 순청자였다.

중국의 청자가 유약을 두껍게 발라 투박하게 보이는 데 비해, 고려 순청자는 정선된 유약을 얇게 발라 날렵한 자태를 간직한다. 또한 바탕 흙에서 자연적으로 발색하는 빛깔이 청자 유약과 함께 어울려 같은 빛깔이 되도록 그 빛깔의 비례를 맞춘 고려인들의 슬기는 아직도 명확하게 풀리지 않는 신비의 세계를 보여 주고 있다.

순청자의 형태는 다양하다. 표면을 양각과 음각의 여러 문양으로 조각하기도 하고, 그 자체로 동식물이나 인물·기구 등을 형상화한 것도 있다. 5월, 비온 뒤의 푸른 하늘과도 같은 이 순청자는 문벌 귀족들에게 환영을 받으며 12세기 전반기에 그 전성을 누렸다.

빛깔을 대신한 무늬의 독창성

'감嵌' 자는 '산의 골짜기'를 뜻하므로 '상감'은 '골짜기를 메워 어떠한 형상을 이룬다'는 뜻이다. 곧 상감 청자는 그릇 표면을 파고 그 속에 백토 또는 흑토 등의 색이 있는 흙으로 메운 후 유약을 발라 구운 것으로, 청자의 푸른 바탕에 백색과 흑색의 무늬를 나타내는 수법을 말한다. 이 상감 기법은 세계에서 유일하게 고려 도공이 창안한 독보적 장식으로 알려져 있다. 이는 나전 칠기의 자개 상감이나, 또는 청동기에 은입사銀入絲·금입사金入絲로 상감 장식하는 금속 공예품의 기법에서 착상한 것으로 여겨진다.

그러나 이 독창적인 상감 기법은 어찌 보면 편법의 결과였다고 할 수 있다. 본래 아름다운 색의 순청자를 만들어 내기란 쉬운 일이 아니었다. 10개 중 제대로 된 것이 하나 나오기도 힘들었다고 한다. 그럼에도 불구하고 권력의 수탈이 매우 심해, 그 요구에 응하지 않을 수도 없었다. 따라서 도공들이 편법으로 생각해 낸 것이 상감 기법이었다. 즉 유약이 퇴색되어 빛깔이 조금 깨끗하지 못하더라도 상감 기법을 사용해 무늬를 아름답게 장식하면, 외관상 순청자와 비교해도 손색이 없었기 때문이다. 이렇듯 편법으로 시작된 상감 청자였지만 오히려 무늬의 회화적 가치가 인정되고 표면의 변화를 찬연하게 가져오면서 순청자의 뒤

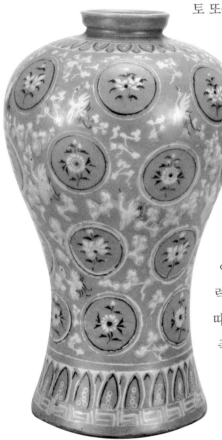

청자 상감 운학 모란 국화문 매병
학이 푸른 하늘에 물들어 무늬가 된 듯한 맑고 고고한 멋이 흐드러져 있다. 넓은 어깨에 홀쭉하게 빠진 몸체를 가진 전형적인 고려 시대 매병으로 밑으로 내려가면서 다시 넓어져 안정감을 준다. 삼성 미술관 리움 소장

를 잇는 고려의 대표적 청자로 자리 잡았다.

상감 청자의 대표적 문양으로 꼽히는 것은 운학雲鶴·야국野菊·포류수금蒲柳水禽 무늬다. 푸른 바탕에 학이 날고 구름이 떠다니는 운학 무늬, 흑색의 가지에 활짝 핀 백색 국화꽃을 상감한 야국 무늬, 갈대와 버드나무가 드리워진 물 위를 오리가 떠다니고 하늘에는 기러기가 나는

포류수금 무늬 등은 속세를 떠난 듯한, 어쩌면 불교의 천상 세계를 연상하게 하기도 한다. 이러한 상감 청자는 12세기 전반기에 만들기 시작해 무신 정권하에서 성장했고, 13세기 전반의 강화 천도 시기에 그 전성기를 이루었다.

이밖에 고려청자의 종류로는 상감한 무늬 곳곳에 산화된 구리를 역시 상감 기법으로 새겨 주홍색의 색채감을 돋보이게 한 진사辰沙 청자, 상감 청자의 유약 표면을 황금으로 다시 장식한 화금畵金청자도 있다. 이 화금청자는 충렬왕 때의 권신 조인규가 원 세조에게 진상하자 원 세조가 그 아름다움에 놀라 "앞으로는 화금청자 이외의 다른 도자기는 받지 않겠다."라고 할 정도로 걸작이었다.

그러나 상감 청자 이후, 색보다도 무늬를 중시하는 풍조가 생기고, 중국 북방계의 산화염 소성 방식이 고려에 전해지면서 화畵청자가 유행했다. 화청자는 상감 대신 백토나 흑토로 무늬를 그린 후 유약을 칠한 방식이다.

상감 청자의 퇴화 이후, 고려 말에 등장해 조선 초기에 크게 유행한 도자기가 분청사기다. 분청사기는 '분장 회청 사기粉粧灰靑沙器'의 준말로 고운 백토로 그릇 표면을 분장해 여러 문양을 넣었다. 바탕색은 청자도 백자도 아닌 회청색이었다. 고려청자에 비해 비교적 소박한 모양을 하고 있으며, 당시 성장하고 있던 신진 사대부들의 애호를 받으면서 발전했다.

분청사기 음각 엽문 편병
앞면과 측면에는 식물을 도안한 엽문을 음각으로 넣었다. 편병은 몸체의 양쪽 면을 눌러서 편편하게 만든 형태의 병이다. 이런 모양은 신라 시대의 토기에서부터 조선 시대까지 지속적으로 제작되었다. 덕성 여자대학교 박물관 소장

신진 사대부와 분청사기
고려 말 왜구들의 서해안 출몰 이후 그 일대의 도공들이 흩어지면서 고려청자의 맥이 끊어질 위기에 처했다. 그러나 지방을 무대로 성장한 신진 사대부의 노력에 의해 도공들이 다시 모이면서 만들게 된 도자기가 분청사기였다.

1883년 보스턴 만국 박람회에 출품한 우리 도자기

1883년이면 조선이 이제 막 개화에 눈뜰 때였다. 미국과의 수교가 바로 1년 전이었다. 이때 보스턴에서 열린 만국 박람회에 조선의 출품이 있었다고 한다. 확실한 내용은 알 수 없지만 도자기 몇 점이 비공식적으로 이 박람회에 전시된 듯하다. 아마도 미국과의 수교를 기념하며 파견한 민영익·홍영식 등 보빙사報聘使 일행에 의한 것으로 짐작되는 데, 우리의 대표적 자랑거리로 도자기를 꼽았다는 점이 이채롭다. 당시에도 이미 우리의 도자기에 대한 자부심이 대단했음을 짐작케 한다.

박람회에서 미국인의 평가가 어떠했는지는 알 수 없지만, 외국인으로서 우리 도자기를 평가한 최초의 인물은 중국 송나라의 서긍이다. 고려 인종 때(12세기 초) 사신 일행으로 고려에 와《고려도경高麗圖經》이란 기행록을 남긴 인물이다. 서긍은 기행록에 "고려 사람들은 도자기 가운데 푸른 것을 비색翡色이라 한다. 최근에는 그 만드는 솜씨가 더욱 교묘해지고 색깔이나 광택이 한층 아름답다."라고 기록했다.

10

고려인의 역사 인식

《삼국사기》와 《삼국유사》는 고려 시대에 140년가량의 간격을 두고 편찬되었는데, 우리나라 고대사의 쌍벽을 이루는 역사서다. 《삼국사기》는 우리나라가 지금 가지고 있는 것으로는 가장 오래된 역사서로 삼국 시대의 역사를 연구하는 데 귀중한 자료를 제공하며, 《삼국유사》는 우리 고유의 전통과 문화를 소중히 다룸으로써 삼국 시대의 사회 경제와 문화생활을 이해하는 데 매우 중요한 문헌이다.

유교적 합리주의의 정사, 《삼국사기》

1145년에 김부식(1075~1151)과 10여 명의 편찬 위원들이 인종의 명령을 받아 편찬한 《삼국사기》는 오늘날 전해지는 가장 오래된 '정사正史'로서의 역사서다. 정사라 함은 왕의 명령에 의해 편찬되거나 국가에서 가장 정확하다고 인정한 역사책을 일컫는 말이다. 우리나라에는 일찍이 《신집》·《서기》·《국사》 등 삼국 시대에 편찬된 정사 역사서가 있었

● 기전체
기전체란 왕의 사적을 기록한 본기本紀와 개별 인물의 전기인 열전列傳을 기본으로 한다. 편년체 역사서가 갖기 쉬운 국왕 중심의 서술을 극복하고 열전을 통해 신하들의 활동까지 보완함으로써 왕과 신하의 기록을 조화시키는 역사 서술 체계다.

● 김부식
김부식은 이름 중 '식' 자를 송의 학자인 소식蘇軾의 이름에서 따올 정도였고, 송의 학자 서긍도 김부식이 "유학에 박학다식한 사람이었다."라고 《고려도경》에 기록했다. 전통 사상을 내세운 묘청의 서경 세력에 시달리면서 더 유교 정치 사상을 강조했다. 또한 경주 김씨로서 신라 왕실의 후예였다는 점도 《삼국사기》의 서술에 많은 영향을 주었다.

으나 오늘날에는 모두 전하지 않고 있다.

《삼국사기》는 정사의 전통적인 서술 체계인 기전체紀傳體●로 쓰였다. 《삼국사기》는 본기 28권, 열전 10권 이외에도 연표·지리지·직관지 등 잡지雜志를 합해 모두 50권으로 이루어져, 상당히 많은 사실들을 체계화하여 쓴 책이라 할 수 있다.

김부식●은 《삼국사기》의 편찬 동기에 대해 "오늘의 사대부는 사서 오경과 진한秦漢 시대의 사기史記에는 통달하면서도 우리나라의 일에 대해는 오히려 잘 모른다."라고 개탄하면서 "우리나라의 임금과 신하의 선악, 국가의 흥망, 정치의 장단점을 밝혀 교훈을 삼고자"한 데 있다고 했다.

김부식은 이러한 편찬 동기와 함께 그 당시까지 우리나라에 전해지던 많은 옛날 책과 중국 역사서에 기록된 삼국에 관계된 기사를 사료로 인용하면서 얼마간 자주적인 자세를 보이기도 했다.

예를 들면, 최치원의 《제왕연대력》에서는 거서간·이사금·마립간 등의 신라 왕의 호칭을 '촌스럽다'하여 모두 왕으로 고쳐 표현했으나, 김부식은 이를 반대하고 이두식 표현을 있는 그대로 취했다. 또한 우리나라의 옛 역사서와 중국 역사서 사이에 차이가 날 경우에는 우리 역사서를 따르기도 했다. 그러나 《삼국사기》의 서술에 나타나는 김부식의 유교 중심·신라 중심 사관과 중국에 대한 사대적 자세에 대해서는 비판의 소리가 높다.

이것은 사료의 선택과 역사 서술의 과정에서 뚜렷이 나타났다. 삼국의 왕들이 각각 자기 연호를 가지고 연도를 표시했음에도 불구하고 김부식은 이를 마땅하지 못하다고 여겨 묵살하려고 했다. 중국이 있는 이상 삼국은 연호를 독자적으로 사용할 수 없다는 뜻이었다.

또한 그는 《구삼국사舊三國史》라고 하는 역사서가 그때까지 전하고 있었음에도 여기에 실려 있는 많은 사실을 채택하지 않음으로써 적지 않은 삼국 시대의 역사 기록을 후세에 전하지 못하게 했다. 이른바 괴력난신怪力亂神[●]을 말하지 않는다는 유교적 합리주의에 입각해 설화나 민담 같은 신비스럽고 전통적인 많은 기록들을 삭제한 것이다. 이규보는 김부식의 《삼국사기》의 기록이 너무 간결하다고 하여 《삼국사기》가 많은 사실을 기록하지 않은 것에 대해 지적한 바 있고, 이규보 자신이 《구삼국사》에 기초해 《삼국사기》에 기록되어 있지 않은 많은 내용을 그의 〈동명왕편〉에 싣고 있다.

김부식은 또한 삼국 가운데 신라만을 내세우고 백제와 고구려에 대해서는 소홀하게 취급했고, 삼국 중 가장 늦은 발전을 보인 신라를 가장 오래된 나라로 서술했다. 신라 왕족의 후예로서 신라 중심적 사관을 벗어나지 못했기 때문이었다.

이러한 신라 중심 사관에 따라 고구려를 계승한 발해에 대해서는 한마디의 언급도 남기지 않았고, 가야에 대해서도 신라에 통합된 지방의 부족 국가로 보아서 그에 관한 기록을 모두 삭제해 왕위 계보마저 싣지 않았다. 따라서 구한말의 민족 사학자인 단재 신채호는 김부식이 민족의 활동 무대를 대동강 이남으로 축소했고, 우리나라의 제도·풍속·문화 등을 유교 입장에서 자의적으로 선택했다고 비판했다.

● 괴력난신
괴이怪異와 용력勇力과 패란悖亂과 귀신鬼神에 관한 일이라는 뜻으로, 이성적으로 설명하기 어려운 불가사의한 존재나 현상을 이르는 말이다.

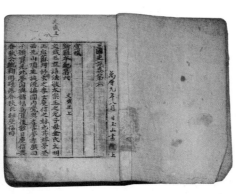

《삼국사기》
1145년에 김부식이 고려 인종의 명에 따라 펴낸 역사책이다. 신라·고구려·백제 세 나라의 역사를 기전체로 적었다. 본기·연표·지류 및 열전으로 되어 있으며, 우리나라에 현존하는 역사책 중에서 가장 오래되었다. 국립 중앙 박물관 소장

그럼에도 불구하고 《삼국사기》는 체계적인 서술 체계를 통해 많은 역사적 사실을 정리함으로써 삼국 시대의 우리 역사를 재구성할 수 있게 했다는 점에서 의미가 크다.

유구한 전통을 인식한 《삼국유사》

13세기 말, 일연(1206~1289)이 편찬한 《삼국유사》는 야사野史● 로서는 지금까지 남아 있는 것 중 가장 오래된 역사책이다.

《삼국유사》는 '야사'였기 때문에 오히려 '정사'인 《삼국사기》에 비해 주제나 사료의 선택이 훨씬 자유로웠다. 왕명을 받고 편찬한 《삼국사기》가 어쩔 수 없이 왕실 중심, 통치자 중심일 수밖에 없었던 데 비해 《삼국유사》는 어떤 주제이든 제약을 받지 않고 관심 있는 모든 것을 수록할 수 있었다.

《삼국유사》는 삼국의 역사 전반에 관한 체계적인 역사서로 편찬한 것은 아니다. 다만 《삼국사기》에서 빠진 우리나라 역사에 관련된 옛이야기들을 특별한 형식 없이 보충한 책이다. 그래서 책의 이름도 '유사遺事'라고 했다.

인각사
일연이 머물며 《삼국유사》를 저술한 곳이다. 중앙 건물은 일연의 영정을 봉안한 국사전이고 오른쪽은 일연의 부도인 보각국사 정조탑이다.

그렇다고 해서 《삼국유사》에 실린 사료의 가치가 대단치 않거나 《삼국사기》보다 뒤떨어지는 것은 결코 아니다. 오히려 《삼국사기》에서 기록하지 않았던 단군 신화·민간 설화·향가들을 수록함으로써 우리의 역사 전통과 사회, 문화 전반에 관한 소중하고 풍부한 자료를 전해 주고 있다. 이와 같은 사료를 수집하기 위해 일연은 각종 고기古記·사찰 기록·금석문·옛 문서 등을 광범하게 정리했으며, 직접 관찰하고 답사한 경우도 있었다. 게다가 인용된 사료에 대해서는 출전과 출처를 분명히 밝힘으로써 사료적 가치를 더욱 높여 주었고, 오늘날 고대사 연구에도 좋은 자료가 되고 있다.

《삼국유사》는 모두 다섯 권으로 되어 있고, 그 분량은 《삼국사기》의 절반을 넘는다. 《삼국유사》의 약 반은 왕력王曆이나 기이紀異와 관련이 있는 이야기를 모았고, 나머지는 주로 불교에 관한 설화 기록이 중심을 이루고 있다. 단군 신화를 시작으로 약 140개 항목에 걸쳐 《삼국사기》에서는 찾아볼 수 없는 고대의 신화·전설·일화 등을 싣고 있다.

이러한 일연의 입장은 김부식이 《삼국사기》에서 취한 유교적 합리주의 사관에 대한 비판이라고 보인다. 그래서 유교적 합리주의가 소홀하게 취급한 설화 형태의 고대사를 새롭게 복원하였을 것이다. 이런 점 때문에 《삼국유사》는 《삼국사기》에 비해 훨씬 더 민족적이고 자주적인 성격을 지닌 역사책이라고 평가받고 있다.

이것은 《삼국유사》가 쓰인 시대 상황을 통해서도 확인할 수 있다. 13세기 후반기는 개경 환도 이후의 본격적인 몽골 간섭기였다. 이러한 당시의 역사 환경 속에서 우리의 유구한 전통을 인식하려는 민족의 노력이 일연을 통해 구체화된 것이 《삼국유사》였나.

《삼국유사》의 특징
《삼국유사》의 가장 큰 특징은 초자연적·초인간적인 서술로 '신이神異', 즉 신비하고 괴이한 내용이 많다. 《삼국유사》는 비합리주의를 정면에서 표방하고 나선 역사서라고 할 수 있다. 일연 스스로도 "삼국의 시조가 모두 '신이'로부터 출발하고 있는 것이 무엇이 괴이한가?"라고 분명히 밝혔다.

역사를 어떻게 쓰는 것이 효과적인가?

역사서의 서술 체제로는 삼체三體, 즉 편년체·기전체·기사 본말체가 있다.

편년체編年體는 연대기로서, 사실을 간편하게 연대순으로 기록하지만, 정치 변천의 흐름에만 집중하는 서술의 한계를 지닌다. 그리고 시간의 순서를 따라 서술하다 보면 일련의 인과 관계에 있는 사건들이 서로 떨어져 나타남으로써 사건의 추이를 쉽게 파악하기 어려운 점도 있다. 공자의 《춘추》, 사마광의 《자치통감》, 우리나라의 《고려사절요》 등이 이에 속한다.

기전체紀傳體는 연대기와 열전●의 종합사綜合史적인 형식이다. 기전체는 이와 같이 연대기에 해당하는 본기 이외에 연표도 넣고, 천문·지리·관직 등에 관한 내용도 수록했으며, 다양한 인물이나 외국 풍물에 관한 내용도 정리함으로써 풍부한 사실을 담은 종합사로서의 장점을 지닌다. 하지만 분량이 많은 데다 많은 부분에서 내용이 중복된다는 단점이 있다. 기전체의 대표적 역사서로는 사마천의 《사기》를 비롯한 중국의 정사正史와 우리나라의 《삼국사기》와 《고려사》 등이 있다.

기사 본말체紀事本末體는 이에 비해 사건별로 분류하는 서술 방법으로서, 사건의 발생부터 경과·결과·의미에 이르기까지의 추이를 명확히 보여 주는 서술체이다. 기사 본말체의 역사서로는 《자치통감》을 사건별로 분류하여 정리한 송나라의 《통감기사본말》, 우리나라의 《연려실기술》 등이 있는데, 주로 국가 편찬 사서가 아닌 개인 편찬 사서에 많이 쓰인다.

● 열전 임금을 제외한 사람들의 전기나 외국에 관한 기록

11

고려의 인쇄술

인쇄 기술의 발명은 인류 문명의 발달에 큰 영향을 끼쳤다. 우리 민족은 인쇄술의 발명과 발달에 기여한 바가 매우 크다. 일찍이 통일 신라 시대부터 목판 인쇄술을 발전시킨 이래 고려 시대에 들면 인류 역사상 처음으로 금속 활자를 발명함으로써 세계 출판문화의 새로운 수준을 개척했다.

나무에 새긴 조각품

1966년 10월, 불국사 석가탑의 보수 공사 때 다라니경이 인쇄된 너비 약 8센티미터, 길이 약 6.2미터의 한지로 된 두루마리가 발견되었다. 이 발견은 우리나라는 물론 세계 인쇄술의 시작에 대한 새로운 학설을 낳게 했다. 그때까지 가장 오래된 목판 인쇄본은 770년대에 인쇄된 일본의 〈백만탑 다라니경〉이었다. 이에 비해 석가탑에서 발견된 〈무구 정광 대다라니경〉은 700년에서 751년 사이에 인쇄된 것으로 세계에서 가장 오래된 목판 인쇄본임이 밝혀졌다.

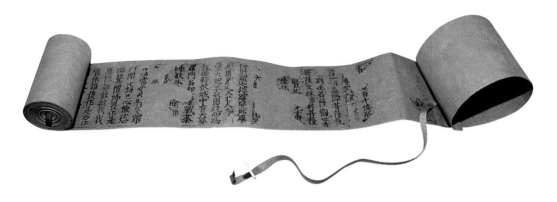

신라에서는 이미 기술적으로 인쇄술의 발명을 위한 기초가 다져지고 있었다. 문무왕 재위(661~681) 때 구리 도장을 주조해 지방 관청에 나누어 주었다는 기록이나, 신라의 도공들이 나무 형틀로 기와에 아름다운 무늬를 찍는 방법을 널리 사용하고 있었다는 점 등에서 이를 알 수 있다. 불교문화의 전성기를 맞아 신라는 이러한 기술력을 바탕으로 중국에서 들여온 다라니경을 인쇄해 보급하려고 했다.

그러나 목판 인쇄가 대규모로 발전하기 시작한 것은 고려 때부터였다. 그 대표적인 출판 사업이 대장경의 간행이었다. 최초의 대장경 간행은 현종 때 시작해 60여 년이 지나 완성한 6,000여 권의 방대한 고려 대장경 판목의 조판에 의해서 이루어졌다.

물론 조판의 동기는 부처의 힘에 호소해 거란 침략을 막아 보고자 하는 데 있었지만, 이 대장경 판목의 완성은 고려의 목판 인쇄 기술이 일차적으로 송의 기술 수준에까지 도달했음을 보여 준다.

그 후 의천이 흥왕사에 교장도감●을 두고 중국에서 수집한 1,000여 종에 이르는 4,700여 권의 불경을 출판했는데 이것을 고려 속장경이라고 한다. 그러나 고려 대장경과 속장경의 판목은 몽골 침략에 의해 거의 불타 버렸다.

역시 부처의 힘으로 몽골을 격퇴하고자 강화도에서 시작한 팔만대장

합천 해인사 장경판전
국보 제52호. 해인사가 창건된 후 여러 차례의 화재가 있었으나 대장경 판전은 옛 모습 그대로 간직하고 있다. 통풍을 위해 건물의 앞뒤와 위아래의 창 크기를 달리했다. 경상남도 합천군 가야면 가야산 소재

팔만대장경 인쇄 과정 상상화
국립 민속 박물관

경 조판 사업은 1236년부터 16년간에 걸쳐 이루어졌다. 글자의 모양이 매우 아름다운 이 팔만대장경은 인쇄 기술 면에서도 최고 수준을 보여준다. 8만 1,258판의 이 대장경 판의 판목은 세로 24센티미터 내외, 가로 70센티미터 내외, 두께 3센티미터 크기에 무게는 3킬로그램 내외이며, 대체로 한 줄에 14자씩 23줄이 앞·뒷면에 새겨져 있고, 총 6,500권

이 넘는 분량의 경전을 조판했다. 판목이 뒤틀리지 않도록 양쪽에 나무 기둥을 끼고 네 귀에 청동 판대를 둘러 못을 쳤으며 표면은 얇게 칠을 입혀 보존에 완전을 기해 벌레나 기후 변동으로 인한 손상이 적도록 했다.

고려 정부에서는 이 대장경 간행 사업을 위해 강화도에 대장도감을 두었고, 진주에 그 분사를 설치해 경상도와 전라도에서 재료를 구하도록 했다. 팔만대장경은 몽골 침략기라는 가장 어려운 시기에 고려인들의 창조적 노력이 깃든 것으로 높은 출판 수준을 보여 준다는 점에서 매우 귀중한 문화재라고 할 수 있다.

목판에 의한 인쇄가 대부분이었지만, 목판이라는 고정된 방법에서 벗어나 나무 활자를 이용한 활판 인쇄 방식도 개발되었다. 의천이 쓴 250권의 《석원사림》의 글자들은 나무 활자에 의한 인쇄라는 사실이 밝혀졌다. 그러나 이 나무 활자는 쉽게 닳아서 여러 번 쓸 수 없는 약점 때문에 같은 글자를 수십 혹은 수백 개씩 새겨야 하는 불편함이 있었다. 그래서 널리 쓰이지는 못했지만, 나무 활자 기술의 보급은 금속 활자의 발명을 가져오는 중요한 매개체 역할을 했다.

금속 활자의 발명

금속 활자에 의한 인쇄가 가능하려면 몇 가지 기술적 바탕이 있어야 한다. 질기고 깨끗한 종이와 인쇄에 적당한 묵墨이 있어야 하고, 무엇보다 활자 주조 기술이 축적되어 있어야 한다. 중국에서도 금속 활자를 만들었다는 기록이 있지만 그것을 사용하지 못한 이유는 인쇄용 잉크가 알맞지 않았기 때문이다. 그러나 고려는 양질의 종이를 중국에 수출하고 있었고, 고려의 '송연묵'은 중국에서도 호평받는 우수한 묵이었다. 게다가 고려는 신라 시대 이후로 금속 세공 기술과 청동 주조 기술을 계승 발전시키고 있었고, 청동 종에 명문을 새긴 전통과 경험도 쌓고 있었다.

고려가 금속 활자를 주조하게 된 동기는 정치 환경에서 비롯되었다. 고려는 이자겸의 난(1126)과 정중부의 무신의 난(1170) 때 일어난 궁궐의 화재로 인해 수만 권의 장서가 불에 타 버렸고, 당시 금의 압력에 의해 송으로부터 서적을 수입하기도 힘든 상황이었다. 더구나 갑작스러운 강화 천도는 서적의 부족을 더욱 절실하게 했다. 결국 이러한 필요가 청동 활자, 즉 금속 활자의 발명을 촉진했을 것이다. 세계 최초의 금속 활자 인쇄본이었다고 알려지는 《상정고금예문(1234)》은 이렇게 해서 강화도에서 만들어진 것이다.

그러나 이 책은 안타깝게도 전하지 않는다. 현재까지 전하고 있는 가장 오래된 금속 활자 인쇄본은 《직지심체요절》인데, 19세기 말 초대 주한 프랑스 공사가 수집해 간 후 현재는 프랑스 파리 국립 도서관에 보관되고 있다.

고려 말 이후 조선 시대에 걸쳐 아름다운 글자체의 금속 활자를 만들려는 노력은 끊임없이 이어졌다. 조선 시대에만 29차례의 새로운 활자

서양의 인쇄술
우리의 금속 활자 수준이 15세기 이후에 정체된 것은 서적에 대한 수요가 적었고, 한문 사용이 금속 활자의 발전에 큰 장애가 되었기 때문이다. 반면에 우리보다 200여 년 뒤늦은 서양에서는 《성경》의 모국어 번역에 힘입어 서적 수요가 늘면서 인쇄술이 비약적으로 발전했다.

흥덕사지
현재까지 전하는 가장 오래된 금속 활자 인쇄본인 《직지심체요절》을 인쇄한 곳이다. 뒤에 보이는 건물은 고인쇄 박물관이다. 충청북도 청주 소재

왜 프랑스에
우리나라 문화유산이
있는 거지?

파리 국립 도서관

직지심체요절

주조가 있었다. 그중 대규모의 것만 추려 보더라도, 세종 때 20만여 자의 갑인자, 성종 때 30만여 자의 갑진자, 영조 때 15만 자의 임진자, 정조 때 15만 자의 정유자와 정리자 등이 있다.

이 중 특히 예쁜 활자로 이름난 세종 때의 갑인자는 이천·장영실·김돈 등이 두 달 만에 완성한 것으로 조선 말까지 사용한 대표적인 활자였다. 또한 당시 갑인자의 주조 속도가 하루 3,400～3,500자였다는 사실은, 구텐베르크의 주조 속도인 하루 350～500자에 비해 대단히 높은 기술 수준을 보여 주고 있다고 할 수 있다.

정밀하기가 **비단**과 같은 고려 **종이**

인쇄술이 발전하는 데 종이는 필수 불가결한 존재다. 고려 시대에는 종이 생산이 양적·질적으로 현저히 발전해 종이가 중국에 적지 않게 수출되었으며, 종이의 질이 정밀하기가 명주와 같아서 천하제일품으로 평가받았다. 당시 종이의 원료는 주로 닥나무였는데, 이것을 가지고 색이 희고 매끄러운 백추지와 질기고 두꺼운 견지를 만들었다.

고려 시대에 종이 만드는 법은 다음과 같았다. 우선 닥나무를 큰 가마에 넣고 삶아서 껍질을 벗기고 말려 흑피를 만들고, 다시 이 흑피를 물통이나 강물에 일주일가량 담근 후 밟아서 겉껍질을 벗기고 햇볕에 말려 백피를 만든다. 다음으로, 가마에 잿물을 넣어 끓이다가 물에 불은 백피를 넣고 저으면서 한 시간 동안 삶은 후 재빨리 건져내 식기 전에 깨끗한 물로 잿물을 뽑는다. 그 다음 백피를 대 위에 올려놓고 나무 방망이로 두드려 섬유가 고르게 퍼지도록 하는데, 이것은 밤에 하는 것이 통례였다. 그리고 이 섬유를 종이를 뜨기 위한 물통에 붓고 여기에 풀을 넣어 휘저은 다음, 대발을 친 나무틀 위에 일정한 분량만큼 옮겨 좌우로 흔들어 균일한 종이층을 만든다. 이것이 젖은 종잇장이다. 마지막으로, 이 젖은 종잇장을 판 위에 한 장씩 옮겨 겹쳐 놓고 물기를 빼기 위해 다음 날까지 눌러 두었다가 종잇장을 한 장씩 떼 내어 건조 판에 붙여 햇볕에 말리면 완성되었다.

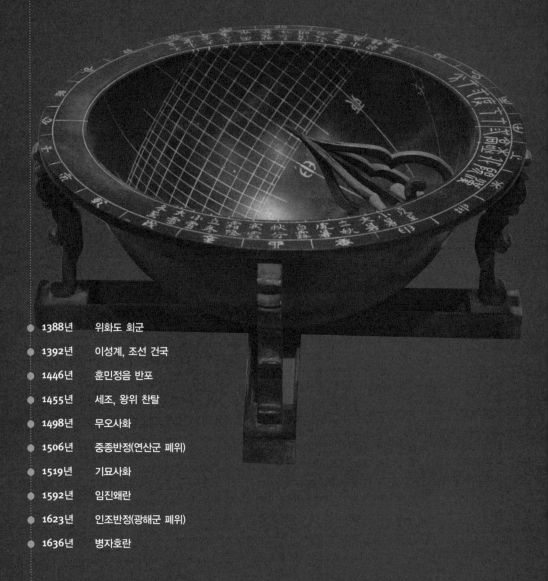

5부

조선 전기

01

조선의 건국 과정

고려 후기는 몽골족이 세운 원나라가 고려의 내정에 간섭하던 시기로, 원나라를 등에 업은 권문세족의 횡포가 극심했다. 그러던 중 고려 말에 이르러 원나라에서는 한족들의 반란인 홍건적의 난이 일어났다. 이 시기를 흔히 원·명 교체기라고 한다. 이 같은 중국의 혼란을 틈타 공민왕은 원나라의 간섭에서 벗어나기 위해 반원 자주의 개혁 정치를 펼쳐 나갔으나, 밖으로는 원나라의 압력과 안으로는 친원 세력들의 반발로 그 뜻을 이루지 못했다. 하지만 공민왕의 노력이 무위로 끝난 것은 아니었다. 그가 권문세족을 견제하기 위해 중앙으로 끌어들인 신진 사대부 세력이 점차 성장해 조선이라는 새 왕조의 탄생을 준비하고 있었기 때문이다.

새로운 나라를 만들 것이야!

권 문 세 족

신흥 무인 세력과 신진 사대부
권문세족이 지배한 고려 후반의 정치는 명분 없는 힘의

정치 그 자체였다. 그들은 개간이나 국가로부터 하사받는 형식, 그리고 심지어는 농민들의 토지를 빼앗으면서까지 토지를 늘려 나갔다. 그들이 보유한 토지는 산과 내로 경계를 이룰 정도였다. 그들 권문세족들이 보유한 토지를 '농장'이라고 한다.

그러나 권문세족들은 자신의 농장에 대한 세금을 한 푼도 내지 않았다. 이는 고려 왕조의 재정적 토대를 무너뜨리는 근본 원인이 되었다. 갈수록 국가의 조세 수입은 줄어들고 재정은 고갈되어 갔다. 그러나 탈세의 당사자가 지배 집단이었기 때문에 농장이 확대되어도 세금은 부과되지 않았고, 힘없는 농민들에 대한 세금만 더욱 가중되었다.

이런 권문세족의 횡포에 도전한 세력이 신진 사대부新進士大夫*였다. 권문세족들은 그들 가문의 권력을 세습하고 유지하기 위해 음서* 제도를 만들었고 그 제도를 통해 시험을 보지 않고도 관리가 되었다.

반면 신진 사대부는 가문의 배경 없이 학문과 실력을 바탕으로 과거를 통해 관리가 된 사람들이었다. 이들은 주로 지방의 하급 행정 실무자인 향리鄕吏*의 자제들이었다. 또한 지방에 뿌리를 둔 중소 지주 출신들로서 권문세족의 대토지 소유에 대해 매우 비판적이었다. 따라서 신진 사대부들은 고려 말의 사회적 폐단을 제거하기 위해서 정치적으로는 권문세족을 몰아내고, 경제적으로는 농장을 없애야 한다고 생각했다.

● 신진 사대부
새롭게 진출한 사대부라는 뜻이다. 사대부는 선비를 뜻하는 사士와 벼슬아치를 뜻하는 대부大夫의 합성어다. 즉 권문세족과는 다르게 학문과 교양을 갖추고 실무 행정의 경험도 있는 학자적 관료라는 의미를 담고 있다.

● 음서
5품 이상의 고위 관리의 자제에게 과거를 보지 않고도 관직에 나아가게 했던 제도. 여러 명의 자제들 가운데 한 명에게 혜택이 주어진다. 5품 이상의 고관에게 과전과는 별도로 지급된 공음전과 함께 고려 시대 문벌 귀족 세력의 대표적인 특권에 속한다.

● 향리
고려 시대와 조선 시대의 지방 세력가들. 고려 초의 호족들이 중앙 집권화의 진전에 따라 세력이 약화된 형태를 일컫는다.

도담 삼봉
정도전이 젊은 시절 이곳에서 꿈을 키웠다고 전한다. 정도전이 자신의 호를 삼봉으로 한 것도 도담 삼봉에서 연유한 것이라고 한다. 충청북도 청주 소재

신진 사대부 세력의 형성은 고려 말 공민왕이 펼친 개혁 정치의 결과
이기도 했다. 권문세족을 몰아내기 위한 공민왕의 적극적인 인재 등용
책으로 참신한 인물들이 대거 중앙 정계에 자리를 잡았기 때문이다. 그
중에서도 훗날 과전법 제정을 주도한 정도전과 조준, 배원排元을 주장
하다 간신 이인임의 미움을 받아 귀양살이를 한 정몽주 등이 그 대표
격이라 할 수 있다. 이들은 성리학이라는 새로운 학문을 바탕으로 이론
적 무장을 하고 있었다. 따라서 권문세족과는 달리 도덕과 명분을 중시
했고 개혁에 대한 의지가 매우 강했다.

한편 고려 말은 홍건적紅巾賊●과 왜구가 기승을 부리던 시기였다. 이
미 국가 재정이 바닥나 있던 고려 정부는 궁한 나머지 북쪽 변방의 지
방 세력가들에게 외적을 방어토록 하고, 공을 세우는 자에게는 관직을
부여하는 정책을 취했다. 이에 왜구와 홍건적을 토벌하면서 명성을 쌓
고 또 관직을 받아 중앙 정계로 진출한 이들이 신흥 무인 세력이었다.

신흥 무인 세력의 대표적인 인물로 함경도 지방에서 성장한 이성계
가 있었다. 이성계의 집안은 본래 전주에서 살다가 함경도 지방으로 이
주한 이후 가세가 번창해 그 지방의 세력가로 성장했다. 지방 세력으로
성장한 그의 집안이 중앙 정계와 인연을 맺기 시작한 것은 아버지 이자
춘 대에 이르러서였다. 이자춘은 쌍성총관부 공격 때 큰 공을 세우면서
그 이름을 날리기 시작했다. 그의 뒤를 이은 이성계는 공민왕의 랴오둥
수복 운동과 외적의 토벌에서 혁혁한 공을 세워 중앙 정계에 영향력을
행사할 수 있는 요직으로 나갔다.

고려 말에 무장으로서 이름을 날렸던 다른 인물로 최영이 있다. 이성
계 집안이 변방의 가문인 반면, 최영의 집안은 중앙의 이름난 문벌 가
문이었다. 그는 외적의 토벌에서 용맹을 떨쳤으며 고려 왕조에 대해서
도 끝까지 충성했다. 최영은 공민왕의 뒤를 이은 우왕에게 딸을 시집보
내고 국왕의 장인이 되면서 정치적 실권을 장악했다. 그러나 그는 정치

적으로 보수적인 입장을 가지고 있었으며 권문세족을 포함한 구세력의 처지를 대변했다.

고려 말, 개혁을 지향했던 신진 사대부들에겐 무력이 없었다. 따라서 그들의 정치적 이상을 이루기 위해서는 무인 세력과의 연대가 필요했다. 그들은 자신들과 정치적 기반이 비슷한 이성계에게 접근했다. 신진 사대부와 이성계의 정치적 제휴는 이러한 바탕 위에서 이루어졌다.

위화도 회군과 최영의 죽음

고려 말, 공민왕이 측근에게 살해당한 후 개혁은 주춤거렸다. 이즈음 정치적 격변의 도화선이 되었던 외교 문제가 발생했다. 중국에서 원을 제압하여 들어가던 명이 철령(강원도 안변) 이북의 땅에 철령위를 설치하겠다고 통보해 온 것이다(1388). 이곳은 쌍성총관부가 있던 지역으로

고려가 이미 공민왕 때 탈환한 바 있었다. 따라서 이런 명의 통보는 고려의 땅을 내놓으라는 요구와 다를 바 없었다.

당시 최고 실권자 최영은 명과의 일전을 결심했다. 그는 한 걸음 더 나아가 과거 고구려의 땅이었던 랴오둥을 되찾겠다는 목적으로 랴오둥 정벌을 강력하게 추진했다. 원과 명 간의 세력 다툼 가운데 랴오둥이 비어 있었기 때문이다. 이에 따라 총사령관인 팔도도통사에는 최영, 좌군도통사에는 조민수, 우군도통사에는 이성계가 임명되었고, 7만여 명의 정벌군이 편성되었다.

이때 우군도통사인 이성계는 4불가지론不可之論●을 들어 랴오둥 정벌을 반대했다. 하지만 이성계의 반대에도 불구하고 랴오둥 정벌은 강행되었다. 정벌군이 출동해 선봉 부대인 조민수와 이성계의 군대가 압록강의 위화도에, 우왕과 최영의 군대가 안주에 이르렀을 때 최영은 선봉 부대에게 진격하도록 명령을 내렸다. 그러나 장대 같은 비가 쏟아지는 가운데 위화도의 장군 막사에서는 고려의 운명을 재촉하는 일이 벌어지고 있었다. 처음부터 랴오둥 정벌을 반대했던 이성계는 끈질긴 설득 끝에 좌군장 조민수를 자기편으로 끌어들이는 데 성공했다.

이성계는 최영의 명령을 거역하고 군대를 돌려 내려옴으로써 고려 왕조에 대해 반기를 들었다. 당황한 최영은 개경으로 돌아와 천여 명의 군사로 반란군을 저지하려 했으나 역부족이었다. 개경은 손쉽게 이성계의 손에 장악되었다. 이성계에게 붙잡힌 최영은 명나라에 대한 역적이란 죄목으로 귀양 보내진 뒤 두 달 후 처형되었다.

●4불가지론
큰 나라(명)에 맞서 싸워서는 승산이 없고, 여름철 농번기에 군사를 동원하면 농사에 지장을 주게 되고, 명과 싸우는 틈을 타서 왜구가 침입할 우려가 있으며, 장마철 원정이라 전염병이 돌 염려가 있다는 네 가지 이유를 말한다.

둘로 갈라진 신진 사대부

이성계가 위화도 회군에 성공하고 실권을 장악한 이후 신진 사대부는 둘로 갈라졌다. 문제의 발단은 '다음 왕을 누구로 할 것인가'였다. 정몽주(1337~1392)[*]와 길재를 비롯한 온건파는 우왕의 아들인 창왕을, 정도전·조준을 비롯한 혁명파는 자기 파의 인물을 내세우려고 했다. 온건파의 경우 개혁을 하되 왕조 교체까지는 생각하지 않은 반면, 혁명파는 보다 급진적인 개혁을 위해 왕조 교체도 감행하겠다는 입장이었다.

이 문제는 조민수가 강경하게 대처해서 일단 우왕의 아들인 창왕이 왕위를 계승하는 것으로 일단락되었다. 그러나 반란으로 권력을 장악한 이성계는 창왕의 존재 자체가 불안했다. 그는 심복들과 의논한 끝에 '우왕과 창왕은 왕씨의 자손이 아닌 신돈의 자식'이라고 해 창왕을 폐함과 더불어 우왕과 창왕을 모두 죽이고 공양왕을 추대했다.

온건파 사대부와 혁명파 사대부 사이의 대립은 시간이 흐를수록 더욱 격화되었다. 그러던 중, 왕이 되려는 이성계의 야심이 서서히 드러나기 시작하면서 온건파 사대부의 위치는 흔들리기 시작했다. 온건파 사대부를 대표했던 정몽주는 권문세족들의 횡포에 맞서며 개혁에 참여했으나, 이성계 일파가 왕위까지 넘보는 현실은 거부했다. 더구나 정도전 같은 학자가 이에 동조함은 성리학자로서 정도에서 벗어나는 것으로 보았다. 이상은 같았으나 방법론에서의 차이가 끝내 사대부들의 운명을 갈라놓았다.

혁명파 사대부들은 그들이 구상했던 경제적 개혁을 실천해 나갔다. 그들은 권문세족의 농장을 없애고 국가 재정을 확보하기 위해 새로운 토지 제도인 과전법을 제정·공포했다. 과전법에 따라 권문세족의 농장을 모두 몰수하고 그 땅을 다시 신진 관료들에게 지급했다. 이로써 구세력인 권문세족의 물질적 기반이 사라지게 되어 신구 정치 세력의 교체가 이루어졌다.

● 정몽주
고려 말의 충신. 공민왕 때 장원 급제하고 그 후 이성계의 종사관이 되어 그와 함께 여진 정벌에서 많은 공을 세웠다. 위화도 회군 이후 이성계와 같이 공양왕을 추대하는 등 개혁에 참여했으나, 정도전 등이 이성계를 왕으로 추대하려 하자 끝까지 고려에 대한 충절을 지키다 이방원의 하수인 조영규 등에게 개경의 선죽교에서 피살당했다.

두문불출
온건파 사대부들과 고려의 충신 가운데 많은 이들이 벼슬을 버리고 '두문동'이란 마을로 들어가 모여 살았다고 한다. 훗날 이 두문동에 불을 질러 온 동네가 불바다가 되었으나 한 사람도 나오지 않고 그대로 불에 타 죽었다고 한다. '두문불출杜門不出'이란 말도 이때 생겼다.

서까래 세 개의 꿈

이성계는 위화도 회군으로 정권을 장악하고, 과전법을 통해 구세력의 물질적 기반을 빼앗았다. 이어서 새 왕조 수립에 정치적 장애물이 되었던 온건파 사대부를 제거했다. 이 일을 맡은 인물이 이성계의 다섯째 아들인 이방원(태종)이었다. 정도전이 이성계의 머리였다면 이방원은 이성계의 손발이었다. 이방원은 이성계가 사냥 도중 말에서 떨어져 병상에 누워 있을 때 문병을 하러 온 정몽주를 불러 술잔을 나누면서 그의 마음을 떠보았다. '이런들 어떠하며, 저런들 어떠하리(국왕이 왕씨면 어떻고 이씨면 어떤가라는 뜻)'라는 그의 〈하여가〉에 정몽주는 '임 향한 일편단심은 변하지 않는다'는 의미의 〈단심가〉로 답했다. 이렇게 학자로서의 절개를 지켰던 포은 정몽주는 개경의 선죽교에서 이방원의 하수인인 조영규의 철퇴를 맞고 영원히 잠들었다. 도은 이숭인 역시 정도전과의 불화로 피살당했다.

이성계가 금척을 받는 그림
이성계가 산신령으로부터 '금으로 된 자'를 받는 장면으로, 왕이 될 것을 예시한 그림이다. 전라북도 진안 마이산 은수사 소장

이와 같은 일련의 정치·경제적 변혁 과정을 통해 왕조 교체의 기반을 다진 이성계는 추대의 형식으로 왕위에 올라 새 왕조를 열었다.

이성계는 젊은 시절에 불난 집에서 서까래 세 개를 짊어지고 나오는 꿈을 꾸었다고 한다. 무학 대사는 이 꿈에서 서까래 세 개를 짊어진 것은 '왕王' 자와 같으므로 그가 왕이 되는 꿈이라 풀이했다고 한다. 무학 대사의 해몽처럼 그의 꿈이 실현되었던 것일까?

조선 건국은 역사적으로 어떠한 의미가 있는지 생각해 보자. 먼저 정치 세력의 교체를 들 수 있다. 가문을 배경으로 한 권문세족에서 능력을 바탕으로 한 신진 사대부로 지배 세력이 교체되었다는 데 의미가 있다. 또 하나로 과전법의 시행을 들 수가 있다. 위화도 회군이 정치적 혁명이었다면 과전법은 경제적 혁명에 해당한다. 비록 농민에게 토지가 주어지지는 않았지만 권문세족의 농장이 혁파되어 자영농이 성장할 수 있는 토대가 마련되었다. 또한 수확량의 절반을 소작료로 걷어 들이는 병작반수가 법적으로 금지되고 수확량의 10분의 1만을 걷도록 함으로써 농민 생활이 안정되었다.

　결과론이지만 조선은 정치와 경제가 안정되어 동북아시아에서 명나라 다음가는 강대국의 지위에 올랐다. 혼란했던 고려 말의 상황을 생각한다면 조선의 성립은 안정과 번영의 기초를 다지는 과정이었다.

공민왕의 **의문사**

공민왕은 노국 대장 공주만을 사랑하다가 노국 공주가 난산으로 죽자 실의에 빠져 정치에 뜻을 잃고 기행을 일삼았다. 이때 신돈의 전횡으로 정치는 어지러웠으며, 그 자신은 자제위를 설치하여 미소년들을 궁중에 머물게 해 풍기가 문란해졌다. 그러던 중 자제위소속 홍륜이 익비와 관계하여 익비가 임신하게 되었다. 이 사실을 환관 최만생이 밀고하자 공민왕은 이 일이 누설될까 염려하면서 "너도 이 사실을 알았으니 죽음을 면치 못하리라." 했다. 이 말에 놀란 최만생이 홍륜 등과 모의하여 침전에서 공민왕을 살해했다고 한다. 그러나 이는 드러난 표면일 뿐, 친원 세력 숙청 등 공민왕의 반원 자주 정책에 위기의식을 느낀 권문세족이 반격을 가한 것이라고 보는 견해도 있다.

무학 대사의 **파자점**

태조가 젊었을 때, 안변의 작은 암자에서 파자점破字占(한자의 자획을 나누거나 합하여 길흉을 점침)을 잘하는 무학 대사를 만났다. 마침 먼저 온 손님이 '문問' 자를 짚었다. 그러자 무학 대사는 그 사람을 쳐다보다가 다음과 같이 말했다.

"바른대로 말하리까? 입[口]이 문[門] 앞에 붙었으니 걸인의 신수외다."

그 광경을 지켜본 태조가 짐짓 못 본 척하며 '문問' 자를 짚었다고 한다. 그러자 무학 대사는 물끄러미 태조를 바라보다가, 일어나 합장 배례를 하면서 "왼쪽으로 보아도 임금 군君이요, 오른쪽으로 보아도 임금 군君이니, 장차 국왕이 되실 분입니다." 했다고 한다.

02

통치 체제의 정비

태조 이성계는 유교를 정치 이념으로 채택한 숭유억불 정책과 민생의 안정을 위한 농본주의 정책, 그리고 평화 및 문물 교류를 위한 사대교린 정책 등을 통치의 기본으로 삼았다.

1394년(태조 3)에는 도읍을 한양으로 옮기어 새 왕조의 면모를 갖추었다. 태조는 무학 대사와 정도전의 의견에 따라 한양으로 천도 후 경복궁을 비롯한 궁궐과 종묘·사직을 차례로 세웠다. 이어서 20만 명을 동원해 전

경복궁 근정전
경복궁은 한양 천도 후 세운 조선의 정궁이다. 근정전은 경복궁의 정전正殿으로, 국왕의 즉위식 또는 공식적인 대례大禮를 거행했던 곳이다. 지금의 건물은 임진왜란 때 불탔던 것을 1867년(고종 4)에 대원군이 다시 지은 것이다.

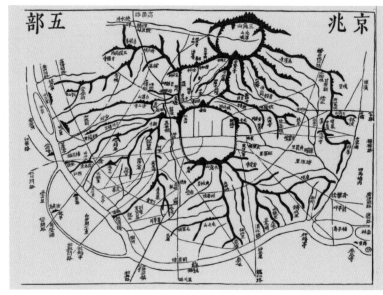

체 길이가 17킬로미터에 달하는 성곽도 축조했다. 한양 천도는 구세력의
본거지인 개경을 떠난다는 정치적 의미 외에도, 한양이 한반도의 중심인
한강을 끼고 있는 요새지이자 교통의 요충지라는 점에서 통일 민족 국가의
초석을 닦는다는 의미도 보여 주고 있다.

　건국 초기인 태조 대에는 전반적인 정치·군사·신분 제도 등에 대한 개
혁은 손쓸 겨를이 없었기 때문에 통치 제도의 윤곽을 잡는 데 그쳤다고 할
수 있다. 무인 출신인 태조는 통치 질서의 기본을 마련하는 데 정도전과 같
은 신진 사대부 출신의 공신들에 전적으로 의존했다. 그러나 시간이 흐를
수록 그들은 도평의사사●의 기능을 강화해 막강한 권력을 행사했다. 이에
왕실과 비非공신 세력의 반발을 살 수밖에 없었고 그 결과 일어난 사건이
이른바 '왕자의 난'이었다.

●도평의사사
대신들의 합의 기구. 고려 말
원나라 내정 간섭기에 도병마
사에서 도평의사사로 개편되
면서 그 기능이 비대해져 권
문세족들의 전횡을 야기했다.

골육상쟁을 일으킨 왕자의 난

태조의 다섯째 아들이었던 이방원(태종)은 개국 공신 세력을 매우 못마

땅하게 생각하고 있었다. 그중에서도 조선 왕조 개창의 일등 공신으로 태조의 총애를 받으며 국정을 도맡았던 정도전에 대해서는 더욱 큰 반감을 가지고 있었다. 이방원과 정도전 사이의 불화는 세자 책봉●문제가 터지면서 표면화되었다.

태조의 정실이었던 한 씨는 이성계가 왕위에 오르기 전에 이미 세상을 떠났고, 당시 계비 강 씨에게서 낳은 이방석이라는 아들이 있었다. 이방원과는 이복형제다. 사실 조선 건국 과정에서 이방원은 악역을 맡았으나 그 공로는 매우 컸다. 따라서 이방원은 자신이 세자로 책봉되기에 충분하다고 생각했다. 그런데 정도전과 왕후 강 씨의 후원에 힘입어 이방석이 세자로 책봉되었다. 이에 이방원이 불만을 품은 것은 당연했다.

이러한 사태의 배경에는 왕권과 신권의 두 축이 물려 있었다. 이방원 자신의 불만도 있었으나 약화된 왕실의 위상도 이방원을 움직이게 만든 요인이었다. 그는 하륜·이숙번 등을 자신의 편으로 끌어들이며 암암리에 세력을 규합해 나갔다. 마침내 이방원은 사병을 동원해 정도전·남은 등의 반대 세력을 제거하고, 세자인 방석과 이복동생인 방번을 살해했다(1차 왕자의 난).

이즈음에는 대다수의 비非공신 관료들이 이방원의 편에 서 있었기 때문에 태조의 힘으로도 이러한 사태에 대해 제재를 가하지 못했다. 태조가 할 수 있었던 일은 이방원 대신 둘째인 이방과(정종)를 세자로 책봉하는 정도였다. 자신의 형인 이방과가 세자로 책봉되었다는 소식을 들은 이방원은 "방과 형님은 내가 두 눈만 치떠도 놀라 왕위에서 물러날 사람이니 걱정 마시오."라고 말했다고 한다.

비록 정종이 왕위에는 올랐으나(1398) 실제 왕은 이방원이나 다름없었다. 정치적 실권은 모두 이방원이 쥐고 있었기 때문이다. 정종이 즉

● 세자 책봉
국왕의 생존 시에 왕자들 가운데 왕위 계승자를 미리 정해 두는 것을 세자 책봉이라 한다. 이는 국왕 승하 시에 있을 수 있는 정치적 혼란을 막기 위한 것이다.

왕자의 난
왕자의 난은 왕실 세력과 공신 세력 사이의 권력 다툼에서 비롯되었다.

공법
세종 때 제정된 세법. 토지의
품질을 결정하는 전분 6등법
과, 해마다 풍흉에 따라 세액
을 결정하는 연분 9등법이 주
를 이루고 있다. 세종은 이 법
을 제정하기 위해 20년이 넘
는 기간에 걸쳐 조사 및 준비
작업을 했고, 합리적인 세율
을 적용함으로써 국부민부國
富民富의 기틀을 마련했다.

●육조 직계제
육조 직계제는 행정 실무 기
관인 육조에서 국왕에게 직접
보고하는 제도로, 대신들의
권한을 약화시키려는 데 그
뜻이 있다.

위한 지 1년쯤 지났을 무렵 이방원의 형인 이방간이 이방원을 제거하기 위해 난을 일으켰으나 실패했다(2차 왕자의 난). 이방원은 이를 계기로 정종을 왕위에서 물러나게 하고 자신이 직접 왕위에 올랐다.

왕권 강화로 이룬 통치의 기틀

태종 이방원은 정치 및 군사 제도 등 대폭적인 개혁에 착수하고 이를 강력히 집행함으로써 왕권 강화를 위해 노력하였다. 사병을 혁파해 병권을 장악했고 신권을 대변하던 도평의사사를 폐지하고 의정부를 신설했다. 아울러 행정 실무를 맡아 보는 육조의 기능을 강화하고 육조에서 직접 왕에게 보고하는 육조 직계제●를 실시해 왕권을 강화했다. 이밖에 양전 사업을 실시해 국가 재정의 기반을 마련하고 호패법·신문고 제도 등을 실시해 민생 안정과 부국강병의 기틀을 다져 나갔다.

이와 같은 태종의 업적은 세종 때 한 차원 높은 정치의 실현을 가능하게 했다. 세종은 왕권의 안정 위에 유교적인 덕치와 민본 정치를 지향했고, 재위 32년 동안 많은 치적을 이뤘다. 학술과 언론을 중시하는 합리적 관료주의 사회를 정착시켰으며, 국학 연구를 통한 민족 문화의 정리 및 전분 6등과 연분 9등의 세법 정비, 그리고 대외 관계의 개선 및 4군 6진의 개척 등을 통해 사회 안정과 국력의 신장에 많은 진전을 가져왔다. 세종의 업적은 자신이 길러 낸 집현전 학사들의 도움에 크게 힘입었다. 특히 한글의 창제는 민족 문화의 중흥에 일대 전기를 이루었으며, 측우기 등 과학 기기의 발명은 민족 문화의 우수성을 드높인 것이었다.

어린 단종과 숙부 수양

세종의 뒤를 이은 문종은 병약해 왕위에 오른 지 2년 만에 죽었다. 문종의 갑작스러운 죽음으로 단종이 즉위했는데, 이때 단종의 나이 12살이었다. 단종이 즉위하면서 임금과 신하 사이의 힘의 균형이 깨지기 시작했다. 어린 국왕이 왕위에 오른 틈을 타서 대신들이 자신의 권한을 강화시켰을 뿐만 아니라, 세종 이후 크게 성장한 집현전 학사들의 정치 참여도가 높아졌기 때문이다. 이른바 황표 정사라는 말이 등장한 때도 이 무렵이었다. 황표 정사는, 단종이 너무 어렸기 때문에 의정부 대신들이 적절한 인물에 황표(노란 표시)를 하면 단종이 이를 형식적으로 낙점하던 일을 말한다.

이렇듯 대신들에게로 권력이 집중되어 가고 대군大君의 집에 대한 분경奔競 금지● 조치까지 내려지자 왕실 종친들의 불만이 극에 달했다. 단종의 숙부인 수양 대군은 이와 같은 왕실의 불만을 정치적으로 이용했다. 수양 대군에게는 한명회, 그리고 권람 같은 지략가가 있었다. 수양 대군 일파는 치밀한 계획을 세워 백두산 호랑이라 불렸던 좌의정 김종서, 그리고 영의정 황보인 등을 죽이고 권력을 장악했다(계유정난, 단종 1년, 1453).

●분경 금지
분경이란 청탁 등의 목적으로 힘 있는 자의 집에 드나드는 것을 말한다. 대군의 집에 대한 분경 금지는 공신 세력들이 왕실의 정치 간여를 배제시키기 위한 것이다.

김종서 집터
김종서는 태종 5년(1405) 문과에 급제한 후 함길도 절제사가 되었고, 세종 때 6진을 개척하여 두만강을 국경으로 삼는 등 큰 공을 세웠다. 병약한 문종이 나이 어린 단종의 보좌를 부탁했으나 계유정난 때 피살당했다. 사진은 서울의 김종서 집터 자리. 지금의 농업 박물관 구내 소재

사육신 사당
단종의 복위를 도모하다가 사전에 발각되어 처형된 성삼문·박팽년·하위지·이개·유성원·유응부를 사육신이라고 한다. 사진은 사육신을 모신 사당으로 서울 노량진에 있다.

그 후 성삼문 등 집현전 학사들이 중심이 되어 수양 대군을 제거하고 단종을 다시 왕위에 세우려는 계획을 세웠으나, 사전에 발각되어 체포당하고 말았다. 이들은 국문을 당하면서도 끝까지 굴복하지 않고 순절해 '사육신'이란 이름을 얻었다.

다시 세운 왕실의 위엄

정치적인 반대파들을 제거한 수양 대군은 이후 양위의 형식으로 단종을 이어 왕위에 올랐다.

생육신
세조에 대항하다 목숨을 잃은 사육신과 달리 생육신은 목숨을 부지하여 붙은 말이다. 김시습·원호·이맹전·조여·성담수·남효온이 있다. 이들은 벼슬을 버리고 절개를 지켰다.

수양 대군(세조)은 왕위에 오른 후 과전법을 직전법으로 바꾸어 국가 재정의 확립을 도모했고, 육조 직계제를 더욱 강화해 왕권의 신장을 꾀했다. 또한 조선 왕조의 기본 법전인 《경국대전》과 자주적 역사서인 《동국통감》의 편찬을 시작하게 해 민족사 체계 수립에도 관심을 기울였다.

세조의 왕위 찬탈 행위는 윤리적인 측면에서 의롭지 못한 일이었지만, 위축된 왕권을 살리고 부국강병의 국가 기틀을 다진 것은 왕조사의 측면에서 볼 때 제2의 건국과 같은 것이었다.

왕자의 난과 계유정난은 왕실의 승리로 끝이 났다. 조선 건국 초기에 일어난 이와 같은 일련의 사건들은 국왕 주도의 정치를 지향하는 왕실 세력과, 대신 주도의 정치를 지향하는 관료 세력의 대립을 그 밑바탕에 깔고 있다. 그러나 시간이 흐르고 통치 질서가 성숙되어 감에 따라 관료 세력의 힘은 비대해져 갔다. 이른바 '국왕은 약하고 신하는 강하다 [君弱臣强]'는 조선 정치의 특징이 형성된 것이다. 따라서 이후의 조선 정치사는 관료 세력 간의 치열한 다툼으로 비화될 소지를 안고 있었다.

청령포
단종은 노산군으로 강봉되어 영월로 추방되었다. 그해 가을 금성 대군이 경상북도 순흥에서 단종의 복위를 모의하다 발각되자 노산군은 서인庶人이 되고, 같은 해 10월 죽임을 당하였다. 사진은 단종의 유배지인 강원도 영월 청령포 전경이다.

성삼문의 **임종 시**

수양 대군의 왕위 찬탈을 불의로 간주한 집현전 학사들은 비밀리에 단종의 복위 운동을 꾀했다. 그러나 김질의 밀고로 이들의 계획이 탄로 났다. 그들은 잡혀서 고문을 당하면서도 끝까지 절개를 잃지 않았다고 한다. 국문을 당하던 중 달궈진 인두로 등을 지지는 데도 인두가 식었으니 더 달궈 오라고 호통을 치기까지 했다고 한다. 단종 복위 운동의 중심인물로 체포되어 순절한 이들 여섯 충신을 사육신死六臣이라고 한다. 사육신 중의 한 사람인 성삼문은 임종 전에 다음과 같은 시를 읊었다고 전해진다.

북소리 목숨 앗길 재촉하는데

머리 돌려 바라보니 해도 저무네

황천엔 객점 하나 없다 하거니

오늘 밤 뉘 집에 가 잠을 자리오

비록 그 배경에는 복잡한 정치 상황이 얽혀 있었지만, 그들이 보여 준 선비로서의 충절과 절개는 역사의 귀감이 되고 있다.

창절사
사육신 여섯 위와 생육신(김시습·남효온), 그리고 단종의 시신을 거두었던 엄흥도와 단종의 복위를 꾀했던 박심문의 위패를 모신 사당이다. 강원도 영월 소재

03

사림파의 등장

역성혁명易姓革命●을 불의로 간주했던 고려 말의 온건파 사대부 대부분은 낙향해 학문과 교육에 몰두했다. 한 세기 동안 현실 정치와는 일정한 거리를 두고 있던 이들은 성리학 연구를 통해 이론적으로 무장하고 지방을 거점으로 학통을 이어가면서 은연중에 커다란 정치 세력으로 성장해 갔다. 15세기 말 거대해진 훈구 세력에 대한 견제 방책으로 성종이 사림파를 기용하기 시작했고, 이로써 사림들이 중앙의 정치 무대에 본격적으로 등장하기 시작했다.

훈구파와 사림파

유교 정치 이념하에서 일어난 세조의 왕위 찬탈은 정통성에 대한 도전이었고 그것은 곧 그 자신의 정통성 결핍으로 나타났다. 따라서 세조는 자신의 집권을 지지해 주는 소수의 인사들을 중심으로 정국을 이끌어 갈 수밖에 없었다. 세조의 집권 시기에 다섯 차례의 공신 책봉으로 그

● 역성혁명
다른 성씨로 왕조가 바뀌는 일. 예를 들어, 왕씨 왕조(고려)에서 이씨 왕조(조선)로 바뀌는 것을 뜻한다.

조선 시대의 언론기관
사간원·사헌부·홍문관의 삼
사를 말한다. 조선 시대에는
이 언관직을 깨끗하고 중요하
다는 뜻의 청요직이라고 불렀
다. 언론 기관이 국가 기관의
일부로 존재했다는 사실은 조
선의 정치가 학술과 언론을
바탕으로 이루어졌음을 보여
준다.

소수 서원
1543년, 풍기 군수 주세붕이
고려 때의 안향(성리학을 도입
소개한 학자)의 제사를 지내기
위해 세운 우리나라 최초의 서
원. 처음 명칭은 백운동 서원이
었으나 명종 5년(1550) 최초의
사액 서원(임금이 이름을 지어
서 새긴 현판을 내린 서원)으로
지정되면서 국왕이 소수 서원이
란 이름을 붙여 주었다. 서원은
사림의 성장과 함께 세워지기
시작했다. 경상북도 영주 소재

들의 가족 및 인척이 대거 정계로 진출했는데, 이들은 세조 대 이래로 정권을 독점하고 사회·경제적 특권을 누리면서 지배 집단을 형성했다. 이들을 흔히 훈구파勳舊派라고 부른다. 훈구파 가운데에서도 한명회·신숙주·구치관 등은 당대 최고의 정치권력을 행사했다.

한편 고려 말의 성리학 전래와 더불어 등장한 사대부 가운데 이성계의 역성혁명을 인정하지 않고 초야에 묻혀 성리학에 몰두했던 이들이 서서히 지방의 지주층으로 성장해 가면서 다시 일어설 기회를 노리고 있었다. 길재의 학통을 이어받은 이들은 성종 대에 이르러 먼저 영남 일대를 배경으로 크게 뿌리를 내리게 되었다. 이들을 흔히 사림파士林派라고 부른다.

세조의 뒤를 이어 왕위에 오른 예종은 단명하여 재위 13개월 만에 죽었다. 예종에 이어 13세의 어린 성종이 즉위하자 다시금 훈구파가 권력을 장악했다. 사림파가 중앙 정계에 등장하게 된 계기는 성종의 왕권

안정화 정책의 시행이었다. 성종은 장성하여 친정親政*을 시작하면서
거대해진 훈구 세력을 견제하기 위해 재야 사림 세력을 등용했다. 이때
에 길재의 학통을 이어받은 영남의 김종직(1431~1492)* 일파의 사림
세력들이 대거 기용되었다. 김종직은 언관*직을 맡아 왕을 보좌하며 훈
구 대신의 전횡을 약화시켜 왕권의 안정에 큰 역할을 했다.

　사림파는 학통이나 지역, 그리고 정치의식 등이 훈구파와는 크게 달
랐다. 훈구파는 성균관과 같은 관학에서 사장학(시와 문장) 중심의 공부
를 한 반면, 사림파는 서원과 같은 사학에서 경학(성리 철학)에 몰두했
다. 훈구파가 대지주인 반면, 사림파는 대부분 중소 지주의 경제 기반

● 친정
직접 정사를 맡아보는 일을
말한다.

● 김종직
조선 초기의 성리학자. 호는
점필재. 제자로 김굉필, 정여
창과 같은 명유(이름난 선비)를
길러 냈다. 성종 때 그가 쓴
〈조의제문〉 때문에 무오사화
(연산군 4년)가 일어나 많은 선
비가 죽었고, 자신 또한 부관
참시를 당했다.

● 언관
언론 기관의 관직

을 가지고 있었다. 훈구파가 중앙 집권적인 정치 체제를 추구한 반면, 사림파는 향약의 실시를 통한 향촌 자치를 이상으로 삼았다.

새로 등용된 사림파들은 명분과 절의를 중시한 까닭에 훈구 관료들에게는 거북스러운 존재였으나, 성종의 조정으로 심한 대립은 일어나지 않았고 점진적으로 왕권의 안정에 기여했다. 그러나 차츰 사림파의 세력이 커지자 훈구파의 거센 반발을 받게 되고 그 대립이 표면화된 사건이 이른바 '4대 사화士禍'다.

사화士禍의 발생

훈구와 사림의 반목이 첨예화된 것은 연산군이 즉위하면서부터였다. 사림파는 세조의 왕위 찬탈을 불의로 간주해 비난했고 훈구 세력을 소인배로 몰아붙였다. 이 같은 사림파의 공격에 대해 훈구파는 반격의 기회를 노리고 있었다. 그러던 중 김일손의 사초史草●사건이 터졌다. 이 사건은 김일손이 사관으로 있으면서 자신의 스승 김종직의 〈조의제문弔義帝文〉●을 사초에 실었는데, 이것을 훈구 대신 이극돈이 발견하면서 시작되었다. 이극돈은 유자광(?~1512)●과 함께 김종직의 〈조의제문〉이 세조의 왕위 찬탈을 비난한 것이라고 연산군을 부추겨 무오사화를 일으켰다(1498). 이로써 김일손을 비롯해 사림 30여 명이 사형을 당하거나 쫓겨났다. 그리고 김종직은 이미 죽은 후였으나 관 뚜껑을 열고 시체를 베는 형벌인 부관참시剖棺斬屍를 당했다.

그로부터 6년 뒤에는 갑자사화가 일어났다(1504). 연산군이 어렸을 때 친어머니 윤 씨가 왕비의 자리에서 쫓겨나 사약을 받고 죽은 사건이 있었다. 연산군의 포악한 성격을 잘 알고 있었기 때문에 이 사건에 대해 모두들 쉬쉬하고 있었다. 그러나 왕실 측근의 훈구 세력인 임사홍 등이 이 일을 밀고하면서 일이 터졌다.

성종의 왕비였던 윤 씨는 성종이 후궁의 처소에만 드나들고 자신을

● 사초
역사를 기록하는 관리를 사관史官이라고 하고 그들이 기록한 내용을 사초史草라고 한다. 사초는 당대에 국왕이 보지 못하도록 하여 사관이 소신 있게 역사를 기록할 수 있게 했다. 사초를 바탕으로 역사서를 편찬했다.

● 조의제문
김종직이 지은 〈조의제문〉은 항우가 죽인 의제(초나라 회왕)를 조상하는 글인데, 이것은 세조에게 죽임을 당한 단종을 의제에 비유한 것으로 세조의 왕위 찬탈을 비난한 것이다. 이는 사림파가 고려 말 온건파 사대부에 그 뿌리를 두고 있음을 입증한다. 이 글은 사림파의 역사의식을 잘 보여주고 있는데 세조의 왕위 찬탈에 대한 비판은 당시 조선 국왕의 존재 자체를 부정하는 것이 될 수 있다.

● 유자광
연산군 때의 간신. 세조 때 무과에 올라 남이 장군 등을 역모로 몰아 죽인 공으로 출세길에 올랐다. 김종직이 함양 군수로 부임해서 자신이 현판에 써 놓은 시를 떼어 버리자 양심을 품고 이극돈과 결탁하여 〈조의제문〉을 빌미로 무오사화를 일으켰다.

멀리하자 성종과 말다툼 끝에 용안에 손톱으로 상처를 내어 화를 자초했었다. 어머니가 비참하게 죽은 사실을 알게 된 연산군은 복수심에 불탄 나머지 이 사건과 관련된 사람들을 모조리 죽였다. 연산군의 포악한 행위를 꾸짖던 인수 대비 또한 병상에서 맞아 죽었다.

갑자사화는 사림뿐만 아니라 훈구 세력에게도 타격을 입혔으며 연산군의 전제 왕권을 더욱 강화시키는 계기가 되었다. 견제 세력이 없어진 연산군은 채홍사採紅使를 보내 각 도에서 기생을 징발하고, 사찰이었던 원각사를 기생의 숙소인 기락소妓樂所로, 성균관을 연회장으로 만들었다. 또한 자신을 비방한 벽서가 한글이었다 하여 한글 서적을 불태우고 통용을 금하는 등 폭정을 일삼았다. 이에 박원종·성희안 등 훈구 관료들이 쿠데타를 일으켜 연산군을 폐위시키고 중종을 왕으로 세우니 이 사건이 곧 중종반정이다(1506).

중종은 왕위에 올랐지만, 오랫동안 반정 공신인 훈구파 관료들에 눌려 소신껏 일을 하지 못하고 여색으로 세월을 보냈다. 그러나 중종의 치적은 조광조를 기용하면서 빛나기 시작했다. 무오사화와 갑자사화로 사림파들이 거의 몰살당해 유학이 쇠퇴하고 기강이 문란해지자 중종은 쫓겨난 신진 사대부들을 등용하고 성리학을 크게 장려했던 것이다.

〈금삼의 피〉
연산군의 어머니인 윤 씨가 사약을 받고 죽을 때 피를 토한 얼룩이 선명한 저고리를 윤 씨의 어머니, 즉 연산군의 외할머니가 그대로 보관하고 있다가 임사홍의 밀고 때 연산군에게 보여 주었다. 이를 소재로 한 박종화의 소설이 《금삼의 피》다.

우리 아들이 조금만 더 컸더라면…

사약

연산군의 묘
쫓겨난 후 강화도 교동에 유배되었다가 30세에 죽은 연산군의 묘이다. 묘의 시설은 왕자의 격식으로 만들어졌다. 서울 도봉구 방학동 소재

●김굉필
조선 초기의 성리학자. 호는 한훤당. 김종직의 제자로 무오사화 때 유배되었다가 갑자사화 때 처형당했다. 김종직이 시문을 위주로 한 데 반하여 김굉필은 실천을 중요시했다.

조광조는 김굉필(1454~1504)●의 제자로 기호 사림파였다. 그는 왕의 신임 아래 대사헌의 벼슬까지 승진했다. 현량과를 실시해 유능한 인재를 무시험으로 등용했고, 향약을 실시해 향촌 교화와 향촌 자치를 이루려 했다. 이렇듯 조광조는 사림의 이상인 왕도 정치를 구현하는 데 혼신의 노력을 기울였으나 그 방법에 있어서는 매우 급진적이었다. 그는 현실을 고려하지 않고 성리학에 따라 종래의 제도를 무리하게 뜯어고치려 했으며 심지어 풍속과 습관까지도 바꿔 놓으려 했다.

마침내 조광조는 '삭훈削勳 문제'를 일으킨다. 조광조는 중종반정이 성공한 이후 많은 훈구 관료들이 나눠 먹기 식으로 주고받았던 공신 책봉은 모두 거짓된 것이니 삭제해야 한다고 주장했다. 반정 공신 책봉은 이미 10여 년 전의 일이었다. 중종은 10여 년 전의 일을 굳이 소급해서 논할 필요가 없다고 생각했으나 조광조와 사림들은 관직을 총사퇴하는 등 한 발도 물러서지 않았다.

한편 훈구 세력은 조광조 일파를 몰아내려고 했으나 중종의 신임이 워낙 두터워서 손을 쓸 수가 없는 형편이었다. 그러던 중 훈구의 남곤·심정 등은 음모를 꾸며 궁중의 희빈 홍 씨와 내통, 궁의 후원 나뭇잎에 단물로 '주초위왕走肖爲王'이라는 네 글자를 쓰도록 했다. 이는 '조광조[趙(走와 肖는 조광조의 성인 趙의 파자)]가 왕이 되려 한다[爲王]'는 것을 암시하려는 모함이었다. 그렇게 단물을 발라 놓자 벌레들이 글자 모양대로 파먹었다. 훈구파는 이를 역모로 몰아 중종에게 고발했다.

결국 조광조 일파는 급진적 정책에 대한 중종의 견제와 훈구 세력의 집요한 모략으로 숙청을 당하게 되는데 이를 기묘사화라고 한다(1519). 조광조를 하옥하자 성균관 유생들은 조광조를 살려 달라고 들고일어났다. 여기에 군중까지 합세해 그 수가 수만이 넘었다고 하니 철인哲人 정치가 조광조의 명망을 보여 주는 사건이었다.

기묘사화로 인해 권력은 다시 훈구 대신의 손으로 넘어가 현량과나 향약 실시가 중단되었다. 그 후 왕자 문제로 외척 간의 반목이 있었고, 훈구파 내부에서 분열이 일어났다. 중종이 죽자 장경 왕후(중종의 제1 계비) 소생인 세자가 인종으로 즉위하였고, 그 외척인 윤임이 반대파를 제거했다. 그런데 인종이 9개월 만에 죽자 문정 왕후(중종의 제2 계비) 소생인 경원 대군이 명종으로 즉위하면서 이번에는 그 외척인 윤원형(명종의 외숙)이 윤임(인종의 외숙) 일파를 숙청했다. 이를 을사사화라고 한다(1545).

사화는 이렇듯 훈구와 사림 간에 벌어진 정쟁이었다. 사림 세력은 연산군 이래 네 번의 사화를 통해 타격을 입었으나, 이런 과정을 겪으며 성장했고 점차 정치의 주도권을 장악해 나갔다. 선조 대에 이르러서는 사림이 훈구를 밀어내고 권력을 장악함으로써 한 세기에 걸친 사화는 일단락되었다. 사화는 국왕이 훈구와 사림을 서로 견제시키면서 왕권의 안정을 도모하는 가운데 일어났다고 할 수 있다. 그러나 선조 이후 언론과 학술을 바탕으로 한 정치를 추구하는 사림 세력이 중앙 정계를 장악함으로써 각 정파들이 복잡하게 얽히는 붕당 정치의 등장은 필연적인 상황으로 다가오고 있었다.

관직명은 어떻게 붙일까?

비석이나 족보에 보면 '숭록 대부 의정부 우찬성'과 같은 복잡한 관직명을 볼 수 있다.
이러한 관직명은 어떤 규칙에 따라 붙이는 것일까?

대체로 직함은 먼저 품계를 쓰고 다음에 관청 이름을 쓰며 그 다음에 벼슬을 쓴다. 따라
서 숭록 대부는 품계, 의정부는 관청, 우찬성은 벼슬을 의미하는 것이다. 또한 관계官階
가 높고 관직이 낮은 경우 '행行'이라 하고, 품계보다 직위가 높으면 '수守'라고 한다. 이
경우 '행 이조 판서', '수 호조 판서'와 같이 '행' 자와 '수' 자는 벼슬 이름 앞에 놓인다.

무오사화는 왜 '사화 史禍'라고 쓸까?

사화士禍는 '선비가 화를 입는다'는 뜻이다. 그런데 다른 사화와 달리 무오사화는 역사
'사史' 자를 쓰기도 한다. 이는 무오사화가 사초史草에 실려 있던 〈조의제문〉으로 인해
일어났기 때문이다.

04

임진왜란

임진왜란(1592)은 조선 건국 이래 최대의 전쟁이었다. 약 7년에 걸친 전쟁으로 국토는 황폐해지고 백성들은 굶주림과 질병 속에서 엄청난 고통을 겪었다. "어린아이가 죽은 어머니에게로 기어가서 가슴을 헤치고 그 젖을 빨고 있었다."라는 가슴 아픈 역사의 기록은 단지 전쟁의 참상을 전하는 데 그치지 않는다. 그것은 침략자들의 총칼 앞에 침착하게 대비해야 할, 그리고 당당하게 맞서야 할 우리의 의무를 일깨우고 있다.

침략자 도요토미 히데요시

임진왜란 직전 일본은 100여 년에 걸친 전국 시대의 분열이 수습되어 통일된 국력을 보유하게 되었다. 전국 시대를 평정한 인물은 도요토미 히데요시豊臣秀吉(1537~1598)였다. 그러나 내전 중에 형성된 제후들의 강력한 무력이었던 사무라이가 통일 이후에는 정치적 안정에 장애가 되었다. 이런 내부의 문제를 해결하기 위해 도요토미가 선택한 것은 대외 침략이었다. 그는 전쟁을 통해 제후들의 무력을 방출하고, 아울러 내부의 정치적 결속을 이루려 했다.

도요토미가 임진왜란을 일으키게 된 또 하나의 강력한 동기는 자신의 정복욕에 있었다. '명을 정벌할 수 있도록 길을 빌려 달라(정명가도征明假道)'는 일본의 요구는 단지 전쟁을 일으키기 위한 명분에 불과했다. "뒷집에 가려 하니, 너희 집을 지나가야겠다."라고 요구하는 자에게 대문을 열어 줄 사람이 있겠는가? 그러나 그렇다고 해서 도요토미가 명나라를 칠 생각이 없었다고 말할 수는 없다. 도요토미의 야욕은 이미 중국 대륙까지 넘보고 있었기 때문이다.

조선이 사신을 보내지 않는 것은 우리를 업신여기는 것이다

일본은 당시 동북아시아에서 명나라 다음가는 강국인 조선에 대해 약자의 입장에 처해 있었다. 그러나 도요토미의 통일 이후 힘을 기른 일본은 조선에 대한 태도를 바꾸고 있었다. "우리 사신은 늘 조선에 가는데도 조선 사신은 오지 않으니 이는 곧 우리를 업신여기는 것이다."라는 도요토미의 말은 그와 같은 태도 변화의 시작이었다.

변화된 일본의 정세를 파악할 필요가 있었던 조선 정부는 일본에 통신사를 파견했다. 그러나 일본에 다녀온 통신사 일행의 의견은 둘로 갈라졌다. 정사 황윤길은 일본이 곧 침략할 것이라고 했고, 부사 김성일은 그 의견에 반대했다. 물론 여기에는 동인인 김성일과 서인인 황윤길이라는 양자의 정치적 갈등이 있었다. 당시 좌의정이었던 유성룡이 "만일 병화兵禍가 있으면 장차 어떻게 하려는가?" 하고 묻자, 부사 김성일은 "저 역시 왜倭가 끝까지 움직이지 않을 것이라고 어찌 장담을 하겠습니까? 다만 정사 황윤길의 말이 너무 중대해 중앙이나 지방이 놀라고 당황할 것 같아 이를 해명했을 따름입니다."라고 대답했다고 한다. 부사 김성일이 성급한 전쟁설로 인한 국내의 혼란을 우려하고 있었

말풍선: 왜인들이 쳐들어올까요~
말풍선: 안 쳐들어 올까요~

임진왜란에 대한 이해
임진왜란을 이해하려면 유성룡의 《징비록》을 반드시 읽어 보아야 한다. 유성룡은 왜란 때 우리 군을 총지휘한 인물이다. 《난중일기》가 국부적인 전황을 보여 준다면, 《징비록》은 왜란 전체를 거시적인 안목에서 조명하고 있다.

음을 보여 준다.

일본의 조선 침략 가능성에 대한 정보는 오히려 일본 쪽에서 흘러 나왔다. 선위사 오억령이 일본국왕사 겐소 등을 접촉하면서 "일본이 곧 조선의 길을 빌려 명나라를 정복할 준비를 하고 있다."라는 말을 듣고 일본의 침략 가능성을 조선 정부에 알렸으나 도리어 파직을 당했다. 또한 쓰시마 출신의 부사 소오는 부산포에 들어와서 "도요토미가 침략할 계획을 세우고 있으니 조선은 이것을 명에 알리고 이를 평화롭게 수습해야 한다."라고 거듭 간청했으나 조선 정부는 이 또한 묵살했다.

쓰시마는 조선과 일본 사이에 끼어 있어 이중성이 강한 지역이면서 양국 간의 교역을 중개해 번영을 이룰 수 있는 요지였다. 따라서 쓰시마 도주로서는 되도록 전쟁을 피하고자 했다. 쓰시마 도주가 일찍이 조선에 조총을 상납한 이유도 이 때문이었다.

임진왜란 전에도 왜인들이 난(삼포 왜란·사량진 왜변·을묘왜변)을 일으키기는 했다. 그러나 이러한 난들은 물자 교역의 제한 등에 불만을 품은 국지적인 난에 불과했다. 따라서 당시 조선 정부로서는 일본이 전면전을 감행하리라고는 상상할 수 없었다. 조선 정부가 전쟁의 가능성을 비로소 실감하게 되는 때는 왜관에 머무르고 있던 일본인들이 점차 본국으로 소환되어 왜관이 텅 비면서부터다. 이때부터 성을 수축하는 등 뒤늦은 대비에 나섰다.

신립은 실로 책략이 없는 사람이다

1592년 4월, 왜군의 대★선단이 이동해 부산에 상륙했다. 일본이 동원한 병력은 출동 병력 20여 만, 후

전쟁설의 유포
옛날 중국에서는 전쟁설을 퍼 뜨리고 다니는 사람을 잡아서 처형했다고 한다. 김성일의 이 야기도 그와 같은 맥락을 가지 고 있다.

사명 대사비
사명 대사의 일대기를 기록한 비석으로 1612년에 세웠다. 일 제 강점기에 일본인 경찰서장이 네 조각으로 깨뜨린 것을 해방 후 다시 모아 세웠다. 비문은 당대의 문장가인 허균이 지었 다. 경상남도 합천 해인사 소재

방 병력 10여 만 등 모두 30여 만의 병력이었다. 고니시의 제1대가 상륙하자 부산진에서 첨사 정발이 막았으나 중과부적으로 전사하고 부산성은 함락되었다. 이어 동래가 함락되는 등 개전 초기 조선군의 육지전은 패배의 연속이었다.

조선 정부가 희망을 걸었던 유일한 장수는 신립이었다. 그는 여진족을 토벌하는 과정에서 이름을 날렸던 맹장이었다. 그러나 신립은 지략이 부족한 사람이었다. 신립 휘하의 장수들은 모두 새재(문경 새재)의 험준함을 이용해 적의 진격을 막을 것을 건의했으나 신립은 자신의 용맹을 과신한 나머지 들판에서 싸우려고 했다.

4월 27일, 신립은 군사를 거느리고 탄금대 앞에 진을 쳤다. 문자 그대로 '배수背水의 진'을 친 것이다. 하지만 그곳은 왼쪽과 오른쪽에 논이 있고 물풀이 뒤섞여서 말을 달리기조차 불편한 곳이었다.

왜군들은 한 패는 산을 따라 동쪽으로 오고, 한 패는 강을 따라 내려오면서 조선군을 공격했다. 왜군 조총 부대의 삼교대 밀집 사격●으로 신립의 조선군은 제대로 싸워 보지도 못하고 대패했다. 신립과 군사들은 거의 모두가 강으로 도망치다 빠져 죽었고 그 시체가 강을 뒤덮었다.

훗날 명의 장수 이여송은 왜군을 추격해 새재를 지나면서 "이와 같이 험준한 요새지가 있는데도 지킬 줄을 알지 못했으니, 신립은 실로 책략이 없는 사람이다."라고 장탄식을 했다고 한다.

4월 29일, 충주 패보가 전해지고 수도 한양이 위협을 받게 되었다. 이에 조선 정부는 유도대장 이양원, 도원수 김명원으로 하여금 한양을 방어토록 하고 평양으로 피난을 했다. 조선군은 왜군의 북상을 저지하기 위해 결사적으로 항전을 펼쳤으나 5월 2일, 왜군 상륙 20일 만에 한양이 함락되기에 이르렀다. 이어서 임진강 저지선마저 무너지자 조선 정부는 의주로 피난, 더는 피할 수 없는 막다른 골목에 들어서게 되었

탄금대의 열두대
신립이 배수진을 치고 마지막까지 항거하다가 죽은 곳으로, 〈신립 장군 순국 지지비〉가 보인다. 충청북도 충주 소재

다. 이어 6월에는 평양마저 함락되어 호남을 제외한 전국이 적의 수중에 들어가게 되었다.

육지전에서 패한 이유

이렇듯 개전 초기에 조선 육군이 싸움다운 싸움 한 번 해 보지 못한 이유는 무엇일까? 그것은 '설마 왜가 침공하랴'는 조선 정부의 안이한 정세 분석과 제도, 전술상의 문제점 때문이다.

당시에는 농민들로부터 군포를 거두어 군사비로 사용하게 되어 있었지만, 국가의 기강이 해이해져 군포 수입이 엉뚱한 데 사용되기 일쑤였다. 이는 곧 전반적인 군사력의 약화를 가져왔다.

전술상의 문제점도 빼놓을 수 없다. 우리는 적의 침공 시 식량과 무기를 성안으로 옮겨 적의 보급원을 차단하는 청야 작전淸野作戰과, 성에

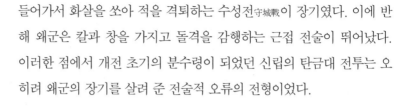

들어가서 화살을 쏘아 적을 격퇴하는 수성전守城戰이 장기였다. 이에 반해 왜군은 칼과 창을 가지고 돌격을 감행하는 근접 전술이 뛰어났다. 이러한 점에서 개전 초기의 분수령이 되었던 신립의 탄금대 전투는 오히려 왜군의 장기를 살려 준 전술적 오류의 전형이었다.

물에서는 이순신, 뭍에서는 곽재우

6월, 고니시군은 평양을 점령했고, 가토군은 함경도로, 구로다군은 황해도로 진입했다. 그런데 왜군은 이후부터 본격적인 명의 원군 파견이 이루어진 12월까지 무려 6개월 동안 더는 북상하지 못했다. 그 이유는 무엇일까? 왜군의 전략은 육군이 북상하는 가운데 수군은 남해와 서해를 돌아 물자를 약탈하면서 전진하려는 데 있었다. 이러한 왜군의 전략이 조선 수군에 의해 좌절되었던 것이다.

임진왜란 당시 전라도와 경상도에는 각각 좌수영과 우수영의 두 개의 수군 부대가 있었다. 하지만 왜란 발발 직후 경상 수영의 원균과 박홍의 함대는 거의 궤멸되다시피 했다. 따라서 전쟁 전부터 거북선을 건조하는 등 착실하게 힘을 비축해 왔던 전라 좌수사 이순신의 좌수영 함대가 조선 수군의 주력이 되었다.

왜군이 상륙한 지 한 달여 만인 5월 초에 이순신 함대는 최초로 출동했다. 옥포·합포·적진포 해전에서 조선 수군은 왜선 42척을 파괴하는 대승을 거두었다. 조선 수군 측의 피해는 경상자 한 명에 불과한 경이적인 승리였다. "삼가 적을 무찌른 일로 아뢰나이다." 옥포 승전 직후 조정에 올린 장계*인 〈옥포파왜병장〉에서 이순신은 임진왜란 최초의 감격적인 승리를 전하고 있다. 옥포 해전의 승리는 조선 군사들에게 왜군과 맞서 싸울 수 있다는 자신감을 심어 주는 계기가 되었다.

6월 초, 이순신 함대의 2차 출동부터는 전라 우수사 이억기 함대와 경상 우수사 원균의 함대가 가담했다. 사천 해전에서 돌격선인 거북선

● 장계

왕명을 받고 지방에 나가 있는 신하가 자기 관하管下의 중요한 일을 왕에게 보고하던 일. 또는 그런 문서

이 처음으로 등장했고, 연이은 당포·당항포·율포 해전에서 또 한 번의 대승을 거두었다.

이로써 왜군의 진격에 제동이 걸렸다. 크게 노한 도요토미는 서해안을 돌파하라는 명령을 내리게 되고, 일본은 본국에 남아 있던 왜선을 총동원해 견내량에 결집시켰다. 이에 7월 초, 이순신 함대는 3차 출동을 해 견내량에 정박 중인 일본의 대선단을 한산도 앞바다로 유인해 대승을 거두었다. 이때 선보인 학익진은 전술로 결판을 내는 이순신 해전법의 백미였다. 이 한산 대첩에서 조선 수군은 왜선 47척을 쳐부수고 12척을 나포했으며 무수한 적을 섬멸하는 눈부신 전과를 올렸다.

이어 8월 초에는 안골포에 정박 중인 선단을 공격해 격파했다. 이로써 조선 수군은 제해권을 장악해 왜군의 서해 진입을 완전히 차단했다. 8월 말, 이순신 함대는 4차 출동을 감행해 왜선 470여 척이 정박하고 있는 일본 수군의 본거지 부산포 내항으로 쳐들어갔다. 이후 왜군이 해전을 기피하고 수군을 육군으로 전환시키는 기현상이 벌

옥포 대첩 기념비
옥포 해전은 임진왜란에서 우리가 처음으로 승리한 전투였다. 경상남도 거제 소재

거북선 조선소 '굴강'
왜란 때 우리 수군의 돌격선인 거북선을 건조했다고 전해지는 장소다. 전라남도 여수 소재

유격 전술의 천재

흥의 장군 '곽재우'

● **조총의 사정거리**
조총의 사정거리는 대략 100~200보였으나, 실제 전투에서는 50보 정도까지 근접해서 사격해야만 효과를 볼 수 있었다고 한다.

어졌으니, 땅에서의 연패와 물에서의 연승이 명암처럼 엇갈리는 상황이었다. 이렇듯 수군이 연승할 수 있었던 비결은 이순신의 탁월한 지휘 역량과 전략·전술, 전선의 견고성, 화력의 우세함에서 찾을 수 있다.

육지에서는 관군이 연패하고 있었다. 관군이 패주하는 반면, 육상 전투에 활력을 불어넣은 것은 의병의 활약이었다. 전국 각지에서 의병이 일어나 왜군의 후방을 뒤흔들었다. 곽재우·고경명·조헌·이정암 등의 맹활약으로 왜군의 육상 작전도 커다란 차질을 빚게 되었다.

의병 활동에서 특히 두드러진 인물은 경남 의령 지방의 곽재우였다. 붉은 옷의 의병장으로 유명한 그는 정암진을 근거로 활약했다. 임진왜란 당시 육지에서의 승리가 대부분 수성전守城戰(이정암의 연안 대첩·김시민의 진주 대첩·권율의 행주 대첩)인 것에 반해 곽재우는 전략 요충지를 설정한 뒤 유격전을 전개했다. 물에서는 이순신, 땅에서는 곽재우라는 말을 낳을 정도로 그의 전술은 탁월했다.

그는 조총의 사정거리*를 잘 알고 있었기 때문에 조총을 겁내지 않았다. 이순신에 의해 전라도 상륙이 좌절된 왜군은 함안·의령 등을 지나 전라도로 들어가기 위해 정암진 도하 작전을 기도했으나 곽재우 의

병이 이들을 대파했다. 이 싸움에서 곽재우는 강 가운데 장애물을 설치해 왜선을 움직이지 못하게 한 후 기습하는 뛰어난 전술을 구사했다.

곽재우의 활약은 김시민의 진주 대첩과 함께 육로를 통해 전라도로 들어가려던 왜군의 작전을 수포로 만들어 곡창 지대인 전라도를 지키는 데 크게 기여했다. 만일 왜군이 전라도를 장악했더라면 이순신의 수군도 보급이 끊기고 무기의 제조가 불가능하게 되어 바다에 고립되지 않았을까? 따라서 곽재우의 활약은 수군의 승리에도 큰 도움을 주었다고 할 수 있다.

황해도 연안의 이정암은 연안성을 중심으로 수성전을 전개했다. 이때 의병의 숫자는 500여 명, 왜군의 숫자는 무려 6,000여 명이었다. 이정암은 연안성을 공격해 온 구로다군을 막아 내고 연안성을 지키는 데 성공했다. 연안 대첩은 조선 정부가 위치하고 있었던 의주와의 연락로 확보에 기여했으며, 소수의 병력으로 왜군의 대적을 막아 낼 수 있다는 자신감을 불러일으킴으로써 이후의 전세에 큰 영향을 미쳤다.

의령 의병탑
일명 '홍의紅衣 장군'으로 불렸던 곽재우와 의병들의 넋을 기리는 탑. 곽재우는 유격 전술의 천재였다. 경상남도 의령 소재

수세에서 공세로의 전환, 조·명 연합군의 반격

수군과 의병의 활약으로 더는 북상하지 못하고 있던 왜군은 명의 참전으로 수세에 몰리게 된다. 명은 평양이 함락되자 위기의식을 느끼고 파병을 결정했다. 7월에 요양 부총병 조승훈 휘하 5,000어 명의 병력을 1차 원군으로 파견했고, 12월에 들어서 이여송 제독의 4만여 명에 이르는 병력을 2차로 파견해 본격적으로 참전했다. 이여송군은 대포와 불화살로 치열한 공세를 퍼부은 끝에 평양성을 탈환했다. 이여송은 후

방의 적을 무시하고 계속 한양으로 진격하다 왜군 정예병의 매복 공격을 받고 벽제관에서 대패하기도 했다. 그러나 보급이 끊긴 왜군은 속속 남쪽으로 후퇴했는데 구로다군은 개성으로, 가토군은 서울로 퇴각했다.

이듬해 전열을 정비한 조선군의 반격이 전개되었다. 2월 12일, 행주 산성에서 권율 장군이 대승을 거두면서 전세는 완전히 조선 쪽으로 돌아섰다. 20배가 넘는 왜군을 격퇴한 이 장쾌한 승리는 민과 군이 합심해 이룩해 낸 결과였다. 행주 대첩 이후 권율 장군이 "우리에게 화차가 없었다면 승리는 불가능했다."라고 말했는데 이는 승리의 요인이 단지 정신력만은 아니었음을 알려 준다. 즉 뛰어난 무기 제조술이 있었기에 승리가 가능했던 것이다.

명량 해협
이순신이 12척의 배로 130여 척의 왜 함대를 물리친 전적지. 전라남도 해남과 진도 사이의 해협으로 지금은 진도 대교가 놓여 있다.

4월 20일에는 도성 한양을 탈환하면서 승기를 잡기 시작했다. 다급해진 일본은 시간을 벌기 위해 휴전을 제의했다. 명의 파병은 조선의 회복을 위함이 아니라, 왜군의 중국 진출을 막는 데 목적이 있었기 때문에 그들의 입장은 우리와는 달랐다. 명은 심유경을 사신으로 파견해 휴전 교섭에 들어갔다. 일본은 명의 황녀를 일본의 후비로 삼고 조선의 8도 중 4도를 할양하라는 등 애초부터 성사되기 어려운 휴전 조건을 내세웠다.

심유경은 이러한 일본의 요구를 본국에 알리지도 않은 채 도요토미를 일본 국왕에 봉한다는 봉공안封貢案*을 일본에 전달해 휴전 협상을 성사시키려 했다. 결국 협상은 결렬되고 전열을 재정비한 도요토미는 다시 쳐들어왔다.

●봉공안
일본을 명의 속국으로 간주하고 일본 국왕을 제후로 봉한다는 내용이다.

고니시의 계략

고니시는 이순신이 있는 한 승리하기 힘들다고 보아 하나의 계략을 꾸민다. 그는 조선 정부에 밀정을 보내 자신과 경쟁 관계에 있는 가토가 일본에서 돌아오는 길목과 시간을 거짓으로 알려 주었다. 이순신을 잡기 위한 함정을 판 것이다. 이를 믿었던 조선 정부는 이순신에게 출동을 명령했다. 그러나 일본의 계략임을 알아차린 이순신은 출동하지 않았고, 이에 따라 왕명을 어긴 대역 죄인이 되어 의주로 압송되었다. 고니시의 계략은 결과적으로 성공한 셈이다.

전투에 참가한 군함의 수

이순신의 장계에는 12척으로 되어 있으나, 장계를 올린 후 뒤에 1척이 추가되어 실제로는 13척이 전투에 참가했다.

신에게는 아직도 12척이 남아 있사오니……

1597년, 왜군이 다시 쳐들어왔다. 당시 왜군의 선봉군은 가토·고니시·소오가 이끄는 모두 1만 4,500여 명의 병력으로 구성되어 있었다. 이때 이순신은 고니시의 계략으로 관직을 박탈당하고 의주로 압송되었다. 이순신의 뒤를 이어 원균이 삼도 수군통제사에 올랐으나 칠천량에서 대패해 한산도 수비는 순식간에 무너졌다. 육군은 호남과 호서 지방을 장악하고, 수군은 전라도 해안을 공격하는 왜군의 전략대로 8월 16일에 남원이 함락되고 이어 전주까지 점령당했으며 구로다군은 직산까지 북상했다.

그러나 9월에 들어서 명군이 소사평에서 구로다군을 격퇴하고 이순신이 다시 수군통제사에 기용되어 명량에서 대승을 거두며 왜군의 서진을 봉쇄했다.

"신에게는 아직 12척의 병선이 남아 있사오니, 죽기를 각오로 싸운다면 능히 해낼 수 있을 것입니다."

이순신은 절체절명의 상황에서도 왜 선단을 유인, 울돌목의 급류를 이용해 13척으로 130여 척의 적 함대에 맞서 31척을 격파하는 기적의 승리를 이루어 냈다.

겨울이 되자 추위에 약한 왜군은 남해안으로 집결해 왜성을 쌓고 장기전 태세에 들어갔다. 왜성은 둘레에 해자를 파고 성을 겹겹이 쌓은 형태다. 왜군은 전투 시에는 맨 아래의 성부터 지키기 시작해 그 성이

이락사 현판

이순신[李]이 죽은[落] 곳이라는 뜻의 이락사李落祠의 현판에는 '큰 별이 바다에 졌다'고 쓰여 있다. 경상남도 남해 소재

노량 앞바다

다리 뒤쪽 중앙 부분이 관음포 앞바다로 노량 해전에서 이순신 장군이 전사한 곳이다. 경상남도 남해 소재

무너지면 바로 위의 성으로 철수해 저항했다. 이러한 왜성을 함락하는 데는 많은 희생이 따랐다. 명은 12월에 4만여 명의 병력을 동원해 조선군과 함께 울산을 공격했으나 무위에 그쳤다. 이듬해에도 병력을 증강시켜 울산·사천·순천 등지의 잔류 왜군을 총공격했으나 큰 성과를 거두지 못했다. 그 후 조선과 명의 수륙군은 바다와 육지에서 왜성을 포위하고 물이나 식량을 구하러 나오는 왜군의 목을 베어 버렸다. 조·명 연합군의 고사 작전으로 왜성의 왜군들은 먹을 식량이 없어 말을 잡아먹기도 했다고 한다.

1598년 8월, 도요토미가 병사하사 이를 계기로 왜군은 철수를 시작했다. 이때가 수륙 협공 작전으로 왜군을 섬멸할 수 있는 마지막 기회였다. 그러나 명나라 제독 진린은 왜장 고니시로부터 막대한 뇌물을 받고 왜군

의 퇴로를 열어 주었고, 뒤늦게 왜군의 철수 소식을 들은 이순신은 도주하는 왜선을 추격했다. 그리고 노량 해협에서 마지막 섬멸전을 벌여 200여 척을 격파하는 등 결전을 벌이다가 적의 유탄에 맞아 장렬한 최후를 마쳤다.

국토는 황폐해지고 인구는 줄어들어

전쟁과 왜군의 인명 살상으로 조선의 인구는 격감했다. 왜군은 철수할 때 더 많은 사람을 살상했다. 한양이 수복된 후 도성 안에는 시체 썩는 냄새가 가득했다. 왜군에 잡혀간 부녀자나 어린아이들은 노비가 되었다. 경제적인 피해도 막대했다. 많은 인명이 손실되고 농토가 황폐해져 국가 재정을 극도로 악화시켰고, 양안과 호적이 거의 없어져 행정이 마비 상태에 빠졌다.

왜란 후 광해군 때, 인구는 150만 명, 토지는 50만여 결에 그칠 정도였다. 왜란 직전의 경지 면적이 170만 결이었던 점을 감안한다면 경제적 피해가 얼마나 컸는지 쉽게 짐작할 수 있다. 또한 경복궁과 불국사 같은 귀중한 문화재가 소실되고 사고와 서적이 불타거나 파괴되었다.

명은 대규모 원정군 파견의 후유증으로 점차 쇠약해져 갔다. 명의 세력이 약화되자 만주에 있던 여진족이 다시 일어서게 되었다. 이에 따라 대륙의 정세는 혼미해졌다. 일본은 고대 문화의 일본 전파 이래 단시일에 최대로 조선의 문화를 수입해 일본 중세 문화 발전의 발판을 마련했다.

그들이 가져간 《퇴계집》과 왜란 중 강제로 끌려간 성리학자에 의해 일본 성리학이 발전하는 계기가 되었다. 또한 농민 포로, 납치한 도공에 의한 농업과 도예의 발전이 이루어지고, 활자의 유입으로 인쇄술도 발전했다. 심지어 두부 제조술까지 받아들이는 등 일본은 전란을 통해 이른바 도쿠가와 시대 중세 문화의 토대를 마련했다.

주자학과 퇴계학
우리나라에서는 성리학을 주자가 만들었다는 의미로 '주자학'이라고도 부른다. 일본에서는 퇴계의 영향으로 '퇴계학'이라는 말을 더 일반적으로 쓴다고 한다.

조선의 **전함**

칼을 빼어 들고 상대방의 배에 뛰어들어 공격하는 것이 장기인 왜구를 상대하면서 개발된 전선이 조선 수군의 주력함인 판옥선이다. 판옥선은 선체가 높은 것이 특징이었다. 따라서 해전 때 칼을 들고 배에서 배로 뛰어다니는 왜구를 상대하는 데 적합했다. 이렇듯 조선의 전선은 왜구를 소탕하는 가운데 개량되어 왔기 때문에 일본과의 해전에서 큰 힘을 발휘할 수 있었다.

조선의 **화포**

조선 수군의 화포는 사정거리가 길고 위력이 있었다. 화포는 주로 무쇠 덩어리를 발사하여 적의 배에 구멍을 내서 침몰시키는 데 쓰였다. 이와 비슷한 용도로 사용한 장군전·차대전 등도 있었다. 이것은 화포에 끼워 쏘는 굵고 커다란 일종의 쇠 화살 또는 통나무 화살인데 여기에는 쇠로 된 날개가 달려 있어 발사 후 방향을 유지해 주었다.

이순신의 **전술**

이순신이 선보인 해전에는, 화포를 발사하면서 접근하여 배를 붙인 다음 적선에 올라 선상 격투를 벌이는 중세 해전 같은 형태는 없다. 이는 육박전에 능한 왜군을 상대하는 데 이순신이 취한 냉철한 태도였다. 또한 우리의 전선은 견고하지만 왜선은 가볍고 빠르다는 점을 이순신은 정확하게 파악하고 있었다. 견고하다는 것은 그만큼 무겁다는 것을 뜻한다. 그 때문에 노꾼의 피로도 빨리 온다. 따라서 이순신은 언제나 속전속결로 끝내는 전술을 구사했다.

05

병자호란

병자호란(1636)은 우리 역사상 가장 치욕적인 패전이었다. 몽골에 대한 항쟁이 40여 년간 계속되었고, 임진왜란에서는 7년간의 싸움 끝에 왜군을 격퇴한 데 반해, 병자호란은 불과 두 달 만에 조선의 굴복으로 끝나고 말았다.

7대 한을 갚아 주기 위해 칼을 빼 든 여진족

여진족은 그들이 세운 금나라가 몽골의 침략을 받아 멸망한 후 만주 일대에 흩어져 살고 있었다. 통일 세력을 형성하지 못하고 있던 이들은 명과 조선에 대해 이중적인 종속 관계를 맺고 있었다. 명 대의 여진족은 여진·해서·야인이라는 세 무리로 갈라져 있었다. 명나라는 이 여진족에 대해 무력과 회유의 양면 정책을 취하면서 조선과 여진이 가까워지는 것을 경계하고 있었다.

그러던 중 여진의 누르하치가 서서히 여진족을 규합하기 시작했고,

선양 고궁
누르하치가 후금을 건국한 후 선양에 세운 궁궐이다. 중앙의 대정전은 팔기병을 상징하는 팔각형으로, 유목 민족의 천막 주택을 형상화한 것이라고 한다.

17세기 초에 이르러 여진족을 통일했다. 그러나 누르하치는 명을 자극하지 않기 위해 조공을 바치는 등 명에 대해 순종적인 정책을 취했다. 여진이 점차 강성해지는 반면, 명의 국력은 날로 쇠퇴해 갔다. 잦은 군대 동원과 그로 인한 경제적 피해는 명의 몰락에 결정적 요인으로 작용했다.

1616년, 누르하치는 '대금大金'이란 국호로 후금을 건국한 후 명에 대항하는 정책으로 나아갔다. 1618년에는 그동안 명에게 당했던 '7대 한恨'을 갚는다는 명분 아래 정식으로 전쟁을 선포했다. 이로써 중국의 정세가 급변했고 조선은 그 소용돌이에 휘말리게 되었다.

명분보다는 실리를 택한 광해군

1618년 선양(심양)의 군대가 패배하고 푸순(무순)이 함락되자 명은 조선에 단련된 화기수(소총수) 7,000명을 준비해서 대기할 것을 요구했

명분과 실리
집단과 집단 간에는 명분보다 실리가 우선한다. 대부분의 성리학자들이 지나치게 명분에 집착한 반면, 광해군과 북인은 실리를 추구했다.

다. 반면 누르하치는 평안도 관찰사에게 군대를 파견하지 말 것을 강력히 요구했다. 당시 조선은 광해군의 즉위를 도왔던 대북(북인의 한 갈래)이 권력을 장악하고 있었다. 광해군과 대북 정권은 "조선이 국내 수비에 치중하는 것은 명의 후방을 수비하는 것과 같다."라고 하면서 명의 출병 요구에 미온적인 태도를 취했다.

그러나 임진왜란 때 명이 조선을 도와주었던 일과, 전통적인 대명 관계를 감안하면 원병을 파견하지 않을 수 없었다. 이에 광해군은 도원수 강홍립에게 5,000명의 군사를 주어 명을 지원토록 하고 사태를 보아 후금과 강화하도록 밀지를 내렸다. 명을 도우러 떠난 강홍립은 1619년 싸얼후 전투에서 후금군에 포위되자 그들에게 조선의 파병이 부득이했음을 설명하고 화평을 성립시켰다.

누르하치의 목표는 랴오둥을 확보하고 그곳을 발판으로 하여 명을 치자는 데 있었다. 따라서 북의 몽골과 남의 조선을 불필요하게 자극할 필요가 없었으므로 조선의 파병을 크게 문제 삼지 않았다. 이 시기에 광해군은 조선군의 파병이 본의가 아니었음을 이해시키려고 했고, 누르하치는 이를 기회로 정식 화평 관계를 맺어 조선의 확실한 입장을 보장받으려 했다. 광해군은 이러한 후금의 의도를 간파하고 중립 외교 정책으로 위기를 넘기면서 나라를 보존했다.

덕수궁 석어당
정변을 일으킨 세력에게 붙잡힌 광해군이 이곳 앞마당에서 인목 대비에게 문책을 당했다.

명에 대한 의리를 저버릴 수 없다

1623년, 서인들의 인조반정으로 광해군이 폐위되고 대북 세력이 몰락하면서 조선의 대외 정책은 반전되었다. 실리보다는 명분을 중시하는 서인들은 광해군과 대북 정권의 중립적인 대외 정책을 '친명배금 정책'으로 바꾸어 명에 대한 의리를 지키려 했다.

조선의 이런 분위기에 따라 명의 장수 모문룡이 평안도 철산 앞바다에 있는 가도에 군대를 주둔시키자 후금은 크게 위협을 느끼게 되었다. 이 무렵 인조반정에 참여했던 이괄이 자신이 겨우 이등 공신에 봉해지고 또 반역의 혐의까지 받게 되자 반란을 일으켰다. 반란이 실패하고 이괄은 죽었으나, 그의 잔당은 후금으로 도망가 인조반정의 부당성을 호소하고 서인 정권을 응징할 것을 종용했다.

인조 4년(1626), 왕자 시절부터 조선에 대해 강경책을 주장했던 홍타이지(태종)가 왕위에 오름으로써 후금의 조선에 대한 정책도 변하기 시작했다. 호전적인 홍타이지는 조선의 친명 정책과 명나라 장수 모문룡의 가도 주둔을 문제 삼으면서 조선에 쳐들어왔다. 그는 광해군을 위해 보복한다는 명분을 걸고 3만 명의 군사를 일으켰다(정묘호란, 1627).

전쟁이 시작되자 후금은 의주·정주·선천·곽산 등지를 거쳐 황해도 평산까지 육박해 오면서 일부는 가도를 공격했다. 이 사이 용골산성과 의주 지방에서 정봉수 등이 의병을 조직해 항전했지만 후금의 군대를 막을 수 없었다. 전세가 불리해지자 인조는 강화도로, 소현 세자는 전주로 피난했다. 상황이 어려워지자 조선 정부 내에서 화의론이 대두했고, 후금 또한 장기 출병이 어려운 상황이었기 때문에 양국 간에 강화 교섭이 시작되었다. 후금은 교섭 3일 만에 강화 서약을 맺고 군대를 철수했다. 강화 서약으로 조선은 후금과 '형제지맹兄弟之盟'을 맺게 되었다.

서인들이 후금을 배척한 이유
후금은 오랑캐(여진족)가 세운 나라이므로 섬길 수 없고, 또한 왜란 때 우리를 도와준 명에 대한 의리를 저버릴 수 없다는 것이 그 이유였다.

남한산성
병자호란 때 인조와 조선 조정
이 피신한 곳이다. 사진에 보이
는 문은 서문이며, 인조가 청에
항복하러 가기 위해 걸어 나온
문이다. 경기도 광주 소재

오랑캐를 섬길 수는 없다

전쟁이 끝난 후 후금은 승전국으로서 무리한 요구를 하기 시작했다. 식
량을 내어 줄 것을 요구하는가 하면, 명을 정벌할 병선을 요구하기도
했다. 홍타이지는 내몽골을 정벌하는 한편 완리창청(만리장성)을 넘어
베이징 부근을 공격하면서 기세를 떨쳤다. 그리고 조선에 대해 '형제지
맹'을 '군신지의君臣之義'로 바꿀 것을 요구했다. 이는 조선을 '아우의 나
라'에서 '신하의 나라'로 삼으려는 굴욕적인 요구였다. 당시 척화파의
강경론을 대표하는 홍익한은 이렇게 상소했다.

"신은 이 세상에 태어난 후로 오직 대명천자大明天子가 있다는 말만
들었습니다. 그런데 이제 오랑캐를 섬긴다는 말은 어찌된 일입니까?"

이렇듯 후금의 무리한 군신 관계 요구로 척화론斥和論●이 대두하고
조선과 후금의 관계는 악화되어 갔다.

인조 14년(1636), 홍타이지는 스스로 황제라 칭하고 국호를 청淸으로
바꾸었다. 그리고 조선에 대해 왕자와 대신 및 척화론자들을 잡아 보내
지 않으면 다시 조선을 치겠다고 위협했다. 그러나 이미 척화론이 대세

● 척화론
강화를 배척하며 청(후금)에
맞서 싸우자는 주장이다.

를 이룬 조선 정부는 이를 묵살했다. 이에 청 태종은 명을 정벌하려던 계획을 바꾸어 같은 해 12월, 12만의 만주(여진)·몽골·한인 혼성 병력을 이끌고 조선 침략을 재개했다.

팔기군八旗軍●을 주력으로 하는 여진족의 기병은 우수한 기동력을 앞세워 순식간에 안주까지 쳐들어왔다. 조선 정부는 뾰족한 방어 대책을 찾지 못한 채 강화도와 남한산성을 놓고 피난처를 정하기에 바빴다. 그러던 중 개성 유수의 급보로 청군이 이미 개성을 통과했음이 알려지자, 인조는 종묘의 신주와 세자빈·봉림 대군 등을 먼저 강화도로 보내고 자신은 세자와 대신들을 거느리고 뒤따랐다. 그러나 이미 청군이 경기 지방까지 들어와 강화도로 가는 길이 막히고 말았다. 강화도로 들어가는 길이 차단되자 인조는 급히 방향을 바꾸어 남한산성으로 피신했다.

조선 정부는 청의 침입에 대한 대비책으로 강화도 피난 계획을 세우고 식량과 군비를 강화도에 집중시켰다. 그러나 갑작스러운 상황의 변화로 인해 남한산성에 들어가게 되었으니, 당시 성의 식량으로는 두 달을 버티기가 어려운 실정이었다. 식수난은 더욱 심각했다. 청군이 산성을 포위하고 있는 가운데 시간이 흐를수록 상황은 조선에 불리해져 갔다. 조선군은 포위망을 뚫어 보려 했으나 청군의 매복 공격으로 대파당하고 사기마저 크게 꺾였다. 전국 곳곳에서 근왕병을 모집했으나 이것마저 별다른 호응이 없었다.

마침내 강화도마저 함락되었다는 소식이 전해지자, 인조와 조선 정부는 전의를 상실했다. 결국 청의 요구대로 척화 강경론자 윤집·오달제·홍익한을 청의 진영으로 보내고 항복의 뜻을 전했다. 항복 교섭은 주화론主和論●을 주장했던 최명길에 의해 이루어졌다.

인조 15년(1637) 1월 30일, 인조는 세자와 함께 삼전도三田渡(지금의 서울 송파구 삼전동)에서 청 태종에게 세 번 절하고 아홉 번 머리를 조아리는 항복 의식(삼궤구고두三跪九叩頭)을 치렀고, 청군은 소현 세자와 봉

삼전도비
청 태종이 병자호란 승리 후 세우게 한 기념비. 우리로서는 치욕의 상징이나 역사의 경계로 삼기 위해 보존·관리하고 있다. 서울시 송파구 삼전동 소재

● 팔기군
누르하치는 여진족을 통일하는 과정에서 민民에 대한 조직을 강화하여 이를 전투력으로 전환할 목적으로 '8기八旗 제도'를 창안했다. 이는 300정丁이 1니루, 5니루가 1잘란, 5잘란이 1구사로 구성되어 있는 병민 일체의 사회 조직이었다. 1기가 7,500명의 군사이니 팔기군은 모두 6만 명으로 구성되어 있는 셈이다. 팔기군은 깃발의 색깔로 부대를 구분했는데, 황·백·청·황의 사각형 모양의 4색의 정기와 테두리를 두른 4색의 양기로 되어 있었다.

● 주화론
청이 강대하므로 강화를 맺자는 현실적인 주장이다.

림 대군을 인질로 하고 김상헌 등 척화파의 주요 인물들을 묶어 선양으로 돌아감으로써 병자호란은 끝이 났다.

우리는 대로를 따라 한성으로 직행할 것이다

정묘호란이 일어난 때는 임진왜란이 끝난 지 30년이 채 안 되는 시점이었고, 병자호란이 일어난 때는 정묘호란 이후 9년이 지난 뒤였다. 따라서 처음 여진과의 외교 문제가 일어났을 때, 가급적 전쟁은 피해야 할 상황이었다. 이러한 점에서 광해군의 실리적인 중립 외교 정책은 현명했다고 할 수 있다.

그러나 존화주의와 명에 대한 의리를 중시하는 서인의 권력 장악과 그에 따른 친명 정책이 후금을 자극했고 그 결과 정묘호란이 일어났다. 이후 호전적인 청 태종의 굴욕적인 군신 관계 요구로 양국 관계가 극도로 악화되면서 병자호란이 일어났던 것이다. 당시 두 번의 전쟁이 일어나기 전까지 상당 기간 동안 전쟁의 위험성이 예고되었기 때문에 조선군의 훈련 정도나 병기의 질은 청군에 비해 뒤지지 않을 정도로 우수한 수준을 유지하고 있었다. 이와 같은 자신감이 있었기 때문에 척화론이 우세했다고도 할 수 있다.

그럼에도 두 차례에 걸친 전쟁에서 어느 한 번 제대로 싸워 보지도 못하고 패한 이유는 무엇일까? 조선은 건국 초기부터 기병인 여진족에 대항하기 위해 활을 가지고 적을 격퇴하는 장병長兵 전술을 채택하고 있었다. 그러나 임진왜란을 겪으면서 칼과 조총으로 근접전을 벌이는 왜군에 대한 대응 방법을 강구해 포수(총), 사수(활), 살수(창칼)로 구성된 삼수병 체제를 개발했다. 그러나 이 삼수병 체제는 북방의 여진과 싸우는 데는 적합하지 않았다.

산성 중심의 방어 전략이 실패한 것도 빼놓을 수 없는 부분이다. 조선군은, 보병 중심의 소수 병력으로 기병 위주인 다수의 적을 방어하기

위해서는 산성을 중심으로 하는 거점 방어가 효과적이라고 생각했다. 그와 같은 전략에 따라 의주의 백마산성, 황주의 정발산성, 평산의 장수산성 등을 보수해 그 지역의 병력을 산성에 배치했다.

그러나 "조선이 산성에서 항거하면 우리는 대로를 따라 한성으로 직행할 것이다. 조선의 산성이 우리의 진로를 막을 수 있다고 생각하는가?"라는 홍타이지의 말처럼 청군은 조선의 산성을 무시하고 빠른 기동력을 이용해 대로를 따라 한성으로 밀고 내려왔다. 이에 조선군의 지휘 체계는 마비되었고 청군은 전쟁의 주도권을 장악했다.

이러한 산성 중심의 방어 전략을 무력하게 만든 주원인은 청야 작전의 실패에 있었다. 청군은 두 차례 조선 침공을 하는 데 자신들의 보급품, 특히 군량 확보를 위한 사전 조치를 취하지 않았다. 그것은 조선군이 청야 작전을 철저히 실시하지 않고 서둘러 산성에 들어가려고만 한다는 점을 간파한 까닭이었다. 즉 청군은 자신들의 모든 보급 물자를 현지에서 조달한다는 방침을 세우고, 조선 내지에 깊숙이 대군을 이끌고 진입하는 모험을 감행했던 것이다.

그 결과, 정묘호란 때는 의주에서부터 평산에 이르는 서북 변방 각지의 막대한 관곡과 병기가 모두 청군(후금군)의 손에 들어갔다. 따라서 청군의 진영에는 군량이 남아돌 지경이어서 그들 본국의 군량까지 충당했던 것이다. 이러한 경험이 있음에도 조선은 병자호란 때까지 아무런 대책을 강구하지 않았다.

오랑캐에게 당한 치욕을 씻기 위한 북벌론의 대두

전쟁이 끝난 뒤에도 반청 감정은 수그러들지 않았다. 여진족에게 당한 굴욕이 너무 컸기 때문이다. 병자호란으로 조선을 유린한 데 이어 청은 이미 이자성에게 멸망한 명나라마저 정복함으로써(1644) 중원의 새로운 정치 지배자로 군림하게 되었다. 전쟁에서의 패배로 양국 간에 외교 관계가 수립되었으나, 조선에서는 반청 감정이 응집되어 북벌론北伐論●으로 표출되기에 이르렀다. 북벌론은 봉림 대군이 귀국해 효종으로 즉위하면서부터(1649) 북벌 계획으로 확정되었다.

효종은 즉위 후에 반청 척화파 계열의 인물을 등용하고 송시열(1607~1689)●의 적극적인 보좌를 받으며 설욕을 위한 본격적인 북벌 계획을 준비했다. 북벌 계획의 요점은 군비 증강에 있었다. 어영청과 수어청의 부대를 강화하고 국왕의 친위군인 금군의 힘을 키우는 등 군비 확장에 박차를 가했으나 재정난으로 전부 시행하지는 못했다. 결국 효종의 북벌 계획은 실천에 옮겨지지 못했다. 오히려 북벌 준비로 훈련된 군대는 청이 러시아와 싸웠던 두 차례의 나선 정벌(1654, 1658)에 동원되기만 했다. 효종이 죽자 이 북벌론 자체도 쇠퇴했으며 재정적인 부담만 남기고 말았다.

청나라를 물리치러 가자! 나를 따르라!

녹슨 칼

●북벌론
오랑캐에게 당한 치욕(정묘호란·병자호란)을 갚기 위하여 청을 치자는 주장이다.

●송시열
조선 중기의 유학자. 봉림 대군(효종)의 스승이었다. 인조를 따라 남한산성에 들어갔으나 화의가 성립되자 낙향했다가, 효종의 부름을 받고 다시 벼슬길에 올랐다. 북벌 운동을 주도했으며 효종도 그에게만은 청에 대한 복수의 계획을 털어놓고 이야기했다고 한다.

찢은 자도 **옳고** 주워 붙인 자도 **옳다**

병자호란 중에 남한산성에 갇혀 있던 조선 조정은 더 이상 견디지 못하고 청군에 화친을 청하는 국서를 보내기로 했다. 주화파 최명길이 국서를 쓰는데 척화파인 김상헌이 달려와서 그것을 찢어 팽개치며 울분을 토했다고 한다. 그러자 최명길이 태연하게 찢어진 국서를 주워 모아서 풀로 붙였고 청과의 강화가 성립되었다.

그 후 사람들은, "찢은 자도 옳고 주워 붙인 자도 옳다[裂之者可 拾之者可]." 하며, '양시론兩是論'으로 두 사람의 참뜻을 새겼다고 한다. 이것만이 옳고 저것은 그르다는 식의 '흑백 논리'가 판을 치는 요즈음에 한번쯤 새겨볼 만한 이야기다.

'오랑캐'의 어원

고려 때부터 북부 변경 일대에 살고 있던 여진인들 가운데, 고려로 귀순한 사람들을 '향화인向化人'이라고 부르고 귀순하지 않은 사람들을 '야인野人'이라고 불렀다. 야인에는 '올량합'·'올적합'·'오도리'의 세 부족이 있었는데, 그중 우리나라와 가장 접촉이 잦았던 부족이 '올량합족'이었다. '오랑캐'란 말이 바로 이 부족의 이름에서 비롯된 것으로 보인다.

06

과전법

고려 말, 권문세족들은 농장을 확대해 나갔다. 이들의 농장은 국가에 세금을 내지 않았기 때문에 갈수록 고려의 국가 재정은 고갈되어 갔다. 여기에 사원 경제의 폐단까지 겹쳐 국가 재정은 파탄 지경에 이르게 된다. 이에 위화도 회군으로 권력을 장악한 신진 사대부들은 대대적인 전제 개혁에 착수하게 되고, 그 결과 공양왕 때 과전법을 공포·실시한다.

새 왕조의 물질적 기반을 확보하다

고려 후기 권문세족들이 소유한 대토지를 농장●이라고 한다. 권문세족은 농장을 경영하며 많은 토지와 노비를 가졌음에도 불구하고 권력을 앞세워 세금을 납부하지 않았다. 따라서 국가의 전세 수입은 갈수록 줄어들고 고려의 재정은 파탄 지경에 이르렀다. 권문세족들의 농장이 확대됨에 따라 일반 농민 소유의 토지에 대한 전세와 역의 부담은 갈수록 늘어났다.

●농장
《고려사》〈식화지〉에는 권문세족의 농장이 산과 내로 경계를 이루고 있었다고 전한다.

여기에 투탁投托 현상은 그와 같은 상황을 더욱 악화시키게
된다. 투탁이란 농민들이 국가의 전세와 역의 부담에서 벗어
나기 위해 권문세족에게 자신의 토지를 맡기고 스스로
노비가 되어 들어가는 것을 말한다. 농장의 확대가 투탁
을 부르고, 투탁이 농장의 확대를 가져오는 악순환이 계속
되었던 것이다.

고려 말, 신진 사대부들은 이성계의 위화도 회군으로 실질적인 권력
을 장악한 후, 군량미와 녹봉의 해결이란 명분으로 대규모의 토지 제도
개혁을 단행했다. 그 결과 공양왕 때 과전법을 제정해 시행하게 되었
다. 과전법은 녹과전을 이어받은 것으로 경기도에 한정해 국가의 수조
권收租權, 즉 전세를 거둘 수 있는 권한을 신진 관료들에게 차등을 두어
지급한 것이다.

과전법은 토지의 국유화를 통해 권문세족과 같은 구세력의 경제 기
반을 탈취해 새 왕조의 물질적 기반을 확보하자는 데 목적이 있었다.
따라서 농장을 없애고 국가의 토지 지배권을 확보하는 것이 일차적인
목표였다. 그리고 나서 확보한 토지를 새로 관리가 된 신진 관료들에게
지급한 것이다. 과전법에서 관리들에게 토지를 지급했다고 하는 것은,

	결結	무畝	평坪
1등전	1결	38.0무	2,753.1평
2등전	1결	44.7무	3,246.7평
3등전	1결	54.2무	3,931.9평
4등전	1결	69.0무	4,723.5평
5등전	1결	95.0무	6,897.3평
6등전	1결	152.0무	11,035.5평

토지 면적 단위 비교표
세종 대 수등이척법에 따른 전
분 6등의 경우를 나타낸 표다.

백성이 보유하고 있는 토지에 대한 국가의 전세 수취 권한인 수조권을 관리에게 위임하는 것을 뜻한다. 수조권을 지급받은 관료들은 그 땅에서 국가를 대신해 10분의 1에 해당하는 전세를 수취해서 갖는다.

그러나 때로는 양반 관료들이 그들의 지위를 이용해서 국가가 정해놓은 수조율 이상으로 걷을 수 있었다. 이러한 일을 막기 위해 과전법에서는 비교적 감독하기 쉬운 경기도 지방에 한해 수조권을 나누어 주었다.

과전의 부족 현상

그러나 이 과전법도 고려의 전시과와 마찬가지로 오래가지 못했다. 토지는 한정되어 있기 때문에 이미 지급한 토지를 반납 받아 새로 관리가 된 자에게 지급해야 했다. 그러나 실제로는 '수신전'이나 '휼양전' 등의 명목으로 미망인이나 자손에게 세습됨으로써 갈수록 과전의 부족 현상이 심해졌다.

이런 까닭에 세조 때에는 '직전법'을 실시해 수조권을 현직 관리에게만 지급하고 토지 지급 규모를 대폭 낮추기도 했다. 그러나 직전법 시행으로 퇴직 후 가족의 경제 기반 상실을 우려한 양반 관료들이 농민들로부터 규정된 전세보다 과다하게 징수하는 폐단이 만연하게 되었다.

이에 따라 성종 원년에 국가가 직접 농민으로부터 세금을 거두어서 수조권자인 양반 관료들에게 전달하는 관수관급제官收官給制를 시행했다. 이로써 관료들에게 지급된 수조권은 녹봉의 성격과 같아졌고, 수조권에 입각한 토지 제도는 사실상 소멸되었다.

수신전守信田과 휼양전恤養田
수신전은 '믿음(절개)[信]을 지킨다[守]'는 뜻으로 사대부 미망인의 수절 비용으로 지급되었고, 휼양전은 '불쌍히 여겨[恤] 기른다[養]'는 뜻으로 어버이가 모두 사망했을 때 어린 자녀가 어버이의 과전을 물려받을 수 있게 했다.

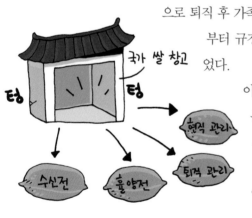

과전법 체제의 붕괴

16세기 중엽, 명종 대에 이르러서는 국가 재정이 악화되어 직전의 지급조차 이루어지지 않았다. 이는 고려 시대 전시과 이래로 국가 권력에 의해 보장되어 온 지배층의 경제적 특권이 소멸된 것을 의미한다. 또한 그것은 과전법이란 토지 제도가 붕괴되었음을 뜻하기도 한다.

그러나 과전법 체제의 붕괴가 양반 지배층의 경제적 몰락을 의미하는 것은 아니다. 국가가 지급하는 수조권을 바탕으로 하는 토지 지배는 소멸되어 갔지만, 오히려 양반 관료들이 사적으로 토지를 소유하거나 지배하는 지주전호제地主佃戶制는 확대되어 갔다. 이는 국가의 토지 지배가 무력화되고 사실상의 소유 관계에 입각한 토지 소유가 일반화되었음을 의미한다.

왕의 **묘호**는 어떻게 붙일까?

국왕이 살아 있을 때는 그 국왕의 호칭은 있지도 않고 있을 필요도 없다. 그 누구도 임금의 이름이나 호칭을 부를 수 없기 때문이다. 그런데 임금이 세상을 떠나면 그 위패를 종묘에 모셔야 한다. 이때 선왕들과 구별할 수 있는 호칭이 필요하다. 그래서 '종宗' 또는 '조祖'로 끝나는 호칭을 짓게 된다. 이것을 '묘호廟號'라고 한다.

그러면 '종'과 '조'의 차이는 무엇일까? 《조선왕조실록》에 따르면, '공이 있으면 조로 하고, 덕이 있으면 종으로 한다'는 원칙이 있었다. 물론 여기서 '공功'은 왕조 창업의 경우에만 해당된다. 본래 중국에서도 창업한 황제에게만 조를 붙이고 나머지 황제에게는 종을 붙였다. 이런 원칙이 무너진 것은 조카를 몰아내고 명나라의 3대 황제가 된 영락제 때였다. 그는 창업에 버금가는 공이 있다는 이유로 '성조'라는 묘호를 받았다.

이후 조선에서도 기본 원칙이 무너지기 시작했다. 그 첫 사례가 성조의 예를 참고한 세조의 경우다. 이후 조선의 왕들은 '종'보다는 '조'가 더 나은 것이라는 생각을 갖게 되었다. 그래서 조선에서는 '조'가 중국에 비해 훨씬 많이 붙여졌다. 전란을 막아 내는 큰 공을 세웠다 해서 선조·인조 등의 묘호를 붙였고, 영조·정조·순조는 종에서 조로 묘호가 바뀌기도 했다.

07

교육과 과거 제도

조선 시대는 농업 중심의 사회로 국부의 원천은 토지였다. 국가는 이 토지를 장악하고 과전법이란 토지 제도를 통해 관료들에게 나누어 주었다. 따라서 권력과 재력을 한꺼번에 쥘 수 있는 방법은 관직에 진출하는 것이었다. 고위 관료의 자제가 시험을 보지 않고 관리가 되거나(문음), 학식과 덕망이 높아서 높은 벼슬에 천거되기도 했으나, 대개는 과거에 합격해야만 벼슬길에 오를 수 있었다.

교육 기관은 크게 '관학'과 '사학'으로 나뉘었다. 관학은 성균관과 향교가, 사학은 서원이 그 역할을 담당했다. 교육 기관의 교육 내용은 과거 제도와 시험 과목에 따라 달랐다. 오늘날 교육이 입시를 대비한 교육이라면, 조선 시대의 교육은 과거를 대비한 교육인 셈이다.

본래 과거는 능력에 따라 관리를 선발하는 합리적인 관리 선발 제도로 양인이면 누구나 응시가 가능했다. 그러나 실제로는 양반들이 교육의 기회를 독점했기 때문에 일반 평민이 관리가 되기란 어려운 일이었다.

농사 짓고
군역에 가고
장작 패고
과거 공부는 언제 하나?

과거 응시 자격

조선 시대 과거는, 법적으로 양인이면 누구나 응시할 수 있었다. 그러나 양반 자제들이 교육의 기회를 독점하고 있었고, 일반 평민은 농사와 같은 생업에 종사해야 했기 때문에 실제로 과거에 합격하는 것은 매우 드물었다. 이는 달리기를 하는 데 규칙은 똑같이 적용하되, 어떤 사람은 짚신을 신고 뛰고 어떤 사람은 운동화를 신고 뛰는 것과 마찬가지라고 할 수 있다.

과거 제도는 시간이 흐를수록 변질되었다. 조선 후기에 이르러 붕당 정치에서 일당 전제의 추세가 일반화되고 이후 세도 정치로 이어지면서 능력 중심으로 관리를 선발한다는 과거 제도 본래의 의미는 퇴색되어 갔다.

관학과 사학으로 짜인 교육 제도

조선 시대의 교육 이념은 백성을 교화하고 인재를 양성해 성리학에 입각한 덕치를 구현함에 있었다. 그러나 실제로는 과거 시험을 위한 공부가 중시되어 교육 기관에서는 과거에 대비한 유학과 한문학 교육에 치중했다. 또한 교육의 기회도 사대부나 관료 자제들이 거의 독점하고 있었다.

조선 시대의 학교는 크게 관학과 사학으로 나눌 수 있다. 관학의 학제는 지방 양인 자제의 교육 기관인 향교와, 중앙 양반 자제의 학교인 4부 학당(4학), 그리고 최고 학부인 성균관으로 짜여 있었다. 사학에 유학의 기초 소양을 가르치는 서당이 있기는 했으나 조선 초기에는 관학과 비교 대상조차 될 수 없었다.

명륜당
성균관 안에서 유학을 가르치던 곳이다.

이렇듯 조선 초기의 교육은 주로 성균관이나 향교와 같은 관학을 중심으로 이루어졌다. 그러나 중기 이후 사림 세력이 성장하면서 지방 각지에 서원이 건립되기 시작했다. 서원은 경학을 중시하는 사림들에 의해 학문과 교육의 중심으로 발전해 후기에는 관학을 능가하기에 이르렀다.

관학을 대표하는 성균관은 태조 때 세워졌다. 성균관에는 선현을 봉사하는 문묘, 강의실에 해당하는 명륜당, 유생들이 기숙하는 동재·서재 등의 건물이 있었다. 문묘에서는 공자 및 그의 제자들을 비롯해 중국과 우리나라의 선현들을 봄·가을 두 번에 걸쳐 제사를 지냈으며 동재에서는 생원, 서재에서는 진사가 기숙을 했다.

성균관 유생의 정원은 200명으로 생원·진사의 자격을 가진 사람만이 입학할 수 있었다. 입학한 유생들은 모두 기숙사 생활을 하는데 학칙을 어기면 처벌받았다. 또한 자치 활동도 허용되어 필요한 사항은 회의에서 결정했는데, 성균관 유생들은 국정참여 의식도 높아서 실정이 있으면 상소를 올려 탄핵을 하기도 했다. 상소를 해도 만족할 만한 결과가 없으면 '권당捲堂'이라 하여 성균관을 비우고 나가는 일종의 동맹 휴교를 하기도 했다.

향교는 태조가 즉위 초부터 권장해 고을마다 하나씩 세워졌다. 향교에도 성균관과 마찬가지로 문묘가 있었고, 명륜당과 그 좌우에 동서 양재가 있어서 대체로 동재에는 양반 자제를, 서재에는 평민 자제를 수용했다. 즉 향교는 성균관의 축소판이라 할 수 있다.

향교는 양인 이상의 신분이면 입학이 가능했는데, 학생 정원은 각 군현의 인구에 비례해 책정되었다. 향교의 학생들은 '교생'이라 불렸는데, 전국적 정원이 1만 5천 명에 달했고 청강생까지 있었던 점을 감안하면 향교 교육이 얼마나 활발했는지를 짐작할 수 있다. 교생은 재학

생원과 진사

각각, 문과의 소과인 생원시와 진사시에 합격한 사람들을 말한다. 생원시는 유교 경전에 관한 이해를 측정하는 시험이고, 진사시는 문학적 재능을 측정하는 시험이다. 생원과 진사에게는 성균관에 입학할 수 있는 자격이 부여되었다. 성균관에 들어가 공부하다가 대과에 응시, 급제한 뒤 관직에 나가는 것이 당시 유생들이 밟는 일반적인 과정이었다. 그러나 생원과 진사 중 극히 일부만이 합격할 수 있었다.

칠조 현판

경상북도 구미의 금오 서원에 걸려 있는 현판으로, 원생들이 지켜야 할 7가지 생활 규범이다. "창과 벽에 낙서하거나, 책을 손상하거나, 놀면서 공부를 안 하거나, 함께 살면서 예의를 차리지 않거나, 술이나 음식을 밝히거나, 이야기가 난잡하거나, 옷차림이 단정하지 않은 자가 있다면 돌아갈 것이고, 아직 안 왔다면 오지 말라."라고 적혀 있다.

기간 동안 군역이 면제되었고 소과에 합격하면 성균관에 입학을 했다. 그러나 향교는 임진왜란 때 많은 수가 소실되었고 16세기 이후 사학인 서원에 눌려 교육 기관으로서의 기능이 크게 약화되었다.

16세기 들어서 지방의 사림 세력이 크게 성장하면서 각지에 서원을 세우기 시작했다. 서원 역시 선현을 제사 지내고 자제를 교육하는 교육 기관이었다. 16세기 말 선조 대에 이르러 사림들이 권력을 장악하자 양반들이 관학을 기피하고 서원에 몰리면서 사학이 크게 발달했다. 지방 사회에 큰 영향력을 행사하고 있던 사림들은 지방민들로부터 많은 기부금을 자의반 타의반으로 거두어들여 서원의 재정도 튼튼하게 되었다. 반면 관학은 날로 부실해져서 제 기능을 상실해 갔다. 서원의 발달은 성리학을 지방 사회에 뿌리내리고 학문을 발전시키는 데 크게 공헌했지만, 학연·지연을 매개로 한 붕당의 온상이 되었고 민폐를 끼치는 등 부작용도 컸다.

가문보다 능력을 중시하는 과거 제도

조선의 관리 임용 제도는 과거의 비중이 가장 컸다. 조선의 과거 제도는 크게 문과와 무과로 구분되는데 문무 양과 외에도 기술관을 등용하는 잡과, 서리 등 하급 관리를 선발하는 취재가 있었다.

그 가운데에서 문과가 가장 핵심이었다. 문과는 소과와 대과로 나뉘는데, 소과는 대과 응시자를 걸러 내기 위한 자격시험이었고, 소과에 합격한 이후 대과에 응시하여 합격해야만 관직으로 나아갈 수 있었다.

소과는 생원(경전 시험)과 진사(문장 시험)를 뽑는데, '생진시'라고도 하며 '사마시'라 하기도 했다. 향교와 4학 출신 및 하급 관료가 주로 응시하는데 원칙적으로 천인이 아니면 응시할 수 있었다. 매 과거마다 1 · 2차 두 번에 걸친 시험에서 생원 100명, 진사 100명을 각각 선발했다. 소과에 합격한 이들에게는 소과 합격증인 백패와 성균관 입학 자격을 부여했다. 대과는 생원 · 진사 · 성균관 유생 · 3품 이하의 현직 관리 등은 물론 일반 유생이 주로 응시하였으며, 소과와 마찬가지로 천인이 아니면 누구나 응시할 수 있었다. 각도의 인구 비례로 초시(1차)에서 240명, 복시(2차)에서 33명, 전시(3차)에서 등급(순위)을 결정하는 시험을 치렀고 합격자에게는 대과 합격증인 홍패와 관직을 부여했다.

무과는 양인 이상이면 응시가 가능하고 무예와 병서 시험을 치러 28명을 선발했는데 합격자를 선달이라 했다.

잡과는 중인 자제가 주로 응시했는데, 총 46명을 뽑았다. 잡과 합격자는 해당 부서의 하급 관리로 임용되고 승진도 할 수 있었다. 그러나 잡과 출신은 최고 3품(당하관)까지밖에 오를 수 없었다.

과거는 정기적으로 3년에 한 번씩 치르도록 되어 있었다. 이와 같은 정기 과거를 '식년시'라고 했다. 그러나 양반들의 요구로 식년시 외에도 '별시'라고 불리는 부정기 과거를 실시했는데, 조선 시대에는 이 별시의 횟수가 식년시의 횟수보다 훨씬 많았다. 조선 시대에

별시를 자주 실시했던 이유는 그들을 모두 등용하려는 것이 아니라 양반층을 회유하려는 데 목적이 있었다. 따라서 과거에 합격했다 하더라도 모두 관직에 임용되는 것은 아니었다. 산직이나 무록관에 임명되는 경우도 허다했다.

조선 시대 관리 등용 제도에서 음서보다 과거의 비중이 컸다는 것은 그만큼 관료주의 국가의 면모를 갖추었음을 뜻하며, 이를 통해 학력과 능력이 존중된 합리적 사회였음을 알 수 있다. 그러나 현량과●를 시행하기도 했고, 후기에는 특정 가문 중심의 세도 정치가 성행하면서 과거 제도는 점차 문벌을 양산하는 형식적 절차로 전락하고 말았다. 실학자들이 과거 제도 무용론을 제기한 것도 이러한 이유에서였다.

과거 시험에서 부정을 방지하는 방법은?

과거 시험에도 부정이 있었다. 대리 시험을 보게 하거나, 두루마기 안에 안감을 대어 사서삼경을 깨알 같은 글씨로 써 넣는 등 여러 가지 방법이 있었다고 한다. 그러나 이에 못지않게 국가의 시험 관리도 철저해서 그런 방법들이 잘 통하지 않았다.

과거 시험 답안지를 채점하는 시험관들이 응시자의 필적을 알아보게 되면 채점 결과에 영향을 줄 수 있다. 그래서 나온 방법이 '역서易書'였다. 역서는 응시자가 제출한 답안지를 서리(말단 행정 실무에 종사하던 하급 관리)에게 붉은 글씨로 바꾸어 쓰게 하여 만에 하나 있을 수 있는 부정을 방지하는 절차였다. 이때 응시자가 쓴 답안지를 '본초本草'라 하고 옮겨 베낀 사본을 '주초朱草'라고 하는데, 역서 작업이 끝나면 대조 작업을 거쳐 확인한 후 주초만 시험관에게 넘긴다. 이는 초창기 과거 시험과 채점이 매우 엄격한 절차 속에서 치러졌음을 보여 준다.

그러나 세도 정치기(조선 후기, 19세기)에 이르러 정치 기강이 해이해지면서 과거 시험 부정이 극에 달했다. 시험장 담 너머에서 불러 주기, 종이쪽지를 돌멩이에 묶어 던져 주기 등 노골적인 방법까지 등장했다. 과거 시험 무용론이 등장한 것도 이 때문이었다.

08

과학 기술

조선 초기에는 과학 기술이 크게 발달해 많은 발명품이 쏟아져 나왔다. 이렇듯 과학 기술이 발전하게 된 것은 부국강병과 민생 안정을 위한 국가적인 장려가 있었고, 철학적으로는 격물치지格物致知●를 존중하는 경험적 학풍이 지배했기 때문이다.

천재지변은 국왕의 책임

조선 초기의 과학 기술을 선도한 것은 천문학이었다. 성리학의 왕도 정치하에서는 천재지변을 국왕의 부덕과 연관 지어 해석하는 경향이 있었다. 또한 기상의 변화는 농업에 큰 영향을 주기 때문에 나라에서는 천문 기상 관측에 각별한 관심을 기울였다. 궁중에 천문 기기를 설치한다거나 행정의 최고 수반인 영의정이 관상감의 장長을 겸임한 이유가 여기에 있었다. 천문 관측의 성과에 따라 태조 4년(1395)에는 고구려의 천문도를 기반으로, 석각 천문도인 천상열차분야지도天象列次分野之圖를

● 격물치지
《대학大學》에 나오는 말로 실제 사물의 이치를 연구하여 지식을 완전하게 한다는 뜻으로, 경험적 학문 태도를 강조한 말이다.

제작하기도 했다.

조선 시대의 천문 관측 사업은 세계에 자랑할 만한 천문 관측 기록을 남겼다. 혼천의·간의 등 10여 종에 이르는 관측기구를 만들고, 삼각산(북한산)·금강산·한라산·백두산에 이르기까지 천문학자를 파견해 천문을 관측했다. 이 시기의 관측 기록에는 일식과 월식은 물론 혜성과 유성의 출현과 그 모습 등이 상세하게 실려 있다. 조선 시대의 천문학이 발달하는 과정에서 정초나 정인지 같은 천문학에 능통한 자들이 활동하였다.

각종 천체 관측용 기구와 함께 해시계·물시계도 만들었다. 해시계 제작에 관한 공식적인 기록은 《세종실록》에 처음으로 나타난다. 앙부일구라 불리던 해시계는 우리나라 최초의 공중 시계였다는 데 큰 의의가 있다. 이와 달리 현주일구와 천평일구는 휴대용 해시계였다. 이러한 해시계도 흐린 날이나 밤에는 쓸모가 없었다. 그런 이유로 물시계가 표준 시계로 자리를 잡게 되었다. 태조 7년(1398)에 제작된 경루는 최초의 물시계였다.

천문학의 발달은 역법과 밀접한 관계가 있어 조선을 기준으로 하는 역법의 발달을 보게 되었으니 세종 26년(1444)에 간행된 《칠정산》이 바로 그것이다. 《칠정산》은 내편과 외편으로 되어 있는데, 내편은 원의 수시력과 명의 대통력을 참작하여 한양을 기준으로 한 역서이고, 외편은 아라비아의 회회력을 참고해 만든 것이다. 이때부터 명의 대통력은 중국력이라 했고, 《칠정산》 내편은 본국력이라 불렀다. 이로써 오랫동안 중국 역법에 의존했던 데서 벗어나 처음으로 독자적인

이제 해시계로 시간을 알 수 있겠어.

앙부일구
세종 때 제작된 해시계를 복원한 것이다. 국립 민속 박물관 소장

역법 계산이 가능하게 되었다.

《칠정산》은 내용의 절반 이상이 태양과 달의 위치 계산에 의한 일월식 계산법으로 채워져 있다. 이에 따라 세종 때부터는 일식과 월식의 정확한 예보가 가능하게 되어 왕조의 권위를 세우는 데 크게 이바지했다.

천문학의 발달과 함께 기상학도 큰 발전을 보게 되었다. 당시 정부는 농업 수확을 늘리기 위해 관개 수리 공사를 추진하면서 비에 대한 관측 사업에 힘을 기울였다. 그 결과로 나타난 것이 측우기와 수표의 발명이다.

강우량을 헤아려 농사 등에 활용하려는 노력은 오래전부터 있었다. 그러나 오늘날의 우량계와 같은 측우기의 발명은 세종 23년(1441)에 이루어졌다. 측우기는 원통형의 그릇으로, 비가 내린 뒤 물의 깊이를 재서 강우량을 측정했다. 이 측우기는 서양보다 200년 앞선 것으로 각 도에 설치해 강우량을 측정·보고하게 함으로써 농정에 크게 기여했고 수표의 발명에 영향을 주었다.

수표는 강물의 수위를 재는 것인데 나무 기둥(뒤에는 돌기둥)을 세우고 거기에 새긴 눈금으로 강물의 높이를 쟀다. 이와 같은 수표의 이용으로 수리 관리가 체계적으로 이루어지게 되었다.

장영실의 '귀신같은' 물시계

15세기 조선에서 사용하던 기계 장치는 주로 방적 기계·관개용 양수기·자동 물시계·물레방아·요업(도자기 제조업) 및 공예용 물레 등이 있다.

이들 기계 장치 중에서 가장 뚜렷한 발자취를 남긴 것은 '양수용 물레바퀴'였다. 그것은 사람의 힘이 아닌 물의 힘으로 기계의 동력을 얻으려는 과학적 노력이었다. 세종 11년(1429)에 박서생이 통신사로 일본에 가서 보고 온 일본 수차水車에 대한 보고는 조선의 수차 발전에 큰 영향을 주었다. 일본의 수차는 물살이 센 곳에서는 저절로 돌아가고 물살이 약한 곳에서는 발로 밟아 주어야 돌아가는 방식이었다. 하지만 발의 힘만으로 돌려야 하는 우리의 수차보다는 훨씬 효율적이었다.

이때부터 세종은 수차의 모형을 만들어 전국적으로 보급하는 일에 힘을 기울였다. 그러나 수차 제작에 쓸 적절한 목재가 없었다는 점과 제방 중심의 수리 관리 체제로 인해 널리 보급되지 못했다. 농민들이 가난 때문에 수차를 만들 만한 여유가 없었다는 점도 보급을 어렵게 했다.

그러나 그와 같은 과정을 통해 축적된 물리학적 원리와 기술들은 자동 장치의 발명을 가능하게 했다. 세종 16년(1434) 노비 출신의 장영실은 자동 시보 장치를 갖춘 물

자격루
물시계. 자동으로 시간을 알리는 장치다. 현재는 일부만 남아 있다. 서울 덕수궁 소재

물시계로 표준 시계를 삼은 후, 서울에는 물시계와 함께 종루가 세워지고 새로 만든 큰 종을 쳐서 도성의 표준 시간을 알리게 되었다. 밤 시간의 측정이 시작되는 이경(저녁 10시 전후)에는 28수宿에 따라서 28회 종을 쳤고, 밤 시간이 끝나는 오경(새벽 4시 전후)에는 33천天에 따라서 33회 종을 쳤다.

시계를 발명하였는데 이를 자격루라고 한다. 세종은 경복궁 안에 보루각을 짓고 장영실이 발명한 자격루를 설치하여 표준 시계로 삼았다

자격루의 자동 시보 장치는 떨어지는 물을 받는 물통에 부력에 의해 떠오르는 잣대가 있어, 그것이 정해진 시각마다 쇠 구슬을 굴러 떨어지게 해 타종 장치를 작동해 종을 울리도록 되어 있다. 더욱이 장치가 안으로 숨겨져 있었기 때문에 그 작동이 '귀신과 같아서' 보는 사람마다 감탄했다고 한다.

문화의 척도인 인쇄술의 발달

인쇄술은 우리나라가 세계적으로 자랑할 만한 분야다. 고려 시대에 《상정고금예문(1234)》을 금속 활자로 인쇄했다는 기록이 남아 있으나 현재 전해지지 않고, 고려 후기에 편찬한 《직지심체요절(1377)》이 세계 최초의 금속 활자본으로 공인되어 있다. 고려 시대 금속 활자 발명의 전통을 이어서 조선 시대에는 개량된 금속 활자를 제작했다.

조선 초기의 활발한 편찬 사업은 인쇄술의 발달을 촉진시켰다. 활자를 만들고 책을 찍는 기술이 본격적으로 발전한 것은 태종과 세종 대였다. 1403년 태종은 주자소를 설치해 활자의 보급과 서적의 간행을 크게 장려했다. 태종 3년(1403)에 구리 활자 수십만 개를 제작했으며(계미자), 세종 16년(1434)에도 구리로 20만여 개의 금속 활자를 제작했다(갑인자). 구리 활자 외에도 납 활자·놋쇠 활자가 있었고, 임진왜란과 같은 전란으로 인해 활자가 부족할 때는 나무 활자를 만들기도 했다.

놀라운 **무기 제조** 기술

조선 전기, 과학 기술의 성과는 군사 무기 분야에도 큰 영향을 미쳤다. 그중에서도 특히 문종 때 발명한 화차는 조선 시대 무기 제조 기술의 높은 수준을 보여 준다. 이것은 수레 위에 발사대를 설치하고 신기전이라는 화살 100개를 한꺼번에 날려 보낼 수 있는 무기였다. 오늘날의 다연장포와 같은 무기다.

신기전은 화약 연료로 추진되기 때문에 보통 활에 비하여 사정거리가 두 배 이상 되며, 발사체의 앞부분에는 발화통이 붙어 있어서 목표점에 다다르면 폭발하게 되어 있었다. 발사대의 각도를 자유롭게 조정할 수 있어 목표 지점을 선택할 수 있었으며, 수레를 그대로 놓았을 때의 각도는 가장 먼 거리를 날 수 있는 43도였다고 하니 당시의 과학 기술의 수준을 짐작할 수 있다.

임진왜란 때 권율 장군은 행주산성에서 대승을 거두었다. 이때 부녀자들이 앞치마로 돌을 날랐다고 한 데서 행주치마란 말이 생겼다고 전해지고 있지만 사실과 다를 가능성이 높다. 어원이야 어찌 되었든 이처럼 민간의 도움이 컸던 것은 사실이나, 권율 장군이 화차가 없었다면 승리할 수 없었다고 말한 점을 보면 신기전과 화차의 위력을 짐작할 수 있다.

신기전기 화차
조선 문종 때, 장거리 공격 무기인 신기전기(신기전)를 대량으로 발사하기 위한 화차. 변이중의 문집인 《망암집》에는 문종 때의 화차에 대한 도면과 설명문, 그리고 자신이 개량한 〈화차도〉 도면이 들어 있다.

09
훈민정음

한글의 창제는 문자의 독립을 이룩한, 우리 민족 문화상 가장 빛나는 업적이다. 우리나라는 예로부터 한자를 사용했으나 말과 글이 달라 의사소통이 어려웠고 배우기도 쉽지 않아 문자 생활에 많은 불편을 겪었다. 향찰이나 이두●, 구결 등을 사용하기도 했으나 우리말을 정확히 기록할 수 없었다. 이러한 상황 속에서 우리나라의 고유 문자를 창제하게 된 것이다.

세종 25년(1443), 세종 대왕과 집현전 학자들이 각고의 노력 끝에 한글을 창제하고 세종 28년(1446)에 《훈민정음》을 반포했다. 세종은 이 책의 서문에서 백성들이 자기 생각을 쉽게 적을 수 있는 문자가 있어야 한다고 창제 동기를 밝히고 있다. 한글은 세계 여러 문자 중에서도 가장 발전된 형태인 표음 문자로 17자의 자음과 11자의 모음 등 모두 28자(현재는 24자 자모만 쓴다)로 구성되어 있다.

●이두
이두가 일본에 건너가서 가나 문자가 되었다고 한다. 그러나 우리나라에서는 이 이두가 생활 문자로 자리 잡지 못했다.

지혜로운 사람은 하루, 어리석은 사람도 열흘이면 깨치는 글

한글은 우리말을 적는 데 필요한 소리를 정밀하게 표기할 수 있도록 만들어졌다. 한글을 만드는 작업에 참가한 정인지가 한글을 '바람 소리와 학 울음, 닭 우는 소리와 개 짖는 소리도 모두 적을 수 있는' 문자라고 밝혔을 정도로 표음 원리에 충실했다. 또한 소리를 내는 사람의 기관을 본떠 문자의 모양을 만들었기 때문에 이해하기가 쉬웠다. 따라서 배우기도 대단히 쉬웠다. '지혜로운 사람은 하루면 깨칠 수 있고 어리석은 사람이라도 열흘이면 배울 수 있었던' 것이 한글이었다.

한글의 과학성은 세종과 집현전 학자들이 벌인 노력의 산물이기도 했지만, 다른 나라의 문자에 비해 늦게 만들어졌다는 점도 한 이유다. 다른 나라의 문자들이 대부분 고대에 만들어진 반면, 우리나라의 한글은 중세에 이르러 필요에 의해 체계적이고 합리적으로 만들었기 때문이다. 따라서 자모음을 쉽게 구별할 수 있을 뿐만 아니라, 자음이 입술·입·혀의 위치를 확실하게 해 주며 자모음이 수직·수평의 조합을 통해 사각형을 이루면서 정연하게 배열된다. 이러한 점에서 한글은 세계에서 가장 합리적인 문자로 인정받고 있다.

세종 대왕
조선 제4대 왕으로, 집현전을 확충해 학문을 장려했고, 훈민정음을 창제했으며, 장영실로 하여금 혼천의·앙부일영 같은 과학 기구를 제작하게 했다. 이 외에도 쓰시마 섬 정벌·4군 6진 설치 등 국방에도 힘써 조선 왕조의 기틀을 튼튼히 했다.

세 종 대 왕

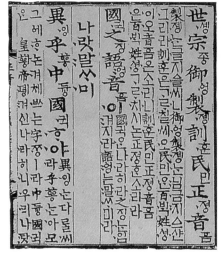

훈민정음
책 이름을 세종이 창제한 우리
나라 글자 이름인 훈민정음과
똑같이 《훈민정음》이라고도한
다. '백성을 가르치는 바른 소
리'라는 뜻을 담고 있으며, 창
제자와 창제 시기가 정확한 세
계 유일의 문자이다. 국보 제
70호이며, 1997년 유네스코에
서 세계 기록 유산으로 선정하
기도 했다.

서민들 사이에 널리 쓰인 한글

세종 26년(1444), 최만리 등이 훈민정음 창제에 반대하는 상소를 하는
등 반발이 컸다. 한글이 제정되고도 반포가 미루어진 이유가 여기에 있
었다. 최만리는 새 문자를 만드는 일 자체가 오랑캐의 짓이라고 반대했
다. 이는 유학과 한문학을 숭상하는 문화적 사대주의의 소산이라고 할
수 있다.

그러나 세종은 한글의 사용을 적극 권장하고 이를 활용하는 데 힘썼
다. 최초로 편찬한 한글 서적은 《용비어천가》인데 125장의 악장체로
조선 건국의 연원과 위업을 찬양했다. 《석보상절》은 소헌 왕후의 명복
을 빌기 위해 석가모니의 일대기를 엮은 것이고, 《월인천강지곡》은 세
종이 석가모니의 공덕을 찬양하여 지은 노래를 실은 책이다. 이 두 책
을 합하여 간행한 것이 《월인석보》다. 《동국정운》은 혼용되던 한자음을
바로잡기 위해 한글의 자모를 이용해 음운 체계를 정리한 것이며, 한자
학습서인 《훈몽자회》도 한글로 음과 뜻을 달았다. 세조는 간경도감*을
설치하고 많은 불서를 한글로 번역했다.

●간경도감
불경의 번역 및 간행을 위한
임시 관아

한글은 부녀자들이 글을 쓰는 데 널리 쓰기도 했다. 암글이라는 별칭도 이 때문에 붙여진 것이다.

통치의 수단에서 저항의 무기로 바뀐 한글

《훈민정음》서문에 명기된 대로 한글은 백성들의 문자 생활을 향상시키기 위해 창제한 것이다. 이는 세종의 애민 정신의 발로이기도 했다. 그러나 그 이면에 통치자의 편의를 도모하기 위한 목적이 있었음을 간과할 수 없다. 이 같은 목적은 백성들을 직접 상대하는 서리들에게 한글 시험을 치르게 한 데서 잘 나타난다. 또한 윤리서들을 한글로 편찬해 백성들에게 보급함으로써, 그들을 유교적으로 교화하고 성리학적 통치 체제를 안정시키려는 목적도 있었다. 이렇듯 창제 초기에 한글은 '통치의 수단'으로 활용된 측면도 많다.

그러나 한글을 쉽게 익히고 사용하게 됨에 따라 백성들은 점차 자신의 생각과 의사를 표현할 수 있게 되었다. 이에 따라 한글의 역할은 '통치의 수단'에서 '저항의 무기'로 바뀌게 되었다. 허균의 《홍길동전》의 저술과 유포, 잦은 괘서 및 벽서 사건은 이의 반증이다. 연산군 대는 탐관오리의 횡포를 고발하는 벽서가 나붙자 한글로 된 책을 불사르고 한글의 사용을 금지시키기도 했다. 이것만 보더라도 한글이 서민 의식의 성장에 크게 기여했음을 알 수 있다.

오늘날 시점에서 한글 창제의 의의는 말로 다 표현할 수 없을 정도로 크다. 어려운 미적분에 대한 설명이 한문으로 되어 있는 것을 상상해 보라. 문자는 사람들이 자신의 생산 경험과 지식을 축적하는 유력한 도구다. 가장 과학적인 체계를 가지고 있으면서도 배우기 쉬운 한글은 지식의 확산에 크게 기여했으며 민족 문화 발달의 밑거름이 되었다.

태종의 셋째 아들인 **충녕 대군**이 세자가 된 이유

태종에게는 정비 원경 왕후와의 사이에 양녕 대군·효령 대군·충녕 대군·성녕 대군 네 아들이 있었다. 이중 맏아들인 양녕 대군이 세자에 책봉되었다.

양녕 대군은 문장과 글씨가 뛰어난 재능 있는 인물이었다. 그러나 태종의 기대와는 달리, 장차 왕이 될 준비를 갖춰 가는 데는 소홀했다. 공부에 관심이 없고 술 마시고 놀기를 좋아하여 자주 태종의 지적을 받았다. 심지어 기생을 가까이하고 다른 사람의 첩을 취하는 등 세자의 품위에 어울리지 않는 행동까지 했다.

태종은 여러 차례에 걸쳐 세자답게 행동하기를 요구했으나 양녕 대군은 끝내 부응하지 못했다. 결국 태종은 양녕 대군을 세자에서 폐하고 동생인 충녕 대군을 세자로 삼았다.

양녕 대군이 세자답지 못한 행동을 계속한 것은 학문에 열중하고 총명했던 아우 충녕 대군에게 쏠려 있는 태종의 뜻을 알고 일부러 그랬다고 보는 견해도 있다. 한편 둘째 효령 대군은 왕위보다는 불교에 관심을 갖고 불교 공부에 정진했다.

10

여성 생활

우리나라 여성이 가장 불행했던 시대는 언제일까? 아마도 조선 시대가 아닐까? 신라 시대에는 여성이 왕위에 오를 정도였으며, 고려 시대만 하더라도 남녀 간의 사랑이 자유로웠을 뿐만 아니라 왕실에서조차 재혼이 가능했다. 오죽하면 "남녀가 쉽게 만나고 쉽게 헤어진다."라는 기록이 남아 있으랴. 그런데 고려 말에 성리학이 들어오면서부터 여성의 지위는 하락하기 시작했다. 성리학은 철저한 남성 중심의 사상 체계였기 때문이다. 이는 곧 여성에 대한 억압으로 나타났다.

부계 가족 제도를 바탕으로 한 예학과 종법

조선 초기까지는 부계 친족과 모계 친족을 구별하지 않는 고려의 전통이 유지되었다. 따라서 남자가 여자 집으로 장가가는 것이 이상하거나 남자 쪽에서 손해를 보는 일이 아니었다. 아들과 사위 또는 친손과 외손의 구별이 없었고, 오히려 모계 친족에 대한

고려 때에는 여자가 대를 잇고 제사도 지냈습니다.

끗끗.. 상놈들이나 하는 것을 …

조선 양반

● 친영제
신랑이 신부 집에 가서 예식을 올리고 신부를 맞아 오는 예를 말한다.

● 남존여비
남자는 귀하고 여자는 비천하다는 뜻. 남성 중심의 가부장제 사회의 전형적 가치관이다.

● 삼종지도
어렸을 때는 아비를 따르고, 출가해서는 남편을 따르고, 늙어서는 아들을 따르는 것을 말한다.

배려가 훨씬 많았다. 율곡 선생이 어머니 신사임당을 따라 외가에서 자란 것도 특수한 경우가 아니라 당시의 일반적인 사례였다.

재산 상속과 조상 제사의 경우도 남녀와 장자의 구별이 없었다. 《경국대전》에도 재산 상속은 성별에 관계없이 적서와 양천을 기준으로 분배하도록 되어 있었다. 이러한 자녀 균분제는 부의 집중을 막는 동시에 권력의 집중도 예방하고, 한편으로 사족의 균형 잡힌 생활을 보장해 주는 효과도 있었다.

그러나 가부장권의 확대를 꾀하는 성리학자들은 부계 중심의 가족제도를 확립하기 위해 집요한 노력을 기울였다. 따라서 남자가 여자 집에 장가드는 풍습은 점차 사라지고 친영제˙가 그 자리를 대신하게 되었다. 또한 재산과 제사의 상속이 적장자 중심의 차등 상속으로 바뀌게 되었다.

딸을 낳으면 지나가는 새우젓 장수도 섭섭해한다

조선 시대 여성의 지위를 억압했던 것 중에 남존여비男尊女卑˙와 삼종지도三從之道˙라는 악습이 있었다. "아들을 낳으면 상 위에 누이고 구슬을 준다. 그러나 딸을 낳으면 상 아래 누이고 실패를 준다."라는 말처럼 태어날 때부터 아들과 딸은 서로 다르게 길들여진다. 출생부터 귀천이 갈라지고 차별 대우가 시작된다. 그러니 '딸을 낳으면 지나가는 새우젓 장수도 섭섭해했다'는 말이 나온 것도 과장은 아닐 것이다.

그래도 딸이 부모 밑에서 자랄 때는 괜찮은 편이다. 여자로 태어난 대가를 톡톡히 치러야 할 때는 출가한 다음이다. 이른바 여필종부女必從夫라 하여 여자는 항상 말없이 남편을 따라야만 했다. 남편을 손님처럼 받들고 "소금 섬을 지고 물로 끌라."해도 남편의 말에 복종해야 했다. 남자들은 수탉처럼 여러 명의 첩을 거느리면서 여성들에게는 목숨보다 정절을 중히 여길 것을 제도화해 놓았다.

여자의 무식함은 오히려 덕이 된다

이러한 사회 제도 밑에서 똑똑한 여자는 그 제도의 파괴자로 배척당하기 마련이다. 따라서 여자의 무학無學은 오히려 덕이 되었다. 여자는 글을 알아도 함부로 쓰지 아니함을 미덕으로 여겼고, 아들에게는 글을 가르쳐도 딸에게는 되도록 가르치지 않았다. 가르친다 해도 기초적인 교양 정도였다. 여자의 글은 문밖으로 내보내지도 않고 모두 불태워 버렸다. 허균의 누이이자 시인이었던 허난설헌도 죽기 전 방 안에 가득했던 자신의 작품들을 모두 소각시켰다고 한다. 오늘날 전해지는 허난설헌의 작품은 동생인 허균이 누이의 유작을 중국 사신에게 자랑삼아 보였

〈초충도 팔곡 병〉 중 일부
초충도란 풀[草]과 벌레[蟲]를 소재로 한 그림이다. 신사임당의 작품으로 거대한 자연을 담고 있는 산수화와 달리 미물에 대한 관심과 애정을 통해 인생의 깊이를 찬미한다. 국립 중앙 박물관 소장

고, 그것을 가져간 중국 사신에 손에 의해 출판되어 다시 우리나라에 들어온 것이다.

또한 여자는 유순해야 함을 제일의 덕목으로 삼았다. "아들은 이리 같아도 오히려 약할까 걱정하며, 딸은 쥐 같아도 오히려 범 같을까 걱정한다."라는 말처럼 여자에게는 '유순'과 '공경'만이 으뜸의 덕이 되었다. 이는 곧 남편의 말을 하늘처럼 받들고 거역해서는 안 된다는 가르침으로 나타났다. 여성에게 강요된 덕의 실체가 무엇인지를 잘 알 수 있다.

귀머거리 3년, 벙어리 3년, 장님 3년의 결혼 생활

남녀의 결혼은 조상의 제사를 받들고 시부모를 섬기고 아들을 낳아 대를 잇게 함에 있었다. 그러므로 부부 금실이 아무리 좋아도 부모가 마땅치 않아 하면 아내를 버려야 하는 것이 효자의 도리였다. 둘만의 사랑이란 생각조차 못할 일이었다. "여자란 것은 겨우 10세를 내 집에 매인 몸이요, 그 후 100년을 시집에서 마치니……." 같은 말이 통용될 정

열녀문
과부의 재혼이 허용되지 않았음에도 불구하고 수절하는 여성이 많지 않았던 것 같다. 따라서 수절한 여성들을 위해 열녀비나 열녀문을 세워 귀감으로 삼았다. 충청북도 진천 문백면 소재

도로, 시집간 순간부터 그 집의 사람이 되어야만 한다는 것이 이 시대 여성에게 지워진 운명이었다.

시집살이의 제일가는 어려움은 강도 높은 노동에 있었다. "소를 잃으면 며느리를 얻으라."라는 말처럼 며느리는 소 한 마리 몫의 일을 해내야만 했다. "5리 물을 길어다가/10리 방아 찧어다가/아홉 솥에 불을 때고/열두 방에 자리 걷고……" 하는 민요의 한 구절은 고달픈 노동의 나날을 극명하게 보여 준다.

'시집살이'라는 말은 단지 고된 노동만을 의미하는 것은 아니었다. '시아버지 호랑새요/시어머니 꾸중새요/시누이 뾰죽새요' 그런데 '남편은 미련새'고 '나는 썩는새'이니 '귀머거리 3년, 벙어리 3년, 장님 3년'으로 살아야만 했다.

부부 생활도 자유롭지 않았다. 특히 법도 있는 집안에서는 으레 남자는 사랑방에, 여자는 안방에 기거했는데, 심지어 시어머니의 허락이 나지 않는 한 젊은 부부가 방을 함께 쓰지 못하는 경우도 있었다.

양반 사회의 윤리는 서민 사회에도 전파되어 과부들이 재혼할 수 없었다. 그러나 서민 사회에서는 '보쌈'이라고 불리는 과부 업어 가기 풍속이 있었다는 점이 다르다. 과부 업어 가기는 말 그대로 약탈혼인 경우도 있었으나 쌍방이 미리 합의해 이루어지는 경우도 많았다. 이는 타율적으로 끌려가는 것을 가장한 일종의 재혼 방법이었다. 때로 여자 측 남자들이 몽둥이를 들고 약탈자(?)를 추격하는 시늉을 내기도 했다고 하니 재미있는 풍속이 아닐 수 없다.

기생이 없으면 영웅 준걸이 죄를 짓게 된다

기생은 주와 읍의 관청에 딸린 관노비로서 봉건 사회가 낳은 일종의 사치 노예였다. 따라서 조선의 기생은 대부분 관에 소속된 관기였는데, 그 수가 전국적으로 3만 명에 이를 때도 있었다고 한다.

소박

여성의 권리가 억압받고 있음을 보여 주는 또 하나의 단적인 예가 '소박'이다. 아내를 일방적으로 내쫓을 수 있는 일곱 가지의 죄목을 '칠거지악七去之惡'이라고 했다. 칠거지악은 시부모에게 불손함, 자식이 없음, 행실이 음탕함, 투기함, 몹쓸 병을 지님, 말이 지나치게 많음, 도둑질을 함 따위이다.

수절

조선 시대에는 과부도 많았다. 과부의 재혼이 허용되지 않았기 때문이다. 과부들의 생활은 남편이 있는 여자들에 비해 매우 어려웠다. 끼니조차 잇기 어려운 경우가 많았다. 개중에는 굶어 죽는 여인도 없지 않았건만 이 시대에는 양반 과부로서 굶어 죽는 현실이 수절이라는 명분에 의해 외면당했다.

이매창 시비
조선 중기의 대표적인 기생이었던 이매창의 시비. 황진이가 요부형인 반면, 이매창은 지성미를 풍겼다고 한다. 전라북도 부안 소재

삼강오륜과 부부의 도를 중시하던 조선 시대에 기생이 있었고, 더구나 관에서 합법적으로 기생을 두고 있었다는 사실은 무언가 앞뒤가 맞지 않는 것처럼 보인다. 이런 점도 역시 남성 중심의 사회 특징을 잘 보여 주고 있다. '사람의 욕정은 가히 금할 수 없으므로' 관기 제도를 두었고, 관기는 공유이므로 누구든 이를 취해도 무방하다는 식으로 합리화했던 것이다. 이런 점에서 본다면 관기였던 춘향에게 변 사또가 수청을 요구한 것은 당연한 일이었다.

관기는 서울 기생과 고을 기생으로 각 급마다 최하 20명에서 최고 200명까지 두었다고 한다. 이러한 기생들의 전성시대는 연산군 대였다. 연산군은 각 도에 기생을 뽑는 관리인 '채홍사'를 보내 기생을 뽑아 올렸는데 그 수가 1만 명에 이르렀다고 한다. 이들은 능라(비단)를 입으며 호강을 했다고 하니, 조선 시대의 기생은 여러 가지 면에서 여염집 여성과는 사뭇 다른 생활을 했음을 짐작할 수 있다.

기생은 필요악?
태종과 세종이 한때 관기 제도를 폐지하려고 시도했으나 조정의 반대 때문에 관철하지 못했다. "관기 제도를 폐지하면 여염집의 여자를 탈취하여 죄를 짓는 영웅 준걸이 많아진다."라는 '필요악'의 그럴듯한 이유로 포장되었다.

첫눈 오는 날의 **거짓말**

조선의 궁중에도 서양의 만우절과 비슷한 풍속이 있었다고 한다. 그런데 그날은 4월 1일처럼 특정한 날이 아니라 첫눈이 내리는 날이었다.

상왕上王(태종)이 첫눈을 봉하여 약이藥餌라 일컫고 내신 최유崔游를 보내어 장난삼아 노상왕전에 올리니, 노상왕老上王(정종)은 미리 알고 사람을 시켜 최유를 쫓아가 잡으라고 하였으나, 미처 잡지 못하였다. 고려 국속國俗에 첫눈을 봉하여 서로 보내는데, 받은 사람은 반드시 한턱을 내게 되며, 만약 먼저 그것을 알고 그 심부름 온 사람을 잡으면, 보낸 사람이 도리어 한턱을 내게 되어, 서로 장난한다고 하였다.

— 세종 1권, 즉위년(1418 무술/명 영락永樂 16년) 10월 27일(계묘) 10번째 기사

눈이 많이 내리면 이듬해 풍년이 든다고 한다. 첫눈이 내리는 날, 임금을 속여도 너그럽게 눈감아 주었다니 우리 조상들의 여유와 깊이가 느껴진다.

6부

조선 후기

01

붕당 정치

밥은 한 공기인데 먹고 싶은 사람이 많으니 싸움이 날 수밖에…

붕당 정치의 원인
관직의 수는 제한되어 있으나, 관직에 진출하려는 양반의 수가 크게 증가했기 때문이다. 즉 수요와 공급이 맞지 않았다고 할 수 있다.

선조가 즉위하고(1567) 영남학파와 기호학파를 대표하던 이황과 이이 두 명의 유학자가 영향력을 행사하는 가운데 향촌 사림들이 대거 중앙으로 진출해 정치를 주도하면서 본격적인 사림 정치 시대를 열었다.

조선 전기에는 양반 계층의 수가 많지 않았으나, 잦은 정변과 무계획적인 과거의 시행으로 양반의 수는 증가한 반면, 관직은 한정되어 있었다. 따라서 양반들 간의 관직 쟁탈전이 가열될 수밖에 없었다. 권력을 배경으로 경제권을 확보하는 길만이 그들의 사회적 지위를 유지하는 방법이었기 때문이다.

관직을 둘러싸고 경쟁이 치열해지자 혼자의 힘만으로는 관직을 얻는 것이 불가능해졌다. 자연히 양반들은 지연·학연·혈연을 바탕으로 붕당을 만들어 그 힘을 배경으로 관직 진출을 시도했다. 이러한 현상은 16세기 말 사림파가 중앙에서 권력을 장악하면서 본격화되었다.

공론을 중시하는 정치에서 일당 전제화로

붕당의 발단은 선조 8년(1575)에 이조 전랑직을 둘러싼 심의겸과 김효원의 대립에서 비롯되었다. 이조 전랑은 5품으로 고위직에 속하지는 않았으나, 문무 관원의 인사 행정을 맡아보는 실무직이었고 현임 전랑이 후임을 추천하는 방식을 취했다. 또한 관리 임용을 거부할 수 있는 권한이 있었고 삼사(언론 기관)의 언론을 주도하는 등 사림 정치에서 핵심적 위치를 차지했다. 따라서 어느 파에서 이 자리를 차지하느냐는 매우 중요한 일이었다.

김효원이 이조 전랑 자리에 천거될 때는 심의겸이 반대했고, 심의겸의 아우 심충겸이 이 자리에 천거될 때는 김효원이 반대했다. 이렇게 두 사람의 대립을 둘러싸고 최초로 붕당이 형성되었다. 신진 관료인 김효원의 집에 출입하는 자는 동인으로 유성룡·김성일 등 주로 퇴계의 뜻을 따르는 영남학파가 이에 속해 있었고, 기성 관료인 심의겸의 집에 모여든 자는 서인으로 윤두수·정철 등 주로 율곡의 뜻을 따르는 기호학파가 이에 속해 있었다.

당쟁 초기에는 대체로 동인 세력이 정치를 주도했으나 정여립의 모반 사건으로 수세에 몰렸다. 하지만 서인이었던 정철이 세자 책봉과 관련하여 왕의 미움을 사 축출되자 다시 세력을 회복하였다. 이때 정철의 처벌 문제를 둘러싸고 남인(온건파)과 북인(강경파)으로 나뉘었다. 임진왜란 직후에는 북인이 권력을 잡았으나 이들 또한 대북大北과 소북小北으로 나뉘었다. 광해군 시대에는 그의 즉위를 지지한 대북이 정권을 독점했으나 대북은 또다시 골북骨北과 육북肉北으로 나뉘었다. 북인은 명·청 교체기에 광해군을 도와 실리적인 중립 외교 정책을 펴 나갔다. 그러나 명분과 의리를 중시하는 서인의 인조반정(1623)이 성공을 거두면서 대부분 역적으로 몰리고 이후 권력의 밖으로 쫓겨났다.

한편 남인은 호란 이후 서인 정권이 추구한 무리한 북벌 운동을 비판

동인과 서인의 어원
김효원과 심의겸의 집은 각각 동대문 쪽과 서대문 쪽에 있어서, 같은 무리들이 동쪽에서 모인다 하여 동인, 서쪽에서 모인다 하여 서인이라고 불렀다.

정여립의 모반 사건
정여립은 율곡 문하에 출입하던 사람이었으나, 율곡이 죽고 동인이 우세해지자 동인 편에 가담하여 출세를 도모한 인물이다. 그는 왜란을 계기로 호남의 군권을 장악한 후 대동계를 조직하여 비기와 참언을 퍼뜨리며 반란을 계획하다 기밀이 누설되어 토벌당하자 관군의 포위 속에 자살했다. 이 사건을 계기로 동인에 대한 박해가 커져 동인의 기세가 크게 꺾였다.

천년 바위
서울 종로구 혜화동 과학 고등학교 안에 있는 바위로 "예나 지금이나 같다[古今一般]."라는 우암 송시열의 글씨가 새겨져 있다.

●복제 문제
상복을 입는 기간을 둘러싸고 벌어진 이 정쟁은 예절의 문제를 따지는 것이기 때문에 예송 논쟁이라고 불린다. 오늘날의 시각에서 보면 하찮은 문제일지 모르나, 명분이 서야 정권을 장악하고 유지할 수 있었던 당시의 정치 상황에서는 중요한 쟁점이었다.

하면서 예송禮訟논쟁을 일으켜 서인들과 대립했다. 이후의 붕당 정치는 서인과 남인의 대립으로 이어졌다.

효종의 상을 당했을 때, 대비의 복제服制 문제●를 둘러싸고 남인과 서인 간에 일어난 예송 논쟁은 효종이 장자가 아니었기 때문에 발생한 것이다. 남인은 효종의 어머니(계모)인 조 대비의 3년 상을, 서인은 1년 상을 주장했는데 서인의 주장이 받아들여지고 남인은 실각했다. 이 사건을 기해예송(1659)이라고 한다.

그 후 효종 비의 상을 당하면서 또 한 번 대비의 복제 문제가 발생했다. 이때 남인은 1년을, 서인은 9개월을 주장했으나 남인이 승리했다. 이를 갑인예송(1674)이라고 한다.

복상 문제는 일견 싸움을 위한 싸움으로 보인다. 그러나 거기에는 왕권의 강화와 정책 비판 기능에 큰 비중을 두었던 남인과, 대신 주도의 정치를 지향했던 서인 간의 정치적 노선 차이가 깔려 있었다. 서인이 왕실의 권위를 깎아내리려 한 반면, 남인은 그것을 지켜 주려 했던 것이다.

남인의 집권 이후 재집권의 기회를 엿보던 서인은, 남인의 일부가 왕족과 결탁해 역모했다고 고발함으로써 전체 남인을 정권에서 몰아내고 다시 집권했다(경신환국·1680).

이때부터 집권당파가 자기 당파의 영구적인 집권을 위해 상대 당의 재기를 철저하게 봉쇄하는 경향이 나타났다. "전하! 사약을 내리소서." 하는 식의 상대 당에 대한 보복이 횡행하면서 여러 당파가 공존하며 공론을 유도하는 붕당의 원칙이 무너져 갔다.

숙종 때 다시 집권한 서인은 곧 노론老論과 소론少論으로 분열했다. 그러나 이때의 분열도 전혀 정책적인 대립이 아닌, 특정 인물을 중심으로 하는 노장파(송시열)와 소장파(윤증)의 파벌적 대립이었다.

이후 서인은 장 희빈에게서 난 왕자의 세자 책봉을 반대하다가 왕의 미움을 사서 쫓겨나고 한때 남인이 다시 집권했다.(기사환국·1689). 그러나 왕의 마음이 장 희빈에게서 인현 왕후에게로 돌아가자 다시 서인이 집권했다. 이후 남인의 대부분은 권력에서 멀어지게 되었다(갑술환국·1694).

신구 정치 세력의 대립, 복제 문제를 둘러싼 정치 세력 사이의 분쟁, 왕비와 후궁 쪽으로 나누어진 붕당 간의 싸움 등으로 이어져 온 붕당

지역감정, 지연과 학연 같은 단어들이 이때부터 쓰이기 시작해죠!

화양 서원터
송시열을 모신 화양 서원은 대원군의 서원 철폐로 파괴되었다가 지금은 복원되어 있다. 충청북도 괴산 소재

정치는 다시 왕과 그 형제, 혹은 왕과 왕자 사이의 대립을 계기로 계속되었다. 숙종 말년에는 소론이 경종을 두둔한 반면, 노론은 그의 아우 (이복동생) 영조를 지지했다. 이에 따라 숙종이 죽고 경종이 즉위하자 소론이 집권했고(1720), 경종이 단명해 영조가 즉위했을 때에는(1724) 노론이 정권을 잡았다.

비판과 견제의 정치인 붕당 정치

붕당 정치는 지배층의 관직 쟁탈전이라는 점에서 부정적인 측면이 없지 않았다. 그러나 붕당 정치를 통해 정치가 활성화되었음을 간과할 수 없다.

왕은 '의義'를 추구하는 군자의 당, 즉 진붕眞朋을 키우고 거기서 제기되는 의견을 조정해 현명한 선택으로 나라를 이끌어야 한다. 국왕 자신이 폭정을 하거나 일당의 외척에 의해 좌우될 때에는 이러한 공론 정치가 불가능해진다. 지루한 복제 예송도 왕실의 적통을 바로잡으려는 명분론의 일환이었다. 이 명분이 바로 서지 않으면 나라의 기강이 바로 서지 않기 때문이다.

그런데 시간이 흐를수록 자기 당의 이익을 충족시키기 위해 명분을 이용하는 병폐가 나타났다. 또한 권력의 지속적인 독점을 위해 상대 당을 철저하게 궤멸시키려는 시도 역시 빈번했다. 이러한 현상은 서인이 재집권한 경신환국 이후 격렬하게 진행되어, 여러 붕당의 의견이 대립·조정되는 가운데 공론을 형성한다는 사림 정치의 명분이 퇴색하기 시작했다.

당쟁과 같은 소수 지배층의 권력 쟁탈전이 그 시대의 잘못된 역사로 해석되어서는 안 된다. 노론 외척 일당에 의한 19세기 세도 정치기에 삼정의 문란으로 백성들이 고통을 겪고 농민 봉기가 빈발했던 것에 비하면, 견제와 비판으로 집권당의 실정을 방지하는 붕당 정치는 오히려

붕당 정치와 세도 정치
붕당 정치는 견제의 정치인 반면, 세도 정치는 독재 정치였다. 세도 정치와 같은 독재 체제하에서는 견제 세력이 없기 때문에 부정부패로 인한 백성들의 고통이 극에 다다랐다. 이러한 점에서 붕당 정치는 세도 정치에 비해 백성들이 상대적으로 덜 고통받는 정치라 할 수 있다.

환영할 만한 것이다. 그러나 붕당 정치가 일반화되면서 의리와 도덕을 지나치게 숭상해 명분론과 허례에 빠져들었다. 또한 반대 당파에 대한 포용성이 결핍되어 조선의 사회와 문화는 차츰 탄력성과 개방성을 잃어 갔다.

탕평책이 등장하다

숙종은 재위 말년에 노론과 소론의 치열한 대립을 완화시키기 위한 탕평책을 선포했다. 그러나 그의 탕평책은 불완전했다. 경신환국·기사환국·갑술환국으로 이어지는 정치적 사건은 남인과 서인을 번갈아 교체시키면서 왕권의 안정을 도모하는 데 그치고 말았음을 보여 주고 있다. 그나마 갑술환국 이후에는 서인 일색으로 정치 세력이 불균형을 이루어 붕당 정치의 파탄을 초래했다. 즉 여러 붕당이 공존하면서 상대 당을 효과적으로 견제하는 붕당의 원칙이 무너지고 말았던 것이다.

숙종의 뒤를 이은 경종이 단명한 후, 왕위에 오른 영조는 왕권의 안정을 위해 어느 쪽의 편도 들지 않는 불편부당不偏不黨의 본격적인 탕평책을 시행하여 여러 당파의 조화를 이루려 했다. 영조는 당쟁을 근절시키기 위해 누구든 당파를 위하는 행동이나 발언을 하면 무조건 정계에서 축출했다.

그러나 영조 4년(1728) 소론과 남인이 연합한 이인좌의 난*이 일어나 청주가 점령되는 사태에 이르자 노론이 중용되었고, 그 후에는 사실상 노론 천하였다.

노론과 소론의 분쟁은 계속되어 결국 사도 세자의 폐위 사건이 발생했다(영조 38년, 1762). 사도 세자는 학문을 게을리하고 궁녀나 내시를 함부로 죽이며 기녀와 여승을 희롱하는 등 영조의 마음을 거스르는 행동이 잦았다. 고집스럽고 엄격한 성격의 소유자인 영조는 세자를 폐위하고 뒤주 속에 가두어 굶어 죽게 했다. 유례가 없었던 궁중 참극

●이인좌의 난
소론 일파가 일으킨 반란. 노론의 무고로 소론인 김일경·목호룡 등이 죽음을 당한 데 불만을 품은 소론의 이인좌·김영해 등이 밀풍군을 추대하며 반란을 일으켰다. 이인좌의 무리들은 청주를 습격해 장악한 후 세력을 규합해 나갔으나 관군에 의해 진압되었다. 이 사건을 계기로 노론이 정권을 장악했다.

탕평비
영조는 성균관 앞에 이 비를 세
워 성균관 유생들로 하여금 탕
평의 뜻을 되새기게 했다. 서울
종로 성균관 대학교 내 소재

이었다.

사도 세자 폐위 사건은 세자 책봉 문제를 둘러싼 정쟁에서
비롯되었다. 국왕이 왕권을 강화하면서 당쟁에 강력히 대처
하자, 당쟁의 초점이 다음 대를 기약하는 세자 책봉 문제로
비화되었음을 보여 준다. 이 사건은 세자 시절부터 노론의 횡
포를 공공연히 비판했던 사도 세자에 대해 노론이 집요한 공
격을 퍼부은 결과이기도 했다. 이후부터 조선의 정계는 사도
세자의 죽음을 동정하는 시파와 이를 정당시하는 벽파로 갈
라졌는데, 소론과 남인은 시파에 속하고 노론의 대부분은 벽
파에 속했다.

영조가 죽기 전까지는 노론 벽파가 주도권을 쥐었다. 그러
나 정조가 즉위하면서 노론 시파가 정계를 장악하고 여기에 남인 시파
가 등용되어 오랜만에 남인 세력이 등장했다. 사도 세자의 아들이었던
정조는 아버지의 죽음을 동정했던 시파를 가까이했다. 탕평책은 정조
에 의해 계승되었고, 어느 정도 인재의 고른 등용이 이루어졌기 때문에
당쟁을 완화시키는 데 기여했다.

그러나 영조·정조 시대의 탕평책은 유능한 국왕이 강력한 왕권을
바탕으로 정치 세력의 인위적 균형을 이룬 데 불과했다. 당시의 혼란한
정치 상황은 왕권의 취약함에 그 원인이 있었다. 따라서 영조나 정조가
펼친 탕평책의 이면에는 치열한 왕권 강화 노력이 깔려 있었던 것
이다. 영조가 병권을 장악했던 것이나, 정조가 장용영이란 친위 부
대를 창설했던 것 등을 보면 알 수 있다.

그러나 정조가 죽고 나이 어린 순조가 즉위하자(1800) 권력은 다시
노론 벽파에게로 넘어갔다. 권력을 장악한 노론 벽파는 남인 시파
를 대대적으로 숙청하고(신유사옥, 1801) 노론 외척의 일당 독재인
세도 정치를 시작했다.

군·대군·부원군·대원군

조선 시대에는 국왕의 적자는 '대군大君'으로 서자는 '군君'으로 봉했으며, 국왕의 아들 외에도 종친과 공신 및 공신의 자손을 '군'으로 봉했다. 왕비의 아버지나 정1품의 직위에 올라간 공신들은 다시 '부원府院'이란 두 글자를 얹어서 '부원군府院君'이라고 했다.

'대원군大院君'이란 국왕의 생부, 즉 낳아 준 아버지를 지칭하는 것으로 비정상적인 왕위 계승이 이루어졌을 때 생긴다. 조선 시대에는 대원군이 등장한 경우가 모두 네 번 있었다고 한다. 그중 우리에게 흥선 대원군 이하응이 널리 알려져 있다. 우리는 습관적으로 흥선 대원군을 그냥 '대원군'이라는 호칭으로 부르지만, 엄격히 따진다면 '흥선 대원군'이라고 해야 옳다.

흥선 대원군
제26대 고종의 아버지로 이름은 이하응이다. 아들이 왕위에 오르자 섭정하여, 서원을 철폐하고 외척인 안동 김씨의 세력을 눌러 인재를 고르게 등용하는 등 내정 개혁에 힘썼다. 한편으로는 경복궁 중건으로 백성을 생활고에 빠뜨렸으며, 통상 수교의 거부 정책을 고수하여 세계정세의 흐름에 동참하지 못한 측면도 있다.

02
세도 정치

세도 정치는 순조가 즉위한 후(1800) 안동 김씨의 김조순이 왕권을 대행한 데서 비롯되었다. 정조의 유언으로 나이 어린 순조의 후견인이 된 김조순은 자신의 딸을 왕비로 만들어 기반을 더욱 강화해 권력을 안동 김씨 일문으로 집중했다. 이에 따라 노론계인 안동 김씨는 정부 요직을 독점하고 일개 가문의 전제적 외척 세도를 성립시켰다. 이로써 권력이 소수 문벌 연합에서 단독 가문으로 집중되어 한 나라의 정치를 한 집안에서 멋대로 주무르는 결과를 낳았다.

노론 외척의 일당 독재 체제

안동 김씨는 한때 풍양 조씨의 도전을 받아 권력을 빼앗긴 적이 있었다. 순조가 죽고 그의 손자인 헌종이 8세의 어린 나이에 즉위한 뒤의 일이었다. 헌종 때에는 헌종의 어머니가 풍양 조씨인 조만영의 딸이었기 때문에 풍양 조씨의 세도가 강한 가운데 안동 김씨와 권력을 다투었다. 그러나 헌종이 죽고 철종이 즉위하자(1849) 다시 안동 김씨의 세도로 바뀌었다. 안동 김씨 김문근의 딸이 철종 비가 되었기 때문이다.

　안동 김씨는 자신들의 영구적인 집권을 위해 왕손을 역적으로 몰아 죽이곤 했다. 철종은 강화 도령 이원범*으로, 강화도에 유배되어 살고 있던 몰락한 왕손이었다. 철종을 왕위에 오르게 한 안동 김씨의 속셈이 무엇이었는지는 불을 보듯 뻔했다. 국왕을 허수아비로 만들고 자신들이 멋대로 정치를 주무르기 위함이었다. 철종 대에 이르러 안동 김씨 세도는 절정에 달했고 순조·헌종·철종 3대에 60여 년간의 세도 정치로 정치 기강은 극도로 문란해졌다.

무너진 정치 기강과 극에 다다른 삼정의 문란

정치 기강이 무너진 것은 말할 것도 없거니와, 이른바 '삼정三政의 문란'으로 민중은 크게 고통을 겪었다. 당시의 국가 재정 기반은 전정·군정·환곡의 삼정이었다. 전정은 전세로서 국가 재정의 기본이 되었고, 군정은 군포로서 군사 비용을 충당했으며, 환곡은 빈민 구제를 위한 양곡 대여 제도였다.

●강화 도령 이원범
철종이 된 이원범은 정조의 아우 은언군의 손자로 강화도에 유배되어 살고 있었다. 19세가 되도록 글도 배우지 못했고, 결혼도 못 한 채 농사로 연명하고 있었다.

용흥궁
철종이 왕위에 오르기 전 19세까지 살던 집이다. 본래는 초가집이었으나 왕이 살던 곳이었기 때문에 다시 짓고 용흥궁이라 불렀다. 인천 강화 소재

●균역법
영조 때 시행된 법으로 16세에
서 60세 사이의 노동력 있는
양인 장정이 1년에 2필씩 군포
를 내는 것을 고쳐 1년에 1필
씩으로 줄인 법이다.

●납속
조선 시대에, 나라의 재정난 타
개와 구호 사업 등을 위하여 곡
물을 나라에 바치게 하고, 그
대가로 벼슬을 주거나 면역 또
는 면천해 주던 일을 말한다.

무차별적인 군포 부과
보통 군역의 의무는 16세부터
60세까지인데, 16세가 되지
않은 어린아이에게 군포를 부
과하는가 하면(황구첨정), 60세
가 넘은 노인이나 심지어는 죽
은 사람에게까지 군포를 부과
하기도 했다(백골징포). 젖도 떼
지 못한 갓난아이가 군적에 오
르자, 스스로 자신의 성기를
잘라 버린 한 농민의 이야기
(정약용의 시 〈애절양〉)는 군포의
폐단을 극명하게 보여 준다.

그러나 안동 김씨의 세도로 중앙 정치의 문란과 함께 부패한 지방관과 아전들의 횡포가 극에 달해 이와 같은 수취 체제가 무너져 갔다. 그들은 중간에서 세금을 착복해 사리사욕을 채워 치부했다. 이에 따라 갈수록 국가 재정이 부족해지고 다시 그 부족분을 보충하기 위해 각종 명목의 부가세를 추가하고 빼앗아 가니 농민의 고통은 극에 달했다.

전세는 인조 때 영정법 실시 이후 1결당 4두斗를 징수해 왔으나, 세도 정치기에 이르면 부가세가 심할 경우 43종에 달해 1결당 100두까지 징수할 정도였다. 이는 수확고의 거의 절반에 가까운 액수로 전정의 문란함이 얼마나 극심했는가를 잘 보여 준다.

군포는 영조 때 균역법均役法●이 시행되어 종래의 2필에서 1필로 낮아졌으나, 군포 1필의 값이 쌀 6두에 해당하는 고가여서 전세(4두)보다도 높은 액수였다. 더구나 군포는 인두세이기 때문에 한 집에 장정이 세 명이라면 총 18두를 물어야 하는 과도한 액수였다. 군포의 부담으로 농민들은 납속●과 매관매직을 통해서라도 필사적으로 양반으로의 신분 상승을 꾀했으며, 경제적인 여유가 없는 이들은 군역을 피해 도망가기 일쑤였다. 이 때문에 군포 부과 대상자의 숫자가 줄어들자 지방관들은 징수액을 채우기 위해 수단과 방법을 가리지 않았다.

환곡은 관에서 운영하는 고리대업으로 변질된 지 오래였다. 삼정의 문란 가운데 폐해가 가장 컸던 것이 바로 이 환곡이었다. 고리대임에도 불구하고 빌려 주는 쌀에 겨가 잔뜩 섞여 있는 것은 보통이었다. 빌리지 않으려 해도 강제로 꾸어 주거나 갚으려 해도 받지 않는 일이 다반사였다. 이렇게 해서 원곡과 이자를 복리로 계산해 셈을 하니 그 액수는 눈처럼 불어나기 마련이었다.

세도 정권에 항거한 홍경래의 난

세도 정치 아래에서 백성들에게 고통을 준 것은 삼정이 문란해진 것뿐만이 아니었다. 설상가상으로 이 시기에는 흉년이 잦고 전염병이 만연해 민심이 흉흉해져 갔다. 이에 따라 유언비어나 도참설이 유행하게 되었는데, 순조 4년, 황해도와 서울에서 나라를 비방하는 괘서가 붙었고, 《정감록》*이라는 참서 또한 나돌아 민심을 더욱 혼란스럽게 만들었다. 세도 정권하에서 가혹한 착취는 민심의 이반을 일으켰고, 순조 11년(1811)에는 평안도에서 홍경래의 난이 터졌다.

홍경래는 평안도 가산에서 대규모로 조직적인 반란을 주도했다. 그는 몰락 양반으로서 우군칙·이희저·김창시 등과 공모해 지도층을 형성하고, 영세 농민·광산 촌민·중소 상인 등 3,000여 명을 규합했다. 그리고 서북 지방민에 대한 차별 대우의 시정을 요구하면서 세도 정권에 항거하는 대규모의 봉기를 일으켰다.

봉기군은 10여 일 만에 인근 일곱 고을을 장악하고 농민의 호응을 받아 세력을 확대해 나갔다. 그러나 정부군의 공격을 받고 패퇴해 정주성으로 들어가 3개월 동안 끈질긴 저항을 계속했다. 정주성은 쉽게 함

● 《정감록》
조선 중엽 이후 민간에 널리 퍼진 예언서. 이심이란 사람이 정감이란 사람과 대화를 나누는 형식으로 엮여 있다. 이씨의 한양 수백 년 다음에는 정씨의 계룡산 수백 년이 있고, 그 다음에는 조씨의 가야산 수백 년, 범씨의 완산 수백 년 등으로 이어질 것이라고 예언한 내용이 담겨 있다. 여러 고통 속에서도 백성들은 이씨가 망해도 정씨가 있고 또 조씨, 범씨로 이어질 것이라는 희망과 위안 속에서 이 예언서를 정신적 피난처로 삼았다.

김삿갓의 묘
세도 정치하에서 삿갓을 쓰고 전국을 유랑하여 사회 병폐를 풍자하는 시를 쓴 김삿갓(김병연)의 무덤이다. 강원도 영월 소재

락되지 않았다. 이요헌 등이 이끄는 조선 정부군은 성 밑으로 땅굴을 판 후 폭약으로 성벽을 폭파하고 진입했다. 마침내 홍경래는 전사하고 1,900여 명이 처형되면서 4개월 만에 홍경래의 난은 평정되었다.

홍경래의 난은 그 발단이 서북 지방민에 대한 차별 대우에 있었다. 그러나 근본적으로는 당시 사회 모순에 대한 저항과 세도 정권에 대한 반발의 성격이 강했던 봉기였다. 영세 농민들과 다수의 광산 노동자들이 합세했다는 점에서 당시 농민층 분화로 인한 농민들의 몰락을 엿볼 수 있다. 또한 중소 상인이 가담했다는 점에서 대상인의 횡포로 인해 중소 상인들이 몰락하고 있었음을 알 수 있다.

전국으로 퍼져 나간 농민 봉기

홍경래의 난 이후에도 세도 정권의 부정부패는 끊이지 않았다. 철종 시대에 이르면 세도 정치의 폐해는 극에 달한다. 특히 충청·전라·경상의 하삼도는 지주전호제가 크게 발달했기 때문에 집중적으로 수탈의 대상이 되어, 지주와 소작인 사이나 관리와 백성 사이의 대립이 날카로워지고 있었다.

그러던 중 철종 13년(1862), 진주에서 농민 봉기가 발발했다. 그 발단은 경상 우병사 백낙신의 극심한 수탈에 있었다. 백낙신이 환곡과 개간지 불법 징수 등을 통해 미곡을 착취하자 농민의 불만이 격해졌다.

이에 몰락 양반인 유계춘 등이 농민군을 규합해 봉기를 일으켰다. 농민군은 스스로를 '초군樵軍'이라 부르고 머리에 흰 수건을 둘렀다. 그리고 진주 관아에 돌입해 지방관을 몰아내고 간악한 아전들을 죽이며 부호와 향리의 집을 불살랐다. 6일 동안 진주 인근의 23개 면을 휩쓸었으며 무리는 수만에 이르게 되었다. 이에 정부에서는 진상 조사와 사후 수습을 위해 파견하는 관리인 안핵사를 보내 백낙신 등을 파면하고 봉기 주동자를 처벌함으로써 사태를 수습하려 했다.

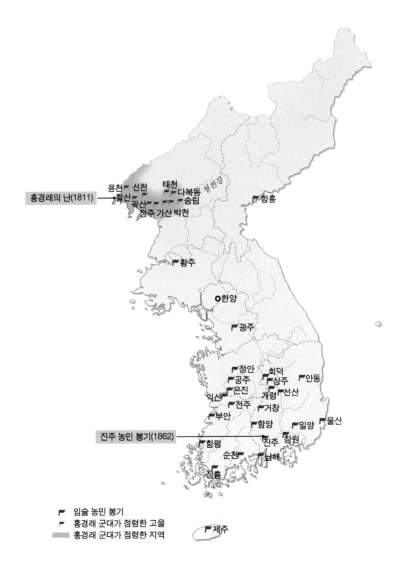

홍경래의 난(1811)

용천 선천 태천
철산 다복동 청천강
곽산 송림
정주 가산 박천

함흥

황주

○한양

광주

정안 회덕 안동
공주 상주
익산 은진 개령 선산
전주 거창
부안 함양 밀양 울산

진주 농민 봉기(1862)

함평 진주 창원

순천 남해

장흥

제주

⌐ 임술 농민 봉기
⌐ 홍경래 군대가 점령한 고을
▬ 홍경래 군대가 점령한 지역

그러나 농민 봉기는 전국적으로 확산되었다. 진주 농민 봉기가 일어난 지 40여 일 만에 익산에서 농민 봉기가 일어난 것을 비롯해, 성주·밀양 등지의 경상도 지방과 공주·연산 등지의 충청도 지방, 함평·부안 등지의 전라도 지방에서 계속 농민 봉기가 일어났다. 이들 농민 봉기는 분산적으로 일어났기 때문에 모두 정부에 의해 각각 진압되었다.

임술 농민 봉기와 동학 농민 운동
임술민란은 고립·분산적으로 발생했기 때문에 동학 운동에 비해 조선 정부에 큰 타격을 입히지 못했다. 반면 동학 농민 운동은 계획적이고 조직적으로 전개된 운동이었기 때문에 그 파괴력이 훨씬 컸다.

이후 정부는 삼정의 문란과 지방관의 착취를 시인하고 세제 개혁을 시도하거나 암행어사를 파견하는 등 개혁을 꾀했다. 그러나 세도 정치 자체로부터 파생된 사회적 혼란을 근본적으로 치유할 수는 없었다. 정부의 개혁이 미봉책에 그치면서 결국 안동 김씨 정권은 붕괴되고 홍선 대원군이 등장하는 계기가 되었다.

전국으로 번진 농민 봉기!

김삿갓과 홍경래의 난

방랑 시인으로 알려진 김삿갓(김병연)은 세도 정치의 시대 상황과 밀접한 관련이 있다. 김병연이 다섯 살 때인 순조 11년(1811) 홍경래가 반란을 일으켰다. 이때 홍경래 무리는 먼저 가산군을 함락시켰는데, 가산 군수 정시는 포로가 되어서까지 저항하다가 죽임을 당했다. 반면에 김삿갓의 조부 김익순은 부사로 있던 선천이 함락되어 포로가 되자 홍경래군에 투항해 목숨을 건졌다.

이듬해 봄, 홍경래 난이 진압되자 김익순은 역적에 투항한 죄를 면하기 위해 홍경래군 장수의 목을 돈을 주고 사서 조정에 바쳤다. 그러나 이마저 발각되어 김익순은 처형되고, 집안에 폐족 처분이 내려졌다. 김병연은 하인의 도움으로 황해도 곡산으로 피신하여 숨어 살았다.

그 뒤, 강원도 영월에서 살게 된 김병연은 향시에 나가 김익순을 조롱하는 글을 써서 장원 급제한다. 백일장의 시제가 "가산 군수 정시의 충절한 죽음을 논하고, 하늘에 사무치는 김익순의 죄를 탄식하라."였는데, 김병연은 타고난 글재주로 "한 번 죽어서는 그 죄가 가벼우니 만 번 죽어 마땅하다."라고 김익순을 한껏 비판했다.

그런 김익순이 바로 자신의 조부라는 사실을 뒤늦게 어머니로부터 듣고 자책과 번민에 빠져 방랑길에 오르게 되었다고 한다.

03
농업의 발전

오랜 세월 동안 사람들은 농사를 지어 먹고살았다. 멀리는 선사 시대부터 가까이는 조선 시대까지 농사는 생계유지의 수단이자 주된 경제 활동이었다. 농사를 짓기 위해서는 땅이 필요하다. 그러나 인구는 늘어나도 땅은 한정되어 있다. 따라서 농사를 짓는 사람들은 제한된 땅에서 좀 더 많은 수확을 얻기 위해 노력을 기울였다.

조선 시대에도 그러한 노력은 계속되었다. 조선 시대 농업 기술은 이전과는 비교할 수 없을 만큼 크게 발전했다. 이앙법과 견종법이라는 새로운 농사법이 보급되었기 때문이다.

1년에 두 번 재배하니, 공은 덜 들고 이익은 심히 많다
이앙법은 벼농사에 도입된 새로운 기술이다. 이앙법 이전에는 직파법을 썼다. 직파법이 논에 직접 종자를 뿌리고 가을에 추수하는 방법이라면, 이앙법은 모판에 심어 모를 자라게 한 후 5월쯤에 제 논에 옮겨 심는 방법이다. 옮겨 심는 과정을 우리말로 '모내기'라 하기 때문에 이앙법을 모내기법이라 부르기도 한다.

이앙법과 직파법의 차이점은 무엇일까? 이앙법은 모판에서 미리 좋지 않은 모를 솎아 낼 수가 있다. 또한 옮겨서 심는 방식이라서 모가 두 땅의 양분을 충분히 섭취할 수 있다.

이앙법의 최대 장점은 무엇보다도 김매기(제초 작업)의 노력을 더는 데 있다. 한여름 내내 농부가 힘겨워하는 일이 무엇인가? 다름 아닌 잡초를 제거하는 일이다. 이앙법은 모내기할 때 줄을 맞추어 심기 때문에 직파법과 달리 잡초를 눈으로 일일이 확인해 솎아 내지 않아도 된다. 단지 모가 서 있는 줄 사이에 난 것들을 죽 뽑으면 그만이다.

또한 튼튼한 벼를 골라 심을 수 있고, 또 그 벼가 충분한 양분을 공급받아 잘 자

모내기하는 모습
여럿이 줄을 맞추어 모를 옮겨 심고 있는 모습이다. 이같이 모판에서 모를 떠다가 제 논에 옮겨 심는 것을 이앙법이라 한다.

라게 되므로 수확량이 크게 늘어난다(토지 생산성의 향상). 또한 김매기가 편리해졌으므로 노동력이 크게 절약되는(노동 생산성의 향상) 이점이 있다. "이앙법에 비해 직파법은 10배의 힘을 쓰고서도 10분의 1의 곡식을 얻는 데 불과하다."라는 당시의 기록은 이앙법의 효과가 얼마나 큰지를 잘 보여 준다.

이앙법의 효과는 여기에서 그치지 않는다. 이앙법을 쓰면 가을에 벼를 수확한 땅 위에 보리를 심을 수 있어서 이모작을 할 수 있다. 그러면

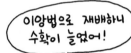

직파법은 왜 이모작이 안 되는가? 가을에 심은 보리가 이듬해 5월경까지 자라기 때문에 거기에 다시 벼를 심을 수 없다. 그러나 이양법은 봄에 일단 모판에 심었다가 5월에 보리를 수확하고 난 후 바로 모를 옮겨 심으면 되기 때문에 이모작이 가능하다.

이양법은 1년에 두 번까지 수확할 수 있기 때문에 지력의 급격한 감퇴를 가져온다. 따라서 이양법의 확산은 시비법의 발전을 불러왔다. 시비법은 작물을 심기 전에 밑거름을 충분히 깔아 주고 작물이 자라는 중간중간에 덧거름을 주어 지력을 인위적으로 보충해 주는 방법이다.

이양법은 모내기 철에 물이 충분치 않으면 농사를 크게 망친다. 따라서 조선 정부는 한때 이양법을 법으로 금지한 적도 있었다. 그러나 농민들은 수리 시설을 확충해 이양법을 발전시켜 조선 후기에는 전국에서 행해졌다.

밭두둑에 심는 것보다 수확이 두세 배 많다

견종법은 밭농사에서 나온 새로운 기술이다. 견종법 이전에는 농종법이 행해졌는데, 농종법은 밭두둑에 작물을 심는 방법이고 견종법은 농종법과는 반대로 밭고랑에 심는 방법이다. 새로 작물을 심기 위해 밭을 갈았을 때 땅 위로 두툼하게 올라온 부분을 밭두둑이라고 하고 파인 부분을 밭고랑이라 한다.

그러면 왜 고랑에 심는 방법이 더 좋은가? 씨앗이 겨울바람을 덜 타기 때문이다. 작물이 수분을 쉽게 확보해 가뭄에 잘 견딜 뿐만 아니라, 유기질의 침전물을 손쉽게 거름으로 흡수할 수 있다. 또한 이양법과 마찬가지로 김매기가 편리해 노동력이 절약된다. "농종하는 것이 견종하는 것에 비해 노력은 배가 들고 수익은 반밖에 안 된다."라는 당시 기록을 통해 견종법의 효과를 알 수 있다.

농업 기술의 발전이 사회 구조를 변화시키다

농업 기술의 발전은 사회 구조에도 큰 변화를 가져
왔다. 이앙법과 견종법으로 노동력이 절약되면서
한 사람이 농사를 지을 수 있는 면적이 크게 확대
되었다. 조선 후기 대부분의 농민들은 남의 땅을
빌려 농사를 짓는 소작농이었다. 이 시기 전라도의
경우를 보면 소작 농가가 전체 농가의 70퍼센트를
차지한다.

찬 바람도 막고, 가뭄에도 강한 견종법!

그러나 이앙법과 견종법의 보급으로 한 사람이 넓은 땅을 경작할 수
있게 되자, 소작할 땅을 얻는 데 치열한 경쟁이 벌어졌다. 그럴수록 지
주는 소작료를 올리거나, 전세와 종자 대금을 소작인에게 부담시키
는 일이 많아졌기 때문에 소작 조건이
나빠졌다.

김홍도의 〈타작도〉
일하는 농민들의 모습에 생동
감이 넘친다. 국립 중앙 박물관
소장

치열한 경쟁 속에서 많은 소작지를
확보한 일부 농민들은 부농으로 성장
해 갔지만, 대부분의 농민들은 소작지
조차 얻지 못했다. 그런 농민들은 농촌
을 떠날 수밖에 없었다. 이들은 도시나
광산으로 가서 품을 팔아 생활하거나,
일자리를 찾아 헤매는 신세가 되거나,
도적 떼가 되거나 했다.

한편 농업 인구가 크게 감소하고 도
시로 유입된 이들이 상공업에 종사함
으로써 궁극적으로는 생산의 분업화와
전문화가 이루어지는 동시에 상공업에
바탕을 둔 근대 자본주의 사회가 열리

농민층 분화
서로 비슷한 생활을 하던 농민들이 일부는 부농으로 성장하였으나, 대다수는 몰락 농민으로 전락하게 되는 현상을 말한다.

는 계기가 마련되었다.

이렇듯 농업 기술의 발전은 생산의 향상을 가져오기도 했지만, 궁극적으로는 농민층을 분화시키고 평온했던 농촌 사회를 흔드는 결과를 낳기도 했다. 따라서 조선 후기 농업 기술의 발전은 단순히 기술의 발전에 그친 것이 아니다. 이를 통해 사회 구조에 커다란 지각 변동이 일어났고, 더 나아가 새로운 사회로의 변화를 꾀하는 계기가 되었다.

농민층 **분화**의 사례

18세기 초 충청도 회인현 양안(토지 대장)에 따르면, 전체 농가 가운데 약 6.5퍼센트인 24호戸가 각각 1결 이상의 토지를 소유해 전 농지의 약 33.6퍼센트를 차지한 것에 반하여, 전체 농가의 약 68퍼센트인 251호가 각기 1~24속束의 아주 적은 토지를 소유하여 전 농지의 약 22퍼센트를 차지하고 있었다. 또한 19세기 말 경기도 광주·수원 등지의 양안을 보면 대체적으로 전체 농가의 약 75퍼센트가 소작에 관련된 것으로 나타나 있다. 이러한 통계는 농민의 계층 분화가 극심하게 이루어졌음을 보여 준다.

부농富農에도 종류가 있다

어떤 건물의 소유자가 있다고 하자. 그 사람은 단지 상가의 임대를 통하여 돈을 번다. 그런가 하면 그 상가를 빌려서 장사를 해 돈을 버는 사람도 있을 수 있다. 마찬가지로 토지를 보유하고 그 토지를 소작을 줌으로써 돈을 버는 지주가 있고, 그 지주의 토지를 빌려서 열심히 농사를 지어 높은 소득을 올리는 소작농이 있을 수 있다. 그럴 경우 전자는 '자산형 부농', 후자의 경우는 '경영형 부농'이라고 할 수 있다.

이앙법과 광작廣作을 통해, 소작농 가운데에는 많은 소작지를 보유해서 높은 소득을 올리는 경영형 부농이 출현하게 되었다. 이들은 자신과 가족의 노동력으로 경작할 수 있는 면적보다 더 많은 소작지를 확보해 토지에서 방출된 농민들을 임노동자로 고용하기까지 했다.

04

상품 화폐 경제의 발전

조선 후기, 농업 기술의 발전에 따른 농업 생산력의 발전은 봉건적 조선 사회의 농촌 내부에 새로운 변화를 일으켰다. 나아가 자급자족적인 경제 관계를 바탕으로 하고 있던 당시 사회에 상업과 수공업, 광업의 발전을 촉진했다. 이에 따라 상품 화폐 경제가 널리 성장했다.

그리하여 종래의 봉건적 사회관계 내부에서 새로이 근대적인 자본주의 관계가 싹트기 시작했다. 물론 상품 화폐 경제는 고대 사회로부터 존재해 온 것이었으나, 조선 후기에는 봉건적 사회 질서를 해체할 정도로 발달했다. 아울러 이것에 기초해 노동력이 상품으로 매매되고, 인간 간의 관계가 자본과 임노동의 관계로 이루어지는 새로운 관계, 즉 자본주의적 관계가 싹텄다. 이러한 자본주의적 관계의 발생은 곧 봉건적 조선 사회를 해체하는 힘으로 작용했다.

담배 농사는 벼농사보다 열 배의 이득

조선 후기, 농업 생산력의 발전에 따른 농민층의 분해로 절대 다수의 농민층이 가난한 빈민으로 전락했다. 반면 새로이 성장한 서민 지주, 또는 경영형 부농 등은 토지를 집적해 가면서 경영 규모를 확대했고, 빈민을 임노동자로 고용해 시장 판매를 목적으로 작물을 재배했다.

이들에 의해 자급자족적인 종래의 농업은 점차 상업적 농업, 즉 판매를 위한 방식으로 발전했다. 작은 규모로 생산을 하는 농민들도 점차 이런 형태의 농업에 빠져들었다.

상업적 농업은 쌀을 비롯하여 곡류·목화·담배·인삼·채소 등이 중심이었다. 쌀은 지주나 부농층이 소작료로 받은 것을 판매하는 경우가 대부분이었고, 농민들도 소비하고 남은 쌀을 판매하는 경우가 있었다. 하지만 가난한 농민은 시기를 기다리지 못해 값싸게 팔 수밖에 없었던 것에 비해, 부농이나 지주층은 시기를 기다려 많은 이익을 남길 수 있었다. 이에 따라 농민층의 계층 분화는 더욱 심해졌다.

무엇보다도 상업적 농업이 가장 발달한 부문은 목화·담배·인삼·채소 같은 특용 작물의 재배였다. 일부 지역에서는 목화를 재배해 팔아서 얻은 이익이 기름진 논의 소출과 맞먹는 정도였다고 한다. 또한 임진왜란 이후 들어온 담배는 대부분 시장 판매를 통해 이득을 얻기 위한 것이었다. 일부 지역에서는 담배만을 전업으로 재배하기도 했다. 기록에 의하면 담배는 벼농사보다 10배의 이득을 볼 수 있었다고 할 만큼 수익성이 큰 작물이었다. 인삼은 종래에는 자연에서 채취한 산삼만을 의미하는 것이었으나, 조선 후기에는 인공적 재배가 널리 보급되고 홍삼을 만드는 기술도 확산되었다. 인삼은 재배 기간이 4~5년이 지나야 수확할 수 있었고 아울러 노동력이 많이 필요했기 때문에 자본을 많이 가진 자들이 참여했다.

새로운 작물의 전래
조선 후기에 새로이 전래된 작물에는 담배 외에도 고추와 토마토 등이 있다.

이와 같은 상업적 농업의 발달은 농업 기술의 발달을 더욱 촉진했고, 면화 등 수공업 원료를 더 많이 생산함으로써 수공업의 발달을 가져왔다. 또한 상업적 농업은 소규모 자영농민의 소상품 생산을 촉진함으로써 자본주의적 관계의 발생을 위한 전제를 마련했다.

베 짜는 여인의 수입이 농부 세 사람의 수입보다 낫다

농업 생산이 전반적으로 증대함에 따라 수공업 생산도 급격히 증가했다.

고대 사회로부터 무기를 비롯해 관청에서 사용하던 물건이나 지배층의 생활용품을 만들던 수공업은 관청에서 직접 운영하는 관영 수공업의 형태였다. 특히 조선 전기에는 수공업 기술자들이 관청에서 마련한 수공업장에서 일정 기간 동안 생산 활동에 종사했다.

그러나 두 번의 난 이후, 조선 왕조의 지배 체제가 약해졌고 재정 악화로 관영 수공업의 유지가 어려워졌다. 게다가 상품 화폐 경제가 성장함에 따라 장인들은 관청에 등록되는 것을 기피하기 시작했다. 스스로 생산해 판매하는 것이 훨씬 큰 이익을 남길 수 있었기 때문이다.

장인들의 등록제가 폐지되면서 장인들은 일부 관영 수공업장에 고용되어 임금을 받고 일을 하는 임노동 기술자로 변모하거나, 개인 수공업장에서 판매를 위한 생산 활동에 종사하게 되었다. 이에 따라 개인이 운영하는 민영 수공업이 발달하게 된다. 특히 조선 후기 농민층의 분화에 따른 도시 인구의 증가, 상업의 발달, 대동법 실시로 인한 관청 물건의 시장 구입 등에 힘입어 민영 수공업은 더욱 발전했다.

그 결과 수공업품에 대한 수요가 늘면서 수공업으로 옮겨 가는 농민들이 많아졌고, 전문적으로 수공업에 종사하는 곳도 생겨났다. 놋그릇을 만드는 유기점 마을, 옹기그릇을 만드는 옹기점 마을, 가마

대동법
종래 특산물로 받던 공물을 쌀이나 돈으로 납부하게 하는 제도가 대동법이다. 이에 따라 관청에서는 필요한 물건을 상인들을 통해 직접 구매하여 사용할 수밖에 없었다. 따라서 대동법 실시로 상업과 수공업이 발달하게 되었다.

솥·농기구 등을 만드는 수철점 마을 등이 그러한 곳이었다. 이러한 수공업 지역을 점촌이라고 불렀다.

한편 농촌에서 부업으로 이루어지던 수공업은 면포·비단·모시 등 옷감류를 중심으로 점차 상품 생산 단계로 발전했다. 정약용이 "한 사람의 베 짜는 여인의 수입이 농부 세 사람의 수입보다 낫다."라고 한 것처럼, 수입이 좋아서인지 전적으로 베 짜기를 하는 농가가 늘어갔다. 그러나 이러한 직물업은 가내 수공업의 단계를 벗어나지는 못했다.

수공업이 발달하자 그 원료를 생산하는 광업도 함께 발달했다. 조선 전기의 광업은 농민을 부역으로 동원해 운영했다. 그러나 조선 후기에는 수공업의 발달, 동전의 유통, 대외 무역의 발전 등으로 금·은·구리 등의 수요가 늘어나면서 이전과 같은 관영 광업으로는 유지하기 어려웠다. 농민들은 부역을 기피했고, 정부는 재정 부족으로 광산 경영 경비를 마련하기 버거웠기 때문이다. 결국 민간 경영에 의한 민영 광업이 발달할 수밖에 없었다.

돈 있는 상인과 양반들은 물주가 되어 정부의 허가를 받아 광업에 투자했다. 물주 밑에서 전문적으로 경영을 맡은 덕대라는 계층이 등장했고, 덕대는 농촌을 떠나 각지에서 모여든 사람들을 고용해 광업 활동을 했다. 이에 따라 자본가·경영자·임노동자의 관계로 이루어지는 자본주의적 관계가 발생했다. 이 시기 광산촌은 광업에 종사하는 일꾼들과, 횡재를 바라는 사람들이 각지에서 몰려들 정도로 성황을 이루었다.

김홍도 〈대장간〉
조선 후기 대표적인 개인 수공업장의 하나인 대장간의 풍경이다. 일하는 사람들의 모습이 생동감 있다. 국립 중앙 박물관 소장

● 시전
시전은 한양에 있었는데, 생활
용품 공급과 정부 소요품 조달
의 기능을 하는 가게를 말한
다. 그중 비단·무명·명주·모
시·종이·어물을 취급하는 육
의전이 가장 규모가 컸다. 시
전 상인은 정부 수요품 조달의
역을 지는 대신에 상업 활동에
서 특권을 가졌다.

큰 상인이 등장하다

조선 정부는 기본적으로 농본억상農本抑商 정책을 펴고 있었다. 따라서 조선 전기에는 상업이 발달하지 못했다. 다만 중앙 정부의 필요에 의해 설치된 시전 ●과 15세기에 발달한 농촌의 장시를 중심으로 제한된 상업 활동만이 이루어지고 있었다. 정부는 시전 상인을 통해 필요한 물품을 구입하고 있었고, 시전 상인들은 정부의 비호 아래 독점적인 상업 활동을 폈다.

조선 후기에 들어서면 상업적 농업의 발달 및 수공업의 발달과 함께 상업에서도 새로운 변화가 나타났다. 물론 농업·수공업·상업은 상호 작용을 하면서 각각의 분야에서 발달하고 있었다.

상업이 발달한 요인은 여러 가지가 있다. 대동법 실시로 인한 공인의 등장, 대외 무역의 증가, 도시 상업 인구의 증가에 따른 자유 상인(사상 또는 난전)의 등장 등이다. 난전, 즉 자유 상인이 증가하자 시전 상인들은 난전을 단속할 수 있는 권한인 금난전권을 정부로부터 받게 되었다. 그러나 난전의 증가는 더 이상 관청이나 시전 상인의 힘으로는 어찌할 수 없었으며 결국은 금난전권을 폐지하기에 이르렀다.

18세기 말, 금난전권이 폐지되자 상업 활동은 자유 경쟁 체제에 들어서고 자유 상인의 활동은 더욱 확대되어 상품 화폐 경제가 뿌리내렸다. 이에 따라 자유 상인의 상업 활동의 규모는 능력에 따라 더욱 증대되었다. 그리하여 상업 자본이라 할 만한 큰 규모의 상인인 대상인이 등장했다. 이 시기에 등장한 대상인으로는 송상(개성상인)·만상(의주상인)·유상(평양상인)·내상(동래상인) 등이 대표적이다.

이들 대상인의 상업 활동은 박지원의 〈허생전〉에서 보이는 것처럼 매점매석과 같은 저급한 형태의 거래에도 관여했으며, 19세기에는 세도 정권과 결탁함으로써 쌀 폭동을 야기했고 기층 민중의 저항을 받았다.

한편 지방에서는 장시가 증가했다. 15세기에 시작된 장시는 두 차례

나는 보따리장수 5일장을 찾아 다녀유~

개성상인
개성상인은 특히 인삼 재배와
홍삼 가공을 통해 크게 성장했
다. 이들은 각 지방에 오늘날
의 지점과 같은 송방을 설치해
전국의 상권을 장악했고, 외국
무역에도 관여했다. 또한 '송
도사개부기'라고 하는 복식 부
기법을 사용했는데, 이는 서양
보다 훨씬 앞서서 고안된 장부
기입 방식이었다.

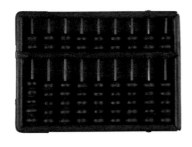

조선 후기의 주판(왼쪽)과 되
(오른쪽)
상업이 발달함에 따라 다양한
계산 도구가 사용되었다. 주판
은 오늘날의 것과는 다른 모습
임을 알 수 있다.

의 난 이후 5일장 체제가 전국적으로 수립되었다. 5일장은 보통 각 군·
현마다 보통 3~5개소에서 서로 다른 날짜에 번갈아 열렸으며, 18세기
말에는 전국적으로 1,000여 개에 이르렀다. 이들 장시를 하나의 유통
망으로 연계시켜 활약한 상인은 보부상이었다. 봇짐장수와 등짐장수를
합쳐 보부상이라고 했는데 이들은 장시를 돌아다니며 상업 활동을 한
행상이었다.

상업이 발달함에 따라 종래 쌀이나 옷감으로 대신하던 교환 수단에
도 큰 변화가 생겼다. 즉 금속 화폐인 상평통보를 이제는 전국적인 범
위로 사용한 것이다. 물론 고려 시대부터 금속 화폐가 있었지만 자급자
족적인 경제 구조로 인해 널리 사용되지는 못했다. 그러나 조선 후기에
이르면 상업 경제가 발달하고 전국적으로 장시가 확대되어 상품 유통
이 늘어감에 따라 동전의 유통 또한 급격히 확대되었다. 상평통보는
17세기 말부터 19세기 말까지 200여 년 동안이나 사용되었다.

한편 대규모 거래가 확대되면서 신용 화폐라고 할 수 있는 어음도 큰
상인들 사이에 널리 쓰였다. 어음은 돈의 지불을 약속하는 증서로 동전
인 상평통보를 사용하기 어려운 큰 거래에 이용했다. 이와 같은 화폐의
전국적인 유통은 상품 생산과 상품 유통을 촉진시키는 계기가 되었다.

자본주의적 관계의 발생

상품 화폐 경제의 발전은 봉건적 사회 체제를 해체하고 자본주의적 관

계를 발전시키는 결정적 요인이었다. 조선 후기에 들어서면서 자급자족적 자연 경제를 기반으로 하는 봉건적 경제 질서가 서서히 붕괴되고, 그 내부로부터 자본주의적 근대 사회를 지향하는 싹이 돋아나고 있었던 것이다. 또한 봉건적 질서를 유지해 온 신분제 및 사상과 문화 등 다양한 분야에서도 새로운 변화들이 일어나고 있었다.

상품 화폐 경제의 발전에 따라 돈이 없는 사람은 그가 아무리 신분이 높다 하더라도 살기 힘들었으며, 사회적 지위도 보장받을 수 없었다. 그리하여 이제는 신분에 의해서가 아니라 돈에 의해 사람을 평가하게 되었다. 신분에 대한 전통적인 관념이 사라지기 시작했고, 사회적 관계는 상품 화폐 관계로 전환되어 갔다. 즉 상품 화폐 경제의 발전은 봉건적 신분 제도의 해체 과정을 촉진했던 것이다.

또한 상품 화폐 경제의 발전은 사회사상과 문화 분야에서도 새로운 움직임을 촉발시켰다. 사상적으로는 종래의 성리학적 질서에 도전하는 실학이 등장했다. 실학은 조선 후기의 사회상을 반영하면서 다양한 개혁을 주장해 새로운 사회로의 변혁을 이끄는 중요한 역할을 했다. 문화적으로는 다양한 민중 문화의 성장을 촉진시켰으며, 또한 일부 양반 문화가 민중적 성격을 띠게 되고 민중 문화에 관심을 갖게 되는 계기가 되기도 했다.

결국 상품 화폐 경제의 발전에 따라 봉건적인 여러 관계의 과정이 분해되고 새로운 자본주의적 관계가 싹터 점차 발전의 길로 들어선 것은 우리나라 역사 발전의 새로운 단계가 다가오고 있음을 보여 주는 것이라고 할 수 있다. 반면에 봉건적 지배 질서를 강화하려는 양반 지배층의 정치는 오히려 19세기에 들어서면서 세도 정치라고 하는 비정상적인 형태로 되돌아간다는 점에서 서로 대립·모순되었다고 볼 수 있다.

이제 공부를 하면 쌀도 나오고 돈도 나와요.

실 학

봇짐장수와 등짐장수

조선 시대 장시를 돌아다니면서 행상을 하던 이들을 보부상이라고 한다. 이들은 장시를 돌아다닌다고 하여 속칭 장돌뱅이라고도 불렸다. 보부상이란 보상과 부상을 합쳐 부르는 이름이다. 보상은 비교적 값비싼 필묵이나 금·은·동 제품 같은 정밀한 세공품을 보자기에 싸서 들고 다니거나 질빵에 걸머지고 다니며 팔아 봇짐장수라고 했다. 이에 비해 부상은 나무 그릇·토기 등과 같은 비교적 간단한 일용품을 지게에 지고 다니면서 판매했기 때문에 등짐장수라고 했다.

보부상은 그들의 단결과 이익을 위하여 보부상단이라는 일종의 조합 조직을 가지고 있었다. 보부상은 국가의 일정한 보호를 받는 대신, 국가의 유사시에 동원되어 정치적 활동을 수행하기도 했다. 임진왜란과 병자호란 때에는 식량과 무기를 운반·보급하고 전투에도 가담했다. 1866년 병인양요 때에는 전국의 보부상이 동원되어 프랑스군과 싸웠다. 한편 1894년 동학 농민 운동 때에는 관군에 소속되어 동학 농민군과 싸우기도 했다.

1910년, 일제가 조선을 식민지로 만든 뒤 우리 민족의 상업 활동을 탄압하면서 전국적 조직력을 가진 보부상도 거의 소멸되었다.

05

신분제 변동

17세기까지 10퍼센트에 불과했던 양반의 수가 19세기에 이르면 무려 70퍼센트에 달했다. 이는 임진왜란과 병자호란 이후 부족해진 국가의 재정을 보충하기 위해 관직 매매가 성행하고 상공업 발전으로 부를 축적한 상민들이 적극적으로 신분 상승을 꾀하는 등 여러 가지 요인에서 비롯되었다. 이런 신분 상승은 신분제를 무의미한 것으로 만들었다. 또한 특권층이었던 양반의 지위도 점차 하락했다. 신분제는 중세 사회를 사회적으로 지탱해 주는 커다란 기둥이었다. 따라서 신분제의 동요와 해체 현상은 중세의 해체를 의미하는 것이다.

노비는 상민으로, 상민은 양반으로

임진왜란과 병자호란은 조선 후기의 사회 성격을 크게 변화시켰다. 그중에서도 특히 신분 제도의 변화는 주목할 만한 일이다. 조선의 신분 제도는 양반·중인·상민·노비의 네 신분제로 유지되었으나 두 차례의 난을 겪으면서 그 뿌리부터 흔들렸다. 장차 무너지고 말 신분제 변화의 근본 원인은 신분의 상승이었다.

임진왜란과 병자호란 중에는 노비가 적군의 목을 하나만 베어도 노비 신분에서 해방될 수 있었다. 열 명 이상의 목을 베면 당당히 벼슬에 오를 수 있었다고 하니, 경우에 따라서는 노비가 양반이 될 수도 있었다는 얘기가 된다. 이와 같이 전쟁에서 공을 세우면 합법적인 신분 상승이 가능했다. 이 외에도 돈을 내고 노비 신분에서 벗어나는 방법이 법적으로 보장되었고, 그 비용도 점차 낮아져서 많은 노비들이 해방되었다. 또한 전쟁과 같은 혼란 중에는 노비들이 도망을 가는 경우가 자주 있었다. 도망을 가서 붙잡히지 않으면 상민이 될 수 있고, 붙잡힌다 해도 노비일 뿐이니 밑져야 본전인 셈이었다.

한편 상민이나 중인은 양반으로 상승해 갔다. 조선 정부는 부족해진 국가 재정을 메꾸기 위해 돈을 받고 관직을 팔곤 했다. 군역의 부담으로 고생하던 상민들은 이 같은 매관매직賣官賣職에 적극적으로 호응해 신분 상승을 꾀했다. 군역은 상민이 지는 것이었는데, 과중한 군포의 부담은 이러한 현상을 더욱 촉진시켰다. 관리들은 이름 쓰는 난이 비워진 관리 임명장을 들고 다니면서 공공연히 관직을 팔았고, 심지어 민간에 강제로 떠맡기거나 사지 않는 사람을 옥에 가두는 일까지 벌였다.

상민이나 중인들이 양반 신분을 획득하는 방법으로 가장 널리 쓰인 것은 양반 신분을 사칭하거나, 홍패를 위조하는 방법이었다. "돈 있고 힘 있는 자들이 군역을 피하고자 간사한 아전들과 한통속이 되어 뇌물을 쓰고 호적을 위조한다."거나, "근래에 옥새를 위조해 과거 급제자의 이름을 거짓으로 지어 내고 홍패를 위조하는 일이 자주 일어난다."라는 기록이 이를 잘 보여 준다.

상민의 수가 크게 감소하자 군역을 담당할 장정의 수도 크게 줄어들

공명첩
이름을 쓰는 곳이 비어 있는 관리 임명장으로 누구든지 매입하여 이름만 쓰면 되었다.

였다. 더 큰 문제는 바로 이 상민층이 국가의 조세 기반이라는 점에 있었다. 조세 기반의 감소는 다시 국가 재정의 감소를 가져오는 악순환을 불렀다. 이러한 사태를 근본적으로 해결하기 위해서는 늘어난 양반층에 대해 군역과 세금을 부과해야만 했다. 그러나 양반 중심의 지배 체제하에서 그와 같은 일이 쉽게 이루어지기는 힘들었다.

이에 조선 정부는 궁여지책으로 노비를 해방시켜서 상민층을 확보하기에 이르렀다. 1801년 순조 때는 무려 6만여 명의 공노비가 해방되기도 했다. 이와 같은 조선 정부의 미봉책도 신분 제도의 붕괴를 부채질했다.

땅에 떨어진 양반의 지위

조선 후기, 신분의 상승으로 상민과 노비의 수가 크게 줄어들었다. 특히 노비 신분의 감소가 두드러졌다. 신분 제도는 피라미드 구조일 때 가장 튼튼하다. 그러나 신분의 상승으로 안정된 피라미드 구조는 무너져 갔다. 모두가 양반이 된다면 양반은 이미 특권층일 수 없다.

양반의 증가로 그들의 지위는 크게 떨어졌다. 양반 가운데는 농업·상업·수공업에 종사하는 사람이 생겼고, 심지어 양반끼리 소작지를 서로 차지하기 위해 다투기도 했다. 양반과 상민이 결혼을 하는 경우도 늘어났고, 상민이 양반을 조롱하고 구타하는 일까지 일어났다. 상인들이나 군역을 지는 상민까지도 농담 삼아 서로를 '양반'이라고 부르는 일이 빈번했다.

양반의 지위 하락은 사회 경제 구조의 변화와도 깊은 관계가 있다. 농업에 바탕을 둔 중세 사회에서는 토지가 부富의 원천이다. 따라서 국가가 국부의 원천인 토지를 장악하고 그 토지를 양반 특권층에게 나누어 줌으로써 양반의 경제적 기반을 마련해 주었다. 그러나 과전법이 붕괴되면서 국가가 더는 양반들의 물질적인 기반을 마련해 주지 못했다. 반면 상공업이 크게 발전하게 되면서 이에 종사했던 상민이나 노비들이 부자가 되는 경우가 많아졌다. 이 역시 양반 신분 자체를 무의미하게 만들었다. 상민들이 애써 양반의 신분을 얻으려고 했던 이유도 양반으로서의 특권을 얻기 위해서라기보다는 주로 군포의 부담을 피하려는 데 있었다. 따라서 조선 후기 신분 제도의 변화는 양반 신분의 지위 하락과 맞물리면서 전개되었다고 할 수 있다.

김홍도 〈자리 짜기〉
양반이 자리를 짜고 있는 모습. 조선 후기 신분제의 동요와 해체를 한눈에 보여 주는 그림이다. 국립 중앙 박물관 소장

근대적 평등 사회로

근대 사회란 무엇인가? 정치적으로는 민주주의, 경제적으로는 자본주의, 사회적으로는 신분 제도가 폐지된 평등 사회를 의미한다. 신분 제도의 측면에서 본다면 조선 후기는 과거의 신분 제도가 서서히 붕괴되어 가는 시기로, 이는 곧 중세에서 근대로 넘어가는 과도기에 해당한다. 따라서 조선 후기 신분 제도의 붕괴는 중세 사회를 무너뜨리고 근대 사회를 준비하는 중요한 징표가 된다.

잔반

신분의 상승으로 신분제가 해체되어 가는 가운데 일반화된 용어가 '잔반殘班'이다.

"양반이면 다 양반인가? 양반이라야 양반이지!"

이런 조롱이 있었듯 조선 후기에는 겉모습만 양반일 뿐 실속은 전혀 없는 양반들이 많았다. 이러한 양반들을 잔반이라고 한다. 잔반은 생계를 유지하기 위하여 일반 상민과 다름없는 생활을 했다. 신분제의 변동으로 그 수가 증가한 양반의 상당수가 잔반이었다. 이는 조선의 정치가 갈수록 참여의 폭이 좁아지면서 양반들이 중앙 권력에서 도태되었음을 의미한다. 여기에 신분의 상승이 잔반의 증가를 부채질했다.

결국 사회적 신분 제도를 축으로 유지되던 양반의 특권은 사라지고, 정치·경제적으로 실제적인 힘을 보유한 사람이 큰소리치는 사회로 바뀌어 갔다. 연암 박지원의 〈양반전〉도 이와 같은 세태를 풍자하고 있다.

〈양반전〉이 실린 《연암집》
《연암집》은 조선 후기 실학파 중 대표적 인물이라 할 수 있는 박지원의 시문집이다. 시문·서간·소설 등을 통해 그의 문학과 사상을 엿볼 수 있다. 현실에 대한 불만, 양반 사회의 각성을 촉구하는 내용이 주를 이룬다.

06

실학의 등장

조선 후기에는 극히 일부의 지주가 대부분의 땅을 차지했다. 따라서 대다수의 농민들은 남의 땅을 빌려 농사를 짓는 형편이었는데, 이들을 소작농이라고 한다. 그러나 농업 기술이 발전하고 한 사람이 맡을 수 있는 경작 면적이 크게 늘어나자 점차 소작지마저도 얻기가 어려워졌다. 여기에 관리와 아전 들의 횡포는 농민들의 생활을 더욱 어렵게 만들었다. 농민들은 이듬해 심을 종자와 생존을 위한 최소한의 식량까지 빼앗기기 일쑤였다.

한편 일부 지식인들 사이에 새로운 반성이 일어났다. "우주와 인간을 탐구하는 철학도 중요하고 삼강과 오륜을 펼치는 예학도 중요하다. 하지만 그것으로 먹고사는 문제를 해결할 수는 없다. 따라서 작금의 현실을 이겨나가기 위해서는 무언가 새로운 방법을 찾아야 한다." 이 같은 생각이 실학을 낳게 했다.

실학은 크게 두 가지의 흐름으로 갈라진다. 농업을 중요시하는 '중농적 실학사상'과 상공업을 중요시하는 '중상적 실학사상'이다.

토지는 농민에게 주어야 한다

중농적 실학자들은 사회 개혁의 핵심이 토지 문제에 있다고 보았다. 이에 속하는 학자로는 유형원·이익·정약용 등을 들 수 있다. 이들의 개혁 이론은 "땅은 농민에게 주어야 한다."라는 한 마디로 요약할 수 있다. 이들은 일하지도 않는 양반 지주들이 단지 땅을 빌려 준 대가로 수확의 절반을 거두는(병작반수) 현실에서는 농민들이 가난에서 벗어날 수 없다고 생각했다. 토지를 농민에게 돌려줌으로써 그들의 생활을 안정시키고, 그 위에 조세 제도, 군사 제도의 기틀을 세워야 한다고 주장했다. 중농적 실학자들의 개혁 방안은 토지 제도 개혁*이 그 핵심이다.

유형원은 토지 문제의 해결 방안으로 균전제를 주장했다. 균전제는 집집마다 균등하게 토지를 나누어 주는 동양의 토지 사상의 이상이었다. 그런데 유형원은 사농공상에 따라 차등하여 토지를 나누어 주자고 했다. 이는 유형원이 개혁은 생각했으나 아직은 성리학적인 신분 관념에서 완전히 벗어나지 못했음을 보여 준다.

이익은 한전제를 주장했다. 보통 한전제는 토지 소유의 상한선을 두어 제한하는 것이다. 그런데 이익의 한전제는 조금 다르다. 그는 한 집마다 돌아가는 토지를 가정해, 그것을 영업전으로 정하고, 현재 영업전보다 많은 토지를 가진 사람은 팔 수만 있게 하고 영업전보다 적은 토지를 가진 사람은 살 수만 있게 하자고 했다. 즉 현실적으로 현재의 토지 소유를 인정하는 데서 출발하되 장기적으로는 균전제를 시행하는 것과 같은 효과를 거두자는 것이었다. 말하자면 균전제를 시행하는 것이 가장 이상적이나 지주로부터 토지를 몰수해야 하는 등 어려운 점이 있기 때문에 실현 가능한 방안으로서의 한전제를 주장한 것이다.

토지 제도 개혁론은 정약용에 이르러 절정에 달한다. 젊은 시절 자신의 문제의식이 잘 드러나 있는 전론田論에서 그는 여전제를 주장했다.

다산 초당
정약용의 두 번째 유배지인 전
라남도 강진에 있는 초당으로
정약용 학문의 산실. 초당은 억
새나 짚 따위로 지붕을 인 조그
마한 집채를 이르는 말인데, 지
금은 기와지붕으로 복원되어
있다.

정약용은 균전제의 경우 농사를 짓지 않는 사람들까지도 토지를 받게
되어 지주 소작이 다시 생겨날 소지가 있어서 안 된다고 했다. 또한 한
전제의 경우 남의 이름을 빌려서 사고파는 것을 막을 수 없는 문제점이
있어서 안 된다고 했다. 가명·차명의 재산 축적을 지적한 뛰어난 식견
이었다.

그는 마을 단위로 공동 농장을 만들어 누구나 일하고 싶을 때 일하
고, 일한 노동량에 따라 수확물을 나누어 가지는 여전제를 생각했다. 여
기에는 평소 '일하지 않는 놈은 먹지도 말라'는 그의 철학이 깔려 있었
다. 따라서 여전제는 양반조차도 수확물을 얻기 위해서 일해야만 했다.

그러나 이 같은 급진적인 여전제가 시행되기는 현실적으로 어려웠
다. 따라서 정약용은 말년에 실현 가능한 방안으로 정전제를 내놓았다.

● 정전제
중국 주나라에서 실시한 토지
제도. 일정한 면적을 가진 정
사각형 모양의 땅을 우물 정井
자로 나눈다. 그러면 모두 아
홉 구역의 땅이 만들어진다.
그리고 여덟 명의 농부에게
각각 주변의 한 구역씩 나누
어 준다. 나머지 중앙의 한 구
역은 여덟 명의 농부가 같이
농사를 지어 나라에 세금으로
바친다. 정약용의 정전제는
이것을 개량한 것이다.

본래 정전제井田制●는 중국 주나라에서 실시된 제도였다. 그러나 주나라의 정전제는, 비탈이 많고 산지가 많은 우리나라의 실정에는 잘 맞지 않았다.

그래서 정약용은 주나라의 토지 제도를 보완해 우리 실정에 맞도록 한 정전제를 구상했다. 그는 정전제의 원리를 살려 산기슭이나 비탈진 곳에 있는 조각 땅은 서로 보태 넓이를 기준으로 구역을 나누자는 주장을 폈다. 또한 현실적으로 정전제를 한꺼번에 실시할 수 없으므로 국가가 장기적으로 지주로부터 땅을 사들여 정전을 설치하자고 했다. 그리고 아직 사들이지 못한 땅에서는 소작지만이라도 균등하게 분배해 토지 소유의 평등을 이루자고 주장했다. 지주전호제의 개혁과 함께 농민층 분화로 인한 사회 혼란을 막아 보자는 주장이었다.

중농적 실학자들은 일찍이 중앙의 권력으로부터 밀려나 농촌에 정착한 남인들이 그 대부분을 차지하고 있다. 따라서 이들은 어두운 농촌의 현실과 농민 생활의 어려움을 직접 보고 듣는 가운데 자신들의 학문을 이루어 나갔다. 적당히 세금을 줄여 주는 방법으로는 문제가 해결될 수 없음을 이들은 잘 알고 있었다. 무엇보다 농민에 대한 애착을 가졌다는 점에서 이들의 학문하는 태도는 더욱 빛을 발하고 있다.

부국강병의 길로 안내하는 실학

중상적 실학자들은 상공업을 발전시켜 나라의 부富를 늘리는 것을 최우선의 과제로 삼았다. 이에 속하는 학자로는 유수원·홍대용·박지원·박제가 등을 들 수 있다. 이들은 상공업이 발전해 나라가 부강해지면 자연히 농민들의 생활도 나아진다고 생각했다.

"스스로 재산 없고 덕망 없음을 안 사람이 관직에 나아가지 않고 스스로의 노력으로 물품의 교역에 종사하며, 남에게서 얻지 않고 자기의 힘으로 먹고사는데 그것이 어찌 천하거나 더러운 일이겠는가?"

이것이 그들의 생각이었다. 따라서 토지가 없는 농민은 도시로 가서 장사를 하면 된다고 주장했다.

중상적 실학자들은 당시 권력을 잡고 있던 노론에서 나왔다. 이들 대부분은 비록 높은 직책은 아니었다 하더라도 관직에 몸담고 있던 사람들이었다. 비교적 상공업이 발달한 도시에 살았으며 외국 여행을 통해 견문을 넓힌 사람들도 있었다. 이들은 발전한 청나라의 모습을 보면서 우리도 그처럼 나라를 부강하게 만들어야 한다고 생각했다.

"어떻게 하면 부국강병을 이룰 수 있는가? 무엇보다 상공업을 발전시켜야 한다."

이 점에서 이들의 생각은 같았다. 그러나 어떻게 하면 상공업을 발전시킬 수 있는가 하는 점에서는 각자의 주장이 달랐다. 중상적 실학사상의 선구자라 할 수 있는 유수원은 상인이 주도하는 대자본의 육성을 첫째로 꼽았다. 그는 상인들이 서로 자본을 합해 생산과 판매에 투자를 해야 한다고 주장했다.

홍대용은 기술 문화의 혁신과 성리학의 극복이 상공업 발전의 토대가 된다고 생각했다. 사농공상의 신분적 차별 속에 상업이 말업未業으로 천시되고 있는 사회 분위기를 일신하지 않으면 안 된다고 보았기 때문이다.

박지원은 농산품을 상품화해서 적극적으로 유통시키는 방법을 연구했다. 이 점이 같은 농업 문제라 하더라도 중농적 실학사상과 다른 시각이다. 즉 중농적 실학자들이 토지 분배 문제에 중점을 둔 반면, 중상적 실학자들은 농업 생산력의 향상과 농업 생산물의 상품화에 관심을 두고 있었다. 그러나 청에 다녀온 박지원은 상공업에 더욱 깊은 관심을 보였다. 그는 유통 경제의 발전을 위해서 수레나 선박의 이용과 함께 화폐의 유통을 적극적으로 주장했다.

박제가는 '북학파'라는 말을 낳게 한 장본인이다. 부국강병을 위해서

농사가 천하의
근본이지.

농사만 잘 지으면
뭐하나? 팔아야
돈이 생기지.

중농학파   중상학파

성리학적 직업관
성리학자들은 '사농공상士農工商'의 직업관을 가지고 있었다. 특히 상업을 '말업未業'이라 하여 가장 천시했는데, 실학자들은 이와 같은 성리학적 신분관·직업관을 극복하는 것이 상공업 발전의 열쇠라고 보았다.

〈허생전〉과 〈양반전〉
박지원의 주장은 그의 소설에
서도 잘 드러난다. 〈양반전〉에
서는 양반 문벌제도의 비생산
성을 비판했으며, 〈허생전〉에
서는 비록 매점매석이긴 하지
만 '돈을 버는 방법'을 보여 주
며 '경제가 돌아가는 이치'를
일러 주고 있다.

거중기 복원 모형
실학자 중 한 사람인 정약용은
약관의 나이에 과거에 급제하
여 정조의 총애를 받으며 수원
성 건설의 중책을 맡았다. 이때
그가 고안한 거중기는 건설비
를 크게 줄일 수 있었다. 사진
은 경기도 남양주에 있는 다산
생가에 복원된 거중기의 모형
이다.

는 상공업이 크게 발전한 청나라와 장사를 해야 한다고 생각했다. 그는 "일찍이 중국차를 실은 배 한 척이 남해에 표류한 적이 있었다. 그 후 온 나라에서 10년 동안이나 차를 마시고도 지금까지 남아 있음을 보았다." 라면서, "먼 지방의 물자가 통한 다음이라야 재물을 늘리고 백 가지 기구를 생산할 수 있다."라고 주장해 통상의 필요성을 강조했다.

그는 또한 소비와 생산의 관계를 우물에 비유하면서 소비는 생산의 촉진제라는 주장을 펴기도 했다. 우물의 물은 퍼내지 않으면 고이지 않는다. 퍼내는 것이 소비라면 고이는 것은 생산이라는 것, 즉 적당한 소비는 상공업 발전의 원동력이 된다는 주장은 그의 경제 이론이 이미 상당한 수준에 이르렀음을 보여 준다.

중상적 실학사상은 학문의 목표를 상공업 발전과 부국강병의 실현에 두고 있다. 이는 농업에 바탕을 둔 중세 사회를 지양하고, 상공업에 바탕을 둔 근대 사회로의 발전을 도모하는 역사 발전의 법칙에 부합하는 것이기도 하다. 따라서 이들의 주장은 이후 개화사상에 큰 영향을 주었고 또한 개화사상에 의해 계승 및 발전되었다.

중농은 '분배론', 중상은 '성장론'

중농적 실학사상과 중상적 실학사상은 모두 당시 사회를 개혁하기 위한 방법을 담고 있다. 그러나 이 양자 사이에는 문제를 해결하는 방법에 있어서 근본적인 차이가 있다. 중농적 실학사상이 '우리가 가진 빵을 서로 잘 나누어 먹자(분배론)'는 것이라면, 중상적 실학사상은 '우리가 먹을 빵을 늘려 가자(성장론)'는 것이다. 분배에 힘을 기울이면 빈곤의 평등이 될 수가 있고, 성장에 힘을 기울이면 빈부의 차이가 커질 수 있다. 이렇듯 분배와 성장의 문제는 조화롭게 균형을 잡기 어려운 문제임에 틀림없다.

실학자들은 나름대로 문제 해결의 방법을 주장했으나, 그들 대부분이 몰락한 남인이거나 낮은 지위의 관직을 가지고 있었기 때문에 현실 정치에 반영되지 못했다. 따라서 권력자들에 의해 무시되어 이론과 주장에 그친 아쉬움을 남겼다.

성장과 분배의 문제
성장에 치중하면 '풍요 속의 빈곤'이, 분배에 치중하면 '빈곤의 평등'이 될 수 있다.

백두 대간을 알아보자

우리가 지도책에서 흔히 보는 산맥은 1900년대 일제의 지질 조사 책임자였던 고토 분지로가 도입한 개념이다. 태백산맥·노령산맥·차령산맥 등의 이름은 모두 그가 붙인 것이다. 산맥은 땅속의 지질 구조를 기준으로 그린 까닭에 실제 지형과는 일치하지 않는다. 그래서 현재의 지도책의 '산맥'은 강을 가로질러 달리는 경우가 흔히 있다. 지도에는 여수 봉화산에서 백운산을 거쳐 지리산으로 이어지고 있지만, 실제로는 섬진강이 백운산과 지리산의 두 산 사이를 가로지르며 소백산맥을 두 동강 내고 있다. 산맥은 산줄기가 아닌데도 산줄기로 설명한 것에서 빚어진 혼란이다.

그러나 실학자 신경준이 쓴 《산경표》는 우리나라 '산줄기'의 흐름을 백두 대간을 중심으로 1개의 정간, 13개의 정맥으로 파악하고 있다. 《산경표》의 산줄기는 우리나라의 큰 강 10개를 절묘하게 피해 가면서 어느 강과도 교차하지 않는다. 그 가장 큰 줄기가 바로 백두산에서 출발해 지리산까지 달리고 있는 '백두 대간'이다.

이처럼 《산경표》는 실제 산의 모습과 줄기에 토대를 두고 있다. 그렇기 때문에 우리나라의 기후 구분이나 농악·음식 등 문화생활에서 나타나는 지역적 차이도, 산맥이 아니라 산줄기로 파악해야 정확하게 이해할 수 있다.

백두 대간이 시작되는 백두산

07

문학의 발달

임진왜란과 병자호란은 조선 사회에 큰 영향을 끼쳤다. 이에 따라 문예에서도 많은 변화가 일어났다. 이 시기에는 양반 계층 내의 부녀자가 문학 작품 창작에 참여하는 경향이 두드러졌는데 이는 많은 소설 문학의 창작과 전승에 영향을 주었다. 또한 양반 서류(서자·서얼)들 가운데에서도 공명 위주의 한문학을 탈피하고 국문학 활동을 하는 사람이 생겨나기 시작했다. 그와 같은 사회 분위기 속에서 허균의 《홍길동전》이 쓰였다.

혁명을 꿈꾸며 지은 허균의 《홍길동전》

홍길동은 연산군 때 실제로 존재한 인물이다. 《조선왕조실록》〈연산군일기〉에는 홍길동에 관한 다음과 같은 기록이 있다.

> 강도 홍길동은 옥정자(갓 꼭대기에 옥으로 만들어 단 장식)를 달고, 홍대(붉은 띠)의 고관 차림으로 첨지 행세를 하였다. 대낮에 떼를 지어 무기를 가지

고 관부에 드나들며 온갖 짓을 다 하였다.

　홍길동은 전무후무한 강도로서 재주가 비상해 '재주는 홍길동'이라는 말을 낳을 정도였는데, 명종 때 임꺽정과 같은 의적이었을 것으로 추측하고 있다. 허균은 실존 인물이었던 이 홍길동을 바탕으로 이야기를 꾸며 《홍길동전》이란 소설을 만들어 냈다. 소설에는 적서 차별의 철폐, 탐관오리에 대한 응징, 새로운 이상 국가(율도국)의 건설에 대한 그의 열망이 잘 나타나 있다.

　《홍길동전》은 현실 참여와 정치 개혁을 위해 목적의식을 가지고 쓰였다고 할 수 있다. 허균은 실제로 혁명을 꿈꾸었고, 참위설을 통해 청의 흥기와 다가올 혼란을 예언했다. 또한 추종자들로 하여금 유언비어를 퍼뜨리게 해 '서울 안의 인가人家가 열 집 가운데 여덟아홉 집은 텅비게 되었다'는 소동을 빚게 한 기록의 장본인이기도 하다.

　허균은 항상 "나라에 큰 사변이 났다."라고 떠들어 대고 다녔다고 한다. 이런 점에서 그는 혁명적 기질을 가지고 있었다고 할 수 있다. 결국 그는 자신의 혁명 기질 때문에 죽음을 당하였지만, 그의 재질에 대해서

홍길동 생가터
홍길동이란 이름은 《조선왕조실록》에 여러 번 등장한다. 전라남도 장성에는 그의 생가터로 추정되는 곳이 보존되어 있다.

는 서포 김만중도 칭찬을 아끼지 않았다고 한다. 그가 쓴 《홍길동전》은 그의 문학적 재능뿐만 아니라 사회 혁명 사상까지 담고 있어서 조선의 문학사에 기념비적인 작품이다.

관에 대한 민중의 항거

광대가 한 편의 이야기를 노래와 아니리(가락을 붙이지 않고 이야기하듯 엮어 나가는 사설)로 부르는 판소리는 서민 문학과 양반 사대부의 문예를 모자이크적인 수법으로 엮어 국민 문학적인 성격을 띠었다. 판소리는 삽시간에 퍼져 나갔고, 사대부는 물론 일반 민중에게도 큰 환영을 받았다.

판소리 중 많이 불린 것이 바로 〈춘향전〉이다. 〈춘향전〉은 조선 말기에 가장 사랑을 받았던 판소리다. 전라도 남원을 중심으로 이 도령과 춘향 사이에 사랑이 싹트고, 이 도령이 서울에 올라간 다음에 신임 사또 변학도의 수청을 거부하고 정절을 지킨 춘향이가 과거에 합격해 암행어사로 내려온 이 어사와 다시 만난다는 줄거리다.

광한루
광한루원은 춘향과 이 도령이 사랑을 나눈 장소로 유명하다. 전라북도 남원 소재

〈춘향전〉은 경판본과 완판본이 있다. 그런데 경판본과 완판본은 작품 중 인물의 성격이 판이하게 다르다. 경판본에는 춘향이 기생으로 되어 있으나, 완판본에는 양반 성 참판의 딸로 나온다. 경판본의 춘향은 요염하고 기생답게 그려져 있고, 완판본의 춘향은 상대적으로 정숙하게 묘사되어 있다.

그러나 일개 기생에 불과한 춘향이 고을 수령의 수청을 거부한다는 것은 당시로서는 있을 수 없는 일이었다. 그것은 곧 관에 대한 민중의 항거를 의미하는 것이라 할 수 있다. 즉 불가능하게까지 여겨지는 춘향의 항거를 통해 듣는 이들에게 속 시원함을 안겨 줄 수 있었기 때문이다. 〈춘향전〉이 민중의 환영을 받았던 이유도 여기에 있다.

〈춘향전〉은 한말에 이르러 원각사 무대를 통해 창극으로 만들어졌고, 이해조에 의해 《옥중화》로 출판되었다. 인쇄본의 보급으로 일반 대중은 판소리에 의하지 않고도 이를 감상할 수 있게 되었다.

사회 개혁을 꿈꾼 박지원

연암 박지원은 뛰어난 학자요, 천부적인 문장가였다. 그는 일찍이 경서와 역사서를 통독하고 천문·지리·병법·농업·경제에 이르기까지 광범위한 공부로 19세 때 벌써 학계에 두각을 나타내기 시작했다. 그러던 중 박지원의 일생에 일대 전기가 된 것은 사신의 수행원으로 청에 다녀온 일이었다. 그의 《열하일기》도 이때 쓴 기행문이다.

박지원의 작품들은 그 표현이 지극히 섬세하고, 또 재치와 익살을 교묘하게 구사했기 때문에 읽는 이로 하여금 흥미를 폭발시켰다. 그의 한문학은 중국의 전형을 탈피하여 한국적인 한문체를 확립했다는 점에서 특기할 만하다.

박지원의 작품이 단지 새로운 문체로서만 평가되는 것은 아니다. 《열하일기》에 수록되어 있는 〈허생전〉을 한번 보자. 돈벌이에 나선 허생이 당시 큰 부자였던 변 씨를 찾아가 돈 1만 냥을 빌렸다. 그리고 전국의 과실을 몽땅 사들여 값이 10배로 올랐을 때 되팔아 그 돈으로 농기구와 옷가지를 사들인다. 그것을 가지고 제주도에 가서 팔고, 다시 그 돈으로 제주도의 말총을 모두 사는 방법으로 수십 배의 이익을 보았다. 그 후 변산 땅에서 출몰하던 도적 2,000여 명을 모아 각각 돈 100냥과 소

1마리씩을 주어 무인도를 개척하고 거기에 정착하게 한다. 때마침 일본에 큰 흉년이 들었다는 소식을 듣고 곡식을 싣고 가서 팔아 은 100만 냥을 벌어 와 변 부자에게 돈을 갚는다는 줄거리다.

이는 곧 당시 집권층 성리학자들의 정치적 무능을 통박하는 것이며, 실학자 박지원이 구상한 부국강병책을 소설로 나타낸 것이다. 박지원은 〈허생전〉을 통해서 사회 개조를 위한 이상과 실천 가능한 방법을 예시했다.

양반 계층을 신랄하게 풍자한 〈양반전〉도 빼놓을 수 없다. 환곡을 1,000석이나 얻어먹고 갚지 못해 투옥될 지경에 몰린 양반이 그 고을 사또의 주선으로 자신의 양반 신분을 팔기로 했다. 한 돈 많은 상놈이 양반 신분을 사서 한동안 양반으로 행세했다. 그러나 체면을 위해서 굶어도 배부른 척해야 하고, 추위도 불을 쬐지 않는 그런 양반 노릇은 도저히 할 수가 없었다. 그래서 견디다 못해 '양반'이란 신분 자체를 내던지고 말았다는 것이다. 〈양반전〉은 양반층의 무능과 무위도식에 대해 날카로운 비판을 담고 있다. 양반과 상놈의 구분에 얽매여 있던 당시로서는 파격적인 이야기였다고 할 수 있다.

이렇듯 박지원의 소설은 형식과 내용 양면에서 혁신적인 성격을 띠고 있었다. 고정 관념을 깨는 새로운 문체, 웃음과 재치, 나아가 사회 개혁의 방향까지 포함하고 있어서 근대 사회로 나아가는 역사적 전환기에 격화되고 있던 사회 변동의 일면을 잘 보여 주고 있다.

이 섬의 말총을 내가 전부 사겠소.

제주도

〈허생전〉에 나타난 사회 현상
조선 후기에는 독점적인 도매업, 이른바 매점매석에 의해 큰돈을 번 상인들이 생겨났다. 이와 같은 세태를 풍자한 것이 연암 박지원의 〈허생전〉이다.

박지원의 **필화** 사건

박지원의 파격적인 문체는 정조의 노여움을 사게 되었고, 그 때문에 일종의 필화筆花 사건이 발생했다. 박지원의 《열하일기》를 읽은 정조는 "요새 문장이 기이하고 희롱됨은 모두 박지원의 《열하일기》 때문이다. 만일 박지원이 바른 글을 지어서 《열하일기》의 죄를 씻지 않으면 큰 벌을 내리겠다." 한 것이다. 이처럼 정조는 《열하일기》와 같은 글을 불순한 잡문체로 여겨서, 전통의 고문을 모범으로 삼아 이 같은 문체를 바로잡으려고 했는데, 이를 '문체 반정'이라고 한다. 왕명이 하도 엄해 박지원이 속죄의 뜻으로 반성문을 썼는데 그 문장 역시 정조가 원하던 전통적인 문장이 아니었다. 그럼에도 정조는 더 이상 박지원을 추궁하지 않았다고 한다.

〈흥부전〉에 나타나 조선 후기 **농민**들의 **생활**

〈흥부전〉을 보면 흥부 내외가 온갖 품팔이에 나서 간신히 연명하고 있음을 알 수 있다. '김매기'·'담쌓는 데 자갈 줍기'·'오뉴월 밭매기'·'구시월 김장하기'·'삼 삶기'·'채소밭에 오줌 주기'·'못자리 내 망초 뜯기' 등이 그것이다. 여기에는 그날그날 품을 팔아 살아가는 농민들의 고달픈 생활상이 잘 나타나 있다. 이는 조선 후기 지주전호제의 확대와 농민층 분화로 소작지조차도 얻지 못한 농민들이 대부분 임노동자로 전락했음을 보여 준다.

이렇듯 문학 작품은 당시의 생활상뿐만 아니라 사람들의 감정과 풍습, 희망과 소원을 담고 있어 역사를 이해하는 데 도움이 된다.

08

문화 예술의 새 경향

두 차례의 왜란을 겪으면서 조선 사회는 봉건적인 사회 체제의 토대가 흔들리기 시작했다. 특히 농업 및 상업과 수공업의 발달에 따른 상품 화폐 경제의 발전은 신분제의 변동과 민중 의식의 성장을 가져왔고, 그것은 문화계에도 다양하게 반영되었다.

문화의 폭은 양반에서 민중 계층까지 확대되었고, 문예 활동도 점차 양반 중심에서 민중 중심으로 바뀌어 갔다. 일부 양반들의 문예 활동도 이러한 시대적 분위기에 맞추어 민중적 성격을 띠게 되었다. 또한 민중들도 지식이나 예술에 접할 수 있는 기회가 확대되었고, 이에 따라 민중 의식도 높아지고 새로운 민중 문화가 성장하게 되었다.

민중들은 봉건적 사회 체제가 해체되어 가는 새로운 변화 속에서, 공동의 노력을 통해 생산성 향상을 꾀하면서도 공동으로 즐기며 변혁을 기원하는 새로운 농촌 민중 문화를 만들어 낸 것이다.

탈을 쓰고 양반을 호령하다

상품 화폐 경제의 발전에 따른 사회의 상업화 분위기를 통해서 민중들은 글공부에 관심을 갖게 되었다. 다양한 경제 활동을 위해서는 최소한의 문자 습득이 필요했기 때문이다. 한편 몰락 양반들은 단지 먹고살기위해서 방 한 칸이라도 내어 서당을 세웠다. 즉 수요자와 공급자의 요구가 들어맞으면서 서당은 늘어났고, 아울러 한자보다는 배우기 쉽고 쓰기 쉬운 한글이 널리 보급되었다.

이에 따라 민중들의 문학에 대한 관심도 증대되고 다양한 한글 소설이 등장했다. 조선 후기에 창작된 한글 소설의 대표적인 작품으로는 허균의 《홍길동전》, 김만중의 《구운몽》 등을 들 수 있다. 이외에도 수많은 작품들이 창작되고 읽혔다. 이들의 상당수는 전해 오는 야담이나 민담을 작품화한 것이 많았다. 아울러 창으로 이야기를 구수하게 풀어 가는 판소리®가 형성된 것도 이 시기이다. 판소리가 대중적 기반을 가지면서 한글 소설로 정착하게 되는데, 판소리계 소설로는 《춘향전》·《심청전》·《흥부전》·《토끼전》 등이 있다.

조선 후기에는 시조 문학에서도 새로운 변화가 있었다. 시조가 양반 계층의 손을 떠나 민중들에 의해서도 쓰였으며, 민중들의 시조로서 사설시조가 등장했다. 사설시조는 초장·중장이 제한 없이 길며 종장도 길어진 형식으로, 민중들의 생활 모습이나 남녀 간의 사랑을 적나라하게 읊었다. 또한 현실에 대한 비판적인 내용을 담고 있는 것이 많았는데, 이것은 당시 민중 의식의 성장과 맥을 같이하는 것이라고 볼 수 있다.

한편 이 시기에는 양반 신분을 가진 자들에 의해 민중적 성향을 지닌 한문 소설들이 등장하기 시작했다. 작품을 통해 사회의 부조리를 비판하고, 새로운 사회를 지향하는 내용으로 되어 있어서 한글 문학의 성장에도 큰 영향을 끼쳤다. 박지원은 〈양반전〉이나 〈호질〉 등의 작품을 통

● 판소리
판소리는 크게 동편제와 서편제로 구분된다. 섬진강의 동쪽인 운봉·구례·순창 등지의 창법을 동편제라 하며, 서쪽인 광주·나주·보성 등지의 창법을 서편제라 한다. 동편제는 배 속에서 우러나는 듯한 웅건하며 힘찬 소리이며, 서편제는 음색이 곱고 부드러우며 애절하고 맑다.

해 양반 사회의 비리와 위선을 비판하고 있으며, 〈허생전〉에서는 그의 중상적 경제 사상과 이상 국가 건설을 묘사하고 있다.

한시에 있어서는 "나는 조선인이므로 조선 시를 즐거이 쓴다." 라고 했던 실학자 정약용의 작품이 대표적인데 그는 시를 통해 당시의 부패한 사회를 고발하고 압박받는 민중의 고통을 서슴없이 드러냈다. 또 19세기에 활동한 김삿갓(김병연)은 전국을 유랑하며 사회의 병폐를 통쾌하게 풍자하는 시를 남겼다.

한편 민중 의식의 성장은 다양한 민중 오락의 발전으로 이어졌다. 농촌에서는 두레를 중심으로 풍물(농악)을 즐겼고, 지방에 따라 탈춤·광대놀이·꼭두각시놀음 등 각 지방 고유의 오락이 발달했다. 특히 민중들 사이에 널리 행해진 탈춤놀이는 풍자적이고 해학적인 내용이 중심을 이루었다. 탈춤은 탈을 쓰고 양반을 야유하고 호령하는 내용이 많았는데 이것은 부패한 양반 사회의 변혁을 추구하는 민중 의식의 성장을 반영한 것이다.

얼쑤

쿵덕 쿵

19세기에는 서민 예술이 발달했어.

진경 산수화와 풍속화의 발전

조선 전기의 회화는 도화서를 중심으로 한 화원들의 회화 활동이 주를 이루고, 양반 사대부들의 취미로 이루어진 문인화가 있었다. 대체로 이 시기의 그림은 조선만의 독특한 특색이 별로 없었다고 할 수 있다.

그러나 조선 후기에 이르면 민족적 성격을 띤 실학의 등장과, 상품 화폐 경제의 발전에 따라 봉건적 지배 질서가 해체되어 가면서 미술에서도 커다란 변화가 나타나게 되었다. 이 시기에 등장한 새로운 그림의 경향으로는 진경 산수화·풍속화·민화 등을 들 수 있다.

진경 산수화의 화풍을 정립한 이는 정선(1676~1759)이다. 그는 우리나라의 자연을 묘사하는 데 알맞은 화법과 구도를 창안해 내었다. 본래 진경이란 있는 그대로의 경치를 의미하는 것이지만, 조선 전기의 산수

정선의 〈인왕제색도〉
조선 후기의 화가 정선의 대표
작으로, 비가 갠 후의 서울 인
왕산을 사실적으로 그렸다. 삼
성 미술관 리움 소장

화는 중국의 산수, 즉 중국의 진경을 그대로 받아들인 것에 그쳤다. 그
러다 그즈음에 이르러 우리의 자연, 우리의 산수를 그대로 묘사한 진경
산수화가 등장한 것이다. 이것은 우리나라에 대해 애정을 가지고 연구
한 실학이나, 우리 글자인 한글을 이용한 한글 소설 등의 출현과도 그
맥을 같이 하는 것이다. 그의 대표적인 작품으로는 〈인왕제색도〉·〈금
강전도〉 등이 있다.

특히 〈금강전도〉는 하늘에서 비행기를 타고 내려다보는 것 같은 구
도를 적용해 금강산 전체를 한눈에 조감할 수 있다. 정선이 이룩한 진
경 산수화는 크게 유행했는데, 최북이나 김홍도 등도 자신들만의 기법
으로 우리 자연을 묘사했다. 진경 산수화는 중국적 산수를 모방하는 것
에서 벗어나 우리 자연을 독자적으로, 또 애정을 가지고 묘사했다는 데
그 의의가 있다.

조선 후기 그림에서 보이는 또 하나의 경향은 당시 속화라고 불렸던

풍속화의 유행이다. 김홍도는 특히 일반 민중들의 일상적인 삶을 소재로 한 풍속화를 많이 남겼는데, 대표적인 작품으로는 〈서당〉·〈무동〉·〈논갈이〉·〈씨름〉·〈기와 이기〉·〈대장간〉 등이 있다. 이 작품들은 조선 후기 민중들의 건강한 노동에 대한 관심과 그 가치에 대한 신념에 힘입은 것으로 활발한 동작과 밝은 표정을 가진 인물들이 등장해 생동감이 넘친다.

김홍도의 〈씨름도〉
생동감 있는 표현이 돋보이며 민중들의 건강한 삶의 모습을 살펴볼 수 있다. 국립 중앙 박물관 소장

김홍도와 쌍벽을 이룬 신윤복은 주로 양반 계급의 풍류와 부녀자의 풍습, 남녀 간의 애정을 섬세하고도 세련되게 묘사했다. 〈단오 풍정〉의 경우 단옷날 물가에서 머리를 감는 여인들의 모습이 색정을 불러오는데, 그 모습을 훔쳐보는 젊은 남자의 존재가 그것을 더욱 부추긴다. 한편 그는 성행위를 노골적으로 묘사한 춘화도 많이 그렸는데, 이런 종류의 그림은 민중의 일상을 소재로 한 풍속화와 달리 생산 현장의 건강한 모습이 많이 퇴색한 듯한 인상을 준다.

아울러 조선 후기에는 민화가 유행했다. 전문 화가가 아닌 유랑 화가 또는 방랑 화가들이 주로 그렸는데, 해·달·나무·동물·무속·풍속 등이 소재가 되었다. 민화는 생활 공간을 장식하기 위한 것으로, 그림이 민중 생활과 밀착될 수 있는 계기가 되었다. 따라서 민화에는 조선 후기 민중들의 다양한 생활 감정과 변혁을 바라는 희망이 담겨 있다고 할 수 있다.

19세기에 이르러 더욱 발전한 민화는 당시 봉건적 사회 질서를 극복하려 했던 민중들의 투쟁과 힘의 정서를 잘 반영한 대표적 미술 문화

신윤복의 〈단오 풍정〉
그네를 타는 여인네, 젖가슴을
드러낸 여인네, 훔쳐보는 젊은
남자의 모습 등이 흥미롭다. 간
송 미술관 소장

개똥이를
그려야지

19세기에는 생동감 있는
서민 생활를 그리는 것이
유행이었어.

였다. 즉 자신들의 자주적 삶을 마련하려는 노력 속에서 당시
지배층과는 다른 자신들만의 문화를 창조하여 발전시킨 것이다.
따라서 민화는 더욱 재미있고 풍부한 내용과 민중적 서정성을
솔직하게 표출해, 거칠면서도 자유분방하게 묘사되었다.

위축된 진경 산수화

조선 후기, 경제·사회·문화 등 다양한 분야에서 변화를 준비하는
조건이 점차 갖추어져 갔다. 그러나 19세기의 양반 지배 체제는 세도
정치라는 비정상적인 정치 체제를 자행해 역사를 거꾸로 돌리려 했다.

회화에서도 그러한 조짐이 나타나고 있었다. 당시 그림과 글씨를 주
도했다고 볼 수 있는 추사 김정희(1786~1856)는 그러한 경향을 보인
대표적인 인물이다. 사대적이라고 할 만큼 청나라 문화에 관심을 보인
김정희가 화단에 결정적인 영향을 발휘하면서 중국의 문인화풍이 유행

하게 되었다. 이것은 있는 그대로의 자연을 그리는 진경 산수화보다는 풍경 속에다 문인화의 관념이나 이념을 불어넣는 것을 중시한 것이다. 김정희와 그 영향을 받은 사람들에 의해 문인화가 유행하면서, 독창적이고 사실적 그림으로서의 진경 산수화 및 풍속화의 전통은 위축되고 말았다.

글씨에서도 그는 추사체로 매우 유명하다. 그 글씨의 힘차고 격조 높은 느낌과 우수성에 대해서는 어떤 수식으로 평가해도 부족할 것이다. 그럼에도 역사적으로는 한호(1543~1605)나 이광사(1705~1777)로 이어지는, 중국과는 다른 독자적인 우리 글씨체의 맥을 끊은 것으로 평가받기도 한다.

어쨌든 그림과 글씨의 천재라 일컬어지는 그에 의해, 또는 그의 의도와는 관계없이, 결과적으로 조선 후기 봉건 사회 해체기에 싹튼 진경 산수화·풍속화 등 우리의 독자적이고 주체적인 경향의 새로운 예술 활동이 더는 발전하지 못하고 꺾여 버리고 말았다.

반면 민화는 더욱 발전했다. 봉건 양반 지배층의 문화가 복고적 경향으로 회귀하려 했던 것에 비해, 봉건적 사회 질서를 극복하려는 민중들의 투쟁은 양반 문화에 대응하면서 민중적 삶과 정서를 풍부하게 표출하고 있었다.

김홍도의 **금강산** 그림

단원 김홍도 하면 보통 풍속화를 떠올리지만, 사실 그는 일반 감상화는 물론 초상화·의
궤도·기념화 등 다양한 그림을 자유자재로 그린 천재 화가였다.

김홍도는 정조의 명을 받고 금강산 그림을 그려 바친 일이 있다. 현재 전해지는 그의 그
림 〈금강사군첩〉이 그것인지는 확실치 않으나, 금강산의 풍경이 매 장면마다 매우 사실
적으로 묘사되어 있다. 지금도 가 보기 어려운 곳이지만 당시에는 더했을 것이다. 하물
며 임금이 직접 거둥하기가 쉬운 일이었겠는가? 따라서 탁월한 화원 김홍도를 시켜 마
치 사진을 찍듯 그려 오게 하여 금강산을 감상했던 것이다. 김홍도는 서양화의 음영 기
법을 도입하여 그림을 그린 것으로도 유명하다.

조선 후기에는 서양 문물이 들어오면서 원근감과 입체감이 있는 서양 그림도 전래되었
다. 서양 그림을 보면서 실학자 이익은 '한쪽 눈을 가리고 보면 더욱 효과적'이라고 감
상법을 피력한 적도 있다. 서양화의 전래는 우리나라의 그림에 영향을 끼쳤는데, 서양
화 기법으로 그린 대표적인 작품의 하나가 김홍도가 그린 수원 용주사의 탱화(부처·보
살·선현 등을 그려서 벽에 거는 그림)다. 이 그림은 정조의 명에 따라 그린 것으로, 탱화 중
에서는 최초로 서양화의 음영 기법이 도입되어 종래의 것과는 달리 원근감과 입체감을
느낄 수 있다.

참 고 문 헌

· 강만길 외, 《한국사》1~27, 한길사, 1995.

· 강만길, 《한국근대사》, 창작과비평사, 1984.

· 고준환, 《신비의 왕국 가야》, 우리출판사, 1993.

· 국립 민속 박물관, 《국립민속박물관》, 국립 민속 박물관, 1993.

· 국립 중앙 박물관, 《단원 김홍도》, 1997.

· 국립 중앙 박물관, 《한국전통문화》, 국립 중앙 박물관, 1992

· 국립 중앙 박물관, 《국립중앙박물관》, 국립 중앙 박물관, 1997.

· 국방부 전사 편찬 위원회, 《병자호란사》, 국방부 전사 편찬 위원회, 1987.

· 김기웅, 《고구려고분벽화》, 서문당, 1989.

· 김기웅, 《고분》(빛깔있는 책들 37), 대원사, 1991.

· 김기흥, 《새롭게 쓴 한국고대사》, 역사비평사, 1993.

· 김무진·박경안·신숙정 편, 《신편 한국사의 길잡이》, 혜안. 1995.

· 김병모, 《한국인의 발자취》, 집문당, 1992.

· 김용숙, 《한국여속사》, 민음사, 1989.

· 김원룡, 《한국 고미술의 이해》, 서울 대학교 출판부, 1980.

· 김정배, 《한국민족문화의 기원》, 고려 대학교 출판부, 1973.

· 김종권 역, 《징비록(신완역)》, 명문당, 1987.

· 김태식, 《미완의 문명 7백년 가야사1~3》, 푸른 역사, 2002.

· 김현준, 《사찰, 그 속에 깃든 의미》, 교보문고, 1991.

· 노병천, 《완전한 승리》, 성현, 1998.

· 동북아역사재단, 《고조선 단군 부여》, 동북아역사재단, 2007.

· 동북아역사재단, 《다시 보는 고구려사》, 동북아역사재단, 2007.

· 동북아역사재단, 《새롭게 본 발해사》, 동북아역사재단, 2007.

· 리화선, 《조선건축사Ⅰ》, 과학백과사전종합출판사, 1989(도서출판 발언 복간, 1993).

· 박용운, 《수정 증보판 고려시대사》, 일지사, 2008.

· 박종기, 《새로 쓴 5백년 고려사》, 푸른역사, 2008.

- 반윤홍, 《조선시대사 논강》, 교문사, 1986.
- 사화과학원역사연구소, 《조선전사 1,2,3,4,5,11》, 과학백과출판사, 1979~1980.
- 손보기, 《한국 구석기학 연구의 길잡이》, 연세 대학교 출판부, 1988.
- 손승철, 《조선시대 한일관계사 연구》, 지성의 샘, 1995.
- 손영식, 《전통과학건축》(빛깔있는 책들 176), 대원사, 1995.
- 송찬섭, 《한국사의 이해》(CD), 한국 방송 대학교 출판부, 1998.
- 송호정, 《한국 고대사 속의 고조선사》, 푸른역사, 2003.
- 신형식, 《고구려사》, 이화 여자 대학교 출판부, 2003.
- 안휘준, 김원용, 《한국 미술의 역사》, 시공사, 2003.
- 역사문제연구소, 《미래를 여는 한국의 역사 1~5》, 웅진지식하우스, 2011.
- 역사문제연구소, 《사진과 그림으로 보는 한국의 역사》1~3, 웅진출판, 1993.
- 역사학연구소, 《실학 연구 입문》, 일조각, 1973.
- 유홍준 외, 《슬라이드강좌 한국미술사 강의자료집 1,2》, 민예총 문예아카데미, 1993.
- 윤무병, 《한국 청동기 문화 연구》, 예경산업사, 1987.
- 윤태영, 《조선왕조오백년야사》, 청아, 1988.
- 이기동, 《신라 사회사 연구》, 일조각, 1997.
- 이기백, 이기동, 《한국사강좌 1(고대 편)》, 일조각, 1983.
- 이기백, 《한국사신론 개정판》, 일조각, 1983.
- 이기순, 《한국인의 문화유산 탐방기》, 글벗사, 1994.
- 이난영, 《토우》(빛깔있는 책들 116), 대원사, 1991.
- 이도학, 《백제 고대 국가 연구》, 일지사, 1995.
- 이선복, 《고고학개론 2판》, 이론과 실천, 1993.
- 이선복, 《동북아시아 구석기 연구》, 서울 대학교 출판부, 1989.
- 이융조 외, 《우리의 선사 문화》, 지식산업사, 1994.
- 이형구, 《풍납토성(백제왕성)연구논문집》, 동양고고학연구소, 2000.
- 일리인(Mikhail, Iliin), 《인간의 역사》, 1946(지경자 옮김, 홍신문화사, 1993).
- 전국역사교사모임, 《미술로 보는 우리역사》, 푸른나무 1992.
- 전국역사교사모임, 《사료로 보는 우리역사 1》, 돌베개, 1992.
- 전덕재, 《신라 6부체제 연구》, 일조각, 1996.
- 전상운, 《한국과학사》, 범우사, 2000.
- 정광수, 《삼가 적을 무찌른 일로 아뢰나이다》, 정신세계사, 1989.

- 정의행, 《한국불교통사》, 한마당, 1991.
- 조원영, 《가야 그 끝나지 않은 신화》, 혜안, 2008.
- 조유전, 《발굴이야기》, 대원사, 1996.
- 조효순, 《복식》(빛깔있는 책들 7), 대원사, 1989.
- 최완수 외, 《진경시대》1,2, 돌베개, 1998.
- 한국민중사연구회, 《한국민중사 1,2》, 풀빛, 1986.
- 한국사연구회, 《한국사연구입문 제2판》, 지식산업사, 1987.
- 한국사연구회, 《새로운 한국사 길잡이 상,하》, 지식산업사, 2008.
- 한국역사연구회 고대사분과, 《문답으로 엮은 한국고대사 산책》, 역사비평사, 1994.
- 한국역사연구회, 《한국사 강의》, 한울, 1989.
- 한국역사연구회, 《조선시대 사람들은 어떻게 살았을까?(개정판)》, 청년사, 2005.
- 한영우 외, 《한국사 특강》, 서울 대학교 출판부, 1990.
- 한영우, 《다시 찾는 우리 역사》, 경세원 1997.
- 홍윤식, 《한국의 불교미술》, 대원정사, 1986.

자료 제공 및 소장처

• **간송 미술관** 408쪽-신윤복 〈단오 풍정〉• **강원 대학교 박물관** 35쪽-뼈바늘 •《**경주 길라잡이**》173쪽-분황사 석탑 •
국립 경주 박물관 62쪽-쇠스랑, 113쪽-임신서기석, 115쪽-이차돈 순교비 • **국립 김해 박물관** 62쪽-따비, 쇠낫 • **국립 전
주 박물관** 40쪽-청동기 시대의 족장 • **국립 중앙 박물관** 24쪽-주먹 도끼, 27쪽-비파형 동검, 32쪽-빗살무늬 토기, 59
쪽-평양에서 발견된 낙랑 금제 허리띠 장식, 126쪽-집 모양 토기, 142쪽-금동 미륵보살 반가상, 373쪽-김홍도 〈타작
도〉, 379쪽-김홍도 〈대장간〉, 387쪽-김홍도 〈자리 짜기〉, 407쪽-김홍도 〈씨름도〉 •《**국립 중앙 박물관 들여다보기**》32
쪽-고기잡이 도구, 140쪽-칠지도 • **권태균** 27쪽-세형동검, 84쪽-충주 고구려비, 153쪽-문무 대왕릉, 174쪽-석가탑 •
김성철 152쪽-석굴암 본존불 • **덕성 여자 대학교 박물관** 255쪽-분청사기 음각엽문 편병 • **백유선** 19쪽-금굴 유적, 30
쪽-석장리 구석기 유적지, 사냥하는 구석기인 조형물, 33쪽-서울 암사동 선사 주거지 전시 그림, 복원한 움집, 42쪽-울
주 반구대 암각화 세부, 울주 반구대 전경, 47쪽-강화도 부근리 고인돌, 49쪽-고창 고인돌군, 55쪽-마니산 참성단, 73
쪽-오녀 산성, 76쪽-풍납동 토성, 78~79쪽-경주 오릉, 84쪽-광개토 대왕릉비 현재, 85쪽-김제 벽골제, 86쪽-공주
공산성, 93쪽-영대왕가비, 94쪽-수로왕릉, 97쪽-파사 석탑, 100쪽-을지문덕 흉상, 101쪽-살수 대첩 기록화, 104쪽-
안시성 전투 기록화, 105쪽-백암성 성벽, 109쪽-김유신의 묘, 110쪽-고란사 벽화, 112쪽-무열왕릉비의 귀부와 이수,
117쪽-불곡 감실 부처, 118쪽-황룡사 목탑터, 130쪽-가야 고분 순장 상상 모형, 132쪽-함안 아라가야 고분군, 133쪽-
장군총, 134쪽-반남 고분군, 135쪽-경주 고분군, 136쪽-오회분 4호묘, 해의 신과 달의 신, 139쪽-대성동 고분 발굴 지
역, 144쪽-호류 사의 금당과 5층 목탑, 145쪽-왕인 박사 사당, 150쪽-감은사지 전경, 155쪽-괘릉 무인석, 156쪽-청해
진 유적지 장도, 157쪽-포석정, 159쪽-보림사, 171쪽-익산 미륵사지 석탑, 172쪽-부여 정림사지 5층 석탑, 174쪽-석가
탑, 177쪽-밤에 본 첨성대, 181쪽-성덕 대왕 신종과 비천상 부분, 186쪽-김유신 탄생지, 195쪽-견훤의 묘, 196쪽-궁예
미륵, 199쪽-표충단, 200쪽-개태사 삼존 석불, 207쪽-논산 관촉사 석조 미륵보살 입상, 212쪽-서희의 묘, 215쪽-강
감찬 동상, 219쪽-윤관의 묘, 226쪽-이규보의 묘, 227쪽-농다리, 232쪽-운문사, 238쪽-정족산성, 239쪽-강화 고려
궁궐터, 240쪽-처인성터, 243쪽-용장산성 궁궐터, 247쪽-마곡사 5층 석탑, 248쪽-공민왕 사당, 260쪽-인각사, 265
쪽-해인사 장경판전, 팔만대장경 인쇄 과정 상상화, 267쪽-흥덕사지, 273쪽-도담 삼봉, 275쪽-황산 대첩 비각, 277
쪽-이성계 금척 받는 그림, 281쪽-경복궁 근정전, 285쪽-김종서 집터, 283쪽-사육신 사당, 287쪽-청령포, 290~291
쪽-소수 서원, 293쪽-연산군의 묘, 295쪽-연산군의 묘, 299쪽-사명 대사비, 301쪽-탄금대의 열두대, 303쪽-옥포 대
첩 기념비, 304쪽-거북선 조선소 '굴강', 305쪽-의병 의령탑, 306~307쪽-명량 해협, 308쪽-이락사 현판, 노량 앞바
다, 309쪽-순천 왜성, 313쪽-선양 고궁, 314쪽-덕수궁 석어당, 316쪽-남한산성, 317쪽-삼전도비, 319쪽-현절사,
328쪽-성균관 명륜당, 335쪽-양부일구, 336쪽-수표, 측우기 복원 모형, 337쪽-자격루, 348쪽-열녀문, 356쪽-천년

바위, 송시열 글씨, 357쪽-화양 서원터, 365쪽-김삿갓의 묘, 391쪽-다산 초당, 394쪽-거중기 복원 모형, 398쪽-홍길동 생가터 • **사계절 출판사** 122쪽-무용총 〈접객도〉 그래픽 복원도 • **삼성 미술관 리움** 252쪽-청자 양각 죽절문 병, 254쪽-청자 상감 운학 모란 국화문 매병, 406쪽-정선 〈인왕제색도〉 • **숭실 대학교 기독교 박물관** 388쪽-연암집 • **이상채** 202쪽-차전놀이 • **일본교도통신 촬영** 123쪽-안악 3호분 〈수박도〉 • 《**조선유적유물도감 1권**》 23쪽-검은모루 동굴 전경, 25쪽-갈돌과 갈판 • **최세정** 396쪽-백두대간이 시작되는 백두산 • **최윤영** 399쪽-광한루 • **한국 건축 역사 연구실** 363쪽-용흥궁 • **화성시 향토 박물관** 28쪽-오산리 주먹 도끼

- **일러스트** 김동범
- **지도** 임근선

찾아보기

청소년을 위한 한국사

초판 1쇄 발행일 1999년 5월 15일
개정판 1쇄 발행일 2013년 12월 9일
개정판 17쇄 발행일 2024년 1월 15일

지은이 백유선 신부식 임태경

발행인 김학원
발행처 (주)휴머니스트출판그룹
출판등록 제313-2007-000007호(2007년 1월 5일)
주소 (03991) 서울시 마포구 동교로23길 76(연남동)
전화 02-335-4422 **팩스** 02-334-3427
저자·독자 서비스 humanist@humanistbooks.com
홈페이지 www.humanistbooks.com
유튜브 youtube.com/user/humanistma **포스트** post.naver.com/hmcv
페이스북 facebook.com/hmcv2001 **인스타그램** @humanist_insta

편집주간 황서현 **편집** 최윤영 고홍준 **디자인** 민진기디자인 **지도** 임근선 **일러스트레이션** 김동범
용지 화인페이퍼 **인쇄** 청아디앤피 **제본** 민성사

ⓒ 백유선 신부식 임태경, 2013

ISBN 978-89-5862-670-1 03900